생애설계와 시간관리

생애설계와 시간관리

초판 1쇄 발행 2020년 5월 10일
초판 2쇄 발행 2023년 8월 20일

지은이 최성재

펴낸곳 서울대학교출판문화원
주소 08826 서울 관악구 관악로 1
도서주문 02-889-4424, 02-880-7995
홈페이지 www.snupress.com
페이스북 @snupress1947
인스타그램 @snupress
출판등록 제15-3호

ISBN 978-89-521-2939-0 03330

생애설계와 시간관리

최성재 지음

서울대학교출판문화원

머리말

우리사회는 급속한 평균수명 연장과 세계 최저의 출산율로 OECD 국가 중 가장 빠르게 고령화사회로 나아가고 있다. 2020년 현재 평균수명이 남자 80세, 여자 86세에 이르러 100세 시대를 맞았다 해도 과언은 아니다. 이러한 평균수명 연장에도 불구하고 법정정년은 60세로 한정되어 역할 없는 인생 후반기만 연장되고 있을 뿐이다.

2000년대부터 근로현장에서는 퇴직 이후 30~40년으로 연장되는 여생을 어떻게 보내야 할 것인가가 퇴직 예정자들의 가장 큰 관심사가 되어왔다. 이에 따라 노후준비, 노후설계, 은퇴설계 등의 교육과 상담 프로그램이 공공부문과 민간부문에서 다양하게 제공되고 있다.

퇴직 예정자 대상의 노후·은퇴설계 관련 교육이나 상담은 나름대로 의미 있고 여러 가지 유익한 정보를 제공하지만 철학적 및 이론적 기초가 부족하고, 논리적이지 못하고 내용이 불분명한 경우가 대부분이다. 이에 더하여 그 내용은 주로 재무와 건강 영역에 치우쳐 있고, 실제 구체적으로 어떤 내용을 어떻게 설계할 것인가에 대한 방법은 제시하지 못하고 있어 설계하고 실천하기에는 어려운 점이 많다고 생각한다.

우리 모두 원하는 삶은 노후만의 건강과 행복이 아니라, 요람에서 무덤까지 생애주기 전체 각 단계마다의 건강과 행복이다. 필자가 지난 40년간 고령화사회와 생애발달과정을 연구한 결과 얻은 결론은 다음과 같다. (1) 인간은 요람에서 무덤까지 평생 계속 발달한다. (2) 생애주기 각 단계에서 선택하고 결정하고 행동한 것이 이후 생애주기 각 단계의 발달에 계속 연결되어 노년기까지 영향을 미친다. (3) 100세 인생은 단순한 노후기간의 연장이 아니다. (4) 노후만의 준비나 퇴직이 임박한 시기의 준비로는 100세 인생의 건강과 행복을 보장하기 어렵다.

그러므로 100세 인생의 건강과 행복은 어린 시절부터 노후까지 생애주기 전체 각 단계마다의 건강과 행복을 위한 설계와 실천이 이루어져야 더욱 확실히 보장될 수 있다. 다시 말해 100세까지 지속적 건강과 행복을 위해서는 모든 연령층이 노후·은퇴설계가 아니라, 재무나 건강 등 일부 영역에 치우친 설계가 아니라, 체계적이지도 못하고 추상적이고 실용성 없는 설계가 아니라, 가능하면 이른 시기부터 생활 각 영역과 생애주기 전체 각 단계별로 원칙과 절차에 따라 실용적인 '생애설계(life planning)'를 할 수 있어야 한다.

생애설계는 생애주기 각 단계 전체와 생활의 다양한 영역을 포함하는 설계이므로 생애주기 일부나 생활의 일부 영역 중심의 노후설계, 은퇴설계, 재무설계, 경력설계, 진로설계 등은 생애설계의 일부일 뿐이다. 인간은 평생 계속 발달한다는 원칙하에 생애주기 각 단계와 생활 각 영역의 설계를 전체적으로 아우르는 생애설계의 원칙과 방법으로 생애를 설계하여 실천하는 것이 100세 시대를 살아가야 하는 모든 연령층의 중요한 과제라 생각한다.

생애설계의 중요성과 필요성이 커지고 있음에도 불구하고 학문적 연구는 원론적 수준에서 그 중요성만 강조하고 있을 뿐이고, 서비스 실무에서도 설계의 원칙, 절차 및 구체적 설계방법 등은 거의 제시되지 못하고 있다. 사회정책에서도 제한된 대상과 영역의 중요성만 강조하고 단편적인 지식만 제공하고 있을 뿐이다.

우리나라 정책에서도 중고생과 대학생을 위한 진로설계 서비스(진로교육법, 2015년 12월 시행)와 일반국민을 위해 노후준비 서비스(노후준비지원법, 2015년 12월 시행)를 제공하고 있으며, 고용주의 퇴직 예정자에 대한 재취업 지원 서비스(고령자고용촉진법 개정, 2020년 5월 시행)도 의무화하고 있는데, 이 모든 서비스는 생애설계를 기반으로 하는 것이어야 한다. 그럼에도 각 법률의 시행부처가 교육부, 보건복지부, 고용노동부로 나누어져 있고, 생애설계의 기본적 이해와 공유가 없는 가운데 서비스는 상호 연계성도 없고 구체적 설계 절차와 방법 및 실천방법의 체계적 제시도 없는 상태로 제공되고 있다.

이에 필자는 지난 40년간 연구한 결과와 국가 정책결정과정에 참여하고 정책실천 현장에서 일한 경험의 종합적 결론으로 모든 연령층의 100세 건강과 행복을 위해 생애설계의 이론, 원칙, 절차 및 방법을 체계적으로 제시해보려는 목적으로 이 책을 쓰게 되었다. 생애설계의 주요 과정에 시간관리를 포함시켜 시간관리를 통한 실천방법을 제시하고, 3명의 가상 생애설계자의 8대 생활영역별 구체적 생애설계의 예시를 제시하고 있는 것이 이 책의 특징이다.

한 권의 책으로 생애설계의 이론, 절차 및 구체적 방법을 제시하면서 아울러 8대 생활영역별 실천방법도 제시하려 최대한 노력했다. 그러나 이런 종합적 성격의 단행본은 국내외적으로 처음 시도하는 것이기도 하고 필자의 능력에도 한계가 있어 내용에 부족함이 많다고 생각한다. 필자는 다만 이 책이 일반인이 생애설계를 체계적으로 이해하여 실천하게 되고, 나아가서는 관련 전문가들과 국가 정책 담당자들이 생애설계의 이론적 연구와 실무 서비스 및 정책을 좀 더 체계적이고 실용적으로 발전시키는 데 조금이라도 기여하게 된다면 더 바랄 것이 없다.

생애설계의 이론서와 실무서로서의 이 책의 부족한 점을 보완하고자 독자들이 스스로 생애설계를 연습해볼 수 있도록 생애설계 워크북과 생애설계의 절차인 시간관리 계획을 실천하기 위한 생애설계 다이어리도 개발하고 있다. 워크북과 생애설계 다이어리를 같이 활용하면 생애설계 작성과 실천에 크게 도움이 될 것이라 생각한다.

이 책을 출판하면서 제 삶의 의미와 가치를 분명하게 해주시고 제 삶을 인도해주시고 이 책을 쓰도록 지혜와 용기와 힘을 주신 하나님께 우선 깊이 감사드린다. 원고를 꼼꼼히 읽으면서 토론하고 많은 의견을 준 한국생애설계협회의 정양범 사무총장(매경생애설계센터장)과 현문학 이사께 깊이 감사드리고, 아울러 이 책 출판을 격려해주고 조언해준 한국생애설계협회 정철웅 팀장과 전문위원들과 임원진들에게도 감사드린다. 또한 원고를 교정하고 검토해준 아내와 동생에게도 감사드린다. 인생의 풍부한 경험과 지혜를 가지고 100세 인생을 건강하고 모범적으로 살고 계시는 김형석 교수께서 이 책 추천사를 써주신 것을 무한한 영광으로 생각하며 감사드린다. 그리고 책 출판을 결정해준 서울대학교출판문화원에도 감사드린다.

2020년 5월

저자 최성재

차례

제4편 생애설계 실천과 일상생활을 위한 시간관리

제5편 생애설계 영역

제1편

100세 장수는 요람에서 시작

1. 장수는 축복인가 재앙인가?
2. 100세 장수와 행복은 요람에서부터 챙겨야 한다
3. 청춘은 인생의 한 시절인가? 언제나 청춘일 순 없는가?

장수는 축복인가 재앙인가?

100세도 가능한 평균수명

2020년 현재 우리나라의 평균수명(정확히 말하면 '출생시 평균기대수명' 또는 '출생시 기대수명'임)은 남자 80세, 여자 86세가 되었다(남녀 평균은 83세). 1300년 전 중국 당(唐)나라 시인 두보(杜甫)는 인생칠십고래희(人生七十古來稀: 70세까지 산 사람은 예부터 드물다)라 했지만 인생일백고래희(人生一百古來稀)라는 말이 무색해질 날도 머지않은 것 같다. 1900년대 초 우리나라의 평균수명은 남자 23세, 여자 24세에 불과했는데 100여 년 동안 평균수명은 거의 네 배나 늘어났다(〈표 1-1〉 참조).

평균수명이 빠르게 늘어난 데는 여러 가지 원인이 있지만 영아 사망률 감소, 보건·위생 환경 개선, 의학 발달로 인한 성인병 예방과 치료 효과 향상, 생활수준 향상 등을 주요 원인으로 꼽을 수 있다.

평균수명은 어떤 해(예: 2020년)에 어떤 사회(예: 한국)에서 갓 태어난 영아가 앞으로 얼마나 살 수 있을 것인가를 예측하는 나이(사망 나

〈표 1-1〉 연도별 한국인의 평균수명(실제 및 추정)

연도	1905	1945	1990	2000	2010	2019	2020	2030	2040	2050
남	22.6	45.6	67.3	72.3	76.2	80.0	80.3	82.6	84.6	86.2
여	24.4	50.7	75.5	79.6	82.9	86.0	86.1	87.7	89.0	90.1
평균	-	-	71.3	76.0	79.6	83.0	83.2	85.2	86.8	88.2

출처: 김정근(1984), 노인보건의 현황과 대책; 통계청(2016), 장래인구추계(2015~2065); 통계청(2019), 장래인구 특별추계(2017~2067).

이)를 말한다. 평균수명은 매년 달라지고 사회(국가)마다 달라지며 늘어나는 것이 일반적이다. 살아가는 동안 사람들은 여러 가지 사망 위험(질병, 사고 등)을 만나게 되는데 평균수명은 이러한 사망 위험을 만나게 될 것을 가정하여 예측한 수명이다.

갓 태어난 영아의 경우 평균수명은 현재 나이에서 앞으로 살 수 있을 것으로 예측하는 수명과 같지만, 이미 태어나 살아가고 있는 사람의 경우 예측하는 수명(나이)은 평균수명과 다르게 계산된다. 왜냐하면 현재까지 살아온 사람들은 살아온 기간만큼의 사망 위험 요인을 극복한 것을 고려해야 하기 때문이다. 태어나 몇 년, 수십 년을 살아온 사람이 앞으로 얼마나 더 살 수 있을 것인가를 예측하는 평균수명(연수)을 '기대여명'이라 한다. 즉 기대여명은 현재 나이에서 앞으로 더 살 수 있을 것으로 기대할 수 있는 평균수명을 말한다. 우리나라 통계청에서는 매년 「○○년 생명표 작성 결과」에서 평균수명과 기대여명을 발표하고 있으므로 자신(현재 나이)의 기대여명은 이 자료를 보면 알 수 있다.

기대여명은 어떤 해의 평균수명에서 현재의 나이를 뺀 값으로 계산하면 될 것 같지만 실제로는 그 값보다 평균 2~3년은 더 길다. 이미 20년, 40년 또는 60년을 살아온 사람들은 그동안 사망 위험을 극복하고 살아남았기 때문에 그 사람의 기대여명은 평균수명에서 현재 나이를 뺀 값보다는 좀 더 길다. 다시 말해서 어떤 해 어떤 사람의 기대여명은 그해의 평균수명에서 그 사람의 나이를 뺀 값보다는 2~3년 더 길다는 것이다. 예를 들면 2020년 남자의 평균수명은 80세인데 현재 나이가 60세라면 80년에서 60년을 뺀 값인 20년이 기대여명이 아니라 실제로는 22.5세가 되어 2.5세 정도 더 길다.

평균수명이나 기대여명은 국민 전체의 연령별 평균이기 때문에 개인마다 상당한 차이가 있다. 사망 위험요인을 잘 극복하고 건강관리를 잘 한다면 평균수명보다 적어도 10년 정도는 더 살 수 있을 것이다. 여하튼 앞으로 100세까지 살 수 있는 가능성은 점점 더 높아지고 있는 것이 분명하다.

앞의 표에서 볼 수 있듯이 평균수명은 해마다 계속 늘어날 것으로 예측하지만 무한정 늘어나지는 않을 것이다. 수백 년 이상을 살았다는 장수자에 대한 전설적 이야기나 종교경전의 기록들은 정확한 출생과 사망 일자를 확인할 수 없기 때문에 믿기 어렵고, 또한 1년의 시간 계산 방법도 달랐기 때문에 더욱 믿기 어렵다. 사람이 얼마나 오래 살 수 있는가에 대해서는 여러 가지 예측과 학설이 있지만 정확히는 알 수 없다. 평균수명이 100세를 훨씬 넘어 120~130년 정도까지 가능할 수 있을지 모르지만 그 이상은 기대하기 어려울 것으로 보인다. 현재까지 정확한 출생 일자와 사망 일자 기록이 있는 사람으로 가장 오래 산 사람은 1997년 사망한 프랑스의 장 깔망(Jeanne Calment)이라는 여성인데 122년 164일을 살았다. 가장 오래 산 남성은 2013년 사망한 일본의 기무라 지로우에몬(木村次郎右衛門, Kimura Jirouemon)으로 116년 54일을 살았다.

왜 장수는 축복이 아니라 재앙이 되고 있나?

평균수명이 연장되는 추세는 장수의 가능성이 계속 높아지고 있음을 의미한다. 동서고금을 막론하고 장수는 인류의 가장 큰 소원이다. 인류사회가 정치, 경제, 사회, 문화, 과학, 사회복지 제도 등을 만들어 사회를 발전시켜온 가장 큰 목적 중 하나는 장수의 축복을 누리기 위한 것이라 해도 과언은 아닐 것이다.

개인적 및 사회적 노력으로 평균수명이 연장되어 100세까지의 장수 가능성이 높아지고 있다는 것은 인류사회의 가장 큰 소원을 이루어내고 있는 것이다. 그러므로 장수는 인류사회 발전의 위대한 결과이며 축복이 아닐 수 없다.

그런데 2000년대 들어 우리 국민의 평균수명이 급속히 연장되면서 지난 10여 년 사이 재무적(경제적) 측면에서 노후설계나 은퇴설계를 말하는 사람들은 '장수 리스크'라는 말을 사용하면서 장수를 '위험(risk)'으로 생각하는 경향을 보여왔다. 장수 리스크는 길어지는 노후기간의 생활자금을 충분히 준비하지 못해 발생하는 경제적 어려움에 초점을 두고 하는 말이지만, 장수는 인생의 경제적인 면에서뿐만 아니라 다른 여러 면에서 행복을 위협하는 요인이나 재앙이 될 수도 있다. 인류사회가 추구해온 장수의 꿈이 이루어지고 있는 장수사회에서 장수가 위험과 재앙이 되고 있다는 것은 모순이 아닐 수 없다. 왜 장수가 그렇게 위험요인이 되고 부정적으로 인식되고 있는지 그 이유는 크게 네 가지로 말할 수 있다.

장수를 위험으로 보는 첫째 이유는 노후생활의 어려움이다. 우리보다 발전된 선진국은 좀 다르지만 우리나라 경우 평균수명은 계속 늘어나고 있으나 현재 60세 이후 긴 여생을 살아가는 대부분의 사람들은 일반적으로 네 가지 어려움(사고[四苦]라고 말하기도 함)에 봉착해 있다. 이 네 가지 어려움은 (1) 경제적 어려움, (2) 할 일 없는 어려움, (3) 건강 유지/보호의 어려움, (4) 고독과 소외의 어려움이다.

현재 65세 이상 노인세대들은 공적연금(국가제도에 의한 연금으로 국민연금 등) 가입률이 낮고 별도의 노후자금도 준비하지 못하여 경제적 어려움을 당하는 경우가 많다. 2018년 현재 65세 이상 노인의 상대적 빈곤율은 45% 정도에 이르고, 공적연금을 받고 있는 비율은 46% 정도에 연금액도 월평균 약 57만 원에 그친다(통계청, 2018).

60세 이후 고령자는 말할 필요도 없고 50대만 되어도 재취업의 기회를 찾기 어렵고, 적절한 사회적 역할도 없어 자신의 가치를 인정받지 못하는 가운데 무료하게 시간을 보내야 하는 어려움을 겪고 있다.

많은 노인이 건강이 약해지는 가운데 다양한 만성질병과 장애로 돌봄을 받으면서 살아가야 하는 어려움을 겪고 있다. 2017년 현재 건강이 좋지 않다(주관적 판단)는 노인은 40%나 되고, 만성질환이 있는 노인은 90%에 이른다(보건복지부· 한국보건사회연구원, 2017).

자녀와 별거율이 70%(2018년 현재)를 넘는 가운데 가족 및 친지와의 만남도 여의치 않고, 만나서 이야기하고 즐길 수 있는 이웃, 친구나 활동을 같이하는 동료도 줄어들어 고령자들은 소외감과 고독감이 깊어지고 자존감도 낮아지는 어려움을 겪고 있다.

이러한 네 가지 어려움은 개인에 따라 차이가 있지만 사회 전체적으로 당장 해결되기는 어렵고 해결하는 데도 많은 시간이 걸릴 것이다.

장수를 위험으로 보는 둘째 이유는 연령주의다. 노화(老化: 나이 들어감)와 노인에 대한 편견과 부정적 인식을 연령주의(ageism)라 한다.

이 연령주의는 우리사회에 널리 그리고 깊이 스며들어 하나의 문화가 되고 있으며 젊은이들은 말할 필요도 없고 노인들에서도 나타나고 있다. 이리하여 생산성과 창의성을 나이로 판단하고 차별하는 경향이 두드러지게 나타나고 있다. 젊은이들은 언젠가는 노인이 될 것이고 60세 이후 30~40년을 더 살게 될 텐데 장래의 자기 자신들의 모습을 모르고 스스로 부정하고 있다는 것은 아이러니가 아닐 수 없다. 특히 학력과 정치적·사회적 또는 경제적 지위가 높은 고령자들은 나이가 70, 80이 되어도 자신들은 능력 있고 생산성과 창의력도 있기 때문에 노인이 아니라고 생각하는 경향이 있다. 이들은 반면에 다른 사람들은 60세만 되어도 노인으로 보고 연령적으로 동료의식을 거의 가지지 못하고 노인 문제는 내 문제가 아니라 그 사람들의 문제라 생각하고 무관심한 경우가 많다. 연령주의는 사실과 크게 다르고 결코 바람직하지 못한 현상이지만 개선이 쉽지 않다.

장수를 위험으로 보는 셋째 이유는 장수로 인한 사회적 부담이 증가할 것이라 생각하는 것이다. 대부분의 사람들은 장수의 의미와 결과에 대해 큰 관심을 갖지 못하고, 나이 많아 생산활동을 못하는 사람들이 오래 살게 되면 사회에 부담이 될 것이라 생각한다. 일찍이 고령화를 경험한 선진국에서는 노인이 많아지는 것을 가리켜 '피할 수 없는 재앙', '인구 지진', '인구의 시한폭탄', '거대한 빚더미'라는 등 부정적 표현들을 거침없이 쏟아내는 경우가 많았다(Williamson 등, 1999). 비노인층은 장수로 인해 부담이 증가하는 것을 두려워하고, 노인이 많아지는 사회를 원하지 않기 때문에 노인들의 어려움 해결에 소극적이다 보니 근본적인 해결은 요원한 숙제로 남아 있게 될 가능성이 높다.

사회적 부담은 평균수명 연장으로 노인인구가 크게 늘어나는 것뿐만 아니라 저출산 현상까지 겹쳐 더욱 커지게 될 가능성도 있다. 결혼 자체를 중요하게 생각하지 않거나, 결혼해도 자녀를 낳지 않거나, 자녀를 낳아도 한 명 이상은 낳지 않으려 하는 저출산 현상은 세계적인 추세지만 우리나라는 아주 심각한 상태다. 우리나라 2019년 출산율(합계출산율: 15~49세 여성 한 명이 평생 동안 출산하는 평균아동 수)은 0.92명이었다(통계청, 2020). 현재와 같은 인구 수를 유지하려면 출산율이 2.3명은 되어야 하는데 1명도 못 되니 인구는 계속 줄어들게 될 것이다.

출생아 수가 줄어들면 앞으로 일할 수 있는 사람 수도 줄어들게 된다. 일할 수 있는 인구를 15~64세로 보고 이를 '생산가능인구'라 한다. 평균수명 연장(개인 고령화)으로 65세 이상 노인인구는 늘어나는 반면 생산가능인구는 줄어들게 되면, 생산가능인구가 노인을 부양하기 위해 세금을 더 많이 내야 하기 때문에 세금으로 유지되는 국가사회의 경제적 부담은 계속 증가할 수밖에 없을 것이다. 또한 사회적 부담 때문에 세대 간 갈등도 나타날 수 있으며, 중·장기적으로 사회는 고령화에 대한 부담을 줄이기 위해 노인복지 예산이나 공적연금에 대한 국가 지원을 줄이게 될 가능성이 크다.

장수를 위험으로 보는 넷째 이유는 젊은이들(주로 40~50세 이하 연령층)의 장수의 의미와 결과에 대한 이해와 대책이 부족한 것이다. 아동기, 청소년기, 청년기에는 그저 장수하기만 바랄 뿐 장수의 의미나 결과에는 별로 관심을 갖지 않는다. 중년기 들어 성인병이 나타나기 시작하고 신체적 및 정신적 측면에서 노화를 느끼거나 의식하면서 장수의 의미를 점점 깊이 생각하게 되는 것이 일반적이다. 젊을 때는 '노후는 먼 훗날 일'이라 생각하고 별다른 대책을 세우려 하지 않는 경우가 대부분이고, 또한 '나는 늙지 않고 오래 청춘으로 남아 있을 것이다'라는 기대와 환상에 젖어 노후를 깊이 있게 생각하지 못한다. 그러다 자신도 모르게 어느덧 노년기에 도달하면 노년기 30~40년의 긴 시간을 대비하지 못한 것을 후회하고 엄청난 부담을 느끼게 된다.

장수가 진정한 축복이 되기 위해서는 개인 노력이 필수다

장수가 축복보다는 위험이나 재앙이 되는 네 가지 원인에 대한 개인의 책임과 노력의 중요성을 생각해보자.

첫째, 노후생활의 어려움은 국가사회가 적극적으로 문제해결 노력을 하지 못한 데 책임이 크다. 그렇다고 개인의 책임이 없는 것은 아니며 오히려 더 크다고 할 수 있다. 개인적으로 노후까지를 위해 청년기 또는 늦어도 중년기부터 경제적 대책은 물론 이외 다른 대책도 미리 준비하지 못했기 때문에 여러 가지 어려움을 겪게 되는 경우가 많다.

둘째, 연령주의는 외국에서도 나타나고 있지만 우리나라는 더 심한 편이다. 연령주의 개선이나 해소에는 사회의 책임이 크지만 개인 노력도 대단히 중요하다. 사실 연령주의, 즉 노화와 노인에 대한 편견과 부정적 인식은 과장되거나 과학적 사실이 아닌 것이 대부분이다. 연령주의는 잘못된 생각이므로 비노인층이나 노인층 모두 연령주의를 개선하거나 해소하는 데 적극 노력하는 것이 중요하다. 젊은이들이 연령주의 태도를 갖게 되는 데는 중년기 이후 나이 든 사람들이 보이는 구태의연한 태도와 행동도 큰 몫을 차지한다. 예를 들면 '나이 들면 다 그렇게 되는 거야' 하는 식으로 과거 선배들이나 부모들이 보여왔던 무력감에 젖은 태도나 행동, 나이나 선배 의식만 앞세우고 실력은 없으면서 거드름만 피우는 권위주의적 태도와 행동이 젊은이들로 하여금 나이 많은 사람들을 싫어하게 만드는 요인이 된다. 최근에는 '아재', '꼰대' 심지어는 '틀딱충(틀니를 딱딱거리는 벌레 같은 사람들)' 같은 비속어를 사용하면서 나이 든 사람을 무시하고 놀리는 경우가 늘어나고 있다.

셋째, 고령화사회에 대한 사회적 부담 문제는 단순히 장수와 관련되는 것만이 아닌 저출산 문제와도 크게 관련된다. 고령화사회가 되는 중요한 원인은 노인인구가 증가하는 것과 더불어 출산율 감소로 생산가능인구가 줄어드는 것이다. 나이 들었다고 다 생산성이 떨어지는 것은 아니다. 나이 들어도 생산성을 계속 유지하거나 생산성이 더 높아지는 사람들도 많은데 이들은 능력 유지와 발전을 위해 노력한 사람들이다. 학습과 자기개발의 목표를 세우고 개인적으로 노력하면 연령에 크게 관계없이 계속 생산성을 발휘할 수 있다. 생산성의 정도는 나이 영향도 있지만 개인적 특성의 영향이 더 크기 때문에 개인적 노력과 책임이 중요하다. 결혼과 자녀 출산도 개인적 의사결정과 크게 관련이 있다. 단순히 사회적 추세에 따르거나 자신만의 행복을 챙기기보다는 사회공동체의 일원으로서 합리적인 판단으로 결혼과 자녀 출산 및 양육을 위해 개인적으로 노력하는 것도 중요하다. 개인적 노력으로 해결하기 어려울 경우 사회운동이나 정치적·사회적 압력단체를 만들거나 그런 단체에 참여해서라도 사회가 바른 방향으로 가도록 노력할 필요가 있다.

넷째, 장수의 의미와 결과에 대한 이해 부족은 어떤 면에서 개인적으로 개선할 수 있는 가장 쉽고도 중요한 사항이라 할 수 있다. 국가사회는 국민이 장수의 결과와 고령화사회를 잘 이해하고 준비할 수 있도록 교육하고 관련 정보를 제공해야 할 책임이 있다. 하지만 국가가 적극적으로 교육하고 알려주지 않는다는 것은 핑계가 될 수도 없고, 개인적으로 장수의 의미와 결과를 이해하기 위해 노력하는 것은 개인의 능력과 책임이다. 개인적으로 먼 미래를 내다보고 장수의 의미와 결과를 잘 이해하고 대책을 세우는 것은 무엇보다 현명한 일이 아닐 수 없다.

이상에서 말한 것처럼 장수가 축복이 되느냐 아니냐는 국가사회의 노력과 책임도 크지만 개인의 노력과 책임 또한 결코 작지 않고 오히려 더 크다고 할 수 있다. 사실 언론, 학술연구, 강연, 여러 종류의 책이나 보고서 등에서 장수와 고령화사회의 대책이 지속적으로 이야기되고 있는데 개인적으로 관심을 두지 못했거나 의식적으로 외면했을지도 모른다. 하여튼 그러한 정보를 접하지 못한 것은 개인적인 불행이며 지식정보화사회에서 다양한 정보를 찾아 잘 활용하는 것은 개인의 노력과 책임이고 현명한 행동이라 할 수 있다. 따라서 국가사회의 책임과 노력에 앞서 개인이 노력하고 책임을 지는 자세가 더 중요하다.

개구리가 살고 있는 물이 갑자기 뜨거워지면 금방 튀어나와 살 수 있게 되지만, 미지근하여 서서히 뜨거워지면 뜨거워지는 것을 느끼지 못하고 결국은 물속에서 생명을 잃게 된다. 개구리가 미지근한 물에 안이하게 있듯이 고령화(노인인구 비율 증가와 평균수명 연장)는 직접 잘 느끼지 못하는 가운데 진행되고 있기 때문에 개인에게 거의 자극이 되지 못하고 있다. 요람에서 무덤까지 100세 인생과 장수의 의미와 장수의 결과를 잘 모르고 지내거나 알아도 그 대책을 회피하고 뒤로 미룬다면 100세 건강과 행복은 보장되기 어려울 것이고 장수가 위험과 재앙이 될 수 있는 가능성만 높아질 뿐이다.

100세 장수가 축복이 되기 위해서는 개인의 노력이 무엇보다 중요하다. 100세 장수와 행복은 중년 이후, 50대 이후, 퇴직 이후 계획과 실천으로가 아니라, 가능하면 요람에서 무덤까지 생애주기 각 단계에 대한 계획과 실천 없이는 결코 보장되기 어렵다. 우리가 추구하는 것은 노후만의 건강과 행복이 아니라 인생 전체, 즉 생애주기 각 단계의 건강과 행복이다. 생애주기 각 단계의 건강과 행복을 추구하려는 계획과 실천의 노력 없이 인생역전, 요행이나 기적 같은 것을 기대할 수는 없다. '어쩌다 100세까지 건강하고 행복하게 살게 되는 것'은 절대로 보장되지 않는다.

재대로 예측하여 계획하고 실천하면 장수는 축복과 선물이 된다

100세 인생이 보편화될 가능성은 계속 커지고 있는데 장수가 축복이 아니고 재앙이 된다는 것은 인류사회 발전의 모순이고, 개인적 불행이 아닐 수 없다. 100세 인생을 제대로 예측하고 일찍부터 계획을 세우는 사람에게는 장수는 축복이고 선물이 될 수 있다. 『100세 인생(*The 100-year Life*)』의 저자인 그래튼(Lynda Gratton)과 스콧(Andrew Scott)은 다음과 같이 역설한다(Gratton & Scott, 2016).

제대로 예측하고 계획을 세우면 장수는 저주가 아니라 선물이다. 그것은 기회로 가득차고 시간이라는 선물이 있는 인생이다. 이러한 시간을 어떻게 구성하여 사용할 것인가는 길어진 삶에 대한 핵심적 대책이다.
(번역서 p. 15)

02

100세 장수와 행복은 요람에서부터 챙겨야 한다

장수의 의미: 건강하고 활발하게 오래 사는 것

장수는 흔히 말 그대로 건강과 활동 상태에 관계없이 오래 사는 것이라 생각한다. 그런데 몇 살까지 살아야 장수라 할 수 있는지에 대한 정확한 정의는 없다. 100세까지 사는 것을 장수라 한다면 아무도 반대하지 않을 것이다. 그러나 사실 100세까지 생존 가능성은 〈표 2-1〉

〈표 2-1〉 우리나라의 연령별 100세까지 생존확률(단위: %)

생존확률 구분	남자 생존확률	여자 생존확률
0세에서 40세까지	98.1	98.8
0세에서 65세까지	87.9	94.7
0세에서 80세까지	60.1	79.9
0세에서 100세까지	1.0	3.7

출처: 통계청(2019), 2018년 생명표.

에서 보듯이 우리나라에서는 아직도 상당히 낮은 편이다.

표에서 보면 2018년 현재 0세에서 100세까지 생존확률은 남자 1.0%, 여자 3.7% 정도다. 따라서 100세 이상을 장수자로 정의하면 아직은 기준 나이가 너무 높다. 그렇다면 2020년 현재 몇 살 이상이면 장수자라 할 수 있을까? 평균수명보다 10년 이상이면 장수자라 해도 되리라 생각한다. 남녀의 평균수명이 각각 다르기 때문에 남자 장수자는 평균수명 80세보다 10년 높은 90세 이상자가 되고, 여자 장수자는 평균수명 86세보다 10년 높은 96세 이상자가 된다.

그렇다면 장수는 건강과 활동 상태와 관계없이 단순히 오래 사는 것만을 의미하는가? 장수는 단순한 생명연장(나이)이 아니라 나이와 함께 건강상태 및 활동상태도 생각하여 판단하는 것이 더 합리적이다.

나이와 건강과 활동 상태를 고려한 장수의 형태는 크게 네 가지로 구분해볼 수 있다. (1) 건강 장수(직업활동이나 사회활동을 하는 데 지장이 없을 정도로 건강한 상태의 장수), (2) 일상생활 가능 장수(직업활동이나 사회활동을 할 수 있는 정도는 아니지만 혼자서 식사, 세수, 목욕, 화장실 가기, 옷 입고 벗기, 스스로 자유로운 몸동작, 집안에서의 움직임, 조리활동, 근거리에 오가는 일, 근거리 간단한 쇼핑, 금전관리 등의 일상생활이 가능한 건강상태의 장수), (3) 자기관리 가능 장수(집 안에서 자기 몸을 자유롭게 움직이고 식사, 세수, 목욕, 화장실 가기, 옷 입고 벗기 등 자기관리는 충분히 할 수 있으나 집 밖에 나가서 간단한 활동을 하기는 어려운 건강상태의 장수), (4) 의존 장수(자기관리도 할 수 없어 남에게 의존하면서 생활하는 건강상태의 장수). 일반적으로 나이와 건강과 활동 상태를 고려한 장수는 (1)의 상태에 있다가 노화하면서 신체적 및 정신적 기능이 저하되어 (2) → (3) → (4)의 단계로 진행된다.

건강상태와 활동상태를 고려한 장수의 기준을 가장 낮게 잡으면 신체적·정신적으로 자기관리를 할 수 있는 정도까지(3단계까지)는 되어야 할 것이다. 건강과 활동 상태를 고려하여 수명을 판단하는 것이 타당하다는 의미에서 평균수명을 크게 두 가지로 구분하고 있다. 평균수명 전체 기간 중에 성인이 된 이후 신체적 및 정신적으로 독립적 일상생활을 할 수 있는 기간의 평균수명을 건강평균수명(healthy life expectancy)이라 하고, 일상생활을 남에게 의존하여 지내는 기간의 평균수명을 의존평균수명(dependent life expectancy)이라 한다. 즉 평균수명 = 건강평균수명 + 의존평균수명이 되는 것이다. 이하 건강평균수명은 간략히 '건강수명', 의존평균수명은 간략히 '의존수명'이라 부르기로 한다. 의존기간은 건강상태가 약해지거나 신체적 및 정신적 장애가 발생하는 노년기 기간(노년기 중에서도 가장 늦은 기간)에 집중적으로 오게 된다. 건강수명이 길어지면 의존수명은 짧아지는데 개인적 노력으로 건강수명을 길게 유지할 수 있고, 건강수명 연장에는 개인적 노력의 영향이 다른 영향보다 훨씬 크다.

우리나라의 경우 2016년(2020년 현재 가장 최근 통계) 각 연령에서 건강수명과 의존수명을 살펴보면 〈표 2-2〉와 같다. 표에서 유병기간(질병이 있는 기간)은 반드시 의존수명과 같지는 않지만 거의 비슷하다고 보면 된다. 표에서 건강수명과 의존수명은 주관적으로 평가한 것이기 때문에 건강검진 결과로 판단하는 것과 상당히 다를 수 있다.

2016년 평균수명은 남자 79.3세, 여자 85.4세지만 남자의 건강수명은 64.7세, 의존수명은 14.6년이고, 여자의 건강수명은 65.2세, 의존수명은 20.2년이다. 여자의 평균수명은 남자보다 5~6세 정도 길지만 의존수명이 남자보다 5~6세 정도 길기 때문에 건강수명은 결국 남녀간 차이가 없다고 할 수 있다.

장수는 적어도 자기관리 정도는 할 수 있는 건강상태로 오래 사는 것이 되어야 한다는 생각에 많은 사람들이 동의할 것이다. 그런데 100

〈표 2-2〉 연령별 기대여명과 건강수명 및 의존수명(2016년 현재)

연령	기대여명		건강수명		의존수명	
	남	여	남	여	남	여
0	79.3	85.4	64.7	65.2	14.6	20.2
10	69.6	75.7	55.8	56.3	13.8	19.4
20	59.8	65.8	46.2	46.7	13.6	19.1
30	50.0	55.9	36.8	37.2	13.2	18.7
40	40.4	46.2	27.5	28.0	12.9	18.2
50	31.1	36.6	18.8	19.1	12.3	17.5
60	22.5	27.2	11.5	11.5	11.0	15.7
70	14.5	18.1	6.2	6.1	8.3	12.0
80	8.1	10.2	2.9	3.3	5.2	6.9
85 이상	5.8	7.1	2.0	2.6	3.8	4.5

출처: 통계청(2017), 2016년 생명표 작성결과.

세 시대의 장수는 자기관리 가능 수준을 넘어 좀 더 높은 수준이 되어야 할 것이다. 지금까지 '장수'라 하면 늙은 상태를 오래 유지하는 것으로 이해하는 것이 일반적이었다(Gratton & Scott, 2016). 늙은 상태는 나이 많아 심신의 기능이 쇠약한 노쇠(老衰: frailty)상태를 의미한다. 단순히 나이가 많아지는 노화(aging)는 피하거나 막을 수 없지만 나이만이 주된 원인이 아닌 노쇠는 많이 지연시키고 예방할 수 있다.

미국의 시인 새무얼 얼만(Samuel Ullman)은 「청춘(youth)」이라는 시에서 '청춘은 인생의 한 시절이 아니라 마음의 한 상태다'라고 노래했는데 이는 노인은 나이가 아니라 마음과 활동 상태로 판단해야 한다는 의미다(제3장 참고). 100세 장수 가능성이 점점 높아지고 있는 현실에서 장수는 지금까지 이해하던 단순한 생명 연장도 아니고, 노쇠한 상태 연장도 아니고, 최소한 남에게 의존하지 않을 정도의 심신의 건강상태 연장도 아니다. 바람직한 장수는 '남에게 의존하지 않는 심신의 건강상태를 유지하는 한편 유연성, 열정, 호기심, 용기와 상상력을 발휘하면서 오래 사는 것'이 되어야 할 것이다.

100세 장수는 왜 요람에서부터 챙겨야 하는가?

100세까지 건강하고 행복하게 살기 위해서는 태어나면서부터 스스로(상당 기간은 부모가 대신하거나 부모의 도움 필요) 건강과 행복을 챙겨야 하는 데는 적어도 네 가지 근거가 있다. 이 네 가지 근거를 하나씩 짚어보자.

1. 건강은 평생 건강관리를 통해 지킬 수 있다

세계보건기구는 평생 건강관리의 중요성을 강조하고 있다(WHO, 2002). 10대 이전에는 전염병, 부모의 좋지 못한 건강상태나 영양결핍이 영아 사망과 질병의 주요 원인이 되고, 10대에서 30대에는 상해나 비전염(非傳染)의 건강위험 요인이 사망과 질병의 큰 원인이 된다. 40대 중반 이후부터는 비전염의 건강위험 요인이 사망과 질병의 주요 원인이 된다. 한편 많은 연구에서 당뇨병이나 심장병 같은 만성질병의 근본적 시작은 아주 어린 영아기나 유아기부터라는 것이 밝혀지고 있다.

이러한 건강위험 요인은 일생 동안 개인이나 가족의 사회경제적 상태나 경험에 의해 강화되거나 약화되기도 한다. 만성적 건강위험 요인이 나타날 가능성은 나이 들어감에 따라 계속 증가한다. 노년기의 중요한 만성적 건강위험 요인이 되는 것은 흡연, 운동 부족, 부적절한 식습관과 다른 습관적 행동들로 밝혀지고 있다.

미국 맥아더재단의 지원으로 의학자, 심리학자, 사회학자 등 16명의 다양한 전공 학자들이 노인 1,000명을 대상으로 8년간 추적 조사한 결과를 정리하여 발간한 『성공적 노화(*Successful Aging*)』에서 성인병 발생요인의 70% 정도는 유전적 요인이 아닌 생활양식(습관)과 환경요인이라고 밝히고 있다(Rowe & Kahn, 1999). 즉 어린 시절부터 형성되어온 올바르지 못한 생활양식이 성인병 발생의 주요인이 된다는 것이다. 이 같은 연구결과는 어린 시절부터 생애 전 과정을 통해 만성적 건강위험 요인을 알고 예방하거나 발생한 위험요인을 잘 관리하는 것이 대단히 중요하다는 것을 강조하는 것이다.

1930년대 말 하버드대학에 입학한 2학년생 268명을 72년간 추적 조사한 연구서(Vaillant, 2002: 번역본 『행복의 조건』)는 50대 이전의 삶을 통해 70대 이후 건강하고 행복한 삶을 예측할 수 있다고 한다. 50대 이전의 삶에서 (1) 안정적인 결혼생활, (2) 어려움에 성숙하게 잘 대처하는 자세, (3) 금연과 적절한 음주, (4) 규칙적 운동, (5) 적절한 체중 유지, (6) 높은 교육수준이라는 6가지 요소가 지속적으로 나타났다면 70세 이후에도 건강하고 행복한 삶을 살 수 있다는 것이다. 이 6가지 요소는 개인적 노력으로 통제 가능한 것이며, 6가지 요소 모두가 아니라도 그중 한 가지만 좋아도 건강한 삶을 오래 유지할 수 있다는 것이다. 이 같은 연구결과는 노후의 건강 유지에는 노년기 이전의 건강 유지/증진 행동의 습관화가 크게 영향을 미친다는 것을 다시 한번 일깨워주는 것이라 할 수 있다.

2. 생애주기 단계의 발달과업 해결/미해결은 평생 동안 영향을 미친다

발달과업은 생애주기 단계마다 해결하고 넘어가는 것이 바람직한 과제를 말한다. 하비거스트(Havighurst, 1972)를 위시한 많은 발달심리학자들은 인간은 요람에서 무덤까지 계속 발달하고, 계속 발달하기 위해서는 생애주기 단계마다의 발달과업을 잘 수행해야 한다고 주장한다. 생애주기 단계별 발달과업은 인간의 신체적·심리적·인지적 및 사회적 존재라는 특성적 측면으로 구분할 수도 있고, 직업·경력, 학습·자기개발, 건강, 가족·사회관계, 주거, 사회참여·봉사, 여가·영적활동, 재무(경제)와 같은 생활영역으로 구분할 수도 있다.

발달과업은 인간이 속해 있는 사회와 문화 속에서 인정될 수 있는 방법으로 해결하는 것이 바람직하며, 성공적으로 잘 해결하면 스스로 만족감과 자부심을 느끼고 또한 사회로부터 인정을 받게 된다. 생애주기 단계별 발달과업을 성공적으로 잘 수행하면 다음 생애주기 단계로 유연하게 넘어가고 새로운 단계의 발달과업을 수행하는 데도 크게 도움이 된다. 반면에 생애주기 각 단계의 발달과업을 잘 수행하지 못하면 행복하지도 못하고, 사회로부터 인정받기도 어렵고, 다음 단계의 발달과업 수행에도 어려움을 겪게 되는 경우가 많다.

예를 들면 청소년기의 심리사회적 측면의 주요 발달과업은 자아 정체성을 확립하는 것이다. 자아 정체성은 부모로부터 독립된 자기만의 가치, 정치적 견해, 열정, 취향을 가지는 것을 말한다. 그런데 청소년기에 자아 정체성을 확립하지 못하면 어떤 사람이 되어야 할지, 어떤 직업을 선택해야 할지에 대한 확신이 서지 않아 방황하게 된다. 이러한 상황에서 청년기로 넘어가게 되면 청년기의 발달과업인 이성 및 동성과의 관계 수립도 어렵게 되고, 직업 선택도 쉽지 않게 되고, 직업 안정성도 얻지 못하게 되며, 이후 중년기, 장년기, 노년기까지도 부정적 영향을 미치게 된다. 자기 인생의 사명(삶의 가치와 활동 방향)을 잘 확립한 경우는 더 적극적으로 자신에게 맞고 바람직한 선택이 가능하다. 특히 우리나라와 같은 아동양육 문화에서는 아동, 청소년은 물론 청년까지도 자기 인생의 사명을 확립하지 못하고 부모의 강요나 요구에 휘둘리고, 때로는 쉽게 유행이나 시류를 따라가기도 한다. 청소년은 자기 인생의 사명에 대해 고민하고 부모, 선배, 스승 등과 상의하여 자기가 주체가 되어 자아 정체성을 확립하고 진로를 선택하도록 노력해야 할 것이다.

생애주기 단계 발달과업을 수행하는 데 있어 주어진 환경과 조건에 맞게 수동적으로 적응하기보다는 적극적으로 타고난 신체적 조건과 개인적 가치와 목표에 맞게 선택하고 조정할 수 있다. 그런데 모두가 적극적으로 조정하고 적응하는 것이 아니라 단순히 수동적으로 적응하는 경우도 많다. 생애주기 단계 발달과업의 해결/미해결은 어린 시절부터 생애주기 단계를 통해 축적되어 노년기까지 영향을 미치게 된다는 것을 확실하게 인식하고, 생애주기 단계 발달과업 해결을 위해 가능하면 이른 시기부터 단계별 발달과업을 반영한 생애계획을 세워 적극적이고 주도적으로 환경과 조건에 대응해나가는 것이 중요하다.

생애주기 각 단계마다의 건강과 행복이 노년의 건강과 행복으로 이어진다. 생애주기 단계 발달과업 해결을 위한 계획과 실천이 늦어질수록 생애주기 각 단계의 건강과 행복을 이루어내기도 어렵고, 100세까지의 건강과 행복을 이루어내기는 더욱 어려워질 수 있다.

3. 어린 시절부터의 결정과 기회와 조건이 노년기까지 영향을 미친다

생애과정론(Elder, 1998; Carr, 2019; Liu & Lachman, 2019)에 따르면 어린 시절부터 생애과정 내내 개인에게 주어진 조건과 기회, 선택하고 행동한 것이 계속해서 노후까지 영향을 미친다는 것이다.

개인의 특성이나 환경의 영향으로 달라질 수도 있지만 과거와 현재가 향후 인생의 여러 영역에 중요한 영향을 미치며, 특히 사회경제적 상태, 정신 건강, 신체적 기능, 결혼생활 등에서 어린 시절의 결정과 기회와 조건은 노후까지 축적되어 크게 영향을 미치게 된다.

4. 젊을수록 꿈을 실현하기 위한 선택의 폭이 넓어지고, 시행착오의 손실을 줄일 수 있다

일반적으로 나이가 적을수록 앞으로 살아갈 시간이 많다. 젊을수록 더 많은 꿈을 꿀 수 있고, 실현 가능한 꿈 중에 자기 적성과 재능을 살릴 수 있는 것의 선택 폭도 더 넓어진다. 그리고 선택한 꿈을 실현할 수 있는 방법 선택의 폭도 넓어진다.

살아갈 시간이 많으면 학업이나 직업 등을 잘못 선택했어도 다시 시도할 수 있는 시간적 여유가 상대적으로 많다. 따라서 인생의 이른 시기의 시행착오로 인한 시간과 기회와 경제적 손실이 생기더라도 늦은 시기(중년기나 노년기)의 시행착오로 인한 손실보다 더 적은 것이 일반적이다. 아동기에서 청소년기, 청년기, 중년기로 갈수록 개인적 책임, 가족에 대한 책임, 직장과 사회에 대한 책임도 커지고 고려해야 할 사항도 많아져 선택의 폭이 좁아진다. 그리고 다시 시도할 수 있는 시간과 기회가 줄어들어 경제적 손실은 회복하기 어려워질 수도 있다. 이 말은 일찍 시작하는 것이 상대적으로 좋다는 것일 뿐 늦게라도 시작하는 것이 의미 없다는 말은 결코 아니다.

장수를 노년의 관심사로만 생각하는 것이 문제다

앞에서 설명한 바와 같이 100세 건강과 행복의 장수는 노년기에, 빠르면 중년기부터 챙겨야 할 사항이 아니라 요람에서부터 챙겨야 할 사항임이 확실함에도 불구하고 왜 노년기 이전에 사람들은 자기 삶에 대해서 장기적으로 계획을 세우는 데 별로 관심을 갖지 못하는가?

첫째, 연령주의 의식 때문이다. 연령주의는 노화와 노인에 대한 부정적 인식과 편견 및 차별의식을 말한다. '장수'나 '100세 인생' 등은 늙은 상태가 길게 연장되는 노년기 또는 노인과 관련된 사항이라 판단한다. 따라서 그러한 노년기가 다가오는 것과 노인이 되는 것을 싫어하고 두려워하기 때문에 청년이나 중년은 일단 장수를 깊이 생각하기 싫어한다.

둘째, 청소년은 말할 필요도 없고 청년이나 중년은 '장수'니 '100세 인생'이니 하는 것은 먼 훗날의 일이라 생각한다. 따라서 '지금은 먼 훗날 일을 진지하게 생각할 그런 시기는 아직 아니다'라고 생각하기 때문이다.

셋째, 청년이나 중년은 의식적이든 무의식적이든 '나는 계속 청년으로 또는 중년으로 오래 살 것이고 노인은 되지 않을 것이다'라고 생각하기 때문이다.

넷째, 노인이나 고령화사회에 관해 국가의 정책이나 대중매체의 프로그램을 기획하는 사람들 대부분은 노인층이 아니기 때문에 장수에 대해 진지하게 관심을 가지기 어렵기 때문이다. 사실 이들은 장수에 대한 사회적 관심의 필요성과 개인적 대책의 필요성을 알리고 대책을 촉구할 수 있는 영향력 있는 사람들이다. 그런데 이들은 대체로 자신의 직책 수행이라는 입장에서만 관심을 가질 뿐, 장수를 자신들의 장래 일로 진지하게 공감한 상태에서 정책이나 프로그램을 만들지 않은 경우가 많아 일반 대중의 공감을 끌어내기가 쉽지 않다.

장수와 100세 관련 사항이 단지 노년만의 관심사가 되고 있다는 이런 이유는 과연 합당한가? 100세 건강과 다양한 생활영역에서의 행복은 요람에서부터 시작하여 생애주기가 진행되는 동안 어떻게 생각하고 행동하느냐에 의해 노년기까지 계속 영향을 받게 된다. 그러므로 100세 건강과 행복은 요람에서부터 전 생애주기 단계마다 설정한 목표를 달성하고 발달과업을 잘 수행하려는 노력이 있어야 얻어질 수 있는 것이다. 중년 이후 또는 퇴직 임박한 어느 시기에 시작하는 은퇴설계나 노후설계로는 100세 건강과 행복을 보장하기 어렵다는 것을 다시 한 번 명심해야 할 것이다.

청춘은 인생의 한 시절인가? 언제나 청춘일 순 없는가?

청춘의 두 가지 의미

청춘(젊음)이라 할 때 먼저 떠오르는 것은 나이가 젊다는 것, 즉 나이가 10대 말에서 30대 말 정도까지를 생각한다. 흔히 28청춘은 2×8=16세로 10대 후반 신체적으로 거의 성숙한 시기를 말한다. '청춘'이라는 말은 '청년'이라는 말과 같은 의미로 보는 것이 일반적이다. 따라서 청춘은 생애주기에서 10대 말에서 30대 말까지의 시기로 본다.

청춘과 청년은 생애주기 단계나 나이로 판단하면 같은 의미로 생각하겠지만 서로 다르게 생각할 수도 있다. 청춘은 '젊다'는 이미지와 의미를 담고 있기 때문에 사람들마다 기준이 다른 주관적인 면이 크지만, 청년은 일반적으로 나이를 기준으로 판단하여 일정 시기에 해당하는 생애기간을 의미하므로 객관적인 면이 크다.

청춘과 청년을 구별할 수 있는 시 한 편을 소개하고자 한다. 1950년 70세의 나이로 한국전쟁 때 인천상륙작전을 지휘한 UN군 사령관

더글러스 맥아더 장군이 애송하던 「청춘(youth)」이라는 시다. 이 시는 미국의 새무얼 얼만(Samuel Ullman, 1840~1924)이 지은 것이다. 얼만은 84년을 살았고, 맥아더 장군도 1880년에 태어나서 1964년까지 84년을 살았다. 「청춘」의 작가 얼만과 이 시를 애송하던 맥아더 장군이 모두 84년이라는 장수 인생을 살았다. 얼만은 그의 출생 연도인 1840년 미국의 남자 평균수명(40세 정도로 추정)에 비해 크게 장수한 편이었고, 맥아더 장군 역시 그의 출생 연도인 1880년 미국의 남자 평균수명(45세 정도로 추정)에 비해 크게 장수한 편이었다. 1950년 미국의 남자 평균수명은 66세였는데 맥아더 장군이 더구나 군인으로 한국전에 참전한 나이 70세는 미국 남자의 평균수명에 비해서 고령이었고, 1950년 당시 우리나라 남자 평균수명 48세에 비하면 대단한 고령이었다. 「청춘」이라는 시 전문을 소개하면 다음과 같다.

청춘

청춘은 인생의 한 시절이 아니라 마음의 한 상태다. 그것은 장밋빛 볼, 붉은 입술 그리고 유연한 무릎의 문제가 아니다. 그것은 의지, 풍부한 상상력, 불타는 열정의 문제다. 청춘이란 인생의 깊은 샘의 신선함이다.

청춘은 유약함을 물리치는 용기, 안이함을 뿌리치는 모험심이다. 청춘은 때로는 이십 세 청년보다 육십 세 노인에게 있다. 단지 연령의 숫자로 늙었다고 말할 수 없다. 황폐해진 이상에 의해 늙게 되는 것이다.

세월은 피부를 주름지게 하지만 열정을 버림은 영혼을 주름지게 한다. 고뇌, 공포, 자기불신은 마음을 굴복시키고, 영혼을 흙 속으로 돌아가게 한다.

육십이든 열여섯이든 모든 인간의 마음속에는 경이로운 것에 대한 매혹, 다음의 무언가에 대한 아이들과 같은 끊임없는 욕망, 삶의 유희 속의 환희가 존재한다.

그대와 나의 마음 중심 거기에는 무선 전신국이 있으니 아름다움, 희망, 희열, 용기와 힘의 메시지를 인간과 신에게서 받는 한 그대의 젊음은 계속되리라.

안테나가 내려지고 그대의 영혼이 냉소의 눈과 비관의 얼음으로 덮이면 이십 세일지라도 늙은 것이다. 그러나 그대가 안테나를 올리고 낙관주의 전파를 잡는다면 그대는 팔십 세일지라도 청춘으로 죽을 수 있으리라.

이 시에서 작가 얼만은 청춘은 나이로 구분되는 인생의 한 시절(청년)이 아니라 마음의 한 상태라 하여 청춘과 청년을 구별하고 있다. 얼만도 이 시를 애송하던 맥아더 장군도 마음의 한 상태인 청춘으로 살았기에 장수했을지도 모른다. 「청춘」이라는 시에서 말하는 청춘은 청년들에게서 흔히 발견할 수 있는 바람직한 생각과 태도와 행동이라 할 수 있는 '열정, 용기, 희망, 호기심, 모험심, 상상력을 계속 발휘하는 것'을 의미한다. 이런 의미에서 개인이 노력하면 나이와 관계없이 그런 청춘의 상태는 죽는 순간까지도 계속 유지할 수 있다. 나이가 많기 때문에 노인이 되는 것이 아니라, 열정, 용기, 희망, 호기심, 모험심과 상상력을 버렸기 때문에 노인이 된다는 것이다. 단순히 나이로 늙었다고 생각하여 포기하고, 두려워하고, 낙망하지 말고, 새로운 것에 대한 호기심과 도전, 상상력을 버리지 말라는 것이다. 그리고 나이로는 청년이지만 청춘의 속성을 잃어버리면 노인이나 다름없다는 것이다.

언제나 청춘은 환상일 수도, 아닐 수도 있다

사람들은 청춘은 청년의 전유물처럼 생각하여 나이로만 청춘을 따지고 마음으로 청춘을 따지지 않는다. 다만 사람들은 청년의 나이가 지나감을 아쉬워하면서 '마음은 언제나 청춘'이라고 위로할 뿐이다. 사람들은 언제나 청년으로 있을 수 없다는 것을 의식적으로는 잘 알면서도 무의식으로는 청춘('나이의 청춘'이라 함)이 계속될 것처럼 생각한다. 그리고 자기도 의식하지 못하는 사이에 중년에 접어들면 나이의 청춘이 지나갔음을 아쉬워하면서 또 무의식적으로 중년이 계속될 것처럼 착각하기 쉽다. 그리고 중년을 지나면서도 아직도 신체적으로는 젊다고 생각하기도 한다. 사람들은 나이의 청춘이 계속되리라고 의식적으로나 무의식적으로 생각하지만 실제 나이를 먹으면서 점차 그것은 환상에 불과함을 깨닫게 된다.

나이와 관계없는 청춘에는 두 가지가 있다. 하나는 흔히 생각하는 '마음은 청춘'은 청년 시절 같은 심리적 상태를 유지하고 있다는 의미지만 대체로 본능적 심리에 많이 치중해 있는 경우가 대부분이다. 또한 청춘의 심리상태에 있더라도 생각만으로 한정되고 태도나 행동으로 나타나지 않는 '마음은 청춘', 즉 '마음만 청춘'인 경우가 대부분이다. 나이와 관계없는 또 하나의 청춘은 바로 '마음과 태도와 행동의 청춘'이다. 이러한 의미의 청춘은 바로 새무얼 얼만의 시에서 말하는 '열정, 용기, 희망, 호기심, 모험심, 상상력을 실제로 발휘하는 것'의 청춘이다. 이런 청춘은 청년에게는 물론 청년기 이후에도 모든 사람이 계속 유지할 수 있는 것이다. 이런 의미의 청춘은 누구나 원하는 것이고 바람직한 것이다. 이러한 '마음과 태도와 행동의 청춘'을 유지할 수 있는 원동력은 무엇일까? 그것은 바로 각자 인생의 사명을 확립하고 사명을 실현하기 위해 설정한 목표일 것이다. 이 사명 확립과 목표 설정은 생애설계의 핵심적 내용이므로 이후 다른 장(제9장과 제10장)에서 상세히 설명하기로 하겠다.

100세까지 청춘으로 살아가도록 계획하고 준비해야 한다는 것은 모든 연령층에 대한 엄중한 '경고'다

요람에서 무덤까지 각 생애주기 단계마다 나타나는 상황이나 상태는 그 생애주기 단계의 나이나 시점이 되지 않으면 확실히 느끼고 이해할 수 없는 것이 일반적이다. 청년은 청년기가 계속될 것이라 생각하고, 중년이 되어서도 중년기가 계속될 것이라고 무의식적으로 믿기 때문에 그다음 단계인 중년기나 노년기에 대해 별로 관심을 갖지 못한다. 또한 청년기에는 중년의 상태와 노년의 상태를 체험하지 못하기 때문에 중년이나 노년의 깊은 내면을 진정으로 이해할 수 없다. 그렇기 때문에 중년이나 노년의 모습을 보고 듣는 것만으로는 자기에게 다가올 생애주기 단계의 여러 측면의 마음상태를 깊이 알기 어렵다.

부모나 선배들이 때때로 생애주기 단계에서 겪은 시행착오와 실수를 이야기하고 후회하면서 후배들이나 다음 세대들에게 바람직한 삶의 태도나 자세를 가질 것을 권면한다. 하지만 아직 그 생애주기 단계에 이르지 못한 사람들은 현실적으로 공감하지 못하기 때문에 실로 중요한 교훈이 될 수 있음에도 불구하고 잔소리 정도로 생각하는 경우가 많다. 사람들은 자신들의 앞날은 부모나 선배들의 삶과는 다를 것이고 더 발전된 삶을 살 수 있을 것이라고 낙관적으로 생각하는 경향이 있다. 어려운 일은 자신에게는 닥치지 않을 것이라 생각하고 다른 사람의 경험이나 조언에 관심을 두지 않고 안이하게 살아간다. 인류역사에서 사회 지도자들이 부모나 선배의 경험이나 조언을 듣고 진정한 교훈을 얻었다면 인류사회는 더 많은 발전을 이룰 수 있었을 것이다. 개인도 부모나 선배의 경험과 조언으로부터 교훈을 얻었다면 더 만족스럽고 성공적인 삶을 살 수 있었을 것이 분명하다. 대부분의 사람들이 특정 나이, 특정 시점이 되어 진정으로 느끼고 체험한 후에야 부모나 선배들 이야기를 잘 들었더라면 하고 후회한다. 이와 같은 뒤늦은 후회는 인류사회도 개인도 수없이 반복해오고 있지만 잘 고쳐지지 않고 있다.

일반적으로 생애주기 단계에서 나타나는 특성을 특정 나이, 특정 시점이 되어서야 비로소 실감할 수 있기 때문에 노년기를 이해하지 못하는 것이 당연하다고 생각하거나 대수롭지 않게 생각한다. 평균수명이 별로 길지 않았던 시대에는 사람들은 '노후가 그런 것이 인생이야', '사람 일생이란 다 그런 거야'라고 생각하며 퇴직 후 10~15년 정도 사는 일생을 보냈다. 하지만 60세 이후 30~40년의 긴 여생이 주어지는 100세 시대에는 '그 나이, 그때가 되어야 안다'는 생각이나 말은 더는 해서는 안 될 것이다. 21세기 들어와서 인간 수명의 혁명(노화의 혁명)이 일어나고 있는데도 이를 감지하지 못한 채 구태의연하고 안이한 생각에 젖어 있어서는 안 될 것이다. 많은 과학적 연구에서 미래 장수자의 삶과 고령화사회의 모습이 예측되고 있기 때문에 장기적 대책의 필요성과 중요성은 더는 무시할 수 없는 '경고'로 받아들여야 할 것이다.

인류사회 발전의 결과이자 위대한 업적인 장수사회 실현 속도는 20세기까지는 그리 빠르지 못했다. 그러나 21세기부터는 그 속도가 빨라지고 있어 우리나라를 비롯한 선진국의 평균수명이 100세까지 될 가능성은 더욱 높아지고 있다. 빠르게 연장되고 있는 인생, 100세 인생은 노년기 또는 노후만의 연장이 아니라 생애주기 전체가 연장되는 것이기 때문에 생애주기 단계의 재조정과 생애주기 전체에 대한 설계의 필요성과 실천의 중요성은 어느 누구도 부정할 수 없게 되고 있다.

2000년대 들어 급속히 진행되고 있는 고령화는 세계적 현상이 되고 있고 그 대책으로 노후설계가 아닌 생애설계의 필요성이 전 세계적으로 강조되고 있다(WHO, 2015). 이런 상황에서 특정 나이, 특정 시점이 되어야 알 수 있다는 것은 위안도 핑계도 될 수 없는 어리석은 생각일 뿐이다. 이제 모든 연령층의 사람들은 과학적으로 예측된 미래의 장수사회를 확실하게 깨달아야 할 것이다. 생애주기 단계 전체에 대한 계획과 실천만이 장수사회에서 행복과 성공을 가능하게 하는 가장 중요한 수단이라는 것을 확실하게 이해할 수 있어야 한다. 비록 자신이 공감할 수 없더라도 장수사회에 대한 대응책은 예측 가능한 과학적 지식이므로 절대로 무시해서는 안 될 '경고'로 받아들이고 대책을 세우는 것이 현명한 생각임을 명심해야 할 것이다.

언제나 청춘으로 살 수 있는 방법 선택은 개인 책임이다

사회는 지식정보화사회를 향해 빠른 속도로 발전하고 있다. 배우고 정보를 얻는 방법이 점점 더 쉬워지고 배움의 기회와 정보는 홍수처럼 쏟아져나오고 있다. 이러한 상황에서 몰라서 계획하고 준비할 수 없었다는 것은 안타깝기는 하지만 합당한 이유는 못 된다. 결국은 개인의 손해이고, 국가와 사회에도 부담이 될 뿐이다.

개인적 선택과 노력의 기회가 있었음에도 불구하고 놓쳐버린 후에 다른 사람들도 그랬으니 나도 그럴 수밖에 없었다고 생각하거나 주위에 비슷한 상태의 많은 사람들을 보고 나만 그런 것이 아니라고 위로를 받을 수 있을지는 모른다. 그러나 그러한 생각, 태도나 행동은 결코 현명한 것은 못 된다. 개인의 삶에서 성공, 만족, 행복을 이룬 사람들은 다른 사람의 인생 경험에서 교훈을 얻어 자신의 삶을 새롭게 하려고 노력하고, 미래사회의 변화에 현명하게 대응하는 사람들이라고 할 수 있다.

지난 10년 사이에 욜로(YOLO[You Only Live Once]: 한 번뿐인 인생[인생은 한 번뿐이므로 현재의 안락과 즐거움을 추구하는 삶의 태도])족이 늘어나고 있다. 욜로족의 현재에 충실하고 현재를 즐기자는 태도는 타당한 면이 없지 않으나 미래를 생각하지 않고, 남을 위한 희생과 헌신을 생각하지 않는 태도는 바람직하지 않다. 욜로족 역시 100세 장수 인생을 즐기면서 살기를 원할 것이다. 그러나 100세 장수 인생의 즐거움은 현재의 즐거움에만 집중한다면 달성되기 어려울 것이다. 어차피 한 번뿐인 인생이라면 미래도 준비하며 100세까지 청춘으로 의미 있고 가치 있게 살아가면 더욱 멋진 인생이 되지 않을까?

'마음은 청춘', '마음만 청춘'이 아니라 '마음과 태도와 행동의 청춘'은 현실적으로 실현 가능하고, 개인적으로 잘 선택하고 노력하면 충분히 이루어낼 수 있다. 우리 앞에 피할 수 없이 다가오는 미래사회, 즉 고령화사회와 장수사회에서는 노후만을 위한 설계와 실천이 아니라 생애주기 단계 전체에 대한 설계와 실천이 있어야 100세 인생의 건강과 행복은 더욱 확실히 보장될 수 있다. 생애설계의 필요성, 방법, 절차에 관한 정보는 여러 경로를 통해 전파되고 있다. 이러한 지식과 정보를 아직도 접하지 못하고 있는 것은 개인적인 불행이고 안타까운 일이며, 주어진 지식과 정보를 받아들이고 활용하는 결정을 내리고 그 결정에 따라 요구되는 노력은 바로 자신이 해야 할 일이다.

퇴직과 은퇴는 구별되어야 한다

흔히 퇴직(退職)과 은퇴(隱退)를 같은 의미로 이해하고 은퇴라는 말을 더 많이 사용하고 있는 것 같다. 퇴직(退職: 물러날 退, 맡을 職)은 직업(맡은 일)에서 '물러나는 것'을 의미한다. 반면에 은퇴(隱退: 숨을 隱, 물러날 退)는 '물러나 숨는다'는 의미다. 즉 은퇴는 직업활동과 사회활동 모두에서 물러나 (보이지 않게) 한가히 지낸다는 것이다. 그러므로 퇴직과 은퇴는 같은 의미가 아니다.

퇴직은 인생에서 청년기, 중년기에도 일어날 수 있지만 중년기 말에 주로 일어난다. 퇴직은 어떤 특정 직업(활동)에서 물러나는 것일 뿐 이후 다른 직업활동이나 사회활동을 하지 않는다는 의미는 아니다. 따라서 일생에서 퇴직과 취업은 여러 번 반복될 수 있다. 퇴직은 퇴직 이후 다시 다른 직업활동을 할 수 있다는 의미도 포함하고 있다. 그러나 은퇴는 더는 직업활동과 다른 사회활동을 하지 않고 한가히 지내는 것이기 때문에 인생의 거의 마지막 시기에 한 번 정도 있게 되는 경우가 대부분이다.

수명 연장이 계속되는 고령화사회에서 건강하고 활기차게 나이 들어가는 것(노화하는 것)이 바람직하다는 인식이 확산되고 있기 때문에 은퇴보다는 퇴직이 더 바람직한 말이라 할 수 있다. 그런 의미에서 이 책에서는 은퇴라는 말은 사용하지 않고('은퇴설계'는 일상화되어 예외로 함) 퇴직이라는 말을 사용하기로 한다.

제2편

요람에서 무덤까지 발달과 생애주기

4. 인간은 요람에서 무덤까지 평생 동안 발달한다
5. 심리사회적 발달이 평생발달의 핵심이다
6. 생애주기 단계마다 수행해야 할 발달과업이 있다
7. 100세 시대의 생애주기 단계는 달라져야 한다

인간은 요람에서 무덤까지 평생 동안 발달한다

발달은 성장, 성숙, 유지와 적응을 의미한다

인간은 평생 발달한다고 할 때 그 발달은 무엇을 의미하는지 확실히 알 필요가 있다. 인간발달에 대해 주로 연구하는 발달심리학에서 말하는 발달의 의미가 명확한 것이라 생각하여 소개하면 다음과 같다 (Baltes 등, 2006; Berk, 2007; Newman & Newman, 2012).

발달(development)은 성장(growth)을 의미한다. 성장은 양이 증가하거나 긍정적인 특성이 새로 생겨나는 것을 말한다. 예를 들면 키가 커지고, 몸무게가 늘고, 물건의 위치나 관계를 파악하는 능력이나 부모와 자녀와의 관계를 이해하고 판단하는 능력 등이 새롭게 생겨나는 것을 말한다.

발달은 성숙(maturation)을 의미한다. 성숙은 새로 생겨난 능력이나 기능의 수준이 질적으로 높아지고, 정밀해지고, 능숙해지고, 복합적으로 되는 것을 말한다. 예를 들면 숫자를 이해하고 다루는 능력이 더 명확하고 상세하고 복합적으로 되는 것, 어떤 문제를 종합적 상황을 고려하여 해결하거나 새로운 의미를 부여하는 것 등이다.

발달은 유지(maintenance)하는 것도 포함한다. 성장시켜온 신체적 기능이나 정신적 기능을 계속 잘 유지하는 것이 대단히 중요하다. 사람의 신체적 및 정신적 기능은 끝없이 계속 성장할 수는 없기 때문에 최고 수준이나 원하는 수준에 도달하면 가능한 한 그 상태를 유지하는 것이 중요하다. 유지를 위해 무엇보다도 계속적 학습과 훈련의 노력이 필요하다. 예를 들면 신체적 힘을 잘 유지하는 것, 야구선수로서 공을 잘 치는 능력을 유지하는 것, 기억하는 능력을 계속 유지하는 것, 물건 만드는 특별한 기술을 계속 유지하는 것, 글 쓰는 능력을 유지하는 것은 계속 학습하고 훈련함으로써 가능해진다.

발달은 적응(adaptation)도 포함한다. 변화되는 개인 내적 요인(신체적 및 정신적) 및 외적 요인(사회, 경제, 문화적)에 대해 잘 적응해나가는 것도 중요하다. 예를 들면 청소년기에 나타나는 갑작스런 신체적 특성과 성적 욕구를 잘 다루어나가는 것, 취업하여 조직의 일원으로 역할을 잘 수행하는 것, 결혼하여 배우자와 부모로서의 역할을 잘 수행하는 것, 신체적으로 중년을 지나 약해지는 시력, 청력, 기억력 등에 잘 적응해나가는 것, 퇴직이나 배우자의 죽음에 잘 적응해나가는 것 등이다.

평생은 다른 말로 생애주기(생애주기 단계) 전체를 의미한다

평생(lifespan 또는 lifetime)은 출생부터 사망까지 생애기간 전체를 말한다. 평생이라는 말과 같은 뜻으로 사용되는 생애주기라는 말은 그렇게 많이 쓰이지 않아 정확한 의미를 잘 모르고 있다.

생애주기(life cycle)는 엄격히 말하면 '출생에서 사망까지 여러 단계로 구성된 일생기간이 같은 형태로 여러 세대를 거쳐 계속 반복해서 나타나는 것'을 말한다. 한 개인이 태어나서 사망하고 그 개인의 자녀들이 태어나서 사망하는 등 개인들의 일생이 계속 반복되면서 한 국가나 사회가 유지되고 발전된다. 이렇게 한 개인이 태어나서 사망하기까지의 일생기간은 동일한 여러 단계로 구성된 형태를 보이면서 여러 세대를 거쳐 반복적으로 나타난다. 같은 형태의 일생기간(生涯: 생애)이 반복해서 나타난다는 의미에서 주기(週期)라는 말을 쓰고 있다.

생애주기를 정확히 말하면 출생에서 사망까지 생애기간이 (1) 연속적인 단계로 구성되고, (2) 단계는 발달하는 속성이 있고, (3) 세대를 거쳐 반복해서 나타나는 것이라 할 수 있다(O'Rand & Krecker, 1990). 즉 생애주기는 단계, 발달, 반복의 세 가지 특성이 있다. 다시 말해서 생애주기는 생애기간이 동일한 발달단계로 구성되어 세대를 거쳐 반복해서 나타나는 것이라 할 수 있다.

많은 경우 생애주기를 일생기간을 구성하는 각각의 (발달) 단계로 이해하고 있는데 정확한 의미는 아니다. 생애주기를 단계라고만 이해하면 일정한 단계로 구성된 기간의 형태가 계속 반복해서 나타나는 '주기(週期: cycle)'의 의미를 놓치기 쉽다. 평생이라는 말에는 반복의 의미만 있고 단계나 발달의 의미는 거의 없으며, 생애과정(life course)이라는 말에는 단계나 발달의 의미는 있으나 반복의 의미는 없다는 면에서 구분된다(O'Rand & Krecker). 일생기간 전체라는 의미에서 생애주기는 평생이라는 말과 같은 의미로 사용되고, 생애과정도 일정한 단계로 구성된 생애기간 전체라는 의미에서 생애주기와 같은 의미로 사용된다. 그럼에도 평생(일생, 생애기간)이나 생애과정이라는 말보다는 생애주기라는 말이 더 의미 있는 것으로 생각된다.

흔히 '생애주기별'이라는 말을 '생애주기 단계'를 의미하는 것으로 사용하고 있다. 그러나 여기서는 생애주기 원래의 의미에 충실하고, '생애주기별'이라는 말이 생애주기 단계를 의미하는 것으로 정확하지 않다는 것을 강조하는 입장에서 '생애주기별'이 아니라 '생애주기 단계'라는 말을 사용하기로 한다.

생애주기의 단계는 일반적으로 연령으로 구분된다. 생애주기 전체의 기간이 연장되고 사회 속에서 개인의 역할과 관계 등이 변하고 있기 때문에 장기적으로 보면 계속 동일한 단계로 구성된 형태가 반복해서 나타난다고 할 수는 없다. 평균수명의 연장에 따른 생애주기 기간 전체의 연장, 신체·정신적 건강상태의 향상, 사회적 상황 및 역할의 변화에 따라 생애주기 단계의 구성도 달라져야 할 것이다.

인간은 평생 발달한다는 인식이 확립된 지는 오래되지 않았다

인간은 평생 동안 발달한다는 주장과 이런 주장을 뒷받침하는 연구가 시작된 지는 50~60년에 불과하다. 18세기 중반까지만 해도 인간은 태어나 신체적인 성숙이 끝나는 10대 후반이나 20대 초반이 되면 바로 성인이 된다고 생각해왔다. 이에 따라 생애주기도 아동기와 성인기 두 단계로만 생각했다. 생애주기를 2단계로 보는 것이 일반화된 19세기 말부터 인간의 발달에 관한 과학적 연구가 시작되었으나 20세기 중반까지 연구는 아동기에만 집중되었고 출생에서 아동기가 끝나는 시기까지 연령에 따라 신체적·심리적·인지적 및 사회적 면의 발달이 단계적으로 이루어진다는 것을 새로 알게 되었을 뿐이다. 일반 사람들은 말할 필요도 없고 인간의 성장과 발달을 연구하는 학자들마저도 인간의 신체적(생물학적) 발달이 거의 아동기(영아, 유아, 아동, 청소년기까지 포함하는 기간)에 완료되어 바로 성인이 되는 것처럼 신체적 영역 외 다른 영역의 발달도 아동기까지 완료되어 성인기 이후에는 거의 이루어지지 않거나 이루어질 것이 없다고 생각했다.

심리학자 에릭슨(Erik Erikson: 1902~1994)이 1950년 『아동기와 사회(*Childhood and Society*)』라는 책을 출판하면서 사실상 평생발달론의 틀을 마련했다고 할 수 있다. 에릭슨은 오스트리아의 정신분석학자 프로이트(Sigmund Freud: 1856~1939)의 이론을 따른 학자였다. 프로이트는 인간이 태어나서 청소년기에 이르는 동안 성적(sexual)이고 공격적인 본능을 부모가 어떻게 다루는가에 따라 건전한 성격 형성 여부가 결정되고, 성격발달도 아동기(출생~청소년기)까지만 이루어진다고 주장했다.

에릭슨은 프로이트의 정신분석론에서 제시한 인간 마음(성격)의 세 가지 구성요소인 원초아(id), 초자아(super-ego), 자아(ego) 중 자아(ego)의 기능과 역할을 성격 형성의 주체로 생각했다. 원초아는 동물과 같은 본능적 요소인데 선천적으로 가지고 태어나며 배고픔, 성욕 등 생리적 욕구를 즉각 해결하려는 마음의 상태다. 자아는 원초아가

가족과 사회 여러 사람들과 함께 살아가는 현실 속에서 원초아가 원하는 대로 할 수 없음을 깨닫고 현실에 맞추어 합리적으로 판단하는 능력으로 생겨나는 것이다. 즉 자아는 원초아와 초자아의 상태를 현실에 맞게 조정하면서 적응하는 마음의 상태다. 초자아는 주로 부모와 사회로부터 배우게 되는 양심, 도덕, 윤리 그리고 이상적인 원칙이라는 마음의 상태이며 대체로 4~5세경부터 발달하기 시작한다.

에릭슨은 특별히 자아의 역할과 능력을 강조했다. 즉 자아는 원초아와 초자아의 욕구를 조정하는 것과 더불어 성격을 형성하는 역할을 한다. 자아는 태어나 생활하는 사회의 문화 속에서 여러 사람들과 접촉하는 가운데 현실적 해결을 위한 갈등을 겪으면서 긍정적인 방향 또는 부정적인 방향의 성격을 형성하게 된다. 이에 에릭슨은 자아가 심리 내적 요인과 사회 환경적 요인의 상호작용으로 생기는 갈등을 긍정적으로 해결함으로써 형성되는 성격과 부정적으로 해결함으로써 형성되는 성격을 대비해 아동기에서 노년기까지 8단계 성격 발달론을 제시했다. 8단계 성격 발달론은 자아의 심리 내적 요인과 사회 환경적 요인의 상호작용을 중요시하고 강조하기 때문에 에릭슨의 심리사회적 발달론(psychosocial development theory)이라고도 한다.

사실 에릭슨은 심리사회적 발달론을 제시했지만 아동기에서 노년기까지 심리사회적 특성 이외 인간의 다양한 측면이 지속적으로 발달한다는 주장은 하지 않았다. 따라서 평생발달론 또는 생애발달론(lifespan development theory: 이하에서는 '평생발달론'이라 함)에서 에릭슨의 심리사회적 발달론은 처음에는 주목을 받지 못했지만 후에 평생발달론에서 심리사회적 영역의 중요한 발달단계와 발달과업을 제시한 이론으로 인정받게 되었다.

아동기(영아기에서 사춘기/청소년기까지)의 발달에 이어 성인기(청년기부터 노년기까지)의 발달을 실제로 연구하기 시작한 것은 1960년대에서 1970년대 초라 할 수 있다. 이 시기에 성인기 발달 연구가 본격적으로 시작된 배경에는 여러 가지 요인이 있다(Baltes 등, 2006). 첫째, 1960년대에 노화심리학(psychological science of aging: 노인심리학이 아니라 노화심리학이 더 적합한 표현임)이 별도로 발전되기 시작한 것이다. 둘째, 1960~1970년대 초기부터 중년기에 대한 연구가 활발히 이루어지기 시작한 것이다. 셋째, 1960~1970년대 초기부터 사회학이나 경제학 등에서 생애과정이론(life course theory)이 연구되기 시작한 것이다. 넷째, 1960년대부터 노년학(science of gerontology)을 본격적으로 연구하기 시작한 것이다. 다섯째, 1960년대부터 평균수명의 급속한 연장으로 노인인구가 크게 증가함에 따라 여러 가지 노인문제가 사회문제로 대두되기 시작한 것이다. 여섯째, 학자들이 1920~1930년대부터 시작된 아동발달 연구대상 아동들을 중년기까지 계속 연구하면서 아동기의 발달 상황이 성인기 이후에 어떻게 영향을 미치는가에 관심을 가지게 된 것이다.

1970년대 이후 성인기의 발달에 대한 연구가 활발해지면서 종전의 아동기까지의 연구와 결부되어 결국은 인간은 요람에서 무덤까지 평생 동안 발달한다는 것이 확실히 인식되었다. 평생발달론이 연구되면서 생애주기 단계별 발달과업론(developmental task theory)도 같이 연구되어왔다. 발달과업이란 생애주기 각 단계에서 해결하고 넘어가야 할 신체적·심리적·정서적·사회적(경제적 내용 포함) 및 인지적 영역의 과제를 말한다(발달과제나 발달과업은 같은 의미지만 '발달과업'이라는 말이 주로 사용됨). 현재 생애주기 단계 발달과업을 잘 해결하면 다음 단계로 잘 넘어가고 그렇지 못하면 연령적으로는 다음 단계로 넘어갔더라도 전 단계에서 해결 못한 과업으로 인해 새로운 단계로의 발달에 어려움을 겪게 된다. 즉 해당 생애주기 단계의 발달과업을 잘 해결하지 못하면 그다음 단계는 물론 그 이후 계속되는 단계의 발달에도 부정적인 영향을 미치게 된다는 것이다(Havighurst, 1972).

쉽게 관찰할 수 있는 생애주기 단계별 발달 현상

평생발달론에서는 특정 시기(단계)의 발달 상황이 다른 시기의 발달 상황보다 더 중요하다 할 수 없을 만큼 각 시기의 발달 상황이 모두 중요하다(Berk, 2007). 평생발달 상황을 생애주기 단계별로 알 수 있는 예를 간단히 제시해보면 〈표 4-1〉과 같다. 여기서 제시하는 현상은 인간의 다양한 영역(측면)을 모두 포함하는 것이 아니라 일부 영역의 예다.

태아기는 출생 이전 시기이므로 생애주기 단계는 아니지만 발단 단계 이해에 도움이 되기 때문에 표에 포함시켰다. 인간의 다양한 영역과 생애주기 단계를 고려한 생애주기 단계별 발달과업은 제5장에서 상세히 설명하겠다.

평생발달론의 특성

평생발달론에 대한 연구가 계속 진행되고 있지만 현재까지 연구된 평생발달론의 특성을 정리하면 다음과 같다(강상경, 2018; Baltes 등, 2006; Newman & Newman, 2012; Cavanaugh & Blanchard-Fields, 2015).

〈표 4-1〉 생애주기 단계별 발달 현상의 예

생애주기 단계	대체적 해당 연령	발달 현상
태아기	임신~출생	정자, 난자의 접합을 통해 생성된 하나의 세포가 자궁 밖에서 생활할 수 있을 정도의 놀라운 능력을 지닌 인간 생명체로 변환된다.
영아기	출생~2세	태어난 영아의 신체와 뇌에서 극적인 변화가 발생하여 신체근육, 인지적 영역에서 폭넓은 변화가 나타나고, 또한 다른 사람과의 친밀한 관계도 형성한다.
유아기 및 학령전기	2~6세	놀이를 통하여 신체근육의 움직임 기술이 정교해지고, 생각과 언어가 놀라울 정도로 발달하며, 도덕적 인식도 생겨나고, 또래들과의 관계도 형성한다.
학령기	6~12세	학교 교육을 통해 운동 능력, 논리적 사고과정, 글을 읽고 쓰는 능력, 자신에 대한 이해, 도덕성, 우정 등이 발달하고, 또래집단에도 참여한다.
청소년기	12~18세	신체적 및 성적 성숙이 성인 수준으로 발달하게 되고, 추상적 사고를 하게 되고 이상적인 것을 생각하게 된다. 학업활동을 더욱 중요시하고, 자신의 가치와 목표를 설정하고 가족으로부터 자율성을 확보하려 한다.
청년기	18~40세	교육과정이 끝나고 취업하고 독립하게 된다. 신체적 및 정신적 능력이 계속 발달하고, 경력개발, 친밀한 관계 형성, 결혼, 가족생활, 자녀양육에 관심을 집중한다.
중년기	40~65세	직업과 경력에서 최고 지위와 리더의 위치에 오르고, 자녀에 대한 부모 역할의 중요성은 약해진다. 노화로 인한 신체적 변화에 민감해지고, 인생의 남은 시간을 생각하며 퇴직 후 삶에 대한 관심이 크게 증가한다.
노년기	65세 이상	퇴직과 약화되는 신체적 능력과 건강 그리고 배우자의 사망에 적응하게 되고, 자신의 삶을 돌아보고 의미를 부여하고 죽음을 준비한다.

첫째, 인간은 평생 동안 다양한 영역(측면)에 걸쳐 발달한다. 즉 인간 존재의 특성은 여러 영역으로 나누어질 수 있는데 생물학적(신체적) 영역뿐만 아니라 심리적(정서적), 인지적 및 사회적(경제적 영역 포함) 영역에서도 평생 발달한다.

둘째, 인간의 평생발달은 영역별 특성에 따라 연속적으로 이루어지는 것도 있고, 비연속적 또는 단계적으로 이루어지는 것도 있다. 연속적이라는 의미는 점진적으로 증가하는 것 또는 변화하는 것을 말하고, 비연속적/단계적이라는 의미는 어느 시기(단계)가 되면 갑자기 어떤 특성이 나타나게 되는 것을 말한다.

셋째, 인간 발달에 영향을 미치는 요인은 개인 내적인 요인(유전적 요인)과 환경적 요인이 있고 그 영향의 정도는 생활영역과 대상에 따라 다르다. 많은 이론에서 인간의 행동과 습관은 사회 환경적 요인으로 형성되고 변화된다고 주장한다. 나이가 들수록 유전적 요인의 영향은 점차 약해지고 사회-환경-문화적 요인의 영향은 커진다.

넷째, 인간의 발달에는 융통성과 유연성이 있다. 신체적 및 정신적 기능과 능력은 사전에 확실히 결정되거나 구체적으로 정해지지 않고 융통성 있고 유연성 있게 변화될 수 있다는 것이다. 신체적 기능과 뇌의 기능도 미리 결정되어 변화되지 않는 것이 아니라 훈련을 통해 발전되거나 다른 기능으로 보충될 수 있다는 것이다. 기술은 나이가 많아져도 연습을 통해 충분히 습득되고 발전될 수 있다.

다섯째, 인간은 발달과정에서 적극적이고 주도적이 될 수 있다. 인간은 외부의 자극과 영향에 소극적으로 반응하고 적응하는 측면도 있지만 적극적으로 변화를 주도하고 사회와 환경에 영향을 미칠 수도 있다.

여섯째, 인간의 발달은 역사적 및 문화적 상황의 영향을 받는다.

인간은 국가나 사회의 역사적 상황과 문화적 상황 속에서 태어나서 지속적으로 영향을 받으며 발달하고, 다른 세대나 연령층과 구분되는 특성을 지니는 경향이 있다. 예를 들면 10대, 20대, 30대 등의 생각과 행동이 서로 다를 수 있고, 베이비부머 세대는 그 이전 또는 이후 세대와 다른 특성을 지닐 수 있다.

심리사회적 발달이 평생발달의 핵심이다

에릭슨이 처음 주장한 심리사회적 발달

에릭슨(Erik Erikson)은 그의 저서 『아동기와 사회(*Childhood and Society*)』(1950)에서 인간은 8단계(eight ages of man)를 거치는 동안 각 시기마다 자아(ego)가 사회문화적 요인과 상호작용하면서 성격이 발달한다고 주장했다. 에릭슨은 심리사회적 측면에서 평생발달론을 주장했지만 전반적 측면의 평생발달론은 주장하지 않았다. 그러나 그의 심리사회적 발달론은 생애주기 8단계론과 심리사회적 측면의 발달과업론의 기초가 되었다.

인간은 단순한 생물학적 존재도, 혼자 생각하고 느끼며 살아가는 존재도 아니며, 가족과 사회 속에서 여러 사람들과 더불어 살아가는 존재이기 때문에 인간 존재의 여러 특성 가운데 심리적 및 사회적 측면의 복합적(심리사회적)인 존재로서의 특성이 가장 중요하고 핵심적이라 할 수 있다. 이러한 의미에서 심리사회적 발달이 중요하기 때문에 심리사회적 발달을 처음 주장한 에릭슨의 이론을 먼저 이해할 필요가 있고 제6장의 생애주기 단계 발달과업을 이해하는 데도 도움이 될 것이다.

에릭슨은 성격을 구성하는 세 가지 요소 중 자아는 생애주기에 따라 사회문화적 요인과 접촉(상호작용)하는 가운데 갈등을 겪으면서 생각이나 감정 또는 행동이 긍정적인 방향 또는 부정적인 방향이 될 수 있는 위기를 맞게 된다고 했다. 에릭슨은 갈등 해결을 위해 긍정적 방향으로 적응하게 됨으로써 형성되는 성격의 특성과 부정적 방향으로 적응하게 됨으로써 형성되는 성격을 대조적으로 제시했다. 에릭슨이 처음 제시한 심리사회적 발달론을 요약하면 〈표 5-1〉과 같다.

이 표에 제시된 8단계의 명칭은 에릭슨이 제시한 것으로 현재 생애주기 8단계에 붙이는 명칭(에릭슨의 이론을 따르는 학자들이 후에 붙인 명칭)과는 다르다. 표에서는 심리적 갈등의 긍정적 방향과 부정적 방향

〈표 5-1〉 에릭슨의 초기 8단계 심리사회적 발달론

단계	심리사회적 갈등(위기)
1. 구강-감각기(oral-sensory)	기본적 신뢰 대 불신
2. 근육-항문기(muscular-anal)	자율성 대 수치심
3. 운동-남근기(locomotor-genital)	주도성 대 죄책감
4. 잠재기(latency)	근면성 대 열등감
5. 사춘기/청소년기(puberty and adolescence)	자아 정체성 대 역할 혼동
6. 성인초기(young adulthood)	친밀감 대 고립감
7. 성인기(adulthood)	생산성 대 침체성
8. 성숙기(maturity)	자아통합 대 절망감

*영문은 에릭슨이 처음에 붙인 명칭임.
출처: Erikson(1950), *Childhood and Society*.

을 나타내는 말만 제시하고 있는데 각 단계의 심리사회적 갈등은 다음 수정된 심리사회적 발달론에서 상세히 설명하기로 하겠다.

갈등해결의 결과 형성되는 성격은 생애주기를 통해 순차적으로 형성되고 그 형성된 성격은 성장하면서 개인의 성격 전체로 통합되고 발전된다. 성격 형성은 인간의 신체적(생물학적) 조직과 기능이 단계별로 먼저 충분히 발달된 후 그 단계에 맞춰 성격도 같이 형성된다(이를 후성적 원칙[epigenetic principle]이라 하며 에릭슨이 처음 주장함). 따라서 연속되는 8단계에서 현재 단계의 성격이 긍정적으로 잘 형성되어야 다음 단계의 성격도 긍정적으로 잘 형성될 수 있다는 것이다.

수정된 심리사회적 발달론과 발달과업

에릭슨이 심리사회적 발달론을 제시한 이후 에릭슨 자신과 그의 이론을 따르는 학자들이 발달단계를 더 세분화하고, 다른 발달사항들도 추가하고 단계의 명칭도 처음(〈표 5-1〉)과는 다르게 수정했다. 여기서는 현재 일반화되어 있는 심리사회적 발달론을 (1) 심리사회적 갈등 요인(위기)의 해결 결과, (2) 갈등의 기본적 해결 수단(방법), (3) 갈등의 긍정적 해결 결과로 생겨나는 덕성(미덕)이라는 세 가지 요인을 중심으로 간략히 설명하기로 한다. 먼저 심리사회적 발달론의 세 가지 요인을 생애주기 단계(필자의 주장으로 생애주기 단계를 9단계로 조정함)별로 요약하여 표로 제시하면 〈표 5-2〉와 같다(Newman & Newman, 2012).

인간은 태어나서 가족, 이웃, 사회의 여러 사람들과 관계를 가지면서 사회의 관습, 제도, 문화 속에서 살아간다. 이러한 성장발달과정

〈표 5-2〉 에릭슨의 이론에 근거한 심리사회적 발달론 요약

<table>
<tr><th>단계</th><th>연령
(세)</th><th>심리사회적
갈등(위기) 해결 결과</th><th>갈등해결
수단</th><th>갈등의 긍정적
해결로 나타나는
덕성</th></tr>
<tr><td>영아기</td><td>0~2</td><td>신뢰 대 불신</td><td>보호자와의
상호성</td><td>희망</td></tr>
<tr><td>유아기</td><td>2~4</td><td>자율성 대 수치심/의심</td><td>모방</td><td>의지</td></tr>
<tr><td>학령전기</td><td>4~6</td><td>주도성 대 죄책감</td><td>동일화</td><td>목적</td></tr>
<tr><td>학령기</td><td>6~12</td><td>근면성 대 열등감</td><td>교육</td><td>경쟁력(능력)</td></tr>
<tr><td rowspan="2">청소년기</td><td rowspan="2">12~18</td><td>집단 정체성 대
고립감</td><td>또래집단
압력</td><td>타인에 대한
충성심</td></tr>
<tr><td>자아 정체성 대
역할 혼동</td><td>역할실험</td><td>가치에의
충실성</td></tr>
<tr><td rowspan="2">청년기</td><td rowspan="2">18~40</td><td>자아 정체성 대
역할 혼동</td><td>역할실험</td><td>가치에의
충실성</td></tr>
<tr><td>친밀성 대 고립감</td><td>동료 간
상호성</td><td>사랑</td></tr>
<tr><td>중년기</td><td>40~60</td><td>생산성 대
침체성</td><td>개인-환경
적합성 및
창의성</td><td>돌봄</td></tr>
<tr><td>장년기</td><td>60~80</td><td>자아통합 대 절망감</td><td>내적 성찰</td><td>지혜</td></tr>
<tr><td>노년기</td><td>80+</td><td>불멸 대 소멸</td><td>사회적
지원</td><td>확신성</td></tr>
</table>

출처: Newman & Newman(2012), *Lifespan Developmental Approach*, pp. 94-101, Table 3-2, 3-3, 3-4.

에서 주위 사람들과 사회에서 기대하는 생각과 행동을 자신(자아)이 어떻게 받아들이고 맞춰갈 것인지 사이에서 갈등을 겪게 되는데 이를 가리켜 심리사회적 갈등이라 한다. 갈등 해결 결과로 긍정적인 성격이 형성될 수도 있고 부정적인 성격을 형성할 수도 있기 때문에 위기를 맞는다고 할 수 있다. 그래서 '심리사회적 갈등' 또는 '심리사회적

위기'라는 말이 같이 사용되고 있다.

갈등 해결의 과정에서 긍정적 요인을 더 많이 경험하게 되면 긍정적 성격이 형성되고, 부정적 요인을 더 많이 경험하면 부정적 성격이 형성될 수 있다. 부정적 요인의 경험은 긍정적 방향으로의 적응, 즉 긍정적 방향으로의 성격 형성에 도움을 준다. 긍정적 요인만의 경험보다는 부정적 요인도 함께 경험하게 되면 긍정적 방향으로의 성격 형성을 더욱 확실하게 할 수 있다. 성격은 개인에게 반복적이고 지속적으로 나타나는 사고(인식), 감정, 행동의 통합적 특성을 말한다. 그러면 심리사회적 발달론의 핵심이 되는 성격 형성을 생애주기 단계별로 살펴보기로 한다.

1. 영아기(0~2세): 신뢰 대 불신

영아기는 출생 이후 최초 단계로 영아가 처음으로 가지는 사회적 관계는 어머니 또는 어머니 대신 자기를 돌보아주는 사람(이하 '보호자'라 함)과의 관계다. 아동은 보호자와의 관계 속에서 신뢰할 것인가 불신할 것인가에 대한 갈등을 겪으면서 신뢰하는 관계를 만들 수도 있고 불신하는 관계를 만들 수도 있다. 때때로 불신을 경험하는 것이 신뢰가 어떤 것인지를 확인할 수 있는 계기가 된다. 보호자와의 신뢰관계는 타인을 일반적으로 신뢰하는 성격을 형성하게 하고, 타인을 신뢰하는 성격을 가지게 되면 앞으로 계속해서 타인을 신뢰할 수 있다는 희망을 갖는 덕성을 형성하게 된다.

2. 유아기(2~4세): 자율성 대 수치심/의심

유아기 아동은 생각하는 능력이 발달하고 신체근육 운동도 발달한다. 특히 배변 훈련을 통해 배변을 잘 조절하게 됨으로써 스스로 할 수 있는 능력을 알게 되고, 다른 사람이 하는 것을 모방해서 스스로 주위 세계를 탐구하려 한다. 아동은 주위 환경을 잘 모르는 상태에서 해보려는 것이기 때문에 신체적 위험이 있을 경우 보호자가 통제할 수도 있다. 보호자가 안전하게 스스로 탐구할 수 있도록 기회를 주고 격려해주면 자율성을 지닌 성격이 형성되지만, 못 하도록 통제하거나 스스로 하려는 것을 비웃게 되면 아동은 스스로 할 수 없다는 것이 드러나게 되어 수치심을 느끼고 '내가 스스로 무언가를 할 수 있을까?' 하고 자신을 의심하게 된다. 자율적인 성격이 형성되면 스스로 의지력(행동을 수행하고 통제할 수 있는 능력)을 가지고 해보려는 경향의 덕성을 형성하게 된다.

3. 학령전기(4~6세): 주도성 대 죄책감

학령전기의 아동은 자기가 무언가 목적을 갖고 계획을 세워 어떤 행동을 해보려고 한다. 그런 행동을 해보려는 근거(바탕)는 자신을 부모나 주위 다른 사람들처럼 능력이 있다고 생각하고 자신이 할 수 있다고 생각하는 것이다. 의도했던 행동을 잘 이루어내면 주도성이 강한 성격이 형성되고, 주도적인 성격이 형성되면 이후 목적을 가지고 어떤 행동을 잘 추진할 수 있는 덕성을 갖게 된다. 아동이 어떤 목적을 가지고 계획하여 하는 행동 중에는 위험한 행동도 있을 수 있다. 행동이 위험하기 때문에 사전에 통제당하거나 실패하는 경우(많은 경우 자기가 감당하기 어려울 정도의 목표나 의욕이 있음) 비웃음이나 야단을 맞게 되면 잘못된 생각과 행동을 한 것에 대해 후회하고 잘못된 결과에 대해 보상을 해야 한다는 생각 때문에 죄책감을 느끼는 성격이 형성될 수 있다.

4. 학령기(6~12세): 근면성 대 열등감

학령기 아동은 경쟁심과 근면성을 가지고 열심히 읽기, 쓰기, 말하기, 그림 그리기 등 복합적인 기술을 배우려 하고 잘해내기를 바란다. 잘해내면 독립심과 자기 가치성이 높아지고 더 열심히 할 수 있는 동기도 부여된다. 자신이 열심히 노력해서 이루어낸 일이나 학교 성적에 대해 칭찬받고 격려를 받으면 근면한 성격이 발달하게 된다. 근면한 성격이 발달되면 이후 경쟁력의 덕성이 만들어져 자신감을 갖고 잘 적응해나갈 수 있게 된다. 한편 자신이 해낸 일이나 성적(성과)이 기대에 못 미치거나 비난당하거나 벌을 받게 되면 아동은 자신의 능력에 열등감을 갖는 성격을 형성할 가능성이 커진다.

5. 청소년기(12~18세): 집단 정체성 대 고립감/자아 정체성 대 역할 혼동

청소년기 초기나 중기까지는 자기 또래 가운데 협력과 통합이 잘 되고 어떤 규율과 지위의 서열체계가 분명하고 남들과 다른 특성이 있어 주목받는 그런 집단을 찾아 참여하고 싶어 한다. 청소년은 그런 또래집단에 끼이지 못하게 되는 것을 두려워하는 한편 또래집단에서 회원이 되도록 요청을 받기도 한다. 일단 또래집단에 참여하게 되면 집단 충성심이 생기게 되고, 한편 또래집단이 원하는 규칙이나 원칙을 따르도록 강한 압력(또래집단 압력)을 받게 된다. 자신이 또래집단에서 받아들여지고 집단에 속해 있다고 확인하게 되면 집단에 대한 소속감과 집단 정체성을 갖게 된다. 또래집단 정체성을 확립하게 되면 이후 다른 사람에게 충성할 수 있는 덕성을 발달시킬 수 있다. 또한 건전하지 못한 또래집단에 참여할 수도 있기 때문에 건전한 또래집단을 선택하는 것과 집단에 따를 것인가 말 것인가에 대한 갈등이 생기기도 한다. 또래집단에 잘 적응하지 못하거나 참여하지도 못하면 고립되어 외톨이 신세가 되고 친구들과 잘 어울리지 못하는 성격이 형성되기 쉽다.

청소년기 후반에 이르면 자아 정체성 확립이 중요한 발달과업이 된다. 자아 정체성은 자기 자신이 누구인가를 깊이 생각하여 자신만의 가치와 취향을 확립하고 세상에서 어떤 일이나 활동을 하는 것이 바람직한가를 결정하는 것을 말한다. 무엇보다 중요한 것은 가족 중심의 가치관에서 벗어나 자기 자신만의 가치관을 세우는 것이다. 심사숙고하여 다른 사람들과 차별되면서 자신의 생각과 행동을 이끌어 줄 가치와 취향을 확립하고 여기에 근거하여 자신에게 적합하다고 판단되는 일(역할/활동)을 찾게 되면 자아 정체성을 확립하게 된다.

자아 정체성을 확립하게 되면 이후 인생에서 가치에 충실할 수 있는 덕성이 발달한다. 한편 많은 고민과 위기를 겪지 않고 비교적 쉽게 자신의 가치와 직업적 활동을 결정하게 되는 경우도 있는데 이런 경우는 주로 다른 사람(위인이나 개인적으로 존경하는 사람 등)을 모델로 삼는다. 또한 많은 생각 후에도 자기 가치와 취향과 역할의 방향을 결정하지 못하면 자아 정체성 확립을 잠시 보류(유예)하는 경우도 있다. 또한 청소년기가 끝날 때까지도 정체성을 확립하지 못하고 방황하게 되면 역할 혼동을 겪을 수 있다. 자아 정체성을 확립하지 못한 경우 청년기에 들어가서도 계속 방황하고 역할 혼동을 겪을 수도 있다.

6. 청년기(18~40세): 자아 정체성 대 역할 혼동/친밀성 대 고립감/직업의 안정성

청년기 초기에도 청소년기 후반기에서와 같이 자아 정체성 확립은 여전히 중요한 발달과업이 될 수 있고 정체성 확립을 위해 상당 시간을 보낼 수도 있다. 취업에 직면하여 자신에게 적합한 직업이나 일을 찾지 못하면 방황과 역할 혼동에 빠지게 된다. 청년기 중·후반에서는 상호간의 적절한 관심과 배려와 우정을 통해 이성과의 친밀한 관계를 맺고 결혼까지 이루어내는 것이 중요한 과업이 된다. 이렇게 친밀성을 갖게 되면 이후 인간관계에서 상호간의 관심과 배려를 통해 이성과 동성을 폭넓게 사랑할 수 있는 덕성이 발달된다. 이성과의 친밀한 관계를 맺지 못하게 되면 자신이 이성 또는 타인과의 관계에서 거부당하고 배척당했다는 생각에 고립감을 느끼는 성격이 형성될 수 있다.

베일런트(Vaillant, 2002)는 하버드대학 2학년생 268명을 72년간 추적 조사한 결과를 정리하여 발간한 책(*Aging Well*: 번역서 제목은 『행복의 조건』)에서 청년기의 발달과업으로 친밀감 외에 '직업의 안정성'을 제시했다. 베일런트는 에릭슨의 심리사회적 발달론을 지지하면서 에릭슨의 이론을 보완하는 의미에서 직업적 안정성을 별도의 발달과업으로 제시했다. 청소년기의 자아 정체성을 개인적 측면의 정체성이라 한다면, 청년기의 직업 안정성은 사회적 측면의 정체성이라 할 수 있다. 직업 안정성은 청년기의 사회적 정체성을 확립하는 핵심 요인이 된다.

7. 중년기(40~60세): 생산성 대 침체성/의미의 수호자

중년기(필자의 주장으로 연령을 40~60세로 조정함)에 접어들면 사람들은 자신과 사회와의 관계를 생각하고 창의력을 발휘하여 다른 사람을 위해 무언가 생산적인 활동을 하는 데 관심을 가지게 된다. 생산적 활동은 자녀를 잘 양육하는 것에서부터 다른 사람을 돌보거나 후원(멘토링)하는 것, 학문적 또는 사회적으로 도움이 되는 연구물(이론, 논문, 저서), 예술/문학 작품, 새로운 기술, 제품, 조직이나 사회에 공헌하는 방향으로 자기가 하는 일을 추진하는 것, 사회적으로 바람직한 행동과 태도, 사회문화적 유산을 지키려는 활동 등을 포함한다. 이러한 생산성 발휘 활동을 잘하게 되면 이후 계속 타인을 돌보는 덕성을 발전시켜나갈 수 있게 된다. 반면 아직도 자기중심적이고 사회발전과 사회공헌에 관심이 없는 사람들은 인생에서 정체되고 침체된 감정을 느끼면서 자기중심적인 성격을 형성할 가능성이 높다.

중년기의 발달과업으로 베일런트(Vaillant, 2002)는 에릭슨의 발달과업을 좀 더 구체화하는 의미에서 생산성 외에 '의미의 수호자'를 제시했다. 의미의 수호자는 사회발전을 가져온 사회적 및 문화적 창조물과 유산에 관심을 가지고 다음 세대에 물려주기 위해 지키는 역할을 말한다. 이러한 의미의 수호자 역할을 통해 사회적으로나 문화적으로 가치 있는 것을 지키고 유지하여 다음 세대에 전달하려는 성향의 성격을 형성하게 된다.

심리사회적 발달과업으로 아직까지 일반적으로 인정된 것은 아니지만 생애기간의 계속적 연장에 따라 기존 발달과업에 추가할 수 있는 것을 소개한다.

미국의 사회심리학자 새들러(Sadler, 2000)는 미국의 중년기에 속한 사람 200명을 10년간 추적 조사한 결과를 정리한 책(*The Third Age*: 번역서 제목은 『서드 에이지』)에서 40대 이후를 '제3기 인생'으로 규정하고 제3기 인생의 의미는 '제2의 성장(the second growth)'이라고 주장했다. 제2의 성장은 '자기 속에 감추어진 창의력을 발휘하여 지금까지 해오던 일이나 활동을 새롭게 추진하거나 아니면 지금까지와는 다른 새로운 일이나 활동을 하는 것'을 말한다. 따라서 제2의 성장은 40세 이후의 중년기, 장년기(후에 설명) 및 노년기까지의 발달과업이 될 수 있다고 본다. 사실 새들러는 제3기 인생의 시작은 40세로 규정하고 있지만 언제까지 계속되는지 그 기간은 분명히 말하지 않았다. 다음에 설명할 라스렛(Laslett, 1989)의 주장처럼 제3기 인생을 40세 이후 건강하게 지내는 시기까지로 생각한 것 같다.

특히 새들러는 고령화사회에서 40세 이후 사람들이 제2의 성장을 하지 못하는 데는 전통적인 인생주기의 시나리오에 얽매여 있기 때문이라 했다. 그는 인생을 비행기 여행에 비유한다. 전통적 삶의 시나리오에서는 40대 말에서 50대 중반 사이 직업활동에서 가장 최고의 직책(정점)에 오른 후에 60대에 퇴직하여 여생을 안전하게 살아가는 것이다. 그러한 전통적 삶의 시나리오는 부모, 친척, 학교나 직장의 선배들이 살아온 삶의 패턴이기 때문에 사람들은 같은 삶의 시나리오에 익숙해져 비슷한 패턴을 따라가려 하고 대부분은 새로운 변화를 시도해보려고 하지 않는다는 것이다. 평균수명이 길지 않은 전통사회에서는 40대 말에서 50대 중반에 직업상 최고의 지위에 오른 후에 60대에 퇴직하여 안전한 여생을 보내는 것은 보편적인 삶의 여정이었다. 다시 말하면 인생 비행기 여행에서 한 번 정점(꼭대기)에 올라갔다가 안전띠를 매고 퇴직이라는 안전한 비행장에 도착하여 승강장까지 안전하게 이동하는 것이 일반적인 삶의 여정이었다.

그런데 수명이 계속 연장되는 고령화사회의 인생 비행기 여정에서 정점은 한 번만 있는 것이 아니라 여러 번 있을 수 있다. 일단 퇴직이라는 비행장에 도착 이후, 아니면 비행장에 도착하기 전에도 다시 안전띠를 매고 다시 한 번 이상 비행할 수 있다. 한 번이 아니라 여러 번 정점에 올라가는 것이 제2의 성장이고, 제2의 성장은 개인적 선택과 노력으로 상당한 준비를 통해 가능하다.

중년기 발달과업과 관련하여 또 하나 유의할 사항은 '중년기 위기'다. 중년기 위기론은 1965년 엘리엇 잭스(Elliott Jaques, 1965)가 한 말이다. 젊음 중심의 문화에 젖어온 현대 서구사회에서 중년기 사람들이 젊음이 지나가고 노년기가 임박해옴을 의식하고 자기 자신을 돌아보고 자신에 대해 심각한 회의를 갖게 되는 시기를 일컫는 의미로 사용되기 시작했다. 특히 중년기 위기론은 젊음을 찬양하는 서구문화의 산물이라고도 할 수 있다. 이 말이 처음 사용되었을 때 대중매체에서 중년기에 대한 새로운 현상이 발견된 것처럼 대대적으로 소개함으로써 그 이론의 과학적인 근거가 불분명함에도 불구하고 일반인은 중년기 위기를 보편적 현상처럼 받아들이기 시작했다.

중년기의 위기론에서 주장하는 위기의 원인은 신체적 노화로 인한 신체적 변화, 다가오는 노년기에 대한 불안, 일(직업활동)과 경력, 부부관계, 폐경, 부모의 죽음, 자녀의 성장과 집 떠남 등과 관련된 문제나 후회 등이 개별적 또는 복합적으로 작용하는 것으로 본다. 그리고 그 원인에 있어 남자는 일과 관련된 것이 많고, 여자는 곧 닥쳐올 폐경과 이에 따른 출산능력 상실과 관련된 것이 많다는 것이다.

그러나 실제 조사를 통해 나타난 결과를 보면 중년기 위기를 겪는 사람들은 10~20% 정도에 그치고, 위기라 하는 것들의 대부분은 다른 인생주기 단계에서도 나타나는 정도의 것이고, 중년기 사람들에게 깊은 심리적 상처(trauma)를 줄 정도는 아니라는 것이다. 중년기의 사람들은 그런 정도의 위기는 대부분 잘 극복하고 있고, 자신의 삶에 대한 회고와 자신의 꿈과 역할을 재평가하고 재조정하고 있었다. 따라서 중년기 위기라는 것은 '중년기 수정(mid-life correction)'이라 하는 편이 적합하다는 주장도 있고(Cavanaugh & Blanchard-Fields, 2006), 중년기를 위기로 생각하는 사람들은 많지 않기 때문에 중년기 위기를 보편적인 것으로 인정하기는 어렵다는 연구도 있다(Berk, 2010).

그렇지만 중년기 위기는 실제 위기라 할 정도의 위기는 아닐지라도 중년기를 지나면서 자신의 삶에 대한 재검토와 조정의 필요성을 인식하게 된다는 점에서는 유의할 필요가 있다. 다시 말해 중년기는 자기 인생을 되돌아보고 앞으로의 인생에 대해 진지하게 생각하게 되는 시기라는 점에서 연구자들도 동의하는 것 같다.

8. 장년기(60~80세): 자아통합 대 절망감

장년기(長年期)는 평균수명 연장으로 길어진 생애주기 단계를 새로 조정하는 것이 필요하다는 의미에서 중년기와 노년기 사이의 기간, 즉 연령상 60~80세의 기간을 말한다(제7장 참고). 이 '장년기'라는 생애주기 단계 명칭은 필자가 임의적으로 정한 것이기 때문에 논란의 여지는 충분히 있다. 100세까지의 평균수명도 가능한 고령화 시대를 맞아 생애주기 단계를 재조정해야 할 필요성과 타당성은 많이 제기되어왔다. 생애주기를 9단계로 재조정해야 할 필요성과 타당성에 대한 상세한 논의는 제7장에서 하기로 하고, 여기서는 생애주기를 9단계로 조정하는 것을 전제로 하여 제8단계인 장년기의 심리사회적 발달과업을 제시해보기로 한다.

장년기(長年期)라는 명칭은 한국의 사회문화적 배경을 고려하여 만든 명칭이다. 장년기는 어른의 시기(長年期에서 '長'은 '어른'의 의미임)라는 의미를 함축하고 있다. 어른의 시기는 단순히 나이가 많아진 시기가 아니라 중년기까지 쌓은 인생의 경험과 지혜를 발휘하여 후배나 자손들을 현명하게 잘 지원하고 조언하며 사회를 생각하며 인생을 더욱 성숙하고 보람되고 의미 있게 살 수 있는 시기라는 의미다. 2020년 현재 만 100세의 나이에도 불구하고 건강하게 생활하면서 많은 활동을 하고 있는 철학자 김형석 교수는 자신과 동료 철학자들의 인생 경험과 통찰에서 얻은 결론으로 인생에서 가장 행복하고 좋은 시절은 60~75세 사이이고, 이후 계속 그 행복을 지켜나가기는 것은 자신의 노력에 달렸다고 말한다. 이 말은 생애주기에서 장년기를 새로 규정하는 것에 의미를 더해주는 것이라 할 수 있다.

장년기의 발달과업은 에릭슨의 초기 심리사회적 발달론에서 제시한 성숙기(현재의 노년기에 해당)의 발달과업인 '자아통합 대 절망감'으로 보아도 될 것이다. 장년기에 이르게 되면 사람들은 내적 성찰을 통해 과거를 돌아보며 자신의 삶을 자신이 바라던 대로 살아왔는지를 성찰하고 평가한다. 평가에서 비록 불만족스런 부분이 있더라도 그것을 삶의 전체적이고 통합적 관점에서 이해하고, 전체적 삶에 의미와 가치를 부여하고 나름대로 만족스럽게 생각할 수 있다. 이 같은 자아통합을 통해 삶에 통합적 의미를 부여하게 되면 남은 인생의 시간에 지혜를 발휘하며 살아갈 수 있는 덕성을 갖추게 된다. 그러나 자신의 삶에 대한 성찰과 평가의 결과 자기 삶에 만족하지 못하게 되면 인생의 남은 시간이 짧아 다시 살아볼 수도 없다는 것을 안타깝게 생각하고 삶을 후회하게 되면 절망감에 빠지는 경향이 나타날 수 있다.

지금까지 널리 인정된 장년기의 심리사회적 발달과업은 아니지만 고령화사회로의 진전과 더불어 많이 논의되고 있는 두 가지 사항이 있다. 하나는 앞에서 설명한 새들러의 제3기 인생론의 '제2의 성장'인데 장년기에도 계속적으로 발달과업이 될 수 있다. 다른 하나는 장년기와 노년기 모두의 발달과업으로 고려해볼 만한 것은 라스렛(Peter Laslett)의 제3기 인생론에서 제시하는 '개인적 성취'다.

고령화사회를 맞아 퇴직 이후 삶에 새로운 의미를 부여하고자 영국의 사회철학자 라스렛(Laslett, 1989)은 '제3기 인생론'을 제안했다. 장년기에 해당하는 제3기 인생(the third age)의 가장 중요한 의미는 '개인적 성취 또는 자기 성취(personal achievement)'라고 했다. 라스렛은 인생을 4단계로 구분하고 단계마다 의미(과업)를 부여했다. 제1기 인생(the first age)은 출생하여 사회에 나갈 준비가 끝나는 시기까지를 말하며 이 시기의 가장 중요한 과업은 교육 또는 사회화(사회에 적응하기 위해 사회에서 요구하는 지식, 기술과 행동을 갖추는 것)라 했다. 제2기 인생(the second age)은 취업하여 퇴직할 시기까지를 말하며 이 시기의 가장 중요한 과업은 (경제적) 독립과 책임이라 했다. 제3기 인생(the third age)은 퇴직하여 건강하게 생활하는 기간을 의미하며 이 시기의 가장 중요한 과업은 개인적 성취라고 했다. 개인적 성취는 자기 성격과 적성에 맞고 자기가 하고 싶어 하고(했고) 원하는(던) 일이나 활동을 하면서 만족감을 느끼는 것을 말한다. 그리고 제4기 인생(the fourth age)은 건강이 나빠져 남에게 의존하여 지내는 마지막 기간을 말하며 이 시기의 과업은 의존에 잘 적응하는 것이라 했다.

개인에 따라서는 제3기 인생이 사망 시까지 계속될 수도 있다. 즉 99세까지 팔팔하게 살다가 2~3일 아픈 후 4일째 돌아가는 경우(우리 사회에서 흔히 '99-88-234'라 함)라면 인생은 제3기까지만 있고 제4기는 사실상 없는 경우라 할 수 있다. 반면에 남에게 의존하여 지내는 제4

기 인생이 크게 길어질 수도 있다. 이 제4기 인생은 누구나 원하지 않는 시기이므로 서양에서는 제3기 인생으로 인생이 끝나기를 바라는 의미에서 퇴직 이후 인생 또는 노년기 전체를 '제3기 인생'으로 부르는 경우가 많다.

100세까지도 3기 인생이 계속된다면 제3기 인생의 '개인적 성취'라는 과업은 장년기 발달과업일 뿐만 아니라 노년기(80세 이후) 이후까지의 발달과업도 될 수 있다. 제3기 인생은 퇴직 이후 단순히 건강하게 지내는 시간을 말하는 것이 아니라 개인적 성취를 이룩하는 의미 있는 시간을 말한다. 즉 제3기 인생은 시간만 지나가면 오는 것, 건강하게 지내기만 하면 오는 것이 아니라 미리 계획하고 준비해야 개인적 성취와 그 즐거움을 맛볼 수 있다고 라스렛은 강조한다.

9. 노년기(80세 이상): 불멸 대 소멸

생애주기를 9단계로 재조정한다면 장년기(60~80세)에 이어 노년기를 80세 이상의 시기로 규정하는 것이 적합하다고 생각한다. 노년기를 80세 이상으로 규정하는 것도 필자의 개인적 주장이라 논란의 여지가 있을 수 있다. 에릭슨은 자신의 나이가 80세를 넘으면서 처음 주장(미국인의 평균수명이 70세도 못 되었던 1950년대에 생애 8단계를 주장했음)과는 달리 생애를 9단계로 생각했고 제9단계의 발달과업을 노년초월(gerotranscendence)이라 했다. 노년초월은 약해지는 신체적·정신적 건강 때문에 주위 사람들의 도움을 받으면서 죽음을 생각하고 자신을 앞서간 선조와 선배를 잇는 역사적이고 우주적인 존재로 인정하고 현실적인 것보다는 죽음 이후의 영적인 것을 더 중요하게 생각하는 것을 의미한다. 이런 의미의 노년초월과 대조되는 개념은 '현실 집착'(에릭슨은 실제 대조되는 개념을 말하지는 않았음)이라 할 수 있다. 노년기에 자신을 역사적이고 우주적인 존재로 생각하고 죽음을 새로운 존재로의 변환과정으로 생각하는 과업, 즉 불멸의 존재로 인정하는 과업을 잘 수행하게 되면 마지막 단계의 삶에서 자신의 존재와 삶에 대해 확신하게 되는 덕성을 갖게 된다. 노년초월은 다른 말로는 불멸(immortality)이라 할 수도 있고, 불멸과 대조되는 개념은 소멸(extinction)이라 할 수 있다. 소멸은 인생은 현세의 삶이 전부이고 죽음으로 모든 것이 끝나고 사라질 뿐이라는 생각으로 죽음 이후 자신의 존재에 확신을 갖지 못해 불안하고 초조하게 되는 경향을 보이는 것이라 할 수 있다.

고령화사회의 노년기의 추가적인 발달과업으로 새들러의 제3기 인생론에서의 '제2의 성장'과 라스렛의 제3기 인생론에서의 '개인적 성취'도 충분히 고려해볼 만한 의미있는 과업이라 본다.

06

생애주기 단계마다 수행해야 할 발달과업이 있다

생애주기 단계 발달과업이란 무엇이고 왜 중요한가?

앞에서 인간은 요람에서 무덤까지 전 생애주기 단계를 통하여 평생 발달한다는 것을 알게 되었다. 평생발달론이 일반화되면서 생애주기 단계별로 인간 특성의 다양한 측면에서 해결해야 하는 주요 과업도 알게 되었다. 흔히 생애주기 발달과업이라 말하지만 정확히 말하면 '생애주기 단계 발달과업'이다.

발달심리학자인 하비거스트(Harvighurst, 1972)는 처음으로 생애주기 단계마다 발달과업이 있다는 것과 발달과업의 중요성을 제시했다. 발달과업(과제)은 어떤 특정 생애주기 단계에 있는 사람이 그 사회에 적응하기 위하여 사회가 요구하는 과업을 주로 말하지만 신체적, 인지적 및 심리적으로 해결해야 하는 과업도 포함한다. 그런 과업 중에는 사회에서 일반적으로 인정하는 어떤 관습이나 원칙을 받아들이면

되는 것도 있고, 배우고 연습하여 습득해야 하는 것도 있고, 스스로 노력하고 시행착오를 통해 생각으로 정리해야 하는 것도 있다. 생애주기 단계 발달과업 수행에는 다른 사람의 도움이 없으면 수행이 불가능하거나 대단히 어려운 경우도 있고, 다른 사람의 도움이 있으면 더 잘 수행할 수 있는 경우도 있다.

발달과업 중에는 사회가 요구하는 것이 아닌 것도 있다. 신체적 및 정신적 측면의 발달과업 중에는 자신이 주도하여 스스로 생각하고 노력해야 하는 것도 있다. 발달과업은 그 사회와 그 문화에 잘 적응하도록 요청되는 것이 많은 것만큼 사회와 문화에 따라 다른 것도 많다. 발달과업은 개인 특성 영역(신체적·심리적·정서적·인지적·사회적)별로 다르고 같은 영역에도 여러 가지가 있을 수 있다. 발달과업을 다시 정의하면 개인이 생애주기 각 단계에서 신체적·인지적·심리적·사회적 측면에서 해결하고 넘어가야 할 과제라 할 수 있다.

발달과업 해결이 왜 중요한가? 특정 생애주기 단계의 과업을 잘 해결하면 다음 단계로 쉽게 넘어갈 수 있고, 그다음 단계의 과제도 더 잘 해결할 수 있다. 반면에 생애주기 각 단계의 발달과업을 잘 해결하지 못하면 다음 단계로 넘어가는 데 어려움이 많고 불만과 불안이 커지며 생활에 만족하지 못하고 불행하다는 생각을 갖게 된다. 때로는 열등감도 느낄 수 있다. 또한 해당 생활주기 단계의 발달과업을 제대로 해결하지 못하면 바로 그다음 단계의 발달과업뿐만 아니라 그 이후 다가오는 여러 다른 단계의 발달과업 해결에도 계속 부정적인 영향을 미칠 수 있다. 그러므로 생애주기 각 단계에서 요구되는 발달과업은 가능하면 그 단계에서 해결하고 넘어가는 것이 중요하다.

생애주기 단계 발달과업은 생애목표의 대상이 된다

생애주기 단계 발달과업은 생애설계에서 설정하는 생애목표의 대상 또는 하위목표(대-중-소 목표)가 된다는 점에서 중요한 의미를 가진다(목표에 대한 상세한 설명은 제10장에서 할 것임).

생애주기 단계 발달과업이 생애설계에서 생활영역별로 그리고 단계별로 설정한 목표달성의 주요 수단이 된다는 것은 무슨 의미인가? 생애설계에서는 생활 각 영역에 대해 생애주기 단계별로 목표를 설정하고 그러한 목표를 다시 하위목표로 나누어 설정한다. 다시 말하면 목표는 생애 최종목표 → 대목표 → 중목표 → 소목표로 구분하여 연결된다(이를 목표체계라 함). 생애주기 단계 발달과업은 직접적으로 최종-대-중-소목표라는 목표체계의 주요 대상(내용)이 될 수 있다는 것이다. 이런 의미에서 생애주기 단계 발달과업의 이해는 대단히 중요하다.

그리고 생애주기 단계 발달과업은 사실 생애사명을 실현하기 위한 생애목표 체계인 최종-대-중-소 목표로 연결되지 않더라도 특정 생애주기 단계나 시기(연령)의 주요 목표가 될 수 있다. 왜냐하면 생애주기 단계 발달과업은 그 단계에서 수행하고 다음 단계로 넘어가는 것이 바람직하기 때문이다.

생애주기 단계 발달과업은 일반적으로 생물학적(신체적) 영역, 심리정서적 영역, 인지적 영역, 사회적 영역으로 구분되는데, 이 네 가지 영역의 생애주기 단계별 발달과업이 어떻게 생애설계의 생활영역별 주요 목표로 설정될 수 있는지는 제13장에서 상세히 설명하기로 하겠다.

생애주기 단계 발달과업

여러 발달심리학자들의 견해와 필자의 견해를 종합하여 생애주기 단계를 〈표 6-1〉과 같이 구분하고, 각 단계별 발달과업을 정리해보기로 하겠다(강상경, 2018; Erikson, 1950; Erikson & Erikson, 1997; Vaillent, 2002; Berk, 2010; Newman & Neuman, 2012; Cavanaugh & Blenchard-Fields, 2015).

〈표 6-1〉에 제시된 생애주기 단계에 몇 가지 유의할 사항이 있다. 첫째, 연령 구분은 대체적 시기일 뿐이므로 연령에 너무 집착할 필요는 없다. 둘째, 평균수명 연장으로 100세까지 생존가능성이 점점 높아지고 있으므로 생애주기는 8단계가 아니라 9단계로 구분하는 것으로 한다. 즉 현재 일반화되어 있는 중년기(40~65세)와 노년기(65세 이상) 연령을 재조정하여 40~60세는 중년기, 80세 이상은 노년기로 정하고, 그 사이 60~80세를 장년기로 새로 하기로 한다(제7장 참고). 셋째, 태아기는 아직 출생 이전이라 생애주기 단계에 포함시키기 어려우나 태아기에도 발달과업이 있기 때문에 표에는 포함시키기로 한다. 태아기에 임산부(어머니)의 신체적 및 정신적 건강은 물론 사회·환경적 요인

〈표 6-1〉 생애주기 단계와 연령

생애주기 단계	연령	생애주기 단계	연령
태아기	0	5. 청소년기	12~18
1. 영아기	0~2	6. 청년기	18~40
2. 유아기	2~4	7. 중년기	40~60
3. 학령전기	4~6	8. 장년기	60~80
4. 학령기	6~12	9. 노년기	80세 이상

이 중요하기 때문이다. 태아기의 발달과업은 태아가 직접 수행하지는 않지만 태아에게 직간접적으로 영향을 미치는 임산부가 수행해야 한다.

태아기와 생애주기 9단계의 각 단계별 과업을 간략히 정리하여 제시해보기로 한다. 발달과업은 인간의 특성적 측면인 (1) 신체적, (2) 인지적, (3) 심리정서적, (4) 사회적 및 심리사회적 측면으로 나누어 제시하기로 한다.

인지적 측면이라 할 때 인지(認知: cognition)는 일상적 용어가 아니라서 그 의미가 확실하지 않을 수 있다. 인지는 지식, 의식, 지능, 사고, 상상, 추론, 문제해결, 분류, 상징 등의 다양한 정신작용을 의미한다.

1. 태아기 발달과업

태아기의 발달과업은 거의 모두 임산부(어머니) 또는 부모가 수행해야 한다. 태아가 임산부의 자궁 속에 있는 38주 동안 임산부는 태아의 신체적 발달 상황, 영양상태, 임산부 자신의 임신상태를 점검하고, 음주나 약물 섭취에도 주의해야 한다.

임산부는 태아의 심리적 및 정서적 발달에 영향을 줄 수 있는 자신의 스트레스 관리를 잘할 수 있어야 한다. 임산부가 스트레스 받지 않고 마음 편히 생활할 수 있도록 직장, 가족 및 사회적 관계의 분위기를 만드는 것이 중요하다. 또한 임신에 대한 부정적 태도도 임산부의 스트레스 원인이 될 수 있기 때문에 임신에 대한 임산부 본인, 가족 및 주위의 긍정적 태도가 중요하다.

2. 영아기(제1단계) 발달과업

영아기는 생애주기의 첫 단계로서 0~2세까지의 기간인데 이 시기에도 부모나 보호자가 영아의 거의 모든 발달과업을 수행해야 한다. 신체적 영역에서의 주요 발달과업은 영아의 감각, 지각, 신체근육 운동의 발달을 촉진하고, 예방접종과 건강상태 관리를 통해 질병을 예방하고, 모유 수유 또는 이유식 등을 통해 적절한 영양상태를 유지하고, 신체적 안전을 도모하는 것이다.

영아는 태어나서 처음으로 주위의 사물을 인식하게 된다. 인지적 영역에서 주요 발달과업은 영아가 손으로 잡기, 입으로 빨기, 눈으로 보기 등 몸의 반복적 움직임으로 나타나는 주위의 반응을 통해 사물을 인식한다는 것에 유의하여 적절한 반응을 보임으로써 인지발달이 잘 이루어지도록 하는 것이다. 인지발달과 밀접한 관련이 있는 언어를 배우기 시작하므로 언어발달도 잘 이루어지도록 노력해야 한다.

심리정서적 영역의 주요 발달과업은 부모나 보호자와 안정적인 신뢰관계를 형성하는 것이다. 영아가 즐거움, 약함과 두려움, 화와 분노 등의 감정표현을 할 때 적절한 반응을 보이는 것이 중요하고, 많은 경우 감정표현을 통해 의사소통이 이루어지는 점에 유의해야 한다.

사회적 및 심리사회적 영역의 주요 발달과업은 부모나 보호자가 지속적이고 안정적으로 돌보는 신뢰관계를 만들어 영아가 신뢰하는 성격을 형성하도록 하는 것이다.

3. 유아기(제2단계) 발달과업

유아기는 생애주기 제2단계로서 2~4세의 기간이다. 이 시기에도 발달과업 수행은 거의 부모나 보호자의 몫이다. 신체적 영역의 주요 발달과업은 걷기, 뛰기, 던지기, 페달 돌리기 등 신체근육 운동이 정교하게 발달하도록 하고, 변보기 훈련(배변 훈련)도 잘 이루어지도록 하는 것이다.

인지적 영역의 주요 발달과업은 유아가 인식하고 있는 것을 언어, 모방, 상상, 상징적 놀이나 그림 등으로 잘 표현하도록 하는 것이다. 유아기는 언어발달도 놀라울 정도로 이루어지는 시기이므로 언어발달을 촉진할 필요가 있다. 그리고 유아가 스스로 신체적으로 독립된 존재라는 것을 인식하게 도와주고 도덕성도 발달하도록 지도할 필요가 있다.

심리정서적 영역에서 주요 발달과업은 유아가 자기 통제능력과 의지력을 발달시키는 것이다.

사회적 및 심리사회적 측면에서 주요 발달과업은 혼자 할 수 있는 자율성을 잘 발휘할 수 있도록 하여 자율성이 강한 성격이 형성되도록 하는 것이 중요하다. 특히 모방하기를 통해 자율성을 발달시킬 수 있도록 하고, 도덕성도 잘 발달하도록 도와주어야 한다.

4. 학령전기(제3단계) 발달과업

학령전기는 생애주기 제3단계로서 취학 전 4~6세의 기간이다. 이 기간 역시 부모나 보호자는 아동이 발달과업을 잘 수행할 수 있도록 아동의 생각과 의견을 잘 파악하여 도와주어야 한다. 신체적 영역의 주요 발달과업은 신체적 독립성과 조작기능을 정교하게 잘 발달시키고, 성별(gender) 구분을 통해 성별로 다른 역할을 잘 배우도록 하는 것이다.

인지적 영역에서 주요 발달과업은 유아기에서와 같이 아동이 계속 자기가 인식하고 있는 것을 언어, 모방, 상상, 상징적 놀이나 그림으로 표현할 수 있도록 하는 것이다. 이 같은 인지능력 향상과 더불어 학습능력도 향상되도록 하는 것이 중요하다.

심리정서적 영역에서 주요 발달과업은 남성과 여성의 성(gender) 정체성을 확실하게 발달시키는 것이다. 성 정체성 발달에 따라 남자아이는 아버지와 여자 아이는 어머니와 동일시하기 시작한다.

사회적 및 심리사회적 영역에서의 주요 발달과업은 아동이 어떤 목적을 가지고 책임감을 느끼면서 행동을 주도적으로 하게 하는 것이다. 아동에게 주도적으로 행동할 수 있는 조건과 기회를 만들어주면 아동은 주도적인 성격을 형성할 수 있다. 이 시기 아동은 남녀가 각각 분리되어 끼리끼리 활동하게 되며, 또래집단끼리 놀이를 많이 하게 된다. 그리고 이 시기에 도덕성 발달이 잘 이루어지도록 하고, 취학 준비를 잘할 수 있도록 도와주는 것도 중요하다.

5. 학령기(제4단계) 발달과업

학령기는 생애주기의 제4단계로서 6~12세 사이 초등학교 교육기간에 해당된다. 인생에서 정식으로 학교교육이 시작되는 연령기간이라는 의미에서 학령기(學齡期)라 부르고 있다. 이 시기의 발달과업은 아동의 의견을 잘 들으면서 부모가 주도적으로 수행하되 교사와도 잘 상의할 필요가 있다. 신체적 영역의 주요 발달과업은 신체적 움직임을 정교하게 하면서 신체적 통제력도 잘 발달하도록 하는 것인데 다양한 놀이와 운동을 통하여 신체적 발달이 고루 이루어지도록 해야 할 것이다.

인지적 영역의 주요 발달과업은 논리적으로 생각하고, 인과관계를 이해하고, 논리적으로 분류할 수 있고, 논리적인 계층체계를 만드는 것이다. 따라서 이러한 인지능력이 잘 발달하도록 조건과 기회를 만들어주는 것이 중요하다. 인지능력의 발달과 더불어 학습능력 발달도 잘 이루어지도록 하고, 아동이 자신의 적성과 재능을 발견할 수 있도록 하는 것도 중요하다.

심리정서적 영역에서 주요 발달과업은 자기효능감(자신감)을 키우고, 자아개념을 잘 발달시키도록 하는 것이다. 학령전기에서와 같이 계속 성적으로 동성 부모와의 동일시와 모방이 이루어지는 것이 자연적 발달과정이므로 이 점을 잘 이해하고 도와주어야 한다.

사회적 및 심리사회적 영역의 주요 발달과업은 친구 사귀기, 또래집단 형성과 참여, 집단놀이를 통한 협업과 분업 배우기, 자기평가 능력을 발달시키는 것이다. 그리고 아동이 열망과 열정 및 협력의 태도로 공부, 운동, 놀이 등을 열심히 하게 하여 그 결과 근면성을 인정받게 함으로써 근면한 성격이 형성되도록 하는 것도 중요하다.

6. 청소년기(제5단계) 발달과업

청소년기는 다른 말로는 사춘기라고도 하는데 12~18세 연령으로 중·고등학교 교육을 받는 기간에 해당되며 생애주기의 제5단계다. 청소년기는 신체적 및 정신적으로 아동의 특성과 성인의 특성을 동시에 나타내면서 아동도 성인도 아닌 중간 시기라 할 수 있다. 신체적 발달은 거의 성인의 수준까지 발달하고 성적으로도 성숙해지지만 심리정서적으로는 아직도 성숙하지 못한 상태에서 많은 갈등과 혼란에 빠지는 시기이기도 하다. 청소년기의 이러한 특성을 가리켜 일찍이 심리학자 스탠리 홀(Stanley Hall)은 질풍과 노도(storm and stress)의 시기라고 했다.

청소년기의 발달과업은 부모가 주도하기보다는 청소년이 주도하면서 부모가 도와주는 형태가 되어야 한다. 청소년기 신체적 영역의 주요 발달과업은 제1차 성징과 제2차 성징을 잘 이해하고 적응하는 것이다. 제1차 성징은 생물학적으로 생식능력(성관계를 통하여 아이를 낳을 수 있는 능력)이 발달하여 거의 성인 수준으로 완성되는 것을 말하고, 제2차 성징은 남성과 여성의 신체적 특성과 모습이 달라지는 것을 말한다.

인지적 영역의 주요 발달과업은 추상적 상황에 대한 논리적 사고와 정교한 논리적 추리가 가능해지도록 하는 것이다. 인지발달 단계로 보면 청소년기는 인지발달이 최고조로 이루어지는 시기라 할 수 있다. 따라서 이 시기에 추상적이고 논리적인 사고와 추리의 기회를 학습, 운동, 놀이, 사회적 관계 등을 통하여 가지도록 스스로 노력하고 주위에서 도와주는 것이 중요하다.

심리정서적 영역에서의 주요 발달과업은 가족으로부터 심리적으로 독립하는 것이다. 사실 이러한 과업은 우리나라와 같은 자녀양육문화에서는 어려운 과제라 할 수 있지만 바람직한 것이다.

사회적 및 심리사회적인 영역에서의 가장 중요한 과업은 자아 정체성을 확립하는 것이다. 자아 정체성 확립은 제5장을 참고하기 바란다. 이 외에도 건전한 또래집단을 선택하고 참여하는 것, 또래집단 정체성을 갖는 것, 동성 간의 우정을 발전시키고 이성친구와도 적절한 사귐의 기회를 갖는 것도 중요한 과업이다.

7. 청년기(제6단계) 발달과업

청년기는 18~40세에 해당되며 생애주기 제6단계다. 청년기의 시작 연령은 법적으로 성인의 시작 연령과 일치하는 경향이 있는데 우리나라는 아직 그렇지 못하다.

청년기는 청년 스스로 발달과업을 주도해야 한다. 신체적 영역의 주요 발달과업은 신체적 발달이 최고조로 성숙해지도록 하고, 발달된 신체적 기능을 잘 유지하는 것이다. 따라서 일상생활에서 건강 보호와 증진 및 유지를 위해 적절한 운동과 건전하고 균형잡힌 영양식을 습관화하고 과체중 예방도 중요하다.

일반적 인지능력 발달은 이미 청소년기에 최고로 이루어졌지만 다른 의미의 인지능력은 연령에 따라 다르게 발달한다(제7장 참조). 선천적으로 타고난 지능(유동적 지능: 추리능력, 공간지각능력 등)은 청년기 전반기를 지나면서 낮아지지만 후천적인 교육과 훈련 및 경험으로 이루어지는 지능(결정화 지능: 언어적 의미, 단어연상, 어휘력, 종합적 판단력 등)은 나이 들수록 더 올라가게 된다. 청년기는 유동적 지능을 최고조로 유지하도록 노력하고 결정화 지능은 교육, 훈련 및 경험을 통해 계속 발전시켜나가도록 해야 한다.

심리정서적 영역에서의 주요 과업은 심리적으로 부모로부터 독립하는 것이다.

사회적 및 심리사회적 영역의 주요 발달과업은 동성친구와는 물론 이성친구와의 친밀한 관계를 경험하고, 결혼하고 배우자와도 친밀한 관계를 잘 유지하는 것이다. 이러한 동성 및 이성 간의 친밀한 관계 형성이 잘 이루어지면 친밀감 있는 성격을 형성하게 된다. 친밀감을 형성하는 것 외에도 적절한 직업 선택과 직업의 안정성을 확보하고, 부모로부터 사회적 및 경제적으로 독립하는 것도 중요한 발달과업이 된다.

8. 중년기(제7단계) 발달과업

중년기는 생애주기 제7단계로서 40~60세의 기간이다. 일반적으로는 생애주기를 8단계로 나누면 중년기는 40~65세가 되지만 이 책에서는 제7장에서 생애주기를 8단계가 아닌 9단계로 구분하는 것이 합당하다는 논리에 따라 중년기를 40~60세로 규정하기로 한다.

신체적 영역의 주요 발달과업은 전반적으로 중년기부터의 신체적 능력과 기능의 변화를 이해하고 대응하는 것, 만성질병의 발현과 증가에 대응하는 건강관리, 건강의 유지/증진을 위한 행동의 습관화(적절한 운동과 식습관 포함) 등이다. 여성의 경우 폐경에 따른 변화를 이해하고 대응하는 것이 중요하다.

인지적 영역의 발달과업은 유동적 지능의 감소에 대응하고, 결정화 지능의 향상을 위해 계속 노력하는 것이다. 특히 자기개발과 계속학습(평생학습)을 통한 결정화 지능 향상을 중요시해야 한다.

심리정서적 영역의 주요 발달과업은 중년기 이후 많이 나타날 수 있는 우울증이나 무기력증에 잘 대응하는 것, 스트레스 관리, 과거 인생에 대한 재평가와 재지향의 노력, 자아개념의 재정립과 안정적 유지도 중요하다.

사회적 및 심리사회적 영역의 주요 발달과업으로 가족을 포함한 타인에 대한 돌봄과 후원, 다음 세대를 위해 공헌하려고 노력하는 것이다. 이러한 과업을 한마디로 '생산성의 성취'라 할 수 있다(제5장 참조). 또한 의미 있는 문화와 역사 및 전통을 유지하여 후세에 전하려는 활동(의미의 수호자 역할, 제5장 참조)도 중요한 발달과업이 된다. 이외에도 직업능력과 리더십 및 대인관계 기술을 향상시키는 것, 지금까지 해오던 일(활동)을 창의적으로 발전시키는 것(제2의 성장), 경력을 잘 관리하는 것, 배우자와 친밀한 관계를 잘 유지하는 것, 자녀-부모-조부모 관계를 재정립하고 유지하는 것도 중요한 과업이다. 특히 퇴직과 노후생활에 대해 항상 관심을 가지고 장기적이고 체계적으로 준비하는 것이 가장 중요한 발달과업 중 하나다.

9. 장년기(제8단계) 발달과업

장년기는 이 책에서 주장하는 생애주기 9단계론에 의해 새로 설정된 단계로서 60~80세 연령의 생애주기 제8단계다. 이 단계는 2020년 현재 우리나라의 공식적 퇴직연령인 60세 이후 20년의 단계로서 건강상태가 비교적 좋아 일과 사회활동을 계속하는 데 별 문제가 없는 시기라 할 수 있다. 현재처럼 이 20년 기간의 대부분(65~80세)을 노년기에 포함시키는 것은 연장되는 평균수명과 건강상태 증진 및 사회경제적 상황의 변화에 맞지 않게 될 가능성이 점점 커질 것이다. 따라서 60~80세의 20년을 장년기라는 이름으로 별도로 설정하여 새로운 의미와 발달과업을 생각하는 것이 바람직하다.

신체적 영역의 중요 발달과업은 신체적 능력 및 기능의 점진적 저하에 대응하여 건강상태의 주기적 점검과 건강 유지 및 증진 활동을 습관화하는 것이다.

인지적 영역에서의 중요 발달과업은 유동적 지능의 계속적 저하를 보완할 수 있는 결정화 지능을 유지/향상시키고, 기억력 저하를 극복할 수 있도록 노력하는 것 등이다.

심리정서적 영역의 주요 발달과업은 심리 내적 성찰을 통해 과거의 삶을 긍정적으로 평가하고 자아 개념을 재정립하여 안정적으로 유지하는 것이다.

사회적 및 심리사회적 영역에서의 주요 발달과업으로 가장 중요한 것은 자신의 과거를 인생 전체의 틀 속에서 돌아보고 의미를 부여하고 다가올 죽음을 의연하게 받아들이는 것(자아통합이라 함, 제5장 참조)이다. 이 시기는 또한 인생에서 가장 의미 있고 행복한 시기일 수도 있기 때문에 자기 적성과 성격에 맞고 원하는(하던) 일을 할 수 있도록 장기적으로 체계적인 계획(중년기부터 계획을 세우면 더욱 바람직함)을 세워 실천하는 것도 중요하다. 이 외에도 부모 역할과 부모-자녀-조부모 관계와 친구를 포함한 사회적 관계도 재정립하는 것이 필요하다. 또한 점진적 퇴직 또는 완전 퇴직 생활에 잘 적응하는 것도 중요하다. 이 시기는 어떤 의미에서 중년기의 연장이라 할 수도 있기 때문에 중년기의 발달과업인 생산성 성취와 의미의 수호자 역할 수행을 잘하는 것도 바람직하다.

10. 노년기(제9단계) 발달과업

노년기는 생애주기 9단계론에 따라 80세 이후 시기로 생각하는 것이 바람직하다. 노인을 규정하는 연령이 우리나라뿐만 아니라 외국에서도 점점 더 높아지는 경향이 있기 때문(일본에서는 지난 10년 가까이 75세부터를 노인으로 규정하자는 주장이 나오고 있음)에 현재로서는 앞서가는 느낌이 있지만 향후 10~20년 내에 노년기 규정연령이 80세 이상이 될 가능성이 크다.

노년기 신체적 영역에서의 주요 발달과업은 전반적인 신체적 능력 및 기능의 저하와 건강상태의 약화에 대응하여 정기 건강검진을 포함한 건강관리(규칙적 운동과 균형적 영양식 등)를 습관화하는 것이다.

인지적 영역의 주요 발달과업은 결정화 지능을 잘 유지하고 기억력 저하를 극복하도록 계속 노력하는 것이다.

심리정서적 영역에서의 주요 발달과업은 우울증 및 치매 등 정신장애 발생의 위험성에 잘 대응하는 것이다.

사회적 및 심리사회적 영역의 발달과업 중 가장 중요한 것은 죽음 이후 자신의 존재에 대한 신념(죽음 이후 자신에게 역사적 및 우주적 존재로서의 의미를 부여하고 현실의 집착에서 벗어남)을 정립하는 것이다. 또한 가족관계의 유지, 사회적 관계망의 축소와 재정립, 배우자의 사망에 대처하는 것도 중요하다.

100세 시대의 생애주기 단계는 달라져야 한다

20세기 전통적 산업사회의 8단계 생애주기

생애주기의 단계는 신체적·심리적 요인 외에도 사회문화적 요인, 특히 일하는 것(사회적 역할)과 연계되어 구분되는 면이 크다. 일하기 위해 교육과 훈련받는 기간, 일하는 기간, 퇴직제도와 퇴직시기도 생애주기에 크게 영향을 미친다고 할 수 있다. 인간의 생애주기를 8단계로 구분한 것은 에릭슨(Erikson)으로 심리사회적 발달론을 처음 주장한 시기는 1950년이었다. 에릭슨이 살고 있던 미국사회는 산업화가 거의 보편화된 시기였다. 따라서 에릭슨은 미국과 같은 산업사회 사람들이 일반적으로 일하며 살아가는 상황을 생애주기에 반영했을 것이다. 1950년대 미국사회의 고용 형태는 제조업 공장, 서비스 회사, 정부기관 등에서 피고용 형태로 일하는 것이 일반화되어 있었다.

1760년대(18세기 후반)에 증기기관의 발명으로 시작된 산업혁명

(1차 산업혁명)이 19세기 말부터 전력에 의한 대량생산이 가능해지면서(2차 산업혁명) 산업화가 급속히 진행되었고, 일생은 크게 교육-일-퇴직 기간으로 구분되고 이러한 기간이 생애주기 단계를 따라 순차적으로 진행되는 것이 일반적이었다. 산업화의 정도는 국가와 사회에 따라 차이가 크지만 산업화가 진전될수록 고용의 형태는 피고용(취업)이 주류를 이루게 된다. 산업화 이전의 농업, 어업, 축산업 중심의 사회에서는 연령적으로 교육-일-퇴직이 잘 구분되지 않았고, 특히 일은 연령이나 생애주기 단계와 관계없이 할 수 있는 시기(연령)까지 하는 것이 일반적이었으므로 퇴직은 없었다. 일정한 나이까지만 일하고 그 이후는 일을 그만두는 퇴직제도는 산업화의 결과로 생겨난 제도다.

19세기 중반 이후 독일에서도 산업화가 빠르게 진행되면서 사회주의 사상이 나타났으며 이 사회주의 사상과 연결되어 자본가와 노동자의 대립, 노동자의 처우 개선, 노동자의 퇴직 이후 경제적 보장 등의 문제가 심각한 사회적 문제로 대두되었다. 입헌군주(프러시아공화국) 체제였던 당시 독일의 재상(총리) 비스마르크(Otto von Bismark, 1815~1898)는 격화되고 있는 노동운동을 무마하려는 정치적 의도로 1889년에 세계 최초로 공적 노령연금제도를 제안·도입했다.

사실 비스마르크의 제안으로 1889년 처음 도입한 노령연금제도의 연금 수급연령은 65세가 아니라 70세였다. 이 70세 연령은 당시 독일의 남자 평균수명 37.7세와 여자 평균수명이 41.4세였던 것을 생각하면 너무나 비현실적인 연령이었다. 일설에 따르면 법안 제안 당시 비스마르크 자신은 74세로 건강했기 때문에 자신의 나이를 기준으로 정년을 70세로 했다는 것이다. 흔히 노령연금 수급연령이 65세로 정해진 역사적 기원으로 비스마르크 시대 도입한 공적 노령연금의 수급연령이 65세였다는 데서 찾고 있으나 이는 잘못 알려진 것이다. 비스마르크는 노령연금제도 도입 후 9년이 지난 1898년 사망했고 그의 사망 이후 18년이 지난 1916년에 이르러서야 노령연금 수급연령이 65세로 낮춰졌다(Herbay, 2014). 노령연금 수급연령이 65세로 된 것은 노령연금제도 도입 후 27년, 비스마르크 사망 후 18년이나 지난 때였으므로 노령연금 수급연령의 기원으로 이야기하는 '65세'는 비스마르크와는 관련이 없다.

1900년대 초부터 공적 노령연금제도는 산업화하는 유럽 국가들과 미국 등에 도입되어 1940년대까지 세계 국가의 1/4 이상이 공적 노령연금제도를 도입했다(ILO, 2015). 공적 노령연금 수급연령 65세는 퇴직 후 노후생활 보장과 연계되면서 노인이 되는 연령 또는 노년기 시작 연령으로 인정되었다. 즉 '65세'는 현재까지 세계적으로 가장 공통적인 노령연금 수급연령과 노인규정의 최소연령이 되고 있다.

20세기 동안 산업화가 세계적으로 빠르게 확산되어 대부분의 국가(사회)는 산업사회로 변화되었다. 선진국에서는 20세기 중반 이후부터 컴퓨터와 인터넷 등을 중심으로 한 지식정보화사회(3차산업혁명사회)로 발전되기 시작했다. 산업사회의 발전과 더불어 평균수명이 크게 연장되는 점을 고려한 1986년 미국의 연령차별금지법 제정(연령을 이유로 퇴직시키는 것을 금지함으로써 정년이 사실상 없어지게 됨)으로 선진국을 중심으로 65세 정년과 노년기 시작 연령 65세는 그 의미를 점차 잃기 시작했다.

정년퇴직연령 연장은 중년기의 연장 또는 노년기 시작 연령의 연장(상향 조정)으로만 볼 것이 아니라 생애주기 전체를 다시 보고 나이에 따른 생애주기 단계를 재편성하는 것까지 생각해야 할 것이다. 산업사회의 진전과 같이 진행되는 고령화 추세를 생각하지 못하고 전통적 산업사회(3차산업혁명 이전까지의 기간)의 틀 속에서 교육-일-퇴직은 생애주기 단계를 따라 순차적으로 진행되고 생애주기는 8단계로 구분된다는 생각에 얽매이는 것은 미래사회의 변화에 대응하는 합리적인 생각은 아니라고 본다.

특히 지식정보화사회의 3차산업혁명과 21세기에 들어와 시작된 4차산업혁명(로봇, 인공지능, 양자역학 이용의 대량 컴퓨팅, 바이오 기술, 사물인터넷, 3D 프린팅, 자율주행 자동차 등의 융합 기술혁명) 시대에는 신체적 능력보다는 정신적 능력이 훨씬 중요해지고 있으며, 생산성은 연령보다 개인의 특성이 훨씬 크게 영향을 미친다는 것이 과학적 연구로 밝혀지고 있다. 이러한 변화에도 불구하고, 연령을 기준으로 생산성과 능력을 판단하고 교육-일-퇴직이 순차적으로 진행되는 것을 전제로 한 전통 산업사회의 생애주기 단계에 따른 생애주기 8단계 개념은 큰 변화 없이(순차 없이) 유지되고 있다. 고령화사회에서는 생애주기 단계나 연령에 따라 이루어지던 교육 → 일 → 퇴직의 순차가 없어지고 순차가 뒤바뀔 수 있다(Riley & Riley, 1994; 제18장 참조). 특히 우리사회는 새로운 산업사회로의 진전에는 민감하면서도 생애주기 8단계 개념은 큰 변화 없이 고수하고 있다.

생애주기 9단계론의 주장 배경

1. 에릭슨의 9단계 발달론 제안

생애주기를 8단계에서 9단계로 조정하는 것이 필요하다는 주장은 사실 에릭슨이 1980년대 말 처음 한 것이라 할 수 있다. 1980년대 말은 에릭슨이 처음 심리사회적 발달론을 주장한 1950년 이후 30년 이상이 지나 자신의 나이가 90세에 가까워진 시기였다. 에릭슨은 1980년대 말에 사회 전반적으로 연장되는 평균수명과 사회참여의 필요성을 고려하여 생애주기에 제9단계를 추가할 필요성을 비공식적으로 주장하면서 9단계의 발달과업으로 '노년초월'을 제시했다. 에릭슨이 1994년 92세로 사망한 후 부인 조안 에릭슨(Joan Erikson)이 남편의 생각을 정리하여 1997년 『생애주기의 완성: 제9단계 발달 추가(*Life Cycle Completed: Extended Version with New Chapters on the Ninth Stage of Development*)』라는 책을 발간하여 에릭슨의 생애주기 9단계 발달론을 공식 제안했다.

2. 노년학자들의 노인집단 연령 구분화

노년학자들은 노년기 연령을 65세부터로 하면 100세가 넘는 고령까지 동일한 집단으로 보는 것이 부적합하다는 판단에서 건강상태와 다른 특성을 고려하여 노인집단을 연령에 따라 2~3개 집단으로 구분하기 시작했다. 1970년대에는 55~74세를 연소노인(young-old), 75세 이상을 고령노인(old-old)으로 구분하자는 주장이 제기되었다(Neugarten, 1974). 1980년대에는 60~64세를 연소노인, 65~74세를 중고령노인(middle-old), 75세 이상을 고령노인으로 구분하자는 주장이 제기되었다(Specht & Craig, 1982). 1990년대 이후에는 평균수명이 크게 연장되는 고령화사회를 의식하여 65~74세를 연소노인, 75~84세를 중고령노인, 85세 이상을 초고령노인(oldest-old)으로 구분하는 경향이 나타나고 있다. 또한 2000년대부터 노년기를 노년전기(65~79세)와 노년후기(80세 이상)로 나누는 경향도 나타났다.

3. 활동적 노화이론에 따른 국제사회의 정책 제안

노년기에도 계속 활발하게 일하고 사회참여와 봉사활동 및 자기개발 활동 등에 참여하는 것이 노년기의 삶의 만족도를 높일 수 있다는 활동적 노화(active aging)이론에 따라 세계보건기구(WHO, 2002)와 유엔(UN, 2002)에서도 활동적 노화를 고령화사회의 정책 방향으로 제시하고 있다. 이러한 활동적 노화정책 방향은 건강상태의 계속적 향상으로 사회적 활동에 큰 문제가 없는 60~70대 연령을 별도로 구분할 필요성을 함축하고 있는 것으로 볼 수 있다.

4. 베이비붐 세대의 고령화와 사회적 관심

서구사회에서 2차대전 종식 이후 출생한 베이비부머들(1945~1964년생, 우리나라 베이비부머는 1955~1963년생을 말함)은 65세 이상 노인집단에 편입되면서 건강이 크게 향상되고 기술과 지식도 크게 높아 이전 세대와 다른 특성을 나타내고 있다는 점에서 사회적 관심집단이 되고 있다. 이에 따라 베이비부머 세대부터의 생애주기는 중년기와 노년기 사이 새로운 단계를 설정할 필요성이 있다는 주장이 나오고 있다(Freedman, 2014).

생애주기 단계가 9단계로 되어야 하는 이유

1. 평균수명과 건강수명의 연장

〈그림 7-1〉에서 보는 바와 같이 2020년 현재 평균수명은 남자 약 80세, 여자 약 86세, 남녀평균 약 83세에서 2065년에는 남자 약 88세, 여자 약 92세, 남녀평균 약 90세로 연장될 것으로 추정된다.

평균수명이 70~75세 전후였을 때는 60~65세 이후에 건강상태가 좋지 못했기 때문에 퇴직 후 10~15년이 지난 후에 사망하는 것이 일반적이었다. 그런데 평균수명이 80세 이상으로 늘어나면서 특히 60~70대의 건강수명이 크게 늘어나고 있는 추세다. 우리 주위에서 관찰해도 60~70대의 건강상태가 과거에 비해 크게 좋아지고 있는 것

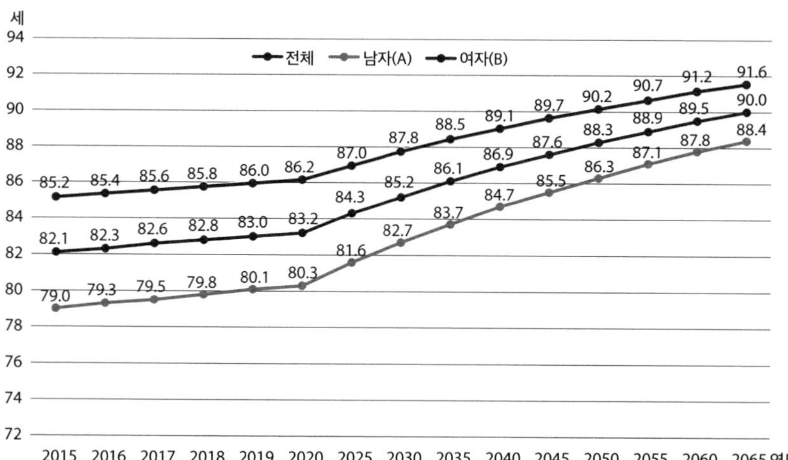

〈그림 7-1〉 평균수명의 연장 추세(2015~2065년)

출처: 통계청(2016), 장래인구추계(2015~2065).

을 알 수 있다. 최근 60대 이후 건강상태를 고려한 나이를 말할 때 현재 나이에 0.7을 곱하면 된다고 하는 말도 고령자의 건강상태가 좋아지고 있음을 의미하는 것이다.

우리나라에서도 60~70대의 건강상태가 좋아지고 있음은 조사자료로 뒷받침되고 있다. 고려대학교 안산병원에서 2001~2012년 사이에 건강검진을 받은 59~71세 남녀 700여 명을 비교한 결과 10년 전에 비해 건강의 모든 지표가 7~8세 정도는 좋아진 것으로 나타났다(조선일보, 2013). 보건복지부와 보건사회연구원이 3년마다 시행하는 노인실태조사 결과(보건복지부·한국보건사회연구원, 1998; 2011; 2014; 2017)를 보면 60~70대의 건강상태가 계속 좋아지고 있는 것을 알 수 있다. 65~74세의 노인 중 주관적 판단에 의해 건강이 좋다고 응답한 비율은 1998년에는 23%에 불과했으나 10년 후인 2017년에는 42%나 되어 거의 두 배 가까이 늘어났다. 이에 비해 75세 이상에서 건강이 좋다고 응답한 비율은 1998년 20.1%에서 2017년 28.9%로 50%도 채 못 되지만 상당히 늘어난 편이다. 지난 20~30년 사이 60대 이후 고령자의 건강이 크게 좋아지고 있는 것은 확실하다.

노년기는 반드시 건강이 약화된 시기라고는 할 수 없으나 일반적으로 생산능력 약화와 더불어 신체적 및 정신적 건강이 약화되는 시기로 이해하고 있다. 하지만 신체적 및 정신적 건강은 물론 생산성도 연령과는 크게 관계가 없다는 연구결과들이 계속 나오고 있다. 따라서 이 같은 사실을 무시하고 60세 또는 65세 이후 20~30년에 속하는 모든 고령자를 동일한 '노인'집단으로 판단하는 것은 비합리적이다.

2. 계속근로 기회 제공을 통한 고령화의 사회적 부담 감소

우리나라는 2017년부터 법적으로 퇴직연령이 60세 이상으로 보장되었다. 고령화는 세계적 추세이고 특히 우리나라는 세계 최저 출산율을 나타내고 있기 때문에 인구 고령화로 인한 사회적 부담을 줄이기 위해서도 65세를 넘어 계속 일하지 않으면 안 될 것이다. 우리나라 노동자 90% 이상이 가입하고 있는 공적 노령연금인 국민연금제도의 지속 가능성을 높이기 위해서도 장기적으로는 80세까지도 일해야 하고 일할 기회가 제공되어야 할 것이다.

저출산으로 인해 생산가능인구(15~64세) 또는 노동인력이 축소되면 결국 연금기금의 유지가 점차 어렵게 될 것이 분명하다. 연금기금을 건전한 상태로 유지하기 위해서는 연금보험료(기여금)를 계속 올려야 하지만 연금보험료 인상에도 한계가 있기 때문에 국가가 연금기금 부족분을 지원하거나 아니면 외국처럼 연금기금 관리기구(연금공단)가 돈을 국가로부터 빌릴 수도 있다. 그러나 연금기금이 국가 지원을 계속 받거나 국가에 부채를 지는 것은 쉽지 않다. 그렇다면 결국 연금 수급연령을 올리는 것이 가장 효과적인 방안이 될 수밖에 없을 것이다. 연금 수급연령을 올리게 되면 수급연령에 맞추어 법적 퇴직연령도 올릴 수밖에 없을 것이다. 고령화로 인한 국가의 재정지원 부담 가능성도 줄이면서 생산가능인구(후세대 또는 근로세대)에 대한 계속적인 보험료 인상의 부담도 낮추고, 연금기금을 안정적으로 유지하는 방안을 찾는 것은 중요한 사회적 과제다.

사회적 부담을 줄이기 위한 가장 효과적인 대책은 결국 근로기간을 연장하는 것, 즉 법정 퇴직연령을 올리는 것과 동시에 노령연금(우리나라의 국민연금 같은 것) 수급연령을 올리는 것이 될 수밖에 없다. 이 같이 수급연령을 올린다면 결국 더 오래 일할 수밖에 없을 것이다. 퇴직연령을 60세를 넘어 계속 연장하는 데 상당한 시간이 걸리겠지만 고령화가 급속히 진전될 것이 예상되므로 21세기 중반에는 75세까지, 21세기 말에는 80세까지도 정년이 연장되어야 할지도 모른다.

한편 나이보다는 개인의 능력을 중시하는 사회적 의식이 확산된다면 선진국에서처럼 정년이 없어질 수도 있으며, 21세기가 끝나기 전에 노인을 규정하는 최소연령은 80세에 이르게 될 수도 있을 것이다. 그렇게 된다면 60~79세의 기간은 건강하게 계속 일하거나 일, 여가, 사회공헌 활동을 병행하는 기간이 되어야 할 것이다. 결국 고령화와 다른 요인들의 영향으로 현재 청소년기와 청년기의 사람들은 80세까지도 일해야 할 가능성이 더욱 커질 것이다(Gratton & Scott, 2016). 따라서 60~70대를 새로운 생애주기 기간으로 정하여 계속 일할 수 있게 하는 것이 바람직하다.

3. 노후생활의 개인적 책임 강화

개인 고령화와 인구 고령화는 사회적 부담을 증가시키기 때문에 사회가 일정 한도까지는 부담을 감수해야 하지만 계속해서 그 부담을 감수하기는 어려울 것이다. 사회가 일정 한도 이상의 재정적 책임을 지는 것은 어떤 이념이나 정치적 결정의 문제가 아니다. 국가가 연금기금에 재정 지원을 계속하는 경우 세금을 낼 사람이 줄어드는데 어떻게 지속 가능하겠는가? 국민이 낸 세금은 연금재정 보조뿐만 아니라 국가 전체의 다양한 정책 수행을 위한 지출에도 사용되어야 할 것이므로 연금재정 보충은 우선순위에서 후순위로 밀릴 수도 있다. 그렇다면 결국은 최소한의 노후생활 보장이나 그 이상의 보장을 위해서는 개인이 책임져야 할 부분이 늘어날 수밖에 없을 것이다. 개인 책임 부분이 더 커지는 것에 대한 해결 방안은 더 오래 일하는 것 외에 다른 방법은 없다. 더 오래 일하기 위해서는 60~70대를 노년 또는 노인으로 분류하여 건강도 능력도 부족한 사람들로 매도하는 것은 합리적이지 못할 뿐만 아니라 문제를 더 심각하게 만들 수 있다.

4. 연령주의 개선 및 타파

연령주의(ageism)는 넓게는 노인과 노화에 대한 부정적 인식과 편견 및 연령을 기준으로 개인적 능력을 판단하는 것을 의미하지만, 좁게는 연령을 기준으로 노인 여부와 능력을 판단하는 것을 의미한다. 사실 연령주의는 과학적 근거가 희박하고 사실을 왜곡하거나 과장되게 인식한 결과다. 또한 생산성은 연령과 관계되는 것보다는 개인의 능력이나 특성에 관계되는 부분이 훨씬 더 많다는 것이 연구를 통하여 밝혀지고 있다.

나이로 개인의 신체적 및 정신적 능력을 판단하는 연령주의에는 많은 경우 이중적 기준이 적용되고 있다. 예를 들면 우리나라 기업의 기업주나 경영주의 평균연령은 60세를 넘었는데도 자신들은 계속 일하면서 고용된 근로자는 60세가 넘으면 능력이 떨어지거나 신체적 또는 건강이 약해져서 제대로 일할 수 없다고 판단하여 퇴직시키고 있다. 기업주나 경영주는 60세가 넘어도 능력을 계속 발휘할 수 있고, 고용된 근로자는 능력을 계속 발휘할 수 없다고 판단하는 것은 지극히 모순된 논리다. 기업주나 경영주 측에서는 '나는 개인적으로 다른 일반 근로자와 다르게 능력이 있다'고 주장한다면 그 주장은 개인의 특성상 나이에 관계없이 능력이 있다는 논리인데 이는 개인 차이를 인정한다는 것이다. 개인 차이를 인정한다면 왜 일반 근로자의 개인 차이는 인정하지 않는가? 아니면 기업주나 경영주는 천재이거나 유전적으로 특별한 사람들이라 일반 근로자와 전혀 다르기 때문인가? 몇 사람은 그럴 수 있을지 몰라도 거의 전부가 천재라든가 유전적 특성이 있다는 증거나 이를 뒷받침하는 근거는 찾아볼 수 없다.

2020년 현재 우리나라 국회의원 300명 가운데 60세 이상이 3분의 1을 훨씬 넘고, 대통령을 비롯한 행정부와 사법부의 주요 정책 결정자 중에 60세 이상이 대단히 많다. 연령주의 논리에 따른다면 나라의 운명까지도 결정할 수 있는 중요한 위치에 있는 사람들이 60세를 넘었는데 이들이 과연 올바른 판단을 할 수 있겠는가? 우리나라 건국 이후 대통령, 정치인, 고위 정책 관료들이 60세를 넘은 사람들이 많았는데 그들이 이끌어온 우리나라는 위험천만이었다고 말할 수 있는가?

선진국에서는 이미 오래전부터 연령주의를 배격하는 차원에서 정년을 폐지하는 방향으로 나아가고 있다. 미국은 1986년 민간 부문에서 사실상 정년제를 폐지했다. 2017년 기준으로 OECD 국가의 근로자 1인당 생산성을 연구한 결과(OECD, 2019)에 따르면 60세 이하의 젊은 노동자들이 일하는 한국의 노동생산성(노동시간당 GDP: 37.89달러)은 정년을 폐지하여 60세 이상의 근로자가 대단히 많은 미국의 노동생산성(노동시간당 GDP: 71.99달러)의 절반 수준인 것으로 나타났다. 연령이 능력이나 생산성을 좌우한다는 논리가 합당하다면 분명히 미국은 한국보다 생산성이 낮아야 하는데 오히려 훨씬 더 높은 것은 논리적으로 맞지 않고 이해할 수 없는 사실이다. 이러한 사실은 연령주의가 모순되고 비논리적·권위주의적·비과학적이고 강자 논리의 불합리한 생각과 태도라는 것을 잘 보여주는 단면이라 할 수 있다. 하지만 우리나라의 경우 이러한 잘못된 생각과 태도가 널리 퍼져 있고 국민들도 이를 당연한 것으로 받아들이고 있는 것은 참으로 안타까운 현상이다.

60~70대 고령자 자신들도 개인의 특성과 능력으로 생산성을 얼마든지 발휘할 수 있음에도 불구하고 연령주의에 갇혀 능력을 발휘할 기회를 찾으려 하지 않고 있는 것도 안타까운 일이다.

5. 노화에 따른 지능 저하의 인식(오해) 개선

사람의 지능은 복잡한 것이어서 이를 정확히 측정하기는 어렵다. 고령자의 지능은 기존의 일반 성인용 지능검사 도구를 통해 제한된 시간 내에 측정하기도 어렵고, 다양한 지능을 한 가지의 점수로 정확히 측정하기는 더욱 어렵다. 이러한 문제점을 개선하고 고령자의 지능 특성을 좀 더 잘 이해하고 측정할 수 있는 방법을 1966년에 혼과 카텔(Horn & Cattell, 1966)이 개발했다. 이들이 개발한 성인지능의 개념은 두 가지 측면의 지능이다.

그 두 가지 측면의 성인지능은 유동적 지능(fluid intelligence)과 결정화 지능(crystallized intelligence)이다. 유동적 지능은 타고난 지능, 선천적 지능, 유전적 요인의 지능(예: 추상적/귀납적 추리력, 공간지각능력, 언어 유창성 등)을 말하고, 결정화 지능은 생후의 교육과 훈련 및 경험에 의해 얻어진 지능(예: 언어적 의미 이해, 어휘력, 사회적/종합적 판단력 등)을 말한다. 나이가 들수록 유동적 지능은 점차 떨어지지만 결정화 지능은 오히려 점차 올라간다는 것이다. 이는 실험 연구를 통해 잘 검증되고 있지만 실제로 일반인에게는 잘 알려져 있지 않고, 알려져 있어도 연령주의로 인해 무시되어왔기 때문에 그다지 주목을 받지 못하고 있다. 지능의 특성에 따라 나이 들면 잘할 수 있는 일과 그렇지 못한 일도 있기 때문에 나이 들면 지능이 전체적으로 떨어진다는 것은 잘못된 판단이다. 그럼에도 연령주의가 만연하여 나이로 지능을 일률적으로 판단하는 것이 일반화되어 있다.

예를 들면 나이 든 사람이 더 잘할 수 있는 것 중 하나는 종합적 판단력이다. 철학자 쇼펜하우어도 그의 인생론에서 나이 든 사람이 젊은 사람보다 잘할 수 있는 것은 종합적 판단력이라 했다. 어떤 현상을 전체적으로 보고 판단할 수 있는 이 종합적 판단력에는 생후 교육과 훈련, 경험을 통해 얻어진 지능이 작용하는 부분이 훨씬 크다는 것이다. 창의력도 종사하는 직업이나 활동 분야에 따라 연령의 영향을 크게 받지 않는 부분이 많다.

그러므로 60~70대를 노인이나 노년기의 카테고리에 넣어 지능이 떨어져 능력이 없다고 단순하게 판단하는 것은 개인의 특성과 성인지능의 특성을 무시하는 것이므로 적어도 60~70대 연령의 생애기간을 별도의 단계로 구분할 필요가 있다.

6. 고령화에 따른 연령통합사회 구축 필요성

고령화가 진전됨에 따라 60세 이상 고령인구의 절대적 수와 비율이 계속 증가하는 것은 불가피하다. 현재 사회의 주역은 사회적 역할을 담당하는 성인인구, 즉 노동시장에서 주역을 맡고 있는 사람들(현역)이고 고령자나 노인은 노동시장에서 밀려나 퇴직하고 사회로부터 소외되어 있다고 해도 과언은 아니다. 그런데 60세 이상 고령인구가 전체 인구 중 30~40% 이상을 차지한다면 퇴직하는 나이로 사회의 주역(현역)과 퇴역을 구분할 수 없을 것이고 구분한다 해도 무의미해질 것이다. 장기적으로는 연령주의도 점차 완화되거나 사라질 수밖에 없을 것이다. 그러나 향후 20~30년간은 사회의 주류를 이루는 주역(현역)과 일단 사회적 역할에서 물러난 퇴역(퇴직자)은 구분될 것이다. 사회구성원을 주역과 퇴역으로 구분하는 것은 사회통합 차원에서도 바람직하지 못하며 그렇게 구분하려는 시도는 많은 저항과 문제점을 만나게 되고, 고령화사회를 발전시켜나가는 데도 장애요인이 될 것이다.

지속가능한 고령화사회는 연령통합의 사회가 되어야 할 것이고 이를 위해 모든 사회구성원은 나이에 관계없이 능력에 따라 직업활동이나 사회공헌활동 등 다양한 사회활동에 같이 참여해야 할 것이다. 나이를 기준으로 60~70대 기간을 노년기와 구분하는 것은 사실 연령주의의 생각과 태도에서 완전히 벗어난 것은 아닐지라도 60~70대를 단순히 노인으로 매도하는 연령주의에서 탈피하는 중요한 전략이 될 수 있다.

그리고 고령화사회가 진전될수록 일률적인 생애주기의 개념도 크게 바뀌어 개인적 선택에 의한 다양한 생애주기가 형성될 것이다. 따라서 다양한 생애주기 단계가 만들어지고 각 단계 사이에 전환기도 다양하게 만들어질 가능성이 커질 것이다(Gratton & Scott, 2016). 그러므로 60~70대 연령층을 더 높은 고령층인 노년기(80세 이상) 세대와 같이 취급하는 것은 사회의 변화와 발전을 고려하지 못하는 비합리적인 생각과 행동이 아닐 수 없다.

7. 고령화사회에 적합한 생애주기 발달과업 수행

제5장에서 설명한 바와 같이 생애주기의 연장에 따라 40대 이후 인생에 대한 새로운 의미 또는 생애주기 단계별 과업에 많은 사람들이 관심을 보이고 있다.

새들러(Sadler, 2002)는 40대 이후의 건강하게 지내는 시기를 제3기 인생으로 보고, 제3기 인생의 의미 또는 과업을 제2의 성장(the second growth)으로 제시했다. 제2의 성장은 각자 자신 속에 잠재되어 있는 창의력을 발휘하여 새로운 일을 시작하는 것이라 했다. 연령적으로 보면 새들러의 제3기 인생은 40~70대까지로 볼 수 있다.

라스렛(Laslett, 1989)이 말한 제3기 인생(the third age)의 구체적 시기는 개인과 국가에 따라 다를 수 있지만 일반적으로 정년퇴직 연령인 60세 이후 또는 65세 이후 건강하게 지내는 시기라 할 수 있다. 이 시기의 의미나 발달과업은 개인적 성취(personal achievement)라 할 수 있다. 따라서 60~70대는 1차 퇴직한 후 재취업이나 사회공헌활동 등으로 건강하게 지내는 제3기 인생의 시기에 충분히 해당될 수 있다.

에릭슨은 생애주기 9단계론을 제안하면서 제9단계의 발달과업을 '노년초월'이라 했다. 다른 말로는 불멸이라 할 수 있다. 에릭슨이 처음 주장한 생애주기 8단계 모형에서 65세 이후 노년기 전체의 발달과업은 '자아통합'이었는데 이는 60~70대의 발달과업에 더 적합하고, 80대 이후인 노년기에는 '노년초월'이 더 적합한 발달과업이라 할 수 있다.

'장년기(長年期)'를 추가한 생애주기 9단계론 제안

위에서 말한 생애주기 9단계론 주장의 배경과 9단계론의 필요성을 감안하여 〈그림 7-2〉에서와 같이 생애주기 9단계론을 제안하고자 한다. 이 9단계 모형에서는 중년기 연령을 40~59세로 축소하고, 노년기를

80세 이상으로 하여 60~79세를 중년기와 노년기 사이에 '장년기(長年期)'라는 새로운 명칭의 단계로 설정한 것이다.

중년기와 노년기 사이 새로운 단계의 연령과 명칭에 대해서는 여러 가지 의견이 있을 수 있다. 예를 들면 미국에서는 '앙코르커리어(encore career)'로 제안하는 사람도 있다(Freedman, 2014). 60~80세(정확히 60세에서 79세까지)로 구분하고 '장년기(長年期)'라는 이름을 붙인 것은 우리의 사회문화적 전통과 배경을 고려한 것이다. 장년이라는 말은 두 가지 의미로 사용된다. 하나는 한문으로 '壯年'('壯'의 의미는 장하다, 튼튼하다, 힘세다의 의미)이라고 쓰는 말인데 이는 '일생 중 가장 기운이 왕성한 30~40세 안팎의 나이에 해당되는 사람'이라는 뜻이고, 다른 하나는 한문으로 '長年'('長'은 어른의 의미)이라는 말로 '어른'이라는 뜻이다. 흔히 노인을 '어른'(높임말 호칭어는 어르신)이라 하는데 어른

20세기 산업사회의 전통적 생애주기(8단계)

생애주기 단계	영嬰아兒기期	유幼아兒기期	학學령齡전前기期	학學령齡기期	청靑소少년年기期	청靑년年기期	중中년年기期	노老년年기期
연령	0	2	4	6	12	18	40	65	75~80

21세기 고령화사회의 새로운 생애주기(9단계)

생애주기 단계	영嬰아兒기期	유幼아兒기期	학學령齡전前기期	학學령齡기期	청靑소少년年기期	청靑년年기期	중中년年기期	장長년年기期 (새로운 단계)	노老년年기期
연령	0	2	4	6	12	18	40	60	80	100

〈그림 7-2〉 장년기 설정의 생애주기 9단계 모형

은 단순히 나이만 많은 것이 아니라 품위 있는 인격과 지혜와 현명함을 지니고 사물을 잘 판단하는 사람이라는 의미도 포함한다. 물론 80세 이상의 노인도 어른이 되어야 하지만 특히 60~80세 사이 사람들은 사회의 어른으로 더 적극적으로 사회적 활동(일이나 사회공헌)을 계속하는 것이 바람직하다는 의미에서 長年이라는 명칭을 붙인 것이다. 실제로 '중장년기'와 '장노년기'라는 말을 사용하고 있지만 해당 연령 기간과 '장년'의 의미는 불분명하다.

우리는 연령에 의한 생애주기 구분에 익숙해 있어 일반적으로 연령에 따른 구분을 절대적 기준으로 생각한다. 연령은 대체적 특성을 먼저 생각한 기준일 뿐이다. 연령보다 더 중요한 것은 생애주기 단계의 의미나 발달과업이라는 특성이라 할 수 있다. 따라서 그 연령이 되면 그런 특성이 나타나는 것이 아니라 그런 특성이 나타나도록 유의하여 준비하지 않으면 그 연령이 속하는 생애주기 단계의 이름에 걸맞은 특성은 나타나지 않는다. 그러므로 60~70대의 장년기도 미리 준비해야 장년기다운 장년기가 될 수 있다.

제3편

노후설계를 넘어 생애설계

요람에서 무덤까지

생애설계란 무엇이고 왜 필요한가?

생애설계(life planning)란 무엇인가?

1. 생애설계의 정의

우리사회가 2000년부터 65세 이상 노인인구가 7%를 넘는 고령화사회에 접어든 후 지난 20년 가까이 민간단체나 공공기관 등에서 '노후설계'나 '은퇴설계'라는 명칭으로 교육·훈련 프로그램을 시행해오고 있으나 대부분 철학적 및 이론적 기반이 거의 없고, 설계의 원칙과 체계성도 부족하여 그 효과는 미지수로 남아 있다. 그러나 이러한 프로그램을 통해 상당수의 사람들이 바라는 노후생활을 미리 계획하고 준비할 필요성을 인식하게 된 것은 다행이라 할 수 있다.

지금까지 우리사회에서 이해되고 있는 노후설계나 은퇴설계는 생애과정 전체 중 노후기간(노년기)에만 초점을 두어왔기 때문에 생애설계라는 말은 거의 사용하지 않았다. 생애설계(life planning)는 상식적으로 말해 자기가 원하는 인생을 살아가기 위해 생애과정 전체에 대해 세우는 계획이라 할 수 있다. 흔히 인생을 항해에 비유한다. 사람들은 자기 나름대로 바라는(삶의 가치를 실현할 수 있는) 인생 항해의 목적지를 정하고 그 목적지에 도달하기 위한 항로를 선택하여 항해하고 있다. 이같이 어떤 취지에서 인생 항해의 목적지를 정하고 항로를 선택하고 항로대로 가기 위해 세우는 계획이 생애설계라 할 수 있다.

생애설계는 생애 전체에 관련되는 사항인 만큼 철학적으로 중요한 관심사가 되어왔고 철학자들도 생애설계의 중요성을 인정해왔다. 소크라테스(Socrates), 플라톤(Platon), 아리스토텔레스(Aristoteles), 존 스튜어트 밀(John Stuart Mill), 조시아 로이스(Josiah Royce), 데이비드 흄(David Hume), 존 롤스(John Rawls) 등은 생애설계의 중요성을 인정한 대표적 철학자들이다. 이 외에도 애덤 스미스(Adam Smith) 같은 경제학자, 앤서니 기든스(Anthony Giddens) 같은 사회학자들도 생애설계의 중요성과 필요성을 인정했다(Mintoff, 2009; Heyd & Miller, 2010).

하지만 지금까지 생애설계의 의미와 내용과 방법, 특히 생애설계의 구체적 절차와 실천방법은 거의 연구되지도 제시되지도 못했고, 개인적 판단에 맡겨져왔다. 한편 일부 철학자와 일반인은 계획을 세워도 인생은 계획대로 되는 것이 아니라 생각하고, 많은 사람들은 자기 생애에 대한 뚜렷한 계획 없이 살아가고 있기 때문에 생애설계는 일반적으로 개인의 삶에서 중요한 관심사가 되지 못하고 있는 것 같다.

『사회정의론』으로 잘 알려진 20세기의 유명 철학자 존 롤스(Rowls, 1971)는 생애설계의 의미와 중요성을 강조하고 있는데 그의 주장을 요약하면 다음과 같다. 인간은 기본적으로 두 가지 능력이 있다. 하나는 무엇이 선(善: good)인가를 생각하여 그 선을 추구하며, 자기가 생각하는 선을 새롭게 다듬어나가는 능력이다. 다른 하나는 자기 나름대로 정의(正義: justice)가 무엇인지를 생각하여 그 정의의 기준에 따라 살아가려고 노력하는 능력이다. 인간은 각자 선을 추구하려는 생각을 합리적인 인생설계를 통해 나타내고자 한다. 따라서 각자가 생각하는 선은 바로 생애설계라 할 수 있고, 생애설계대로 삶을 살아가게 되면 행복을 느끼게 된다. 인간은 또한 계획하여 생활하는 존재이기 때문에 자기 생애를 설계하여 살고자 한다. 생애설계는 다른 말로는 자신이 어떤 존재인가를 나타내는 것이고 자신이 하고자 하는 것을 나타내는 것이기도 하다. 그러므로 생애설계는 깊이 있게 생각하여 만들어내는 합리적(신중하고 분별력 있고 이치에 맞고 실현 가능한) 계획이 되어야 한다. 합리적인 생애설계는 생애 전체를 생각하는 것이고 어느 한 시기만을 생각하는 것은 아니다. 존 롤스의 말은 생애설계의 의미와 중요성을 잘 말해주고 있으나 구체적 설계의 절차나 방법 및 실천방법은 제시하지 않고 있다.

지금까지 시행되고 있거나 이해되고 있는 노후설계나 은퇴설계의 내용을 보면 노후생활에서 관심사가 되는 경제적 대책(재무설계)이나 건강 대책(건강설계)이 중심이 되어왔고, 구체적인 설계 절차와 방법은 제대로 제시하지 못하고 있다. 최근 생애설계의 필요성이 인식되면서 직업활동 중심의 경력설계도 노후설계나 은퇴설계에 포함시키거나 경력설계를 생애설계의 의미로 생각하는 경우도 있고, 생애 경력설계라는 말까지 사용하고 있다.

그렇다면 생애설계는 무엇을 의미하는가? 생애설계는 학술적으로 연구된 바가 거의 없고, 사회복지 서비스, 노후 준비에 관련된 서비스나 교육, 금융 분야의 상품 판매 등에서 다루어지고 있으나 논리적이고 핵심적 내용을 찾기는 어렵다. 생애설계라는 말은 외국에서는 물론(Hyatt & Harkavy, 2016) 우리나라에서도 금융 서비스 부문에서 대부분 사용되어왔으며, 학술적으로는 최근 10년 사이에 노년학이나 가족학 등 극히 일부에서 사용되기 시작했지만 그 개념, 핵심 내용, 원칙이나 절차 등은 거의 논의되지 못하고 있다. 금융 서비스 부문에서도 2010년 이전까지만 해도 우리나라에서는 노후설계나 은퇴설계라는 말을 전적으로 사용해왔고, 2010년 이후 생애설계라는 말을 사용하기 시작했으나 금융 서비스 부문 일부에 한정되고 있을 뿐 일반화되지 못하고 있으며 그 의미도 모두 다르다. 미국의 금융 서비스 경우에도 생애설계라는 말을 전유물처럼 사용하고 있지만 그 의미 역시 모두 다르다(Hyatt & Harkavy, 2016). 지금까지 알려져 있는 노후설계, 은퇴설계, 경력설계는 대부분 생애주기 단계별 문제 해결이나 예방 위주의 계획이었고, 생애주기 단계 발달과업을 일부 포함하는 경우가 있었을 뿐이다. 생애설계와 관련하여 지금까지 설명한 사항을 고려하여 생애설계를 정의해보면 다음과 같다.

생애설계는 '생활영역(분야)별로 생애사명(인생의 꿈)을 확립하고 사명을 생애주기 단계를 따라 장기적으로 실현하기 위한 목표를 설정하고 그 목표를 달성하기 위한 시간관리 계획을 수립하여 실천하는 것'을 의미한다. '설계'라는 말의 의미를 충실하게 정의하면 실천은 포함시키지 않고 목표달성을 위한 시간관리 계획 수립까지만 포함시켜야 할 것이다. 그리고 기존의 생애주기 관련 여러 종류의 설계에서 실천과정을 등한히 해왔던 점을 고려하고, 실천 없는 계획은 무의미하므로 설계라는 말 자체의 의미에 얽매일 필요 없이 실천까지 포함하는 것이 바람직한 정의라 할 수 있다.

2. 생애설계의 특성

생애설계의 특성은 (1) (현재 이후) 생애주기 단계 전체에 대한 계획, (2) 생활의 다양한 영역(7~8개 또는 그 이상)에 대한 계획 및 (3) 논리적 절차(단계)에 따른 계획이라 할 수 있다.

1) 생애주기 단계 전체에 대한 계획

모든 사람이 원하는 삶은 '노후만'의 건강과 행복이 아니라 생애 전체, 즉 생애주기 단계마다의 건강과 행복이고 '노후까지' 이어지는 건강과 행복이다. 앞에서 설명했듯이 노년기는 어린 시절부터 노년기 이전까지 생애주기 각 단계에서 어떻게 생각하고 결정하고 행동했는지가 축적되어 결과적으로 나타나는 것이다. 그렇기 때문에 50대 이후나 퇴직 시기 임박해서 노후 또는 퇴직 이후 생애에 대한 계획을 세우는 것은 기본적으로 한계가 많을 수밖에 없다. 따라서 이제는 '노후설계', '은퇴설계', '경력설계'가 아니라 이 모든 것(노년기와 그 이전의 생애주기에 대한 설계)을 포함하는 전 생애에 대한 설계가 필요하다. 앞서 소개한 철학자 롤스도 생애설계는 생애주기 일부 단계에 대한 것이 아니라 생애주기 단계 전체에 대한 것이어야 한다고 주장한다.

2) 생활의 다양한 영역에 대한 계획

생애설계는 생활의 다양한 영역인 (1) 직업·경력, (2) 학습·자기개발, (3) 건강, (4) 가족·사회관계, (5) 주거, (6) 사회참여·봉사, (7) 여가·영적활동, (8) 재무 등에 대한 계획이다. 생활의 다양한 영역을 고려한다는 것은 단순히 다양한 영역을 포함하는 균형유지만을 의미하는 것이 아니라 그 다양한 영역이 상호 관련을 가지고 있기 때문에 그 영역들 간에 조정이 필요하다는 의미도 포함하고 있다. 생활의 다양한 영역을 고려해야 하는 또 다른 필요성은 인간의 기본적 욕구인 (1) 생리적 욕구, (2) 안전의 욕구, (3) 사랑과 소속의 욕구, (4) 자존감의 욕구, (5) 자아실현의 욕구를 고르게 충족시키기 위한 것이다(Maslow, 1970).

3) 논리적 절차에 따른 계획

생애설계는 논리적 절차에 따른 계획이다. 기존의 노후설계, 은퇴설계, 재무설계, 경력설계의 개념에는 절차를 중요시하는 경우는 드물고, 절차를 중요시한다고 해도 그 내용은 백인백색으로 공통성이나 논리를 찾기 어렵다. 절차가 필요하다는 것은 단순히 계획과정의 순서만을 말하는 것이 아니라 생애 전체를 계획하기 위해서는 반드시 논리적 절차가 필요하고, 그 논리적 절차가 훨씬 더 중요한 의미를 갖는다. 생애설계는 생애주기 단계 전체에 대한 계획인 만큼 계획을 세우는 절차가 있어야 하고 그 절차는 이론적이거나 논리적이어야 한다. 생애설계는 생애주기 단계별로 생활의 다양한 영역에 대해 논리적인 절차에 따라 계획을 수립하는 것이다. 생애설계의 핵심적 특징이라 할 수 있는 논리적 절차는 생활의 각 영역별 설계(경력설계, 재무설계, 건강설계 등)에 공통적으로 적용되어야 하고, 각 영역별 설계는 상호 구분되는 점도 있지만 동시에 상호 연계되는 점도 있다는 점에 유의해야 할 것이다.

3. 생애설계는 인생길 안내기기(내비게이션)이다

생애설계를 좀 더 쉽게 설명하면 현재 우리에게 익숙한 길 안내기기

(GPS navigation)에 비유할 수 있다(Hyatt & Harkavy, 2016). 이하 설명에서는 편의상 '내비'라 부르기로 한다. 내비에서 왜 그 목적지를 정했는지는 묻지 않지만, 생애설계에서는 왜 그 목적지를 정했는지(생애사명에 해당)를 묻고 있으며 그 목적지를 정한 이유가 대단히 중요하다. 왜 그 목적지를 정했는지를 묻는 것을 제외하고는 생애설계는 내비와 기능 면에서 거의 비슷하게 비유할 수 있다.

첫째, 내비는 먼저 사용자로 하여금 목적지를 입력하게 한다. 생애설계는 생활 각 영역별 생애사명에 따라 목표(목적지)를 정하도록 한다.

둘째, 내비는 길을 헤매지 않고 빠르게 목적지에 도달할 수 있도록 안내해준다. 생애설계는 생애과정에서 헤매지 않고 스트레스 받지 않고 빠르게 설정한 목표를 달성하도록 안내해준다.

셋째, 내비는 목적지로 가는 동안 진로에 대해 여러 가지 정보(현재 위치, 지나온 시간, 남은 시간/도착 예정 시간 등)를 제공해준다. 생애설계는 생활 각 영역의 최종목표 달성까지의 현재 상태(달성 정도), 현재까지 목표달성을 위해 투입한 시간과 노력, 목표달성까지 남은 예정 시간 등을 알 수 있게 해준다.

넷째, 내비는 길을 잘못 들었을 때 다시 원래의 예정 진로로 돌아오도록 안내해준다. 생애설계는 목표를 향한 진로를 잃어버리고 방황하게 될 때 원래 목표를 향한 진로로 돌아오도록 안내해준다.

다섯째, 내비는 목표를 향한 진로에서 예상 외 장애물이나 교통혼잡이 있으면 다른 빠른 길로 진로를 수정하여 안내한다. 생애설계는 목표를 향한 진로에서 장애를 만나게 되면 다른 길로 우회하여 가장 빨리 장애를 극복하도록 안내해준다.

여섯째, 내비의 안내는 언제나 실제 지리적 조건과 차이가 있을 경우 진로를 수정하여 새로운 진로를 제시한다. 생애설계는 계획과는 다른 현실적 문제를 만나게 되면 목표달성이나 진로를 수정하거나 조정할 수 있도록 해준다.

일곱째, 성능 좋은 내비는 비용을 상당히 지불하고 구입해야 하듯이 성능 좋은(효과적인) 생애설계를 하려면 설계과정에 시간과 노력(시간과 노력도 결국은 비용임)을 상당히 투자해야 한다. 생애설계는 쉽게 금방 할 수 있는 것이 아니라 많은 시간과 노력을 들여야 하는 것이다.

왜 생애설계를 Life Plan이 아닌 Life Planning이라 하는가?

앞에서 제시한 생애설계의 정의에서 알 수 있듯이 생애설계는 계획을 세우는 과정을 포함하고 있다. 사실 Plan('계획'이라 함)과 Planning('기획'이라 함)은 그 의미가 좀 다르다. 계획(plan)은 계획을 세워나가는 과정이나 절차를 거쳐 나온 '최종적 결과'를 말하며 주로 문서로 표현된다. 기획(planning)은 계획(plan)을 만들어내기 위한 절차와 최종적 결과물인 계획(plan)을 다 포함하는 말이다.

그런데 사람들은 계획이라는 말에 익숙해 있고 최종적 결과물(주로 문서로 표현됨)에만 관심이 많기 때문에 계획을 세워나가는 과정은 잘 생각하지 못한다. 계획과 기획을 구분해서 사용해야 하지만 대부분 계획과 기획을 구분하지 않고 사용하는 경향이 있다. 생애설계의 영어 표현은 'Life Plan' 또는 'Life Design'이라고도 하지만 생애설계 작성과정의 특성을 살리는 면에서 'Life Planning(실제 더 많이 사용됨)'이라 하는 것이 훨씬 더 의미 있고 적합한 표현이다.

생애설계는 계획을 세워나가는 과정, 즉 단계를 거쳐 만들어지는 것이다. 생애설계에서 무엇보다도 절차가 중요하다고 한 것은 바로 이런 의미에서다. 생애주기 단계별로 그리고 생활의 다양한 영역별로 계획을 세워나가는 데는 상당한 시간이 걸리는 것이 정상이다. 생애설계는 2~3시간 내, 하루 이틀 내에 만들어낼 수 있는 것은 아니다. 자기 삶에 대해 생활영역별로 생애주기 단계별로 세우는 계획을 간단히 만들 수 없다는 것은 너무나 당연하지 않은가?

생애설계의 절차는 무엇인가?

이 책에서 제시하는 생애설계의 절차는 학술적 연구나 생애설계 서비스를 제공하고 있는 전문가들이 합의하여 만들어진 것은 아니다. 이 절차는 주로 미국을 위시한 일부 외국에서 생애설계를 교육하고 실천하는 현장의 전문가들의 저서와 생애설계 연습장, 인터넷상의 설명 등에서 나타난 공통적 요소와 이들 요소 간의 논리적 연계성을 고려하여 현실에 맞게 필자가 도출한 것이다. 이 생애설계 절차는 논리적이고 합리적이기 때문에 실용성도 높고 필자의 다년간의 생애설계에 관한 연구 결과이기도 하다.

앞에서 설명했듯이 생애 일부에 대한 계획인 노후설계나 은퇴설계에서뿐만 아니라 요람에서 무덤까지 또는 현재 이후의 남은 생애 전체의 생애설계에서 계획을 세워나가는 과정인 기획(planning)이 대단히 중요하다. 따라서 생애의 일부 또는 전체 기간에 대한 설계는 계획을 세워나가는 절차를 거치는 것이 당연하고 그 절차는 논리성이 있어야 한다. 그런데 지금까지 알려져 있는 노후설계, 은퇴설계, 경력설계, 생애 경력설계 등의 내용을 살펴보면 계획의 절차라는 면에서는 물론 삶에 대한 계획이라는 면에서도 논리성이 있어야 하는데 대부분의 경우 무시되고 있다. 생애설계의 내용은 생애주기 단계별 문제 해결이나 예방 사항에 대한 계획인 점도 있지만 훨씬 더 중요한 내용은 생애사명(존재가치와 활동 방향), 이에 따른 목표설정, 목표달성을 위한 시간관리 계획이다.

자신의 삶의 가치가 무엇인지 그 가치를 실현하기 위해 어떤 방향으로 활동하고 행동하는 것이 바람직한지에 대한 확실한 결정이 이루어진 후에 구체적으로 어떤 일이나 활동을 할 것인가의 목표를 설정해야 한다. 그런 다음 설정된 목표를 생애주기별로 실천하기 위한 행동의 시간관리 계획을 수립해야 하고, 그 시간관리 계획을 실천해야 한다. 이와 같은 과정은 논리적이고 합리적이라 할 수 있다.

생애설계에서 왜 절차가 필요하고 그 절차가 논리적이어야 하는지는 사회조직(組織: 정치단체, 정부조직, 공공기관, 민간 영리기관 및 비영리기관 등)에 비유해서 설명할 수 있다. 현대사회에서 많은 사람들은 조직 속에서 생활하고 있다. 가족을 제외한 모든 사회조직은 어떤 사명을 실현하거나 목표를 수행하기 위해 만들어진다. 따라서 조직 또는 조직 구성원은 그 조직의 사명을 수행하기 위해 목표를 설정하고, 그 목표를 달성하기 위한 실천행동의 시간관리 계획을 수립하여 실천하고 있다. 조직은 이와 같은 절차를 통해 설립되고 존재하고 발전한다. 정부조직, 공공기관, 민간 영리기관 및 비영리기관 등에서는 으레 미션-(비전)-목표를 설정하고 있다. 그리고 조직을 소개할 때나 조직의 활동이나 특성을 설명할 때도 미션-(비전)-목표가 연계된 조직의 특성을 하나의 그림으로 설명하는 경우가 많고, 조직을 소개하는 홈페이지에도 그것들을 제시하고 있는 것이 일반적이다(조직의 이 같은 소개는 형식에 치우친 경우도 많음).

사회조직처럼 개인도 어떤 사명을 실현하기 위해 태어난 것으로 볼 수 있고, 자신의 삶에 사명을 부여하는 것은 삶을 훨씬 더 가치 있고 의미 있게 만드는 것이 된다. 따라서 개인도 사명을 실현(완수)하기 위한 목표를 설정하고, 생애과정을 통해 목표를 달성하기 위한 실천행동의 시간관리 계획을 수립하고, 그 시간관리 계획을 실천하는 것, 즉 생애설계를 하는 것은 논리적이고 당연하지 않은가?

비전(vision)은 미션(mission: 사명)보다 장기적이고 최종적 상태를 의미하는 것이므로 비전 → 미션 → 목표로 연계되는 것이 더 논리적이지만, 미션 → 비전 → 목표로 연계하는 경우도 있다. 비전이 먼저냐 미션이 먼저냐에 관해서는 논란이 있지만 미션과 비전을 거의 같은 개념으로 보고 미션(사명)이라는 말로 통일해 사용하기로 한다. 미션을 다른 말로 '인생의 꿈'이라 할 수도 있다.

개인도 조직처럼 미션 → 목표 → 목표달성을 위한 시간관리 계획 수립 → 계획실천의 절차가 있어야 한다는 의미에서뿐만 아니라 개인이 발전하고, 삶을 의미 있고, 가치 있고, 보람되고, 성공적으로 그리고 행복하게 만들어가기 위해서도 자신의 삶을 절차에 따라 설계할 필요가 있다.

앞에서 설명한 생애설계의 특성과 조직에 비유한 설명을 토대로 생애설계의 절차를 제시하면 다음과 같다. (1) 생활영역별 생애사명 확립 → (2) 사명을 실현하기 위한 생활영역별 생애목표 설정 → (3) 생애목표 달성을 위한 시간관리 계획 수립 → (4) 생애설계 실천·평가·수정. 그런데 '설계' 또는 '계획'이라는 말에 충실하면 네 번째 단계는 포함되지 않을 수도 있다. 이 네 가지 단계는 생애설계의 가장 핵심적

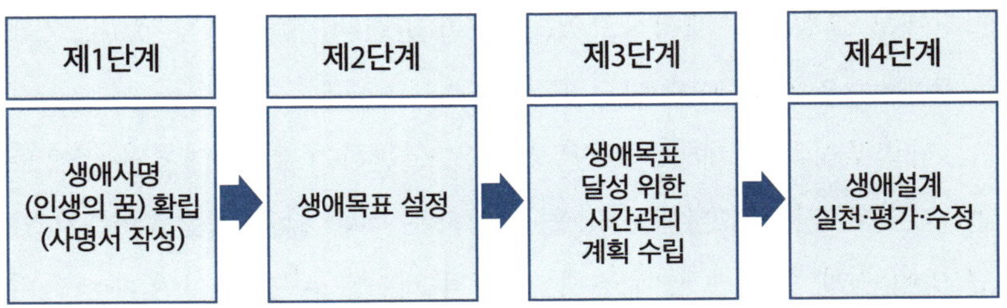

〈그림 8-1〉 생애설계의 4단계 절차

특징이 된다. 생애설계의 4단계 절차를 간단히 나타내면 〈그림 8-1〉과 같다.

생애설계 4단계 각각에 대해서는 이후 계속되는 장(제9, 10, 11, 12장)에서 상세히 설명할 것이므로 여기서는 4단계의 절차만 소개했다.

노후설계, 은퇴설계, 재무설계, 경력설계, 진로설계는 모두 생애설계의 일부라 할 수 있다. 지금까지 생애설계와 관련된 다양한 이름의 설계 프로그램의 교육과 상담 서비스에서 이런 절차를 중요시하는 경우는 거의 찾아보기 어렵다. 노후설계나 은퇴설계의 교육과 훈련은 이러한 설계과정과 생활영역별 사명과 목표를 무시하고, 생활영역별 주요 문제점 해결에만 초점을 맞추거나 노년기 발달과업 수행에만 초점이 맞춰져 있는 실정이다. 이는 단순히 문제 해결과 예방 수준의 계획에 불과한 것이고, 제대로 된 노후설계 또는 은퇴설계가 되지 못하고 있다.

지금까지 설명한 생애설계의 정의와 특성을 요약하여 제시하면 〈그림 8-2〉와 같다. 그림에서 윗부분에 생애주기 9단계, 왼쪽에 8대 생활영역별 생애사명(인생의 꿈), 가운데 부분에 생애주기 단계와 생활영역별 생애사명(인생의 꿈)이 연계된 생애설계 절차가 있다.

이 생애설계 설명 그림은 생활 각 영역별로 생애사명(인생의 꿈)을

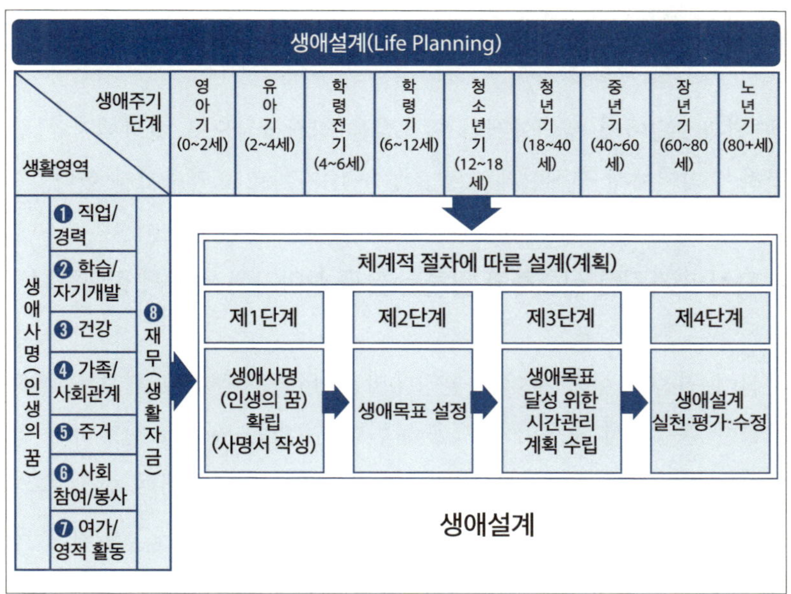

〈그림 8-2〉 생애설계의 정의와 특성 요약

확립한 후, 생애사명을 실현하기 위한 생애목표를 생애주기 단계를 따라 장기적으로 설정하고, 목표달성을 위한 시간관리 계획을 수립하여 실천하는 것이 생애설계라는 것을 나타낸 것이다. 그림에서 8가지 생활영역 중 재무 영역은 다른 모든 영역에도 기본적으로 영향을 미치기 때문에 다른 모든 영역에 공통적으로 연계되어 있다. 이와 같이 생애사명(인생의 꿈) 확립-생애목표 설정-생애목표 달성을 위한 시간관리 계획 수립의 단계를 거쳐 수립하고 실천하는 것이 생애설계다.

생애설계는 왜 필요한가?

제1편과 2편에서 생애설계의 필요성을 직간접적으로 설명했지만 정리하는 의미에서 생애설계의 필요성을 10가지로 요약하고자 한다.

1. 자신의 가치를 실현하고 원하는 삶을 살아가기 위해서 필요하다

자신이 원하는 삶은 주어진 환경에서, 아니면 자신의 노력으로 변화가능한 환경에서 자신의 가치를 실현할 수 있는 활동을 선택하여 살아가는 삶을 말한다. 자신이 원하는 활동은 이상적이거나 상상 속의 것도 아니며, 주어진 상황과 현실을 운명처럼 받아들여 그 속에서 가능한 것만 선택하는 것도 아니다. 생애설계는 필요한 경우 환경의 제약을 극복하면서 자기 삶의 가치를 실현하기 위한 활동을 하도록 동기를 부여해주고, 삶의 가치를 효율적이고 효과적으로 실현하도록 해준다.

2. 인간에게 천부적으로 주어진 자아의식, 상상력 및 양심에 의해 자기 삶을 재설계하기 위해서 필요하다

인간은 성장 발달하면서 심리사회적 측면에서 자아의식, 상상력과 양심이 생겨나고 성숙된다. 사람은 태어나면서 부모, 주위 사람, 사회환경적 영향으로 거의 무의식적으로 이미 써진 인생각본(일종의 생애설계)에 따라 살아간다. 이미 만들어진 첫 번째 인생각본은 자신이 주도하여 의식적으로 만든 것이 아니기 때문에 생애사명이나 목표를 자각하지 못하거나 이에 대한 책임의식도 없다. 그 각본은 자신의 영향력

밖에 있는 다른 사람들이나 주변 여건의 영향으로 만들어진 것이다. 우리 속에 발달하는 자아의식, 상상력과 양심은 첫 번째 만들어진 인생각본을 들여다보고 검토하게 하여 두 번째의 자기주도적 인생각본을 만들 수 있게 해준다. 이같이 우리에게 천부적으로 주어진 자아의식, 상상력과 양심에 따라 쓰는 두 번째 인생각본은 자기주도적 각본이고 우리 스스로 책임감을 가지고 다시 쓰는 각본이다(Covey, 1989).

3. 생애 시간관리를 위해 필요하다

우리는 평균수명 연장으로 인생 90년이 보편화되고 있으며, 100세까지 생존 가능성도 점차 높아지고 있는 시대에 살고 있다. 90~100년(80~88만 시간)의 생애 시간은 자신이 설정한 인생 목표를 이루기 위해 관리해야 할 시간이다. 생애설계는 자신에게 주어진 생애 시간을 본인이 이루고자 하는 목표를 향해 가치 있고 의미 있게 사용하기 위한 계획이라 할 수 있다. 이러한 의미에서 생애설계에는 시간관리가 핵심적 요인이 되므로 효과적인 시간관리를 위해서 생애설계가 필요하다.

4. 생애주기 각 단계에서 필요한 과업/발달과업 수행을 위해 필요하다

생애주기 단계마다 수행하고 다음 단계로 넘어가는 것이 바람직한 발달과업이 있다. 생애주기 단계별 과업은 또한 생애설계에서 생애목표의 주요 대상(내용)이 된다. 생애주기 단계의 어떤 과업이든 생애설계의 절차를 따라 계획을 세우고 실천하면 더욱 효과적으로 잘 수행할 수 있다. 특히 생애주기 단계 발달과업은 생애설계와 관계없이도 잘 수행할 필요가 있다.

5. 노년기는 그 이전의 생애과정에서 이루어진 생각과 행동이 축적되어 나타나는 것이기 때문에 필요하다

발달과업론과 생애과정론은 노년기는 이전 여러 생애주기 단계와 연계되어 그 이전 각 단계에서 이루어진 것에 의해 크게 영향을 받는다는 것을 강조하고 있다. 즉 노년기는 그 이전 생애주기 여러 단계에서 이루어진 것들이 축적되어 나타난 것이기 때문에 노년기 이전 생애주기 단계 하나하나를 중시하고 가능하면 일찍 계획을 세워 각 단계의 목표와 발달과업 목표를 잘 달성하도록 생각하고 행동하는 것이 중요하다.

6. 젊을수록 꿈을 실현하기 위한 선택의 폭이 넓어지고, 시행착오의 손실을 줄일 수 있기 때문에 필요하다

젊을수록 더 많은 꿈을 꿀 수 있고, 실현 가능한 꿈 중에 자기 적성(재능)과 성격에 맞는 것을 선택할 수 있는 폭(종류와 기회)도 넓어진다. 그리고 선택한 꿈을 실현할 수 있는 방법의 선택 폭도 넓어진다. 살아갈 시간이 많으면 학업이나 직업 등을 잘못 선택했더라도 다시 시도할 수 있는 시간적 여유가 상대적으로 많아진다. 따라서 인생의 이른 시기일수록 시행착오로 인한 시간과 기회의 손실과 경제적 손실은 늦은 시기(중년기나 노년기)의 손실에 비해 더 적은 것이 일반적이다. 청소년기를 넘어 청년기, 중년기로 갈수록 개인적 책임, 가족에 대한 책임, 직장과 사회에 대한 책임도 커지며 고려해야 할 사항도 많아진다. 나이 들수록 다시 시도할 수 있는 시간과 기회가 줄어들고 때로는 상당한 경제적 손실도 입을 수 있다.

7. 미래 생애과정에 대한 불안을 해소하기 위해 필요하다

생애설계는 생애주기 각 단계마다의 계획이라 할 수 있다. 생애주기 각 단계에 대한 계획을 세워 준비하고 실천하면 미래 생애과정에 대한 불안을 크게 해소할 수 있다. 생애설계는 수립하는 과정에서 치밀하게 미래 상황을 예측하여 대비할 수 있기 때문에 미래 불안을 크게 해소할 수 있다.

8. 고령화사회에서 중년기 이후 사회의 주류로 계속 남아 있기 위해 필요하다

생애설계는 중년기 이후 계속 연장되고 있는 여생 기간 동안 자신의 능력을 유지/향상시킴으로써 필요한 존재가 되어 일이나 사회봉사를 통해 사회의 주류로 계속 참여할 수 있는 계획을 포함하고 있다. 즉 중년기 이후에도 사회적으로 가치 있고 유능한 존재로 남아 있기 위해서는 생애설계가 반드시 필요하다.

9. 고령화사회에서 개인, 가족, 사회의 부담을 덜어주기 위해 필요하다

생애설계는 건강을 유지/증진하고 생애기간에 필요한 비용을 준비하는 계획을 포함하고 있다. 즉 생애설계는 99세까지 88(팔팔)하게 그리고 경제적으로 여유 있게 살 수 있게 하기 위한 계획이기 때문에 개인은 물론 가족의 부담도 크게 줄여줄 수 있다. 생애주기 단계의 이른 시기부터 노후까지 긴 시간을 잘 계획하여 준비하면 그렇지 못한 경우 발생할 수 있는 건강, 돌봄, 경제적 문제는 물론 외로움과 소외 등의 문제도 스스로 예방하고 해결할 수 있기 때문에 국가사회의 비용도 크게 줄일 수 있다.

10. 노화, 노인, 고령화사회에 대한 부정적 인식 개선과 고령화사회의 지속가능성을 높이기 위해 필요하다

노화(老化: aging[나이 들어감])는 피할 수 없지만 신체적 및 정신적 기능과 능력이 쇠퇴하는 노쇠(老衰: frailty)는 상당히 예방할 수 있고, 나아가서는 기능과 능력을 유지/향상시키는 것도 가능하다. 따라서 노후에도 건강을 유지하면서 생산성이 떨어짐 없이 일하고 활동할 수 있게 되면 노화와 노인에 대한 부정적 이미지를 크게 개선할 수 있고, 멋지고 성공적인 노화(successful aging)의 삶을 펼쳐나갈 수 있다. 생애설계를 통해 긍정적이고 성공적인 노화의 모습을 보여주게 되면 고령화사회는 활력 없고 생산성 떨어지고 사회적 부담만 크게 증가하는 사회가 아니라, 노년까지 개인, 가족, 사회가 모두 행복한 새로운 사회가 되도록 만들어갈 수 있다는 희망을 심어주는 데 기여할 수 있다. 생애설계는 개인으로 하여금 스스로 생애주기 전체를 계획하고 노후까지 준비하게 함으로써 사회적 부담을 감소시키고, 고령화사회와 장수사회의 지속가능성과 발전가능성을 크게 높여줄 수 있다.

생애설계의 이점은 무엇인가?

앞서 생애설계의 필요성과 생애설계의 기능을 자동차의 내비에 비유한 설명에서 생애설계의 이점을 어느 정도 짐작할 수 있었으리라 생각한다. 그러나 생애설계의 이점을 좀 더 명확히 정리하는 것이 생애설계의 필요성을 재확인하고 생애설계를 시작해야겠다는 동기를 부여하는 데 도움이 될 것이라 생각한다. 이에 생애설계의 이점을 정리해보면 다음과 같다(Hyatt & Harkavy, 2016).

첫째, 생애설계는 삶의 우선순위를 명확하게 해준다. 즉 생애설계는 우리 삶 전체의 여러 영역 중의 우선순위와 삶의 각 영역 내에서의 우선순위를 결정하는 기본적 지침이 될 수 있다.

둘째, 생애설계는 삶의 다양한 영역을 고려하게 함으로써 균형 있는 삶을 살게 해준다. 앞서 삶의 영역을 7~8가지로 정리하여 제시했는데 개인에 따라 몇 가지 영역만 선택할 수도 있지만 가능하면 모든 영역을 포함하여 설계하는 것이 바람직하다. 이 말은 모든 영역에 같은 정도의 중요성을 부여해야 한다는 것은 아니고, 개인의 우선순위에 따라 각 영역 모두에 적절한 관심과 노력을 기울이는 것이 더 현실적이고 적합하다는 것이다.

셋째, 생애설계는 생애과정에서 만나는 여러 기회를 잘 판단하여 선택하고 조정하도록 해준다. 생애과정에서 다양한 기회가 주어졌을 때 그러한 기회를 각 영역별 사명과 목표에 비추어 판단하고 선택하도록 하는 지침이 될 수 있는 것이 생애설계다.

넷째, 생애설계는 현실에 직면하여 용기와 인내심을 발휘하게 해준다. 우리가 생애주기 단계에서 예상하지 못한 여러 가지 장애와 불가피한 환경적 변화를 만나게 될 때 생애설계는 그러한 장애나 변화에 휘둘리지 않고 계속 추진해나갈 수 있는 용기를 주고, 장애를 극복하고 환경까지도 변화시켜 생애 사명과 목표를 실현하도록 해주는 힘이 된다.

다섯째, 생애설계는 설계자로 하여금 미래를 지향하고 생애 사명과 목표를 실현하는 방향으로 나가도록 안내해준다. 생애주기 단계 속에서 많은 혼란과 유혹으로 방향을 잃어버리고 헤매게 될 경우 미래의 지향점을 향해 계획된 길로 다시 돌아오게 하고 그 지향점을 향해 가도록 추진력을 더해준다.

여섯째, 생애설계는 삶의 여정을 후회하지 않게 해줄 수 있다. 일상생활 경험에서 작은 일이라도 계획을 세워 실행하다 보면 계획대로 잘 안 되는 경우가 많다는 것을 잘 알고 있다. 그 범위가 훨씬 크고 복잡하며 긴 시간에 걸쳐 있는 생애계획은 계획대로 추진되지 않는 경우가 훨씬 더 많을 수 있다. 그렇기 때문에 많은 사람들은 생애설계의 가치를 의심하고 필요성을 부인하기도 하지만 계획을 세우지 않는 사람보다 계획을 세운 사람이 훨씬 더 많이 성공했음은 자명한 사실이다. 따라서 생애설계는 생애과정과 생애과정의 끝에서 후회를 없애주거나 크게 줄여줄 수 있다.

생애설계의 주체는 누구인가?

생애설계는 자기 생애에 대해 스스로 계획을 수립하는 것인 만큼 본인이 스스로 그 중요성과 필요성을 깨닫고 결정하여 계획을 수립하는 것이 당연하다. 생애설계는 요람에서 무덤까지, 더 엄격히 말하면 태아에서부터 사망까지(태아기에서 노년기까지)의 각 발달단계, 즉 생애주기 단계별 계획이다. 그런데 아직 태어나지도 않은 태아의 경우는 자기 스스로 계획한다는 것은 불가능하다. 그리고 출생한 이후의 영아기, 유아기, 학령전기(초등학교 입학 전)와 학령기(초등학교 기간)에도 판단능력이 크게 미숙하기 때문에 스스로 자기 생애에 대해 계획을 세우기는 대단히 어렵다. 따라서 청소년기 이전은 부모가 대신 해주거나 아동의 의견을 반영하여 부모가 주도할 수밖에 없다. 청소년기 이전까지의 발달과정에서 발달과업만 해도 혼자 수행할 수 있는 것도 있지만 부모가 전적으로 대신 또는 거의 주도할 수밖에 없는 것이 훨씬 많다. 부모가 주도한다는 것은 아동의 의견을 무시하는 것이 아니라 가능하면 아동의 의견을 존중하여 반영하되 부모가 최종적으로 판단하고 결정하는 것이 되어야 할 것이다.

청소년기도 완전한 판단능력이 있다고 보기 어렵기 때문에 부모나 주위 사람들의 도움과 지도가 필요하다. 즉 청소년기 생애설계는 부모의 도움으로 자신이 주도하는 것이 바람직하다. 그러나 청년기부터는 전적으로 본인이 주도하여 생애설계를 해야 한다. 이와 같은 생애설계의 주체를 다시 요약하여 설명하면 〈그림 8-3〉과 같다.

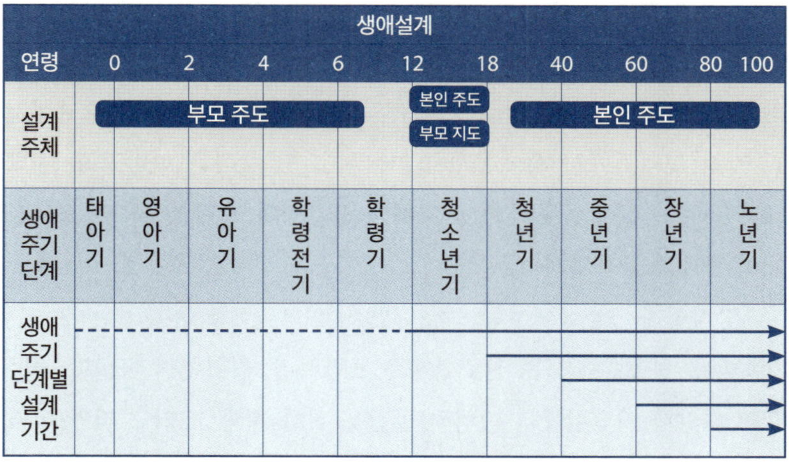

생애설계										
연령	0	2	4	6	12	18	40	60	80	100
설계 주체	부모 주도					본인 주도 / 부모 지도	본인 주도			
생애주기 단계	태아기	영아기	유아기	학령전기	학령기	청소년기	청년기	중년기	장년기	노년기
생애주기 단계별 설계 기간	- - -	- - -	- - -	- - -	- - -	→	→	→	→	→
							→	→	→	→
								→	→	→
									→	→
										→

〈그림 8-3〉 생애주기 단계에 따른 생애설계 설계 주체

생애설계와 다른 관련 설계(노후·경력·진로 설계)와의 관계는?

생애설계는 요람에서 무덤까지 생애주기 전체에 대한 설계라는 의미에서 생애주기의 일부 또는 생활영역의 일부에 대한 설계는 당연히 생애설계에 포함된다.

노후기간(노년기)이나 퇴직 이후 기간(노년기 이전일 수도 있음)에 초점을 둔 노후설계나 은퇴설계는 생애설계의 일부다. 또한 경력설계나 생애 경력설계 역시 생활영역 중 직업·경력 영역에 관한 설계이므로 생애설계의 일부다. 청소년을 대상으로 하거나 청소년이 주체가 되는 진로설계도 직업·경력설계의 일부이고 직업·경력설계 역시 생애설계 영역의 일부이므로 결국 생애설계에 포함된다.

우리나라에서의 진로설계(career planning)는 주로 고등학교 졸업 후 취업 여부와 대학 진학 및 학과 선택에 크게 치우쳐 있고 일부는 취업 관련 준비와 조건을 포함하고 있는 정도에 그치고 있다. 우리나라에서는 10여 년 전부터 초등학교 5~6학년 실과 교과목과 중고등학교 가정 교과목에서 생애설계를 가르치고 있는 것은 바람직하나, 그 내용을 보면 생애설계의 개념 자체가 불분명하고 진로설계와 생애설계의 관계도 불분명하다.

경력설계(이 책에서 말하는 직업·경력 영역의 생애설계인데 일반적으로는 경력설계로 말하고 있음)는 진로설계를 포함하며, 취업뿐만 아니라 취업 후의 다양한 직업활동과 직업적 발전을 위한 계획, 그리고 직업 이외의 사회적 역할(시민사회단체, 친목, 사회개선 운동단체, 학술단체, 동호인단체 참여 등), 정치적 역할 등도 포함하는 것이다.

결론적으로 생애주기 단계의 일부나 생활영역의 일부를 대상으로 하는 설계(진로설계, 은퇴설계, 재무설계, 경력설계 등)는 모두 생애설계에 포함된다고 할 수 있기 때문에 생애설계는 생애주기 단계와 생활영역에 관한 가장 포괄적인 설계라 할 수 있다.

생애설계 제1단계: 생애사명(인생의 꿈) 확립

생애설계에서 생애사명(인생의 꿈) 확립이 제일 먼저다

사회조직(공공단체, 정치단체, 비영리 및 영리 단체 등)은 어떤 사명이나 목적을 실현하기 위해 설립되고, 그 사명을 실현하기 위해 목표를 설정하고, 그 목표를 달성하기 위한 시간계획을 세우는 것이 일반적이다. 사회조직이 만들어진 배경에는 어떤 가치, 목적 또는 이유가 있듯이 사람이 태어나서 존재하는 데도 가치나 목적이나 이유가 있다고 보는 것은 삶을 더 의미 있게 만들 수 있다. 자신이 태어난 것에 어떤 가치나 목적이나 이유가 있다는 생각은 받아들이기 어려울 수도 있다. 이유나 목적이 있어 태어났든 아니든 이미 태어났고 큰 문제 없이 살아가고 있고, 남들처럼 살면 되는 것이지 심각하게 삶의 가치(존재가치)나 목적이나 이유 같은 것은 생각하지 않아도 문제되지 않을 수 있다.

그런데 많은 사람들은 의도적이든 아니든 나름대로 어떤 삶의 가치나 삶의 원칙을 갖고 있다. 그리고 많은 사람들은 이러한 삶의 가치나 원칙에 따라 살아가기를 원한다. 사람들은 일생을 살아가는 동안 시기 차이는 있지만 스스로 무엇을 위해 어떻게 사는 것이 바람직한지를 진지하게 고민한다. 생애과정에서 이런 시기는 청소년기에 시작되는 것이 일반적이다. 청소년의 심리사회적 발달과업은 자아 정체성(ego identity)을 확립하는 것이다. 자아 정체성을 확립하게 되면 자신의 생활철학이 생기게 된 것이라 할 수 있다. 청소년기 이후 사람들 중에는 아직도 자아 정체성이 확립되지 못한 사람들도 있고, 경우에 따라서는 자아 정체성이 변할 수도 있지만 청소년기부터 삶의 가치와 의미를 갖게 해주는 생애사명을 확실하게 설정하고 이를 실현하고자 하는 것은 바람직한 삶의 태도라 할 수 있다.

생애사명은 내 존재가치(삶의 가치)가 무엇이며 이 가치를 실현하기 위해 어떤 활동을 하는 것이 바람직한가를 확실하게 생각하는 것이기 때문에, 생애사명은 자기 생애의 가장 기본적인 원칙을 확정하는 것이라 할 수 있다. 그러므로 생애설계는 생애사명 확립으로 출발하는 것이 되어야 할 것이고, 논리적으로도 합당한 첫 번째 순서다. 생애사명이라는 말은 무겁고 심각하게 느껴지고 또한 부담스럽게도 느껴질 수 있다. 그러므로 생애사명이라는 말 대신에 '인생의 꿈'이라는 말을 사용하는 것도 바람직하다. 인생의 꿈이라 하면 가볍고 희망을 주는 말로 느껴질 수 있다. 다음에 상세히 설명하는 생애사명의 의미는 인생에서 이루어 내고 싶어 하는 인생의 꿈과 거의 같은 의미라는 것을 확인할 수 있을 것이다. 따라서 이후에는 생애사명과 인생의 꿈을 같은 의미로 사용하기로 하겠다.

생애사명(인생의 꿈)이란 무엇인가?

생애사명은 상당히 무겁고 심각하고 거창한 말로 여겨질 수 있다. 그리고 '사명'이라는 말에 대한 정의는 분명히 있지만 '생애사명'에 대한 확실한 정의는 없는 것 같다. 현재까지는 생애사명의 정의에 관해 학술적으로 연구된 것도 거의 없고, 생애설계 관련 서비스 전문가들 사이에도 생애설계의 정의에 관한 공통된 견해도 찾기 어려운 상태라 할 수 있다.

지금까지의 연구를 통해 필자가 터득한 생애사명의 정의를 제시해보겠다. 생애사명은 두 가지 핵심요인으로 구성되며, 그 두 가지 요

생애사명(인생의 꿈)

① 삶의 가치
- 내게 가장 중요한 것이 무엇인가?
- 내 삶의 신조/원칙은 무엇인가?
- 내가 생각하는 성공기준은 무엇인가?

② 활동(행동) 방향
- 나는 무엇을 하기 원하는가?
- 나는 무엇을 이루려고 하는가?
- 나는 어떤 상태(사람이)가 되기 원하는가?

③ 나는 누구인가?
- 나의 성격은 어떤가? (성격에 맞는 일/활동은 무엇인가?)
- 나의 적성은 무엇인가? (내가 잘할 수 있는 일/활동은 무엇인가?)

④ 나는 세상에 무엇을 남길 것인가?
- 내가 하려는 일/활동/행동이 가족, 이웃, 또는 사회에 도움(모범)이 되겠는가?
- 내가 하려는 일/활동/행동이 가족, 이웃, 또는 사회에 의미 있는 것이 되겠는가?

- 생애사명(서)의 핵심 구성요인: ① + ②
- 생애사명은 ③과 ④를 바탕으로 ①과 ②를 연계·서술하는 것이 바람직함
- 생애사명은 경우에 따라 ① 또는 ②만으로 표현할 수도 있음

〈그림 9-1〉 생애사명의 핵심 구성요인 및 도움요인

인을 확정하는 데 도움이 되는 다른 두 가지 요인이 있는 것을 〈그림 9-1〉로 제시한 후에 생애사명을 정의하기로 한다.

1. 생애사명의 핵심요인은 (1) 삶의 가치와 (2) 활동(행동) 방향이다

사명(使命: mission)의 사전적 의미는 '맡겨진 임무', '(특별히 어떤 곳을 여행하거나 방문하는 것과 관련하여) 정치적·종교적·상업적으로 맡겨진 중요한 과업', '사신이나 사절에게 주어진 임무'다. 좀 더 일반적으로 사용하는 의미는 '(어떤 개인이나 조직에) 맡겨진 일(활동)'이나 '(개인이나 조직이) 수행해야 할 일(활동)'이라고 할 수 있다. 사명과 거의 비슷한 말로 소명(召命: calling)이 있다. 소명은 종교적 의미에서 '신이나 절대자로부터 부르심을 받은 일'을 의미하지만 그 뜻이 일반화되어 '개인적 또는 사회적으로 의미 있다고 생각하는 일에 헌신하는 것'을 의미한다. 그러므로 사명과 소명은 아주 비슷한 의미를 가진 말로 인정되고 있다. 그런데 단순한 사명이 아니라 '생애사명'은 그런 일(활동/행동)을 왜 하는지에 대한 이유나 목적이라 할 수 있는 가치가 포함되어야 한다.

생애사명은 두 가지 입장에서 생각할 수 있다. 하나는 종교적 또는 영적 입장에서 출생 이전부터를 생각하는 것이다. 즉 '나는 왜 이 세상에 태어났을까?', '나는 무엇을 위해서 이 세상에 태어났을까?', '내가 이 세상에 보내진 목적은 무엇인가?', '내가 이 세상에 태어난 목적(이유)은 무엇인가?'라는 질문을 자신에게 던지고 답을 찾는 것이다. 그리고 다른 하나의 입장은 이미 태어나 살아가고 있는 상황에서 '내가 이 세상에 존재할 만한 가치는 무엇인가?', '내가 어떻게 사는 것이 의미 있고 보람되고 바람직한가?'를 생각하며 자신의 삶에 가치나 의미를 부여하는 것이다.

생애사명은 현재 이후 나의 생애 전체를 생각하는 것이므로 생애설계 시점에서 개인에 따라 남은 생애기간 또는 생애주기 단계에 따라 다를 수 있다. 중요한 것은 현재 이후 남은 생애 동안의 나의 사명을 확립하는 것이다. 그리고 100세 인생 가능성이 커지고 있기 때문에 앞으로 더 오래 일하고 활동하기 위해 일생 동안 주요 전환기(예를 들면 1차, 2차, 3차 퇴직과 취업/재취업 등, 전업주부인 경우는 남편 퇴직과 취업/재취업 등)를 맞으면서 생애사명을 다르게 설정할 수도 있다. 생애사명은 현재부터 다음 전환기까지의 기간에 대해서만 설정하거나 전환기에 관계없이 평생 일관되게 한 가지 사명을 설정하여 유지할 수도 있다. 생애설계를 시작하면서 남은 생애 전체를 포괄하는 한 가지 일관된 생애사명을 확립하느라 너무 심각하게 고민할 필요는 없다. 일단 다음 전환기까지로 생각하고 생애사명을 확립하는 것이 바람직하고, 더 나아가서 가능하면 생애 전체의 일관된 사명을 확립하면 더욱 바람직하다.

흔히 인생을 여행에 비유한다. (누군가에 의해) 내가 이 세상(한국)에 보내졌다면 또는 이 세상에 여행하도록 명령을 받았다면 내가 해야 할 일(주어진 임무)은 과연 무엇인가를 생각해볼 수 있다. 종교적 또는 영적 입장이 아니라도 사람들은 철들면서 '나는 왜 태어났는가?', '내가 사는 목적은 무엇인가?' 등의 질문을 스스로에게 던지면서 이 세상에서의 자신의 삶의 가치(삶의 의미)에 대해 고민하고 그 가치를 찾고자 한다.

자신의 삶의 가치는 〈그림 9-1〉에서 제시한 바와 같이 다른 말로는 (1) 자신이 일상생활에서 가장 중요하게 생각하는 것, (2) 자기 삶의 지표가 되는 원칙이나 신념, 또는 (3) 자기가 생각하는 성공의 기준 등이 될 수 있다. 삶의 가치는 자기 스스로 좋아서 선택하는 것이고, 개인이 선택하는 가치는 다양하고 수없이 많다. 그런 존재가치의 일부를 예로 들어보면 책임감, 정확성, 모험, 이타주의, 균형, 대담함, 조용함, 신중함, 도전, 일관성, 간결성, 공헌, 헌신, 협조, 겸손, 호기심, 결단, 성실, 역동성, 경제성, 효과성, 효율성, 열정, 평등, 최고, 공평, 자유, 은혜, 행복, 진실(정직), 건강, 성장, 독립, 정의, 사랑, 열린 마음, 온전함, 꾸준함, 전문성, 자아실현, 자기통제, 봉사, 신뢰, 희생, 평화 등이다.

삶의 가치는 생활의 다양한 영역에 모두 해당하는 하나를 선택할 수 있지만 실제 포괄적인 하나의 가치를 설정하기는 대단히 어렵기 때문에 생활의 주요 영역별로 나누어 설정하는 것이 좋다. 예를 들면 생활의 직업·경력 영역에서 내가 어떤 가치관을 가지고 어떤 활동을 하느냐는 이 세상에 태어난 나의 존재 의미를 확인하고 사회적으로 가치를 인정받으며 보람되게 살아가는 삶의 가장 핵심적이고 중심적인 사항이다. 이외 생활의 다른 영역인 학습·자기개발, 가족 및 사회적 관계, 사회봉사 등의 생애사명도 설정할 수 있다.

직업·경력(이하 '경력'이라 함) 영역의 가치관은 사회적 존재로서 가족, 이웃, 조직, 사회에 좋은 영향을 끼치고, 도움이 되는 방향으로 확립하는 것이 더 의미 있다. 이 점은 〈그림 9-1〉 생애사명의 구성요인으로서 삶의 가치는 '내가 세상에 무엇을 남길 것인가?'를 생각하여 확립하는 것이 바람직하다는 설명과 같다. 이런 의미에서 경력 영역의 가치관이 될 수 있는 것들을 예로 들면 다음과 같다. 생활의 편의, 안전(물리적 안전), 어려운 사람들에 대한 도움, 빈곤 극복, 자연(환경)보호, 권리(인권) 보장, 생명을 구함, 사회발전, 건강 증진, 기업의 사회적 책임, 이동 편의, 상상력 개발, 창의력 개발, 마음의 즐거움, 영적 만족, 사회적 포용, 인성개발, 기회의 평등 등.

자신의 삶의 가치가 확인되었다면 그 가치를 실현하기 위해 '나는 무엇을 할 것인가?', '나는 무엇을 해야 하는가?'라는 질문을 던지게 된다. 사람에 따라 삶의 가치를 말할 때 '무엇을 할 것인가?', '무엇을 해야 하는가?'를 같이 포함하는 경우도 있다. 따라서 생애사명은 (1) 왜 이 세상에 보내졌는지(왜 이 세상으로 여행 왔는지) 또는 내가 존재하는 이유나 의미가 무엇인지에 해당하는 삶의 가치(여행 목적/삶의 의미)와 (2) 그 삶의 가치를 실현하기 위해 어떤 일(활동)을 할 것인가의 두 가지 요인을 포함하는 것이 가장 합리적이라 할 수 있다. 생애사명에서 말하는 '할 일', '하기를 원하는 일', '해야 할 일'은 어떤 구체적인 직업 역할이나 활동이라기보다는 자기 삶의 가치 실현에 해당될 수 있는 넓은 의미의 활동 또는 행동의 방향을 말한다. 구체적 직업활동이나 행동은 생애설계 제2단계인 목표설정에서 말하는 생애목표에 해당되는 것이다.

생애사명의 두 가지 핵심적 요인인 삶의 가치와 활동(행동) 방향을 정할 때 가치를 먼저 정하고(선택하고), 그 가치를 실현하기 위해 어떤 활동을 할 것인가를 나중에 정하는 것이 더 논리적이다. 그런데 내가 어떤 활동을 할 것(하려는 것)인가는 정해졌지만 가치는 정하지 못하는 경우가 있을 수 있다. 그럴 경우에 그런 활동을 하려는 이유나 목적이 무엇인지, 왜 그런 활동을 하려는 것인지에 대해 질문을 던지고 답을 찾아보면 그 답이 바로 가치가 될 수 있다.

다시 말해서 생애사명의 핵심요인은 (1) 자신의 삶의 가치와 (2) 그 가치를 실현하기 위한(해야 하는) 넓은 범위의 활동이나 행동이 되어야 바람직하다.

그런데 생애사명의 구성요인인 (1) 자신의 삶의 가치와 (2) 활동이나 행동 방향은 경력 영역에서는 앞에서 설명한 그대로 적용될 수 있지만 경력 영역 이외의 다른 영역에서는 조금 다를 수 있다. 즉 경력이 아닌 다른 영역의 생애사명에서 삶의 가치는 그 영역에서 중요시하는 개인적 가치, 신념, 원칙 등이 될 수 있다. 그리고 활동(행동)의 방향은 직업적 활동의 방향이 아니라 어떤 원하는 상태나 행동의 방향이 될 수 있다. 또한 생애사명 설정에 참고할 두 가지 사항(① 나는 누구인가와 ② 나는 세상에 무엇을 남길 것인가)도 고려하지 않을 수도 있다. 이는 원하는 어떤 상태나 행동의 방향은 자기 성격이나 적성과 관계가 없을 수 있고, 다른 사람에게 의미 있고 이익이 되는 것이 아닐 수도 있기 때문이다.

2. 생애사명을 더욱 의미 있게 만드는 것은 (1) 나는 누구인가와 (2) 나는 세상에 무엇을 남길 것인가다

생애사명의 핵심요인은 자기 삶의 가치와 그 가치를 실현하기 위한 활동(행동) 방향이지만 다른 두 가지 요인을 고려하여 정하면 더욱 바람직하다. 하나는 자신의 특성을 말하는 것으로 '나는 누구인가?'에 대한 해답이고, 다른 하나는 '내가 활동하거나 행동하는 것이 세상에 어떤 이익이나 의미를 줄 수 있는가?,' 즉 '내가 세상에 무엇을 남길 것인가?'에 대한 해답이라 할 수 있다.

1) 나는 누구인가는 성격검사와 적성검사를 통해 알 수 있다

자신의 특성은 성격과 적성으로 알 수 있다. 즉 '나는 누구인가?'에 대한 해답은 자신의 성격과 적성을 객관적으로 파악함으로써 알 수 있다. 나는 누구인가는 활동(행동) 방향을 정하는 데 크게 도움을 줄 수 있고 삶의 가치를 정하는 데도 도움이 될 수 있다. 자기 성격에 맞고 자기 적성에도 맞아 다른 사람들보다 더 잘할 수 있는 그런 활동이면 훨씬 더 바람직할 것이기 때문이다. 자기 삶의 가치를 선택하는 데도 자기 성격에 맞고 다른 사람들보다 더 잘할 수 있는 특성에 맞는 가치는 훨씬 의미가 클 것이다. 예를 들어 성격이 내향적이고 꼼꼼하고 신중하게 결정하고 잘 짜인 생활의 틀 속에서 살기를 좋아하는 편이라면 평등, 인권, 자유 등의 가치를 추구하는 데는 맞지 않을 수도 있다. 때로는 과감하게 행동하고, 투쟁해야 하기 때문이다.

(1) 성격검사

성격(personality)은 반복적이고 지속적으로 나타나는 개인의 사고(인식), 감정 및 행동의 통합적 특성이라 할 수 있다. 성격은 생애과정을 통해서 변화하는 면도 있지만 큰 틀에서는 변화되지 않는다고 본다. 그러므로 자신의 성격을 객관적으로 발견하거나 재발견하여 자신의 성격에 맞는 공부, 직업활동, 봉사활동, 취미활동을 하게 되면 더 즐겁고 재미있게 할 수 있고 그 분야에서 성공할 확률도 높다. 간이 성격검사 질문지를 이용하여 개략적인 성격 파악도 가능하지만 성격을 더 상세하게 알아볼 필요가 있기 때문에 전문가의 성격검사가 필요하다.

성격검사 도구로 1990년대부터 우리나라에 많이 알려져 있고 활용되고 있는 것으로 MBTI(Myers-Briggs Type Indicator)가 있다. MBTI는 성격을 구성하는 기본적 측면을 네 가지로 보고 있다. 첫째 측면은 세상과 상호작용하는 방식과 에너지를 발휘하는 방향인데 이 측면은 외향형(E: Extraversion)과 내향형(I: Introversion)의 대조적 영역으로 나누어진다. 외향형(E)은 관심을 바깥 세상에 집중하고, 다양한 사람을 만나는 것(일대일 또는 단체)을 좋아하고, 여러 가지 활동을 즐기는 편이다. 반면에 내향형(I)은 관심을 자신의 내면에 집중하고, 혼자 시간을 보내는 것을 즐기고, 자기에게 사람들의 관심이 집중되는 것을 피하고, 사람들을 만나도 일대일이나 소모임을 좋아하는 편이다. 둘째 측면은 선천적으로 관심을 가지고 주목하는 정보의 종류인데 이 측면은 감각형(S: Sensing)과 직관형(N: Intuition)의 대조적 영역으로 나누어진다. 감각형(S)은 보고 들은 사실이나 느끼는 것을 중요시하는 편이고, 직관형(N)은 사실 자체에 기초한 의미, 관계, 가능성을 중요시하는 편이다. 셋째 측면은 의사결정 방식인데 사고형(T: Thinking)과 감정형(F: Feeling)의 대조적 영역으로 나누어진다. 사고형(T)은 사실과 증거를 분석하여 논리적으로 판단을 내리는 편이고, 감정형(F)은 자신의 관심과 느낌에 기초하여 판단을 내리는 편이다. 그리고 넷째 측면은 생활양식이 조직화된 방식을 선호하는지 아니면 자발적 방식을 선호하는지에 관한 것으로 판단형(J: Judging)과 인식형(P: Perceiving)의 대조적 영역으로 나누어진다. 판단형(J)은 질서정연하고 잘 짜인 조직적인 방식으로 살기 원하는 편이고, 인식형(P)은 자기 나름대로 자발적으로 삶을 통제하고 조정하기를 원하는 편이다.

MBTI 성격검사는 성격의 이 네 가지 측면과 각 측면의 대조적인 두 가지 영역의 조합으로 만들어진 총 16가지(예: ISTJ, ESTF, INFJ, ENTP 등)의 성격유형 중에 어느 유형에 속하는가를 측정하는 것이다. 전문가 검사결과에서 성격유형에 맞는 직업 분야도 제시해주는 것이 일반적이다. 전문가를 통해 MBTI 성격검사나 이외 신뢰할 수 있는 다른 종류의 성격검사를 받아볼 필요가 있다. MBTI 성격검사에 대한 상세한 설명은 심혜숙·임승환 역(1997)의 『성격유형과 삶의 양식』을 참고하기 바라고, 성격유형에 맞는 직업 분야에 대한 자세한 설명은 이민철·백영미 역(2016)의 『나에게 꼭 맞는 직업을 찾는 책』을 참고하기 바란다.

(2) 적성검사

적성(aptitude)은 재능(talent)이라고도 할 수 있다. 적성은 어떤 사물이나 일에 알맞은 성질 또는 직업에 대한 각 개인의 적응 능력을 말하고, 재능은 어떤 적성이 개발되어 특별한 수준에 이른 것을 말하지만 일반적으로 두 가지 말은 같은 의미로 사용된다. 즉 일반적으로 적성(재능)과 지능은 특별히 구별되지 않고 지능이 곧 적성이고 재능이라 해도 무방하다. 자신의 적성을 더 상세히 알기 위해 다중지능을 잘 이해할 필요가 있다. 교육계에서는 널리 알려진 가드너(Gardner, 1983)의 다중지능이론이 개인의 적성을 파악하는 데 많이 활용되고 있다. 가드너의 다중지능이론에 따르면 사람들의 지능(재능)은 우리가 일반적으로 알고 있는 지능검사의 한 가지 점수에 의하여 파악하는 지능이 아니라 8개 분야(① 언어, ② 논리-수학, ③ 음악, ④ 공간, ⑤ 신체운동, ⑥ 인간친화, ⑦ 자기성찰, ⑧ 자연친화. 가드너는 7, 8, 9개 분야로 제시했으나 8개 분야가 주로 많이 활용되고 있음)의 지능이 각각 따로 있다는 것이다. 각자는 이 8가지 분야 각각의 지능에서 평균 이상으로 높은 분야가 두 가지 이상(강점 지능)이 있을 수 있다는 것이다. 누구나 8가지 지능을 어느 정도는 갖추고 있기 때문에 낮은 지능(상대적으로 부족한 지능; 약점 지능)이라도 노력하면 평균 정도에는 도달할 수 있지만 그 이상의 적성을 발휘하기는 어렵다. 그러므로 약점 지능을 높이는 것보다는 강점 지능 영역에 초점을 맞추어 그 분야의 적성을 발전시키는 것이 바람직하다(문용린, 2009).

8가지 다중지능을 설명하면 다음과 같다. (1) 언어 지능은 말과 글이라는 상징체계에 대한 소견과 적성이 뛰어난 능력을 말한다.

(2) 음악 지능은 가락, 리듬, 소리 등의 음악적 상징체계에 민감하고 그러한 상징을 창조할 수 있는 능력을 말한다. (3) 논리-수학 지능은 숫자, 규칙, 명제 등의 상징체계를 잘 이해하고 창조하며 그와 관련된 문제를 손쉽게 해결해내는 능력을 말한다. (4) 공간 지능은 도형, 그림, 지도, 입체 설계 등의 공간적 상징체계에 소질과 적성을 보이는 사람들이 갖고 있는 능력을 말한다. (5) 신체운동 지능은 춤, 운동, 표정 연기 등의 상징체계를 쉽게 익히고 창조하는 능력을 말한다. (6) 인간친화 지능은 다른 사람의 기분, 동기, 원하는 것을 잘 이해하고 적절하게 반응할 수 있는 능력을 말한다. (7) 자기성찰 지능은 자기 자신을 느끼고 자기감정의 범위와 종류를 구별해내며 그런 감정에 이름을 붙이고 자신과 관계된 문제를 잘 풀어내는 능력을 말한다. (8) 자연친화 지능은 식물이나 동물 또는 자신이 살고 있는 환경에 관심을 가지고 그 인식과 분류에 탁월한 전문지식과 기술을 발휘하는 능력을 말한다.

그러므로 자신의 다중지능, 특히 다른 사람들보다 더 높은 지능(재능)을 확실히 발견하여 그 분야에 집중하여 공부, 직업활동, 봉사활동을 하게 되면 능력 발휘와 만족감, 그리고 성공할 확률은 더욱 높아질 수 있다. 더 정확하고 전문적인 다중지능을 파악하기 위해서는 전문가의 검사를 받아볼 필요가 있고, 다중지능 검사가 아니라도 다른 신뢰할 만한 적성검사를 받아도 좋다.

2) 나는 세상에 무엇을 남길 것인가?

생애사명을 확립하는 데 고려해야 할 또 하나의 요인은 나와 세상과의 관계다. 내가 세상에 와서 활동한 것이 세상에 이익이 되거나 의미 있는 것이 되도록 하는 것이다. 즉 내가 세상을 살고 떠나면서 어떤 것을 유산으로 남겨줄 것인가를 생각하여 자신의 삶의 가치와 활동 방향을 정하는 것이 바람직하다는 것이다. 종교적·영적 또는 윤리적 입장에서가 아니더라도 사람에게는 인간 특유의 양심이 있기 때문에 사람들은 적어도 다른 사람에게 해를 끼치지 않으려 하고, 나아가서는 이익이 되거나 칭찬받을 수 있는 좋은 일, 도움이 되는 일, 모범이 되는 일을 하기 바란다. 따라서 하는(하려는) 일이 좁게는 자기 가족, 친척, 이웃, 친구, 자기가 속한 조직, 넓게는 지역사회, 국가사회, 인류사회에 이익과 의미를 주는 것이 되기를 바라고 이러한 이익과 의미를 주는 것을 세상에 남기려 한다.

철학자 존 롤스(Rawls, 1971)는 사람은 기본적으로 무엇이 선인가를 생각하고 그 선을 생애설계를 통해 나타내려 하고, 또한 무엇이 정의인가를 생각하고 그 생각하는 정의의 기준에 따라 살려고 노력한다고 했다. 이같이 사람들이 선을 추구하고 정의를 실천하고자 하는 것은 바로 생애를 통하여 하고자 하는 일이 나 이외의 가족, 이웃과 사회를 위해 도움이 되길 바라는 활동이라 할 수 있다.

내가 이 세상이 무엇을 남길 것인가(유산)를 생각하는 데 도움이 될 수 있는 방법으로 『성공하는 사람들의 7가지 습관』의 저자 스티븐 코비(Stephen Covey, 1989)의 말에 귀 기울일 만하다. 그는 '당신의 장례식'에 참석한 여러 사람이 각각 가족과 친지, 친구, 직장 동료, 사회활동 동료, 교회활동 동료 등을 대표하여 조사(弔辭)를 한다면, 그 사람들이 당신의 삶의 가치와 활동을 어떻게 말해주기를 바라는지 생각해보는 것도 자기의 유산을 생각하는 좋은 방법으로 소개하고 있다.

미국의 시인 헨리 롱펠로우(Henry Longfellow, 1807~1882)는 「인생찬가」라는 시에서 "··· 우리도 장엄한 삶을 이룰 수 있고 떠날 때는 시간의 모래 위에서 우리들의 발자취를 남길 수 있음을, 훗날에 아마도 다른 사람이 삶의 장엄한 바다를 건너다가 외롭게 파선되어 버려진 형체를 보고 다시금 용기를 얻게 될 발자취를 …"이라고 노래하고 있다. 비록 인생에서 실패하거나 목표를 이루지 못하더라도 목표를 향한 노력의 발자취 등도 세상(후세)에 도움이 될 수 있다. 무언가 남겨줄 수 있는 것은 거창한 것이 아니어도 된다.

3. 생애사명은 반드시 두 가지 요인(삶의 가치와 활동 방향)으로 구성되지 않을 수도 있다

앞서 생애사명은 두 가지 요인으로 구성되는 것이 바람직하다고 했다. 그러나 실제로 (1) 삶의 가치와 (2) 그 삶의 가치를 실현할 수 있는 활동 방향의 두 가지 요인을 연결하여 생애사명을 말하거나 서술하기 어려울 수도 있다. 실제로 사람들이 생각하고 말하는 생애사명은 삶의 가치와 활동 방향 중 한 가지만인 경우도 많다. 따라서 생애사명을 반드시 두 가지 요인으로 설정해야 한다는 것에 너무 얽매일 필요는 없다.

또한 폭넓은 활동(행동) 방향을 생각하기 어려운 경우는 구체적 직업활동이나 행동을 생각할 수도 있다(구체적 직업활동이나 행동은 생애목표에 해당됨). 따라서 생애사명에서 말하는 활동 방향과 목표가 확연히 구분되기 어려운 경우도 있다. 폭넓은 행동 방향과 목표를 구분하는 것이 바람직하지만 반드시 그런 구분에 얽매일 필요는 없다.

앞에서 제시한 〈그림 9-1〉에도 삶의 가치와 활동 방향 중 어느 하나만으로도 생애사명이 될 수 있다는 점을 나타내고 있다.

생애사명(인생의 꿈)은 생활영역(분야)별로 생각하는(작성하는) 것이 좋다

실제로 생활의 다양한 영역을 포괄하는 하나의 생애사명을 설정하기는 대단히 어렵다. 따라서 생애사명은 생활의 각 영역별로 나누어 하나씩 생각하는 것이 훨씬 쉽고 명확하고 구체적으로 될 수 있다. 생활의 주요 영역은 개인에 따라 다를 수 있지만 일반적으로 다음과 같이 8가지로 나눌 수 있다. (1) 직업·경력, (2) 학습·자기개발, (3) 건강, (4) 가족·사회관계, (5) 주거, (6) 사회참여·봉사, (7) 여가·영적활동, (8) 재무. 주거는 가족·사회관계 영역에 포함시킬 수 있기 때문에 생활영역을 7개 영역으로 구분할 수도 있다. 개인에 따라 7~8개 영역 모두에 사명을 설정하지 않고 일부만 선택하여 설정할 수도 있다. 생활의 주요 영역 8가지(8대 생활영역)를 간략히 설명하면 다음과 같다.

(1) 직업·경력: 적성/재능에 맞는 직업활동 선택과 발전, 직업활동 등과 연계된 사회참여/사회공헌 활동을 위한 다양한 경력

(2) 학습·자기개발: 직업활동, 사회참여활동을 위한 전문성과 능력 향상을 위한 학습 및 훈련활동, 교양 증진 활동 등

(3) 건강: 건강 증진, 영양관리, 신체검사, 질병 예방 및 치료 관련 활동, 운동 및 스포츠 활동(일부는 여가활동과 중복 가능성 있음) 등

(4) 가족·사회관계: 성 문제, 결혼, 부부관계, 자녀양육, 자녀 결혼, 자녀-조부모 관계, 친척·친구 관계 및 폭넓은 사교 등

(5) 주거: 주택 임대차, 구입, 관리, 주택 건축, 구조개선, 실내안전, 주거지역·환경, 건강 불편 시 주거 선택, 가족과의 동거/별거, 주택 자산화(주택연금) 등

(6) 사회참여·봉사: 국가사회 및 지역사회의 발전을 위한 시민사

회 참여, 사회봉사를 위한 제반 활동, 기부 등

(7) 여가·영적활동: 여가, 휴식, 취미/특기활동의 개발과 참여, 영성개발과 성장을 위한 종교활동 등

(8) 재무: 7~8대 생활영역의 목표달성을 위한 필요비용(목표지출) 확보(목표소득) 방안 및 지출관리 등.

한 가지 유의할 사항은 생활영역별 생애사명과 생애목표는 상호 연계되어 있는 경우도 있고, 공통성이 있을 수 있기 때문에 두 가지 이상 영역에서 같은 사명과 목표를 설정할 수도 있다.

생애사명을 글로 쓴(서술한) 생애사명서가 작성되면 그것을 항상 볼 수 있는 곳에 붙여놓거나 다이어리에 적어놓고 항상 읽으면서 자신의 생애사명을 확인하는 것이 중요하다. 작성된 사명서는 생활의 각 영역에서 어떻게 행동할 것인가에 대한 기준과 지침이 되며, 생활영역별로 구체적인 생애목표를 설정하고, 시간관리를 통해 그 목표를 달성하는 데 전반적인 방향과 지침이 되고 기본적인 삶의 원칙이 된다.

왜 생활을 영역별로 나누는가?

생활을 7~8개의 영역으로 구분하는 것은 주로 다음과 같은 세 가지 이유에서다. 첫 번째 이유는 인간은 본질적으로 다양한 측면의 존재이기 때문이다. 인간은 생물학적 존재이고, 느끼고 감정을 표현하는 심리적/정서적 존재이고, 배우고, 기억하고, 판단하고, 계획하는 등의 인지적 존재이며, 가족, 이웃, 사회의 여러 사람들과 같이 생활하는 사회적 존재로서 생존과 발전을 위해 다양한 영역의 생활이 필요하기 때문이다. 두 번째 이유는 인간에게 있는 (1) 생리적 욕구, (2) 안전의

욕구, (3) 사랑과 소속의 욕구, (4) 자존감의 욕구, (5) 자아실현의 욕구라는 기본적 욕구((Maslow, 1970)를 충족하기 위해서다. 이러한 기본적 5대 욕구는 7~8개의 다양한 영역의 생활을 통해 충족시킬 수 있다. 세 번째 이유는 사람은 다양한 영역에 걸쳐 균형 잡힌 삶을 사는 것이 바람직하기 때문이다. 우리 삶은 일만 하는 것이 아니고, 가족, 이웃 및 사회의 여러 사람들과 같이 생활해야 하고, 건강을 지키고 유지하는 활동, 이웃과 사회 일반인을 도와주는 활동, 휴식과 여가활동, 학습을 포함한 자기개발을 위한 활동, 그리고 다른 모든 영역의 활동을 뒷받침하는 생활자금을 마련하고 관리하는 재무활동을 고르게 하면서 균형 잡힌 삶을 사는 것이 더욱 의미 있다.

7~8개 영역에 걸친 균형 있는 삶을 산다는 것은 반드시 생활 각 영역별로 에너지, 시간, 비용, 관심을 균등하게 배분해야 한다는 것은 아니다. 비중은 다르더라도 가능한 한 모든 영역에 걸친 활동을 하는 것이 바람직하다는 것이고, 우선순위를 정하여 활동의 비중을 조정할 수 있다. 물론 몇 가지 영역만 선택할 수도 있다. 가능한 여러 영역을 선택하는 것은 균형 잡힌 삶을 위한 것이기도 하지만, 각 영역들이 상호 연계되어 있는 점을 고려하여 여러 영역을 함께 검토하여 비용이나 목표달성 정도 등을 조정하기 위한 것이기도 하다.

생애사명 서술(생애사명서)의 예

생애사명은 다른 말로는 생활신조이며, 개인생활의 헌법과도 같은 것이다(Covey, 1989). 사명을 서술한 사명서는 서양인들이 묘비명에 쓰는 말과 비슷한 점이 있다(Jam, 2007). 묘비명은 사망한 사람의 평소 삶의 태도나 행동에서 보여준 것을 요약해서 후세 사람들이 기억해주기를 바라는 것이라 할 수 있다. 생활의 여러 영역 중 중요한 한두 가지 영역만 선택하여 서술하는 것이 일반적이다. 예를 들면 '존(John)의 자상한 아내이고 짐(Jim)과 조안(Jo-Ann)의 헌신적인 어머니 여기에 잠들다', '어려운 사람들을 위한 인도주의자이고 십자군이었던 그녀의 따뜻한 마음, 충성심과 돌봄의 마음은 항상 기억되리라', '존(John)의 끊임없는 노력과 야심으로 일구어낸 스포츠맨십은 영원히 기억되리라' 등이다. 삶을 다른 사람에게 보여주고 기억되길 바라는 의미에서 사는 것은 아니지만, 자신이 무엇을 위해 어떻게 살아가는 사람인가를 분명히 한다는 면에서 자신의 묘비명을 미리 생각해보는 것은 사명서 작성에 큰 도움이 될 수 있다.

생활 각 영역별 생애사명 서술의 예를 제시해보면 〈표 9-1〉과 같다. 예시한 사명서는 간단한 요약이므로 좀 더 상세하게 서술해도 좋다.

사실 생애사명 확립은 생애사명서를 작성하는 것이라 할 수 있다. 생애사명서 작성은 생애설계의 첫 단계로서 가장 어렵고 시간도 가장 많이 걸리는 단계라 할 수 있다. 왜냐하면 생애사명서는 자기 생애 각 영역별로 삶의 가치와 활동(행동) 방향의 대원칙을 정하는 것이기 때문이다. 시작이 반이라는 말이 사명서 작성에도 어울리는 말이다. 사명서만 잘 작성되면 그 이후 절차는 상대적으로 시간과 노력이 적게 들 수 있다.

『성공하는 사람들의 7가지 습관』의 저자 스티븐 코비는 사명서 작성에는 심오한 생각과 성찰이 필요하며 시간도 상당히 필요하다고 다음과 같이 말하고 있다. "사명서는 하룻밤에 걸쳐 간단히 작성되는 것은 아니다. 사명서는 깊은 성찰과 주의 깊은 분석을 통하여 나오는 심오한 생각의 표현이며 대부분의 작성자들은 완성될 때까지 여러 차

〈표 9-1〉 8대 생활영역별 생애사명 서술의 예

생활영역	생애사명
1. 직업·경력	국민의 가정생활 편의와 영양 증진을 위해 획기적인 식품개발자가 된다(획기적 식품을 개발한다).
2. 학습·자기개발	능력 있고 사회에 쓰임 받는 필요한 존재가 되기 위해 새롭게 배우려고 노력하는 사람이 된다(노력한다).
3. 건강	신체적 및 정신적 독립 유지를 위해 건강관리에 충실한 사람이 된다(충실한다).
4. 가족·사회관계	돌봄의 마음과 태도로 가족, 이웃, 지인들을 대하는 사람이 된다(대한다).
5. 주거	자신과 가족의 안전과 생활편의를 위해 쾌적하고 충분한 주거 공간(주택)을 확보하는 사람이 된다(확보한다).
6. 사회참여·봉사	새로운 삶을 주신 하나님의 사랑에 감사하며 가진 것을 이웃과 나누며 봉사하는 사람이 된다.
7. 여가·영적활동	자신의 신체적·정신적 및 영적 휴식과 즐거움을 위해 일정한 시간을 사용하는 사람이 된다(사용한다).
8. 재무	자신과 가족의 재정적 안정을 위해 충분한 생활자금을 확보하는 사람이 된다(확보한다).

례 고쳐 쓴다. 사명서와 내용에 진정으로 만족하고 이것이 우리 내면의 중요한 가치와 방향을 완전히 집약해서 표현했다고 느끼게 되기까지 몇 주 혹은 몇 달의 작성기간이 걸릴지도 모른다. 그런 연후에도 우리는 정기적으로 이것을 다시 살펴보고 추가된 생각이나 변화된 상황에 따라 약간의 수정을 해야 할 것이다."(번역본 p. 211)

생애사명의 중요성을 일깨우는 일화

생애사명의 중요성을 일깨우고 좀 더 구체적으로 이해할 수 있는 일화로 2019년 4월 29일자 조선일보 임보운 기자의 '기자의 시각: 취업이 종착역인 사회'라는 제목의 기사를 요약하여 소개하고자 한다.

대학을 졸업하고 열심히 취업준비 중인 A군이 미국 월가(Wall Street)를 다녀온 이야기다. A군은 미국 월가에서 동갑내기 한 대학생을 만나 "곧 졸업인데 취업 준비는 잘 되는가?"라고 물었다. 미국 대학생의 답은 "취업해서 내가 가진 호기심과 문제의식을 어떻게 회사에 접목할지 계획을 짜고 있다"고 했다. A군은 동문서답 같아 이런저런 겉도는 이야기를 나누다가 답답해서 "그런데, 취업이 안 되면 어쩌려고?"라고 쐐기 박듯 물었다. 미국 대학생의 대답은 "이런 고민 없이 덜컥 취업이 되면 어쩌려고?"였다. 명문대 재학 중인 B군이 영국의 대학을 방문한 후 소감이다. "내 주변 친구들은 대기업 인·적성시험에 대비해 '접은 종이에 구멍을 뚫고 펼쳤을 때 어떤 모양일까'라는 문제를 풀고 있을 때, 런던의 대학생들은 '각자의 호기심을 세상에 어떻게 내놓을지' 고민하고 있더군요"라고 했다. 취업을 인생의 결승선이라 생각하는 우리 대학생들과 인생의 출발선이라 생각하는 미국과 영국 대학생들은 취업의 목적이나 이유(삶의 가치)에 대해 근본적으로 다른 생각을 하고 있는 것으로 보인다.

이 일화에서 외국 대학생이 말하는 호기심이나 문제의식은 직업·경력 영역의 '생애사명'이라 할 수 있다. 왜 취업을 해야 하는지? 왜 ○○회사에 취업하려는지 그 이유나 목적에는 별 생각 없이 일단 취업하고 보자는 데에 올인(all-in)하는 것(생애사명도 모른 채 단기목표에만 매달림)은 인생에 어떤 의미를 줄 수 있는지? 그 취업이 자신의 생애사명이나 꿈을 이루는 것과 어떤 관계가 있는지? 취업은 인생의 출발선이라는 입장은 생애사명에 근거한 취업이라 할 수 있고, 취업이 인생의 결승선이라는 입장은 생애사명도 장기목표도 없이 단기목표에만 매달린 취업일 가능성이 높다. 우리 대학생이 계획하는 인생과 외국 대학생이 계획하는 인생 중 어느 쪽이 더 의미 있는 것일까? 이 이야기는 우리사회 많은 젊은이가 처한 삶의 슬픈 현실을 말해주는 것일 수도 있다. 우리사회 젊은이는 이 같은 현실을 그대로 받아들일 수밖에는 없는가? 좀 더 긴 시간 생각하면서 장기적인 시각으로 생애사명을 확립하고 그 사명의 실현에 맞게 '취업이 출발선인 인생'을 계획할 수는 없는지 심각하게 고민해봐야 할 것이다.

생애설계 제2단계: 생애목표 설정

생애목표(life goal)란 무엇인가?

목표(goal)는 사람들이 많이 알고 있는 말이지만 목적(purpose)과 혼동하기도 한다. 목적은 하려고 하는 일이나 활동의 근본적 이유를 말하는 것이다. 목표는 달성하고자(성취하고자) 하는 어떤 지위, 활동(행동)이나 상태를 말하는 것이고, 목적은 달성하려는 것의 이유(왜 그 목표를 달성하려는지에 대한 이유)를 말하는 것이다. 목표는 영어로 goal로 표현하지만 경우에 따라 objective나 milestone 등으로 표현하기도 한다. 생애목표는 달성하고자 하는 어떤 지위, 활동(행동)이나 상태라는 의미에서는 일반적으로 말하는 목표와 의미가 같지만, 생애사명(인생의 꿈)을 실현한 것으로 볼 수 있는 어떤 지위, 활동이나 상태라는 의미에서 일반적인 목표와는 좀 다르다.

목표설정과 관련한 평범한 진리는 성공한 사람은 모두 목표를 가졌고 목표를 가진 사람은 모두 성공했다는 것이다. 생애목표도 목표라는 의미에서는 일반적으로 말하는 목표와 같은 의미다. 목표를 설정하는 것이 얼마나 중요한지 다음과 같이 말할 수 있다.

(1) 할 일을 분명하게 해준다: 목표는 앞으로 하고자 하는 일(이루고자 하는 상태)이기 때문에 목표를 설정하면 할 일이 분명해진다.

(2) 삶의 의미를 명확히 해준다: 목표를 설정하면 현재 하고 있는 일과 앞으로 할 일을 실행함으로써 삶의 의미가 더욱 확실해진다.

(3) 행동의 동기를 유발한다: 목표를 설정하면 목표달성을 위한 일(행동)을 해야겠다는 동기를 유발하게 된다.

(4) 하고 있는 일(활동)의 진행을 쉽게 측정하게 해준다: 목표를 설정하면 목표달성 여부와 목표달성이 어느 정도 이루어졌는지를 잘 알 수 있게 된다.

(5) 시간을 효율적으로 사용하게 해준다: 목표를 정하면 목표를 향한 진로가 명확해져 시행착오를 줄이고 시간낭비를 줄일 수 있다.

(6) 의사결정을 촉진시킨다: 목표(최종목표와 중간목표 등)를 설정하면 의사결정을 목표에 비추어 빠르게 할 수 있다.

(7) 의사소통을 용이하게 해준다: 목표를 정하면 그 목표와 관련되는 의사소통을 우선시하고, 쉽고 분명하게 의사소통을 할 수 있다.

(8) 자신감을 높여준다: 목표는 스스로 해낼 수 있을 것이라 판단한 것을 목표로 설정한 것이므로 '나는 할 수 있다'는 자신감을 높여준다.

(9) 발전을 촉진시킨다: 목표를 설정하면 그 목표를 향한 생각과 행동을 빨리 할 수 있어 일의 발전(처리) 속도가 빨라진다.

(10) 스트레스를 줄여준다: 목표를 설정하면 무엇을 할 것인가에 대한 고민이 줄어들게 되므로 스트레스가 줄어든다.

목표를 설정한 사람은 나이나 퇴직 여부 등에 관계없이 더 오래 산다고 한다(Hill & Turiano, 2014). 일본 의과대학 교수이고 의사로 106세 장수(1911~2017)를 누린 히노하라 시게아키(日野原重明)가 96세에 한국을 방문했을 때 필자가 만난 적이 있다. 그는 2~3년 후의 약속을 미리 잡는다고 했는데 그렇게 하는 이유는 2~3년 후 그 약속과 약속의 준비사항을 목표로 정하고, 그 약속을 지키기 위해 노력하면 희망을 가지게 된다고 했다. 히노하라 교수의 이러한 행동습관이 그의 장수에 크게 영향을 미쳤으리라 생각한다. 생애목표는 인생지도에서 목적지(최종목표 또는 중간목표)가 되는 것이기에 삶의 방향을 제시하고 그것을 향한 동기부여도 하고 희망을 솟구치게 하기도 한다.

목표는 한 가지 또는 여러 가지가 될 수도 있다. 목표는 어떤 새로운 기술을 개발하는 것, 현재의 기술을 향상시키는 것, 바람직하지 못한 습관을 없애거나 바람직한 습관을 새로 개발하는 것, 어떤 바라는 상태가 되는 것 또는 새로운 관계나 경력을 쌓거나 어떤 지위를 얻는 것 등에 초점을 맞출 수 있다.

일단 목표가 설정되면 목표달성을 향한 행동을 하게 되고 그 행동에 의미가 부여된다. 그리고 그 목표를 향하여 시간과 에너지를 집중하게 되고 목표지향적 행동에 동기를 부여하게 된다. 목표달성은 중요하기 때문에 간단하게 그리고 한두 시간의 짧은 시간에 이루어지는 것이 아니라 일정한 절차를 거쳐 상당한 시간을 투자하여 이루어지는 것이다. 그럼에도 많은 사람들은 목표설정을 간단하게 생각하거나 피상적으로 생각하여 목표설정 절차를 따르지 않거나 목표설정에 대해 정확히 알지 못하고 있다. 사람들이 목표설정을 중요하게 생각하지 않거나 잘못 생각하고 있는 사항들을 정리해보면 다음과 같다(Jam, 2007). (1) 목표설정이 왜 중요한지를 잘 모르고 있다. (2) 목표설정의 이점이나 효과에 대해 잘 모르고 있다. (3) 목표설정을 생각할 시간이 없다고 생각한다. (4) 목표설정을 너무 어렵게 생각한다. (5) 설정된 목표를 달성하지 못할 것을 두려워한다. (6) 목표설정을 심각하게 생각하지 않는다.

또한 목표설정의 중요성을 잘 알고 있다 하더라도 목표설정을 하지 못하거나 목표달성을 위한 행동을 하지 못하는 여러 가지 이유가 있는데 주요한 이유는 다음과 같다.

(1) 목표를 실제로 글로 써서 표현하지 않는다: 목표를 글로 써서 항상 보고 그것을 의식할 수 있도록 하는 것이 중요한데 글로 써서 표현하지 않기 때문에 잘 기억하지 못하고 자주 상기하지(되새기지) 못한다.

(2) 비현실적 목표를 설정한다: 현실적으로 성취하기 어려운 목표를 설정하고, 그 목표달성을 못할 것이 두려워 행동하지 않거나 아니면 용기를 발휘하지 못한다.

(3) 목표달성의 동기유발에 크게 도움이 되지 않게 목표를 설정한다: 예를 들면 '돈을 많이 번다'라는 식으로 목표를 설정하면 목표가 막연하여 정확히 얼마를 언제까지 벌어야 하는지를 알 수 없어 동기유발이 되지 않는다.

(4) 목표의 실행계획을 세우지 않는다.

(5) 계획을 행동으로 옮기지 않는다.

(6) 목표달성에 대한 의지와 집중력이 약해진다.

(7) 목표달성을 지속적으로 추구하지 않는다.

목표는 큰 단위에서 작은 단위 순으로 설정한다

생애사명서에 서술된 큰 틀에서의 삶의 가치와 활동(행동) 방향은 자신이 바라는 모습과 행동을 폭넓게 추상적으로 나타낸 것이라 할 수 있다. 목표는 그처럼 추상적으로 서술된 사명을 실현하기 위한 구체적인 어떤 기술, 습관, 행동, 지위나 상태를 말한다. 즉 목표는 자신이 바라고 원하는 모습의 사람이 되기 위해 최종적으로 또는 단계를 거쳐 이루어내야 하는 구체적인 사항이다. 예를 들면 '나는 친구와 사회활동 동료들과 신뢰와 우정을 유지한다'라는 사명에 대해 '친구와 동료들과 적어도 한 달에 한 번 만나고, 이들에게 봉사할 수 있는 역할이 있다면 한 달에 한 번 이상 실행한다'라는 것을 목표로 설정할 수 있다. 즉 친구와 동료들과 만날 기회를 마련하여 만나고 이들이 필요로 하는 일을 도와주는 역할을 자주 한다면 결국 친구와 동료들과의 우정과 신뢰를 유지할 수 있게 될 것이다.

목표는 생활영역별 사명에 따라 영역별로 한 가지만 설정할 수도 있고, 여러 가지를 설정할 수도 있다. 8대 생활영역 각각의 사명이 있다면 각 영역별로 적어도 하나 이상의 목표를 설정할 수 있다. 목표도 사명처럼 글로 써서 붙여놓거나 항상 볼 수 있는 다이어리(diary) 등에 기록해놓는 것이 좋다. 사람들은 생애사명과 생애목표를 글로 작성하지 않거나 항상 볼 수 있는 곳에 두지 않는 경우가 많다. 사명과 목표를 글로 작성하여 항상 확인하는 것은 하찮은 일 같지만 자주 읽게 되면 자기암시 효과를 발휘하고, 자신의 상태를 매일 돌아보고 자기가 어디로 가고 있는지 그리고 어디까지 왔는지를 점검할 수 있게 된다. 사명과 목표를 서술하고 항상 확인하는 것은 목표달성에 효과가 크다는 것을 경험한 사람들이 검증해주고 있다.

그리고 목표는 달성 절차나 방법으로 보아 큰 목표에서 작은 목표 순으로 설정하는 것이 논리적이고 바람직하다. 즉 최종목표 → 대목표 → 중목표 → 소목표(→ 세부목표) 순으로 설정할 수 있다(이 같은 목표의 연결을 '목표체계'라 부르기로 함). 또한 달성에 걸리는 시간으로 보아 장기목표 → 중기목표 → 단기목표 순으로 설정할 수도 있다. 대부분 경우 최종목표와 대목표는 장기목표, 중목표는 중기목표, 소목표는 단기목표가 된다(이하에서 대-중-소목표로만 표현함).

〈그림 10-1〉에서와 같이 최종목표는 생애사명을 실현한 최종 상태의 목표를 말한다. 최종목표를 달성하기 위해 이전 단계에서 어떤 목표(하위목표)를 달성해야 할 것인가를 목표의 크기/범위/달성시간에 따라 나누어 설정하는 것이 효과적이고 논리적이라 할 수 있다. 최종목표를 달성하기 위해 수단적(중간) 목표로 대-중-소 목표를 설정하는 것으로 생각할 수 있다. 이러한 목표체계에서 소목표들이 중목표를 구성하고, 중목표가 대목표를 구성하고, 다시 대목표가 최종목표를 구성하게 된다. 어떤 경우는 최종목표와 중간목표 구분 없이 최종목표 한 가지만 있을 수 있지만 일반적으로는 최종목표에 도달하기 위해 전 단계에서 도달해야 할 목표가 있고, 또 그 단계에 도달하기 위해 그 이전 단계에 도달할 목표가 있게 된다.

생애사명을 직접 실현하는 목표가 아닌 다른 목표(예를 들면 특정 시기의 자격증 취득, 질병 치료, 업무목표 등)는 크기/범위에 따라 목표체계가 만들어지지 않거나 논리적으로 연계되지 않을 수도 있다. 가능하면 최종 → 대 → 중 → 소 목표의 목표체계는 논리적으로 연계되도록 설정하는 것이 바람직하다. 하여튼 목표설정은 최종 → 대 → 중 → 소 목표의 순서로 정하는 것이 실천 가능성도 높고 논리적이다.

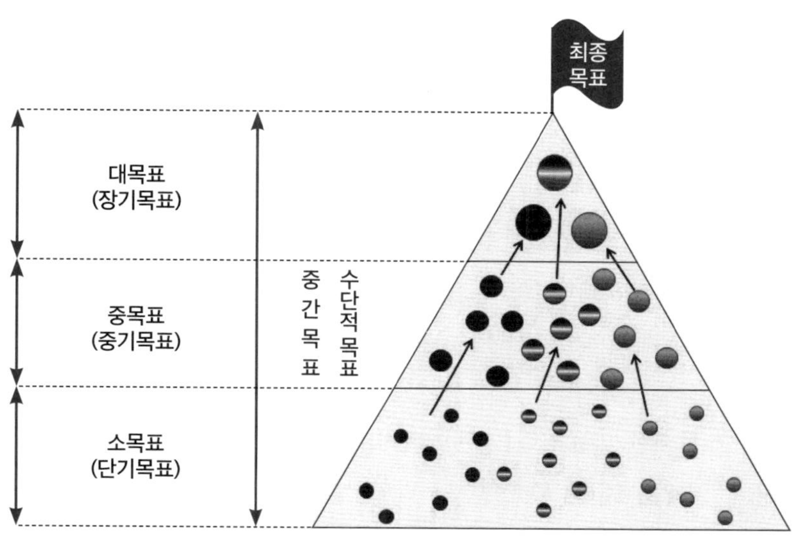

〈그림 10-1〉 범위와 시간에 따른 목표(구분)체계

출처: Jam(2007), *My Life Planning Workbook*, p.34.

또한 최종목표나 대목표는 양이나 질에 있어서 크기 때문에 그 달성에 긴 시간이 걸릴 수 있다. 따라서 점진적으로 그 양이나 정도를 증가시키는 식의 최종 → 대 → 중 → 소목표 체계가 되게 하는 것이 바람직하다. 예를 들면 마라톤 전 구간(42,195m)을 4년 내에 완주하는 것을 최종목표로 설정한다면 1년 단위로 약 10,000m, 6개월 단위로 5,000m, 다시 1개월 단위로 800~850m씩 늘리면서 연습하는 식으로 대목표, 중목표와 소목표를 설정할 수 있을 것이다.

최종-대-중-소 목표의 구분과 설정은 생애주기 단계와 연결할 수도 있고 10년 단위 목표와 연결할 수도 있다. 그런데 생애기간이 길게는 80~90년이 될 수도 있기 때문에 생애설계의 기간이 길수록 10년 단위씩(10대, 20대, 30대, 40대··· 등) 시간을 구분하여 연결하는 것이 어려울 수 있다. 10년 단위로 끊어 긴 시간 동안의 목표를 설정해도 현재에서 10년 이상 미래의 목표는 예측하기 어려운 상황이 발생할 수 있으므로 상세한 목표설정이 어려울 수 있다. 따라서 목표는 최종-대-중-소 목표의 목표체계로 나누어 설정하되, 가장 가까운 장래 10년간의 목표(이하 '향후 10년 목표'라 함)는 좀 더 상세히 1년 단위로 설정하는 것이 좋다. 그런데 향후 10년간의 목표설정도 어렵다고 판단되면 향후 5년간의 목표를 1년 단위로 설정할 수도 있다(이하에서는 '향후 10년 목표' 중심으로 설명할 것임). 사실 최종-대-중-소 목표의 목표체계는 최종목적지(최종목표)로 가는 큰길의 로드맵(roadmap)이 되는 것이고 상세한 목표가 되기는 어렵다. 향후 10년 목표를 1년 단위로 나누는 주된 이유는 목표를 1년 단위로 끊어 세분화하고 시간관리를 1년 단위로 하는 것이 효과적이기 때문이다. 생애설계의 기간이 짧은 경우나 목표의 특성상(달성 예상기간, 생각, 태도나 습관의 변화 등) 대-중-소 목표는 향후 10년 목표와 1년 단위 목표에 일부 또는 전부가 포함될 수도 있다. 예를 들면 60대 이후 생애설계의 경우 향후 10년 목표에 대-중-소 목표가 많이 포함될 가능성이 크다.

목표는 생애사명 확립 단계(생애설계 제1단계)에서 설정할 수도 있다

제9장에서 생애사명에는 (1) 존재가치(삶의 가치)와 (2) 넓은 범위의 활동(행동) 방향이 핵심 요인이 된다고 했다. 넓은 의미의 활동 방향을 정하는 것은 넓은 범위 내에서 융통성 있게 구체적인 일이나 활동(대부분 구체적 직업)을 정하기 위한 것이고, 또한 구체적인 직업활동이나 행동을 정하기 어려운 경우를 고려한 것이기도 하다. 반면에 넓은 범

위의 활동 방향을 정하기는 어렵더라도 구체적 직업활동이나 행동은 처음부터 쉽게 또는 확실히 정할 수도 있다. 생애설계 첫 단계인 생애사명 확립 단계에서 사명실현을 위한 구체적 직업활동이나 행동이 정해진다면 그것은 바로 생애목표가 될 수 있다. 이 경우는 생애사명의 구성요소인 가치만 있고, 넓은 의미의 활동(행동) 방향은 없는 것이 된다. 생애사명 구성요소로 존재가치만 있고 활동(행동) 방향이 없어도 별 문제는 없다고 본다.

목표의 주요 대상은 생애주기 단계 발달과업 사항이다

생애목표가 될 수 있는 주요 대상은 엄격히 말하면 세 가지라 할 수 있다. 즉 (1) 생애사명을 실현하는 활동이나 행동, (2) 생애주기 단계별 발달과업, (3) 사업/업무 관련 사항이다. 생활영역별 생애사명(인생의 꿈)을 실현하기 위한 활동 방향은 반드시는 아니지만 거의 대부분 생활영역별 생애주기 단계 발달과업 사항이 된다. 생애주기 단계별 발달과업으로서 생애사명을 실현하는 것과 관계가 없더라도 생애주기 단계별로 수행해야 할 중요한 과업이 되는 것이 바람직하다(American Psychological Association, 2018). 그리고 직장인이나 개인 사업자의 경우 자신의 사업/업무 관련 목표는 직업/경력 영역의 목표가 될 수 있기 때문에 생애목표 사항이 될 수 있다. 그리고 개인의 사업/업무는 직업/경력 영역의 생애주기 발달과업에서 가장 중요한 과업 사항이기도 하다. 따라서 개인의 사업/업무 관련 사항도 역시 생애주기 단계 발달과업에 속하는 것이라 할 수 있다. 그러므로 위 세 가지 사항 모두는 한 마디로 생활영역별 생애주기 단계 발달과업이라 해도 무방할 것이다. 다시 말하면 생활영역별 생애사명을 실현하기 위한 생애목표는 생활영역별 생애주기 발달과업 사항이라 할 수 있다.

현재까지 노후설계, 은퇴설계, 경력설계 그리고 심지어 생애설계라는 이름을 걸고 있는 설계에서는 목표설정을 중요시하지 않거나 목표를 설정하더라도 대부분 생애주기 단계별 문제의 해결이나 예방 및 주요 생애주기 단계별 과업수행 정도를 목표로 삼고 있다. 발달과업을 생애목표로 삼는 것은 바람직하다. 그러나 생애설계 및 관련 설계의 의미, 생애사명(인생의 꿈)의 의미, 목표설정의 의미, 생애목표의 의미, 생애주기 단계 발달과업의 의미, 생애목표와 생애주기 단계 발달과업과의 관계 등을 논리적으로 잘 설명하지 못하고 있는 것이 문제이다.

또한 기존 생애설계 관련 설계에서 목표를 제대로 설정하지 않는 경우가 많고, 목표를 설정하더라도 다음에 제시할 목표설정 요건(SMART: 후에 설명)을 갖추지 못해서 실제로 목표다운 목표라고 할 수 있을지 의문인 경우도 많다. 따라서 목표가 없는 설계를 과연 설계라 할 수 있을지 의문이고, 실제로 목표가 설정되어도 목표달성 여부와 목표달성 정도를 파악할 수 없는 목표 내용(목표 서술)도 많다.

꿈(인생의 꿈)은 생애사명이나 목표에 해당된다

사람들은 생애사명과 생애목표가 무엇인지 잘 모르더라도, '인생의 꿈'을 갖고 있는 경우는 많다. 사실 인생의 꿈이라 하는 것은 생애사명이나 생애목표에 해당된다고 할 수 있기 때문에 많은 사람들은 사실상 생애사명이나 생애목표를 가지고 있다고 할 수 있다. 생애설계는 어떤 의미에서 자기 인생의 꿈을 실현하기 위한 계획이라 할 수 있다.

소위 '인생의 꿈' 또는 '생애의 꿈'의 내용을 자세히 살펴보면 그 꿈은 생애사명 아니면 생애목표에 해당되는 경우가 일반적이다. 그 꿈은 사명과 목표를 같이 포함하여 말할 수도 있다(〈그림 10-2〉의 예).

꿈의 내용은 (1) 삶의 가치, (2) 궁극적(최종적)으로 이루고자 하는 폭넓은 활동, 행동, 일, 상태(활동/행동 방향), (3) 구체적 활동, 행동, 일, 상태의 세 가지 중 하나 이상일 수 있다. 꿈의 내용이 (1) 삶의 가치와 (2) 활동(행동) 방향 모두에 가까우면 그 꿈은 바로 생애사명이 될 수 있다. 그리고 내용이 (1) 삶의 가치나 (2) 활동 방향 중 어느 하나에 가까우면 생애사명의 한 요인에 해당된다. 또한 내용이 (3) 구체

가천대학교 이길여 총장의 자서전
〈간절히 꿈꾸고 뜨겁게 도전해라〉(2008)에서

"성공이란 자신이 오랫동안 그려오던 꿈을 이루는 것이다. 나는 그것이 바로 성공이라고 믿는다. 내 인생의 꿈은 서울대 의대에 들어가는 것이 아니었다. 미국 유학을 가서 박사학위를 받는 것도 병원을 잘 운영해서 돈을 버는 것도, 대학총장, 병원 이사장, 재단 회장과 같은 자리에 오르는 것도 아니었다. … 내 인생의 꿈은 '외진 데', '낮은 데' 사는 사람들을 사랑하면서 그들을 행복하게 해주는 것이었다. 의사가 되어 가난하고 불쌍한 사람들을 치료해주고, 내 이웃과 동포를 행복하게 만들어주고 싶었다."(pp. 242-243)

- 여기서 '인생의 꿈'은 '생애사명'이라 할 수 있다. 즉 이길여 총장의 생애사명은 '외진 데, 낮은 데 사는 사람들을 사랑하며 그들을 행복하게 해주는 것'이다.
- 생애 최종목표는 '어려운 사람을 치료하고 이웃을 행복하게 하는 의사가 되는 것'이다.
- 생애 중간목표는 '서울대 의대 입학하는 것, 미국 유학 가서 박사학위 받는 것, 병원 운영으로 돈 버는 것, 대학총장, 병원 이사장, 재단 회장이 되는 것'이라 할 수 있다.

〈그림 10-2〉 인생의 꿈에 생애사명과 생애목표가 포함된 경우의 사례

적 활동이나 상태에 가까우면 생애목표가 될 수 있다.

우선 자신의 꿈이 생애사명에 가까운지 아니면 생애목표에 가까운지를 먼저 판단하고 생애목표에 가까우면 그 목표를 해당 생활영역의 목표로 설정할 수 있다. 생애사명과 같이 생애목표도 생활영역별로 설정할 필요가 있다. 자신의 꿈이 생활의 모든 영역을 포괄하는 하나의 꿈이 되기는 어려우므로 그 꿈이 생활의 어느 영역에 해당되는 것인지 구별하여 그 영역의 목표로 삼을 수 있다. 또한 꿈이 하나 이상인 경우도 구별하여 해당 생활영역의 목표로 삼을 수 있다. 꿈에서 말하는 목표가 없는 영역의 경우는 해당 영역의 사명에 따라 설정해야 할 것이다. 인생의 꿈이 아예 없는 경우는 생애설계 절차에 따라 생활영역별 사명을 확립하고, 사명에 따라 목표를 설정하면 된다.

목표는 어떻게 서술(설정)하는 것이 바람직한가?

목표설정은 목표의 내용을 서술하는 것으로 완성된다. 목표를 서술하는 말은 사명보다는 구체적이지만 그 구체적이라는 것만으로 목표가 제대로 서술된 것으로 보기 어렵다. 목표는 적어도 5가지 요건에 따라 서술하는 것이 바람직하다. 그 5가지 목표서술 요건을 흔히 SMART로 부르기도 하는데(Dodd & Sundheim, 2005) 다음과 같다.

1. S(specific): 목표는 구체적이어야 한다

목표는 명확하게 알 수 있도록 구체적으로 서술되어야 한다. 예를 들면 '연구업적을 발간한다', '적정체중을 유지한다', '악기 연주 실력을 갖춘다', '책을 쓴다', '정보처리 능력을 갖춘다'는 식의 서술은 상당히 막연하다. 이보다는 '학술지에 논문을 1년에 한 편씩 게재한다', '체중을 60kg으로 감량한다', '기타로 최신 유행가 3곡을 연주할 수 있을 정도의 실력을 갖춘다', '아파트에서의 토마토 수경재배법에 관한 책 한 권을 쓴다', '전문가 수준의 홈페이지 제작 실력을 갖춘다'와 같이 구체화시켜야 한다.

2. M(measurable): 목표는 측정할 수 있어야 한다

목표는 어느 정도로 달성되었는지 확실히 판단할 수 있게 표현되어야 한다. 위 예의 '적정체중을 유지한다'라는 표현에서는 적정체중은 무엇을 말하는지, 자신의 체중이 적정체중에 얼마나 근접했는지 알 수 없다. 키와 체중으로 계산하는 BMI(체질량) 지표에 따라 자신의 키에 맞게 '체중을 60kg(적정체중)으로 감량한다'고 표현하면 적정체중이 어느 정도인지 그 목표에 자신이 현재까지 어느 정도 가까이 왔는지를 판단할 수 있다.

3. A(achievable): 목표는 달성 가능해야 한다

많은 경우 의욕이 넘치거나 현실적 여건을 충분히 고려하지 못한 채 너무 높은 목표를 설정하게 되면 자신의 능력이나 여건으로 달성하기 어려워 쉽게 포기하거나 아니면 다시 설정하기를 반복하면서 실패하기 쉽다. 달성이 어려운 목표를 세우는 것은 어리석은 일이 아닐 수 없다. '매년 10편의 논문을 학술지에 게재한다', '일주일에 40시간 자원봉사활동에 참여한다', '1년에 10번 해외 여행을 한다'라는 식의 목표는 실제로 실행하기 대단히 어려운 것이다. 자기의 재정 여건, 시간, 능력, 성향 그리고 적성 등을 고려하여 최대한 노력하면 무리 없이 달성할 수 있는 정도의 목표를 설정해야 할 것이다.

4. R(reasoned): 사명을 실현하는 것과 중요하게 연계되어야 한다

목표는 논리적 연계성이 있어야 한다. 즉 목표는 생애사명 실현과 직접 관계되고 핵심적인 것이 되어야 한다는 면에서 사명의 실현과 논리적으로 연계되어야 한다. '가족 사랑과 형제자매 간의 우애와 돌봄을 최우선으로 한다'는 사명을 달성하기 위해 '일주일에 한 번씩 가족과 외식을 한다', '매월 형제자매들과 한 번씩 집안 회의를 한다'는 표현은 그 사명 실현에 기여할 수도 있지만 크게 영향을 미치는 것으로 볼 수 없기 때문에 중요한 의미를 갖지 못한다. 이보다 더 직접적이고 의미 있는 행동은 얼마든지 많을 수 있다.

5. T(time-bound): 목표달성의 기한이 정해져야 한다

언제까지 그 목표를 달성할 것인지 기한이 정해지지 않으면 목표달성을 위한 행동을 미루기 쉽고 일관성 있게 실행하지도 못해 결국은 목표달성에 실패하게 된다. 따라서 목표는 그 달성까지 적절한 시한(기한)을 정해야 한다. 또한 충분한 달성 가능 시간보다 더 장기간의 시한을 잡아도 목표달성을 못하기 쉽다. 예를 들어 '6개월 이내에 체중을 10kg 감량한다'는 충분히 실천 가능한 시한이고 이 정도의 기간은 체중감량 프로그램에서 적절한 것으로 검증된 것이다. 그런데 '5년 내에 체중을 10kg 감량한다'라고 목표를 설정한다면 시간이 너무 많이 걸릴 뿐만 아니라 하위목표 설정도 어려워 성공하기 어렵다.

대체로 어떤 습관을 버리거나 새로 습관을 들이는 데는 3~6개월 정도가 적절하고, 어떤 새로운 기술을 숙달하는 데는 1,000시간 이상이 걸리고, 새로운 태도나 지위에 도달하는 데에는 더 긴 시간이 걸린다(Jam, 2007). 예를 들면 박사학위를 취득하는 데는 4~5년이 일반적이나 개인적 사정에 따라 이보다 훨씬 더 오래걸릴 수도 있다.

이상에서 제시한 요건에 맞게 목표를 설정하면 목표달성은 충분히 가능할 수 있다. 목표달성을 위한 행동은 일간(매일), 주간, 월간 및 연간의 시간관리 계획을 세워 일상생활 속에서 수행해야 한다. 목표달성의 시간관리 계획은 제11장에서 상세히 설명하기로 한다.

생애사명과 생애목표 연계의 예시

생애목표는 생애사명을 실현한 것으로 볼 수 있는 구체적 지위, 활동(행동) 또는 상태이므로 생애목표는 생애사명과 연계되어야 하고, 최종-대-중-소 목표로 나누어지는 목표체계가 되어야 한다.

직업·경력 영역의 예로 목표설정 순서를 제시해보면 〈그림 10-3〉과 같다. 생애사명과 연계된 목표체계에는 생애주기 단계 발달과업으로 조직(직장)이나 개인 사업상의 목표도 포함할 수 있어야 한다.

생애목표 체계의 대-중-소 목표는 생애주기의 여러 단계를 거쳐 달성되는 것도 있고 한 단계 내에 달성되는 것도 있다. 생애목표 체계는 생애목표 달성과정의 기본 틀이라 할 수 있기 때문에 아주 상세히

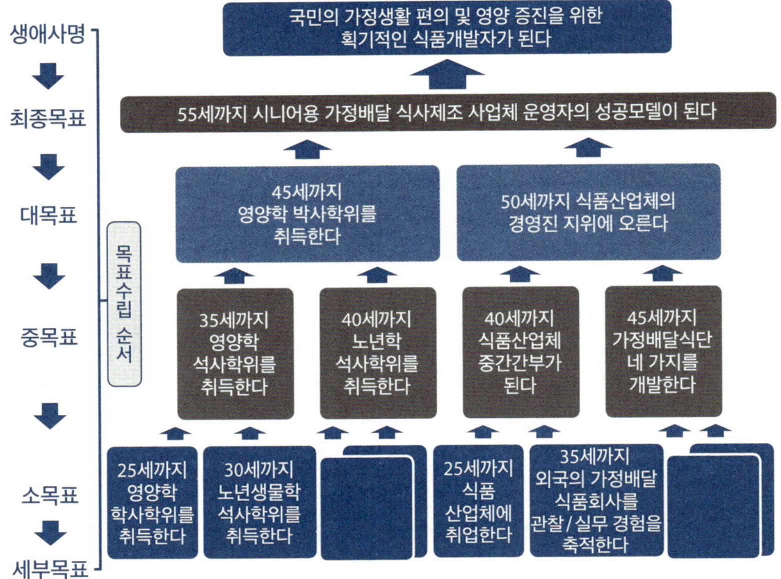

〈그림 10-3〉 생애사명-생애목표의 연계와 목표설정 순서

설정할 수 없는 경우가 대부분이다. 이는 개인에 따라 남은 생애기간이 짧을 수도 있지만 10년 이상에서 70~80년까지의 생애기간인 경우 미래 상황 변화의 예측이 어렵고 자신이 통제할 수 없는 상황들이 발생할 수 있기 때문에 처음부터 아주 상세하게 목표를 설정하기는 어렵다.

따라서 목표는 최종목표로 가는(최종목표까지의) 기본적인 큰길을 중심으로 하는 로드맵을 만든다는 의미에서 큰 줄기의 목표만 정하고, 그다음으로 더 자세한 목표는 비교적 예측이 가능한 향후 10년 목표에서 설정하는 것이 바람직하다. 목표체계를 정할 때는 생애주기 단계를 고려할 필요가 있다. 목표는 〈표 10-1〉에 제시된 것처럼 생애주기 단계와 연계된 (1) 목표체계와 (2) 향후 10년 목표로 구분하여

〈표 10-1〉 생애주기 단계, 목표 및 생애설계 영역의 연계

생애주기 단계	영역별 목표체계		영역별 향후 10년 목표		생애설계 영역
영아기(0~2세)	구분	목표	나이/연도	목표	생활영역을 8대 분야로 구분하여 각 영역별로 목표를 설정함
유아기(2~4세)	생애사명				
학령전기(4~6세)	최종목표				
학령기(6~12세)	대목표				❶ 직업·경력 ❷ 학습·자기개발 ❸ 건강 ❹ 가족·사회관계 ❺ 주거 ❻ 사회참여·봉사 ❼ 여가·영적활동 ❽ 재무
청소년기(12~18세)					
청년기(18~40세)	중목표				
중년기(40~60세)					
장년기(60~80세)	소목표				
노년기(80세 이상)					

설정하고, 10년 목표는 1년 단위(나이나 연도)로 구분하여 상세히 설정하는 것이 좋다.

생애설계에서 생애목표는 생애사명에서처럼 생활영역으로 나누어 설정하는 것이 훨씬 구체적이고 명확하다. 향후 10년 목표에 대-중-소 목표 중 일부가 포함될 수 있으며, 계획을 실행하는 과정에서 10년 단위 목표에는 매년 10년째 1년의 목표를 추가하여 항상 향후 10년 목표가 유지되도록 하는 것이 좋다.

목표체계는 앞의 〈그림 10-3〉과 같이 그림으로 표현할 수도 있지만 최종-대-중-소목표 체계에서 목표의 수가 많아지는 경우는 그림으로 표현하기 어려울 수 있기 때문에 〈표 10-2〉와 같은 목표체계 양식으로 표현하는 것이 바람직하다.

〈표 10-2〉 목표체계 양식과 서술의 예(직업·경력 영역)

구분	번호	목표서술
생애사명		국민의 가정생활 편의와 영양 증진을 위해 획기적인 식품개발자가 된다.
최종목표		55세까지 시니어용 가정배달 식사제조업체 운영자의 성공모델이 된다.
대목표	1	45세까지 영양학 박사학위를 취득한다.
	2	50세까지 식품산업체 경영진 지위에 오른다.
중목표	1-1	35세까지 영양학 석사학위를 취득한다.
	1-2	40세까지 노년학 석사학위를 취득한다.
	2-1	40세까지 식품산업체 중간간부가 된다.
	2-2	45세까지 가정배달 식단 네 가지를 개발한다.
소목표	1-1-1	25세까지 영양학 학사학위를 취득한다.
	1-1-2	30세까지 노년생물학 석사학위를 취득한다.
	1-2-1	35세까지 사이버대학에서 노년학 학사학위를 취득한다.
	1-2-2	34세까지 노인복지관에서 월 1회 2시간 정도 식사 관련 자원봉사활동을 한다.
	2-1-1	25세까지 식품산업체에 취업한다.
	2-1-2	35세까지 외국의 가정배달 식품회사를 관찰/실무 경험한다.
	2-2-1	38세까지 가정배달 식단 개발의 주요 조건/특성을 파악한다.
	2-2-2	40세까지 가정배달 가능 식단 품목을 연구한다.
	2-2-3	43세까지 가정배달 식단 두 가지를 개발한다.

*목표서술 번호체계: (대목표) 1, 2, 3; (중목표) 1-1, 2-1, 3-1; (소목표) 1-1-1, 1-1-2, 2-1-1 등으로 표시함.

〈표 10-2〉의 목표체계 양식에 제시된 내용은 생활의 한 영역(직업·경력)의 목표체계 예시다. 8대 생활영역 모두를 포함하거나 또는 일부만 선택하는 경우는 각 영역별로 표를 만들어 목표체계를 설정해야 할 것이다.

향후 10년 목표도 마찬가지로 생활영역별로 〈표 10-3〉과 같은 양

〈표 10-3〉 향후 10년 목표 서술양식과 예(직업·경력 영역)

연령	목표서술
20	• 생애 경력설계를 완료한다. • 미래사회의 변화와 식품산업의 변화에 대해 집중 탐구한다.
21	• 고령화사회에 대응하는 식품산업에 대해 집중 연구한다. • 노년학 부전공 과목을 이수한다. • 식품 제조/영양 관련 공모전에 참여한다.
22	• 식품제조업체에 인턴십(6개월)을 한다. • 군 복무를 시작한다. • TOEIC 시험 공부를 시작한다.
23	• 군 복무를 완료한다. • TOEIC 시험 공부를 계속한다.
24	• 졸업에 필요한 영양학/노년학(부전공) 과목 이수를 완료한다. • TOEIC 시험에 응시하여 900점 이상 획득한다.
25	• 영양학 학사학위를 취득한다. • 영양사 자격증을 취득한다. • 가정배달과 관련된 식품산업체에 취업한다.
26	• 회사의 사업현황과 중장기 사업계획을 파악한다.
27	• 가정배달 식품제조업 현장을 방문하여 관련 자료를 수집한다. • 노년생물학(전공) 석사과정에 입학한다.
28	• 회사에서의 가정배달 식품개발 가능성을 탐구한다.
29	• 회사의 신상품 개발 프로젝트에 참여한다.

식으로 나타낼 수 있다. 향후 10년 목표는 생활영역별로 목표체계와 연계하여 하나의 세트(set)로 제시할 수 있다. 즉 해당 영역 목표체계 표 바로 다음에 향후 10년 목표 표가 오도록 하는 것이다. 아니면 각 생활영역별 목표체계의 표를 계속 나열한 후에 각 영역별 향후 10년 목표의 표를 나열할 수도 있다.

생애설계 제2단계인 목표설정 단계는 각 생활영역별 목표체계와 향후 10년 목표를 설정하는 것으로 완료되었다고 할 수 있다. 제2단

〈표 10-4〉 당해 연도의 생활영역별 목표 서술 양식

생활영역	OOOO년(OO세) 목표
직업·경력	
학습·자기개발	
건강	
가족·사회관계	
주거	
사회참여·봉사	
여가·영적활동	
재무	

계에서 추가로 각 생활영역의 향후 10년 목표 중 생애설계를 시작하는 당해 연도(현재 연도) 1년 목표를 한눈에 볼 수 있도록 표로 정리해 제시하는 것도 좋다. 이 같은 생활영역별 1년 목표를 종합·정리한 표는 생애설계 제3단계인 시간관리 계획 수립의 첫 단계에서 할 수도 있다.

생활영역별 1년 목표를 한눈에 볼 수 있는 표를 제시하는 것은 목표설정 단계에서는 각 영역별 목표 간 관계를 확인해볼 수 있고, 다음 시간관리 계획 수립단계를 준비한다는 점에서 의미가 있다. 시간관리는 1년 단위로 이루어지기 때문에 당해 연도의 각 영역별 목표를 종합적으로 정리해볼 필요가 있다. 당해 연도(현재 연도) 생활영역별 목표는 〈표 10-4〉와 같은 양식으로 나타낼 수 있다.

8대 생활영역별 생애사명과 생애목표(최종목표)가 연계되어야 하므로 제9장 〈표 9-1〉로 예시한 생애사명과 생애목표의 서술(설정)을 예시해보면 〈표 10-5〉와 같다.

〈표 10-5〉 생활영역별 생애사명과 생애목표(최종) 서술 예

생활영역	생애사명 예	생애목표 예
1. 직업·경력	국민의 가정생활 편의와 영양 증진을 위해 획기적인 식품개발자가 된다.	55세까지 시니어용 가정배달 식사제조업체 운영자의 성공모델이 된다.
2. 학습·자기개발	능력 있고 사회에 쓰임 받는 필요한 존재가 되기 위해 새롭게 배우려고 노력하는 사람이 된다.	30세부터 영양학회활동에 적극 참여하고 2년에 한 편씩 시니어 영양 관련 논문을 발표한다.
3. 건강	신체적 및 정신적 건강 유지를 위해 건강관리에 충실한 사람이 된다.	40세까지 건강관리행동을 습관화하는 모범적인 사람이 된다.
4. 가족·사회관계	가족, 이웃, 지인들을 돌봄의 마음과 태도로 대하는 사람이 된다.	50세까지 배려하는 마음과 태도로 가족과 친지로부터 사랑받고 칭찬받는 사람이 된다.
5. 주거	자신과 가족의 안전과 생활편의를 위해 쾌적하고 충분한 주거 공간(주택)을 확보하는 사람이 된다(확보한다).	40세까지 4인 가족이 생활하기에 충분한 주택을 소유하고 장기요양이 필요한 경우 요양시설에서 생활한다.
6. 사회참여·봉사	새로운 삶을 주신 하나님의 사랑에 감사하여 가진 것을 이웃과 나누며 봉사하는 사람이 된다.	30세까지 매월 4시간 이상 자원봉사활동에 참여하고 수입의 1/10을 기부한다.
7. 여가·영적활동	자신의 신체적·정신적 및 영적 휴식과 즐거움을 위해 일정 시간을 사용하는 사람이 된다.	40세까지 취미활동을 한 가지 이상 개발하고, 여가·종교활동에 주 6시간 이상을 사용하는 사람이 된다.
8. 재무	자신과 가족의 재정적 안정을 위해 충분한 생활자금을 확보하는 사람이 된다.	40세까지 월 생활비의 20%를 여유자금으로 확보한다.

생애설계 제3단계: 생애목표 달성 위한 시간관리 계획 수립

시간관리란 무엇인가?

대부분의 사람들은 시간의 소중함과 가치를 경험을 통하여 잘 알 수 있을 것이다. 우리에게 주어진 일생, 생애주기 기간(청소년기, 청년기, 중년기 등), 10년, 1년, 한 달, 일주일, 하루를 잘 사용하는 것(보내는 것)이 결국 인생의 성공과 행복을 가늠하고 인생의 가치와 의미를 부여하는 중요한 기준이 된다 해도 과언은 아니다.

시간관리(time management)는 '개인생활이나 조직생활에서 목표를 달성하기 위해 주어진 시간의 가치를 최대한 높일 수 있도록 원칙과 기술과 도구 등을 활용하여 행동을 관리하는 것'을 말한다. 넓은 의미로는 주어진 모든 시간을 최선으로 활용하여 최대의 효과를 거둘 수 있도록 노력하는 것을 말한다. 즉 시간관리는 우리 생애 전체의 시간을 기술적으로 관리하는 것이라 할 수 있다. 좁은 의미에서는 사람의 일상생활 가운데 식사, 취침 등과 같은 기본적 생리활동 시간을 제외한 모든 시간을 최선으로 활용하여 최대의 효과를 얻을 수 있도록 노력하는 것을 말한다. 다시 말하면 시간관리는 자기에게 주어진 시간을 어떤 일에 얼마만큼 사용할 것인가에 대하여 미리 계획을 세워 실천하는 것을 의미한다.

시간관리는 시간의 중요성을 잘 알게 해주는 가장 효과적인 방법이기 때문에 개인뿐만 아니라 그 개인과 관계되는 다른 사람들의 생활에도 크게 영향을 끼친다. 자기 시간의 중요성을 잘 알고 있으면 다른 사람들의 시간도 중요함을 잘 알고 다른 사람의 시간을 방해하지 않으면서 효율적 및 효과적으로 잘 사용할 수 있도록 노력하게 된다. 상대방을 생각하는 시간관리는 공동목표를 달성하고 상대방을 배려하고 예의를 지키며 리더십을 발휘하는 데도 크게 도움이 된다.

시간관리는 개인생활에서는 물론 업무 조직, 친목 또는 사회봉사 조직, 시민사회단체, 지역사회와 국가사회의 행정조직 등의 활동에서도 가장 중요한 삶의 기술임에도 불구하고 우리 사회에서는 시간관리를 중요시하여 교육하거나 실천하는 데 관심이 많지 않다. 선진국에서는 이미 60~70년 전부터 시간관리의 중요성을 알고 개인생활과 조직생활에서 가르치고 실천해오고 있는데(Claessens 등, 2007) 우리사회에서는 시간관리가 무엇인지 잘 모르는 사람들이 많다.

시간관리는 시간을 어떻게 사용할 것인가에 대한 계획을 세우는 것과 시간사용 계획을 실천하는 것의 두 가지 측면이 있는데, 이 두 측면 모두 생애설계와 불가분의 관계에 있다. 시간관리에서의 목표설정과 이를 실천하기 위한 시간사용 계획 수립 및 실천은 생애설계에서 생애목표 설정, 목표달성을 위한 시간관리 계획 및 생애설계의 실천에 거의 그대로 적용된다. 여기서는 생애설계의 세 번째 단계인 시간관리 계획의 핵심 내용만 간략히 설명하고, 시간관리에 대한 상세한 설명은

제4편에서 다루기로 한다.

생애설계에서 시간관리는 왜 필요한가?

시간관리는 원래 생애설계를 위해 만들어진 것은 아니지만 생애 전체의 시간을 관리할 뿐만 아니라 목표달성의 핵심적 기술이라는 의미에서 생애설계와는 불가분의 관계다. 100세까지 산다면 생애 시간은 약 88만 시간이 된다. 생애설계는 생애주기 단계(8~9단계)의 시간을 효율적(주어진 시간을 잘 아껴 사용하는 것)이고 효과적(설정한 목표를 잘 달성하는 것)으로 사용하는 것이므로, 생애설계는 일생의 시간에 대한 관리라 할 수 있다.

생애설계는 먼저 생애사명을 확립하고 그다음 그 사명을 실현하기 위해 최종-대-중-소 목표(또는 장기-중기-단기 목표)를 설정하게 된다. 대부분의 목표는 그 범위나 달성 정도에 따라 시간이 걸린다. 계획된 것을 실천만 하면 즉시 달성되는 그런 목표는 없다고 할 수 있다. 목표달성에 걸리는 시간은 바로 생애기간 내의 시간이다. 차이는 있지만 목표달성에는 누구에게나 시간이 걸리고, 그 시간은 단기, 중기, 또는 장기적이다. 또한 아무리 단기목표라 하더라도 적어도 2~3개월은 걸리기 마련이다. 일생의 시간도 하루-일주일-한 달-1년-10년 단위로 지나가므로 이러한 시간 단위에 따라 목표를 설정하는 것이 바람직하다.

시간관리에서 목표는 생애설계의 생애목표를 포함하고 그 목표는 최종-중-대-소 목표의 목표체계로 설정하고 향후 10년 목표는 더 상세하게 1년 단위로 설정해야 한다. 1년 단위 목표는 생애 최종-대-중-소 목표와 향후 10년 목표와 연계되어야 하고, 목표는 시간관리 계획과 실천을 통해 달성된다. 따라서 생애설계의 목표는 시간관리 없이 이루어질 수 없다고 할 수 있다. 1년은 가장 가까운 장래의 시간이기 때문에 개인생활, 가정생활, 조직이나 사업현장의 생활에서도 한 해를 중심으로 목표를 설정하고 이를 달성하려는 계획을 세우는 것이 일반적이다. 따라서 실제로 시간관리는 생애설계의 목표체계와 연계된 1년 단위의 목표를 달성하기 위한 시간사용 계획과 실천이라 할 수 있다.

목표(설정 및 달성)와 시간관리

목표를 다시 한 번 생각해보면 '목표는 달성하고자 하는(성취하고자 하는) 어떤 활동, 행동이나 상태'를 의미한다. 좀 더 쉽게 말하면 만들어내고자 하는 어떤 생산품이나 발명품(물질 또는 서비스), 어떤 지위(직책), 자격, 일정한 금액, 바람직한 행동, 신체적 상태, 마음의 상태, (사회적) 인정 및 평가 등을 말한다. 목표는 달성에 시간이 걸리므로 목표 설정에서 달성 기간이나 달성 시기를 정하는 것이 바람직하다는 것은 앞에서 설명(SMART 원칙)했다.

따라서 최종-대-중-소 목표 달성의 수단이면서 가장 현실적인 방법이 되는 것은 목표체계와 연계된 1년 단위 목표를 설정하는 것이다. 1년 단위 목표는 1개월 단위로, 일주일 단위로, 최종적으로는 하루 단위로 세분화되고 서로 연계되어야 한다. 목표달성을 위한 시간관리는 1년 단위로 하는 것이 가장 효과적이므로 1년 단위의 목표를 생활영역별로 목표설정의 요건(SMART 원칙)에 맞춰 설정해야 하고, 월 단위, 주 단위의 목표도 마찬가지로 설정해야 한다.

시간관리는 목표를 설정하고 그 목표를 달성하기 위한 시간사용 계획과 실천으로 이루어지기 때문에 시간관리를 생애설계의 중요한 수단으로 그리고 생애설계의 중요한 단계로 활용하는 것은 논리적이고 실용적이다. 따라서 시간관리의 핵심 요소인 목표는 생애사명 실현, 생애목표 설정, 생애주기 발달과업 수행, 조직업무나 개인 사업과 연계되어야 한다.

목표달성에는 왜 시간관리가 필요한가는 지금까지의 설명을 통해 짐작할 수 있었겠지만 명확히 정리해보면 다음과 같다. 첫째, 시간관리는 목표를 달성하기 위한 수단이기 때문이다. 시간관리는 목표를 이루어내기 위해 시간을 효율적이고 효과적으로 잘 사용하는 원칙과 기술의 적용이기 때문에 목표를 설정하지 않고 시간관리를 한다는 것은 의미가 없다. 둘째, 목표달성에 걸리는 시간을 효율적이고 효과적으로 통제하기 위함이다. 목표달성에는 시간이 걸리기 때문에 가능하면 주어진 시간을 절약하여 효과적으로 사용함으로써 목표를 정해진 시간 내에 달성하는 것이 바람직하다. 셋째, 여러 가지 목표를 달성하기 위해 주어진 시간을 각각의 목표달성에 잘 배정하기 위함이다. 생애설계는 생활영역별로 목표를 설정하고 또한 영역별 목표를 이루어내기 위해 여러 가지 하위목표를 설정하기 때문에 1년, 한 달, 일주일, 하루 단위의 주어진 시간 동안 여러 목표의 달성에 필요한 시간 배정의 우선순위를 정하여 시간을 사용할 필요가 있다.

시간관리의 원칙과 기술

우리는 살아오면서 각자의 경험과 시행착오를 통해 시간을 관리하는 원칙이나 기술을 나름대로 가지고 있다. 그런데 개인 나름대로의 시간관리 원칙이나 기술은 효과성과 공통성이 부족하다. 사실 우리에게 주어진 1년이라는 물리적 시간(시계나 달력으로 계산한 시간)은 누구에게나 같고 주어진 시간의 길이를 변경할 수 없다. 다만 우리가 변경할 수 있는 것은 1년, 한 달, 일주일, 하루의 시간을 사용하는 방법 또는 주어진 시간에 의미를 부여하는 것이다.

시간관리에는 공통적으로 통하는 효과적인 원칙이 있다. 가장 중요한 원칙은 시간사용의 우선순위를 정하는 것이다. 시간은 제한되어 있고, 목표나 해야 할 일이 많을 경우 어느 것을 먼저 하고 어느 정도의 시간을 배정해야 할 것인가는 선택과 결정의 사항이다. 시간관리에서 널리 인정되고 있는 시간사용 우선순위 결정의 원칙은 다음과 같다.

시간사용의 우선순위 결정에는 고려해야 할 두 가지 축이 있다. 하나의 축은 긴급성 정도인데 하려는 활동이나 일이 얼마나 긴급한가다. 긴급성 정도는 연속선상에서 여러 정도로 구분할 수 있지만 크게 '긴급함'과 '긴급하지 않음'으로 구분할 수 있다. 다른 하나의 축은 하려는 활동이나 일이 얼마나 중요한가인데 크게 '중요함'과 '중요하지 않음'의 두 가지로 구분할 수 있다. 긴급성과 중요성 여부는 결국 개인적으로 선택하고 결정해야 할 사항이므로 생애목표, 생애주기 단계 발달과업, 조직의 업무를 고려하여 결정해야 할 사항이다.

활동이나 일의 긴급성 축의 두 가지 측면과 중요성 축의 두 가지 측면을 교차시키면 네 가지 측면이 된다. 즉 '긴급하고 중요한 것(A)',

'긴급하지 않지만 중요한 것(B)', '긴급하지만 중요하지 않은 것(C)', '긴급하지도 중요하지도 않은 것(D)'이다(이를 '시간관리 우선순위 결정 매트릭스'라 함). 이 네 가지 측면과 해당하는 활동이나 일의 예를 나타내면 〈그림 11-1〉과 같다.

일이나 활동을 이 네 가지 측면으로 구분하여 우선순위를 정하는 것이다. A를 제일 먼저 하고, 그다음에 B를, 그다음에 C를 하는 것이다. D는 긴급하지도 중요하지도 않은 것이기 때문에 일단 우선순위에서 제외하고 A, B, C로만 분류하여 우선순위를 정한다. D는 시간

	긴급함	긴급하지 않음
	A	B
중요함	• 위기 • 급박한 문제 • 마감시간 임박한 프로젝트 • 회의, 회의 준비 * 여기에 해당하는 일은 그 일이 일어나는 대로 처리해야 함	• 예방 • 생산능력 활동(역량 강화) • 기획 • 인간관계 구축 • 재충전(레크리에이션) * 여기에 해당하는 일은 목표 달성과 성공에 필수적인 것임
	C	D
중요하지 않음	• 중간의 불필요한 방해물, 중요하지 않은 전화 • 일부 우편물·보고서 • 일부 회의 • 인기 있는 활동 • 다른 사람의 사소한 급한 일 * 여기에 해당하는 일은 짧게 줄이거나 거절하거나 시간 남으면 할 것	• 하찮은 일 • 일부 전화 • 피하고 싶은 활동 • 관계없는 우편물 • 과도한 TV 시청, 인터넷 • 즐거운 활동 * 여기에 해당하는 일은 피할 것

〈그림 11-1〉 시간사용 우선순위 결정 매트릭스

이 남는 경우에 할 수 있는 활동이나 일이기 때문에 굳이 우선순위에 넣을 필요는 없다. 따라서 시간사용 우선순위는 A → B → C(간단히 ABC라 함)로만 구분하면 된다.

이와 같은 ABC 시간사용 우선순위 결정방법은 현재 가장 널리 알려져 있고 시간관리에서 가장 많이 활용되고 있지만 자칫하면 자신을 시간에 너무 얽매이게 할 수도 있다. 우선순위대로 하면 A에 시간을 훨씬 많이 배정하게 된다. 가능하면 B에 많은 시간을 배정하도록 노력하는 것이 바람직하다. B에 많은 시간(20% 정도)을 배정하면 A에 치중하여 시간에 쫓기는 것을 예방하고 결과적으로는 인간관계를 유지/증진시키고 생산성도 높일 수 있다(Covey, 1989).

시간사용 우선순위(ABC) 적용은 주간 단위로 한다

시간사용 우선순위 ABC를 적용할 수 있는 시간단위는 1년, 분기, 한 달, 일주일, 하루가 될 수 있지만 실제 가장 효과적으로 적용할 수 있는 시간단위는 7일간의 하루하루가 연결된 일주일 단위의 시간이라 할 수 있다. 그 이상은 상당히 긴 시간이기 때문에 A를 완료한 다음 B를, B를 완료한 다음 C를 한다는 것이 실제로는 매우 어렵다. A를 하루나 일주일 만에 다 할 수도, 못할 수도 있다. 또한 급하지는 않지만 중요한 회의를 미룰 수 있고, 긴급하지만 중요하지 않은 일도 일주일 정도는 미룰 수 있지만 그 이상은 미루기 곤란할 것이다. 그리고 현대의 개인생활, 조직생할 또는 개인 사업 활동도 하루 단위보다는 일주일 단위로 이루어지고 있는 것이 일반적이다. 매일 반복하는 개인생활 유지활동(식사 등), 10~20분 정도의 휴식, 이메일(email) 체크, 보고서 체크, 업무보고, 연구/조사활동 등을 제외한 활동은 요일 단위(월, 화, 수요일 등)로 이루어지고 있다. 실제로 날짜 중심(13, 14, 15일 등)보다 요일 중심으로 시간을 정하는 경우가 많은 것은 우리 삶이 주간 단위로 이루어지고 있음을 잘 나타내고 있다.

일상적인 삶이 주간 단위로 이루어지고 있기 때문에 시간사용 계획도 하루 단위보다도 주간 단위로 세우기 쉽게 수첩이나 다이어리도 일주일 단위로 구성되어 있는 경우가 많고 필자가 즐겨 사용하고 있는 주간 단위 다이어리(주간 시간관리 계획표) 양식은 〈표 11-1〉과 같다. 시중에서 판매하고 있는 '프랭클린 다이어리'는 이 표와 거의 비슷한 양식의 주간 시간관리 계획표를 포함하고 있다.

〈표 11-1〉 주간 단위 다이어리의 예

<table>
<tr><td colspan="5">3월</td><td>일/요일</td><td>v</td><td>ABC</td><td>시간</td><td>활동</td></tr>
<tr><td colspan="5">주간목표</td><td rowspan="2">7/목</td><td rowspan="2"></td><td rowspan="2"></td><td rowspan="2"></td><td rowspan="2"></td></tr>
<tr><td>일/요일</td><td>v</td><td>ABC</td><td>시간</td><td>활동</td></tr>
<tr><td>4/월</td><td></td><td></td><td></td><td></td><td>8/금</td><td></td><td></td><td></td><td></td></tr>
<tr><td>5/화</td><td></td><td></td><td></td><td></td><td>9/토</td><td></td><td></td><td></td><td></td></tr>
<tr><td>6/수</td><td></td><td></td><td></td><td></td><td>10/일</td><td></td><td></td><td></td><td></td></tr>
</table>

시간관리의 도구

1. 생애설계와 연계된 시간관리 도구

대표적인 시간관리 도구는 포켓용 수첩, 다이어리, 전자장치인 앱(Application: App.)이 있다. 포켓용 수첩이나 앱은 시간관리를 제대로 할 수 있는 도구로는 부족한 점이 많다.

휴대하기에 약간 불편은 있지만 다이어리 형태가 가장 효과적이다. 시간관리에 초점을 둔 다이어리로 널리 알려진 프랭클린 다이어리는 생애설계의 절차로서의 시간관리용으로 사용하기에는 약간 부족한 점이 있으나 현재로서는 생애설계의 시간관리 도구로 사용할 수 있다.

생애설계에서 시간관리 계획은 생애사명 확립과 생애목표 설정 단계를 거친 후에 이루어지는 것이므로 이전 두 단계를 거친 결과물과 연계하는 것은 당연하다. 따라서 여기서는 생애사명, 생애 최종목표, 생애목표 체계, 향후 10년 목표 및 당해 연도(현재 연도) 1년 목표 설정의 결과물을 같이 제시하면서 적절한 시간관리 도구 양식을 제시하고자 한다.

1) 생애사명(서)

시간관리 다이어리에 생활영역별 생애사명을 요약 정리한 사명서 표를 포함시키는 것이 바람직하다(〈표 11-2〉 참조).

〈표 11-2〉 생애사명(서) 서술 양식

생활영역	생애사명
직업·경력	
학습·자기개발	
건강	
가족·사회관계	
주거	
사회참여·봉사	
여가·영적활동	
재무	

2) 생애 최종목표

시간관리 다이어리에 생애사명을 실현한 것으로 볼 수 있는 생활영역별 생애 최종목표의 표를 생애사명서와 같이 포함시키는 것이 바람직하다(〈표 11-3〉 참조).

〈표 11-3〉 생애 최종목표 서술 양식

생활영역	생애 최종목표
직업·경력	
학습·자기개발	
건강	
가족·사회관계	
주거	
사회참여·봉사	
여가·영적활동	
재무	

3) 목표체계 및 향후 10년 목표

제10장의 목표설정 단계에서는 최종목표와 최종목표에 도달하기 위한 중간목표(수단적 목표 또는 대-중-소 목표)로 구성된 목표체계에 따라 목표를 설정하고, 향후 10년 목표를 설정하는 것이 핵심 내용이었다. 시간관리를 위해 생활 각 영역별 목표체계와 향후 10년 목표를 서술하는 표(제10장의 〈표 10-2〉, 〈표 10-3〉)를 다이어리에 같이 포함시키는 것이 바람직하다.

4) 향후 10년 목표와 1년 단위(현재 연도) 목표

시간관리는 실제 1년 단위로 하기 때문에 향후 10년 목표 중 현재 연도 목표는 생활영역별로 세분화하여 더 상세히 설정해야 한다. 즉 1년 단위 시간관리는 1년 목표를 한눈에 볼 수 있도록 정리하는 것부터 시작해야 한다. 이 1년 목표에는 목표체계에 포함되지 못한 더 상세한 세부목표를 설정할 수 있다. 향후 10년 목표는 한 해가 지나가면 다시 10년째 해의 목표를 매년 추가하여 항상 10년 목표를 유지할 필요가 있다. 현재 연도 시간관리를 위해 1년 목표는 필요하면 매년 수정하면서 세부적으로 설정해나갈 수 있다.

생애설계 제2단계(제10장)의 마지막 부분에 목표체계와 향후 10년 목표설정에 추가하여 10년 목표 중 현재 연도 1년 목표를 생활영역별로 종합적으로 정리해보는 절차를 추가로 설명했다. 제2단계에서 현재 연도 1년간 목표를 정리하지 못한 경우는 시간관리를 위해 반드시 현재 연도 목표를 생활영역별로 종합·정리한 표를 만들어야 한다. 당해 연도 1년 목표의 서술 양식은 제10장의 〈표 10-4〉를 활용하면 될 것이다.

5) 한눈에 보는 연간 시간관리 계획표

1년 목표와 관련하여 1년 계획을 한눈에 볼 수 있도록 〈표 11-4〉와 같은 양식을 다이어리에 포함시키는 것도 바람직하다. 이 연간 시간관리 계획표는 한눈에 볼 수 있도록 작성된 것이므로 기록공간이 제한되어 주요 일자별로 월간, 주간 및 일일 목표와 주요 사항 한두 가

〈표 11-4〉 한눈에 보는 연간 시간관리 계획표 양식

______년 연간 시간관리 계획표												
일자	1월	2월	3월	4월	5월	6월	7월	8월	9월	10월	11월	12월
1												
2												
3												
4												
5												
6												
7												
8												
9												
10												
11												
12												
13												
14												
15												
16												
17												
18												
19												
20												
21												
22												
23												
24												
25												
26												
27												
28												
29												
30												
31												

지 정도만 기록할 수밖에 없다. 좀 더 상세한 기록공간이 필요하면 큰 용지에 그리거나 프린트하여 벽에 붙여놓거나 책상 위에 비치할 수도 있다.

6) 월간목표 및 월간 시간관리 계획

현재 연도 1년 목표는 다시 월간목표로 세분화해야 하고, 월간 시간관리 계획표에는 월간목표와 주요 계획사항을 표시해야 한다(〈표 11-5〉 참조). 월간목표는 12개월(또는 해당 연도 남은 개월 수)로 구분하여 설정하고 계획하는 시점에서 미리 12개월(또는 1년 중 남은 개월)의 목표를 설정하고 각 월간 시간관리 계획표는 새달 시작 전에 작성하도록 한다.

〈표 11-5〉 월간목표와 시간관리 계획표 양식

OOOO년 O월							
월간 목표	일	월	화	수	목	금	토
		1	2	3	4	5	6
	7	8	9	10	11	12	13
	14	15	16	17	18	19	20
	21	22	23	24	25	26	27
	28	29	30	31			

7) 주간목표 및 주간 시간관리 계획

월간목표와 다른 계획사항에 따라 주간목표와 계획사항을 기록·표시할 수 있는 주간목표와 시간관리 계획표는 〈표 11-6〉과 같다. 한 달의 4주간 목표는 새달 시작 전에 정하고, 주간 시간관리 계획표는 해당 주간 바로 전 주에 작성하는 것이 현실적이다. 1년 계획을 세우는 한 시점에서 1년 52주의 목표를 포함하는 주간 시간관리 계획표를 작성하기는 사실상 어렵기 때문이다. 특히 주간 시간관리 계획표에는 시간사용 우선순위를 정하는 난(ABC)과 해당 계획사항 실천 여부 표시란(∨)도 설정해야 한다.

〈표 11-6〉 주간목표와 시간관리 계획표 양식

<table>
<tr><td colspan="10">OOOO년 O월 첫 주</td></tr>
<tr><td colspan="5" rowspan="2">주간목표</td><td rowspan="2">4
목</td><td>v</td><td>ABC</td><td>시간</td><td>활동</td></tr>
<tr><td></td><td></td><td></td><td></td></tr>
<tr><td rowspan="2">1
월</td><td>v</td><td>ABC</td><td>시간</td><td>활동</td><td rowspan="2">5
금</td><td rowspan="2"></td><td rowspan="2"></td><td rowspan="2"></td><td rowspan="2"></td></tr>
<tr><td></td><td></td><td></td><td></td></tr>
<tr><td>2
화</td><td></td><td></td><td></td><td></td><td>6
토</td><td></td><td></td><td></td><td></td></tr>
<tr><td>3
수</td><td></td><td></td><td></td><td></td><td>7
일</td><td></td><td></td><td></td><td></td></tr>
</table>

생애사명-생애목표-시간관리 계획의 연계

생애설계 절차의 (1) 생애사명 확립, (2) 생애목표 설정 및 (3) 시간관리 계획 수립이 연계되는 것을 예시하면 〈그림 11-2〉와 같다. 사실 주간 시간관리 계획표는 이미 설정된 월간목표 달성계획을 실천하는 과정에서, 그리고 월간목표를 달성하기 위한 주간목표를 설정하고 목표달성 계획을 실천해나가는 과정에서 작성되는 것이다. 따라서 목표달성을 위한 시간관리 계획은 단순한 계획만이 아니고 목표설정 단계의 일부 및 실천단계의 일부도 포함하고 있다. 이런 의미에서 생애설계에서 시간관리 계획은 중요한 생애설계의 단계이며 동시에 실천의 주요한 수단(도구)이 되기도 한다.

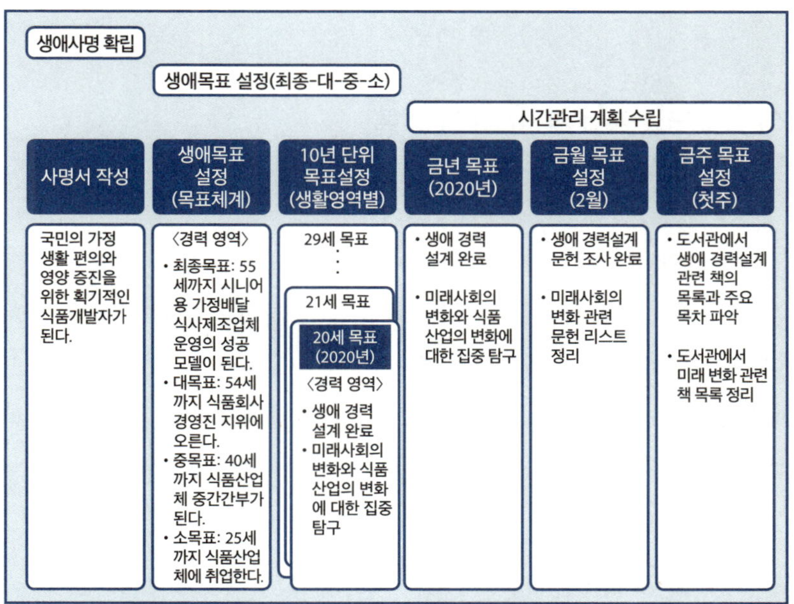

〈그림 11-2〉 생애사명-생애목표 설정-시간관리 계획 수립의 연계

생애설계 다이어리

현재 직장에서 제공하거나 시중에서 판매되고 있는 다이어리로서 생애설계를 기본으로 하는 생애설계용 다이어리(생애설계 다이어리)는 없는 것 같다. 앞에서 말한 생애사명, 생애목표, 생활영역별 목표체계와 향후 10년 목표 및 생활영역별 1년 단위 목표의 양식을 포함한 생애설계 다이어리는 현재로서는 없지만 앞에서 말한 프랭클린 다이어리를 대신 활용할 수 있다. 프랭클린 다이어리 외 기존 다이어리를 사용할 수밖에 없다면 다음과 같이 할 수 있다. 생애사명(서), 생애 최종목표, 생활영역별 목표체계, 향후 10년 목표 및 생활영역별 연간목표는 별도로 작성하여 다이어리에 첨부하고, 연간 시간관리 계획표, 월간 및 주간 시간관리 계획표는 기존 다이어리의 란을 수정·보완할 수 있다.

시간관리 계획에 휴식시간을 반드시 포함시켜라

시간관리의 시간관리 계획표 작성에서 반드시 빠뜨리지 말아야 할 것은 휴식시간 계획이다. 자신의 신체적 및 심리적 상태와 특성에 따라 다를 수 있지만 주간 시간관리 계획에 반드시 휴식시간과 휴식방법을 포함시키는 것을 잊어서는 안 될 것이다. 휴식을 하는 것은 일주일을 다시 살아가는 데 필요한 에너지를 재충전(재창조의 에너지 보충)하는 기회가 된다.

12

생애설계 제4단계: 생애설계 실천·평가·수정

생애설계의 결과물(나의 생애설계서)

생애설계에서 (1) 생애사명(인생의 꿈) 확립, (2) 생애목표 설정, (3) 목표달성을 위한 시간관리 계획 수립의 절차를 거치면 생애설계의 결과물이 나오게 된다. 이 결과물은 '나의 생애설계서'라 할 수 있다. 그런데 생애설계서를 작성하는 일정한 양식은 없다. 생애설계서를 남에게 보여줄 것이 아니기 때문에 설계자 자신이 잘 알 수 있으면 어떤 양식이나 형태든 상관없을 것이다. 손글씨로 작성할 수도 있고, 워드프로세서로 작성하여 컴퓨터에 저장해놓거나 그것을 프린트해 별도로 비치해놓거나 일반 다이어리에 첨부할 수도 있다.

시간관리 도구인 다이어리가 생애설계용 다이어리인 경우는 생애설계의 결과물을 요약해서 기록할 수 있는 양식이 있어 활용하기 편하다. 예를 들면 한국생애설계협회에서 발간한 생애설계 다이어리는 생애설계서와 시간관리 도구를 겸한 것이어서 사용하기 편리하다.

1

생애사명(서)	
영역	사명
직업·경력	
학습·자기개발	
건강	
가족·사회관계	
주거	
사회참여·봉사	
여가·영적활동	
재무	

2

생애목표체계 (최종-대-중-소 목표)	
영역	목표
직업/경력	
학습·자기개발	
건강	
가족·사회관계	
주거	
사회참여·봉사	
여가·영적활동	
재무	

3

향후 10년 목표 (금년 포함 각연도별)	
영역	목표
직업·경력	
학습·자기개발	
건강	
가족·사회관계	
주거	
사회참여·봉사	
여가·영적활동	
재무	

4

금년 목표	
영역	목표
직업·경력	
학습·자기개발	
건강	
가족·사회관계	
주거	
사회참여·봉사	
여가·영적활동	
재무	

① 생애사명 확립 단계(❶)·② 생애목표 설정 단계(❷❸❹)

5

월간 시간관리 계획 (금년 1년간)	
월	영역별 목표
1월	
2월	
3월	
4월	
5월	
6월	
7월	
8월	
9월	
10월	
11월	
12월	

6

주간 시간관리 계획 (금년 1년간)	
요일	목표
월	
화	
수	
목	
금	
토	
일	

③ 시간관리 계획 수립 단계(❹❺❻)

〈그림 12-1〉 생애설계 결과물 요약 양식

어쨌든 3단계까지 절차를 거쳐 나온 생애설계서는 상세하게 서술할 수도 있지만 간단·명료하게 정리하면 〈그림 12-1〉과 같은 양식이 될 수 있다. 한국생애설계협회의 생애설계 다이어리를 사용하는 경우 ①~④까지 양식은 다이어리에 포함되어 있고 ⑤와 ⑥의 양식은 다이어리 본문에 포함되어 있다. 일반 다이어리를 사용하는 경우에 없는 양식은 별도로 작성하여 다이어리에 첨부할 수 있다.

생애설계에서 현재 연도(1년 단위) 목표는 목표설정 단계에도 포함되지만 1년 단위로 이루어지는 시간관리 계획 단계에도 포함된다. 그리고 실제 생애설계의 제3단계에서 1년의 월간목표까지는 작성이 가능하지만 주간목표까지 소상하게 작성하기는 어렵다. 1년 단위 목표가 정해지면 실제 시간관리를 실천하는 단계에서 생애설계 다이어리를 사용하게 되면 생애사명-생애목표-시간관리 계획 및 1년 단위 목표까지 상세히 정리하여 기록할 수 있기 때문에 매우 편리하다. 생애설계는 하루, 일주일, 한 달, 1년이라는 내 삶의 시간 단위 속에서 실천하는 것이 되어야 하므로 시간관리 계획 도구이고 또한 실천 도구이기도 한 다이어리를 생애설계와 연계하여 사용하는 것은 가장 효과적인 생애설계 실천 방법 중 하나라 할 수 있다.

생애설계 실천전략

아무리 좋은 계획(서)도 그것을 실천하지 못하면 그 계획 과정과 결과는 무용지물이 되고 말 것이다. 생애설계 역시 여러 단계를 거치고 시간을 많이 들여 작성한 자기 삶에 대한 진솔한 계획이지만 그것이 현재의 내 삶을 변화시키도록 실천하지 못하면 그 생애설계는 쓸모가 없게 되고 만다.

생애설계를 잘 실천할 수 있는 왕도는 없다. 그렇지만 생애설계 실천에 주요 장애요인이 될 수 있는 것을 확인하여 이를 극복하는 것은 생애설계 실천의 가장 효과적인 전략이 될 수 있다. 따라서 시간을 들이고 고심하여 작성한 생애설계를 실천행동으로 옮기는 데 장애가 될 수 있는 요인들을 해결하거나 극복하는 것이 실제 중요한 실천전략이 될 수 있다. 여기서는 실천 장애요인 극복이라는 면에서 생애설계 실천전략을 제시해보기로 한다.

1. 자신의 생애설계(결과물)를 신뢰하라

자신이 정성을 들이고 노력하여 만들어낸 생애설계의 결과물은 자신의 삶에 대한 진솔한 계획이다. 그 생애설계를 제대로 된 것이라고 믿지 못하면 그대로 실천하기가 어려울 것이다. 생애설계는 연습 삼아 해볼 수는 있지만 실천을 전제로 한 생애설계서는 생각 없이 장난삼아 만들어서는 안 될 것이다. 자신의 생애설계서는 스스로 최선의 노력을 다한 결과라고 믿을 수 있도록 만들어야 한다. 철학자 존 롤스(John Rawls)가 말했듯이 생애설계는 자신이 어떤 존재인가를 나타내는 것이고 또한 자신이 하고자 하는 것을 나타내는 것이기에 진솔하고 심각하게 고민하여 만들어야 하고 그렇게 만들어진 생애설계라면 신뢰해야 하는 것이 당연하다. 계획 그 자체는 심각하게 고민하고 많은 시간을 들여도 완벽하게 만들어내기 어렵다. 계획이 실제 상황에서 차질을 가져올 수 있다는 것은 상식적으로 알 수 있다. 차질이 생기는 것이 두려워 계획을 세우지 못하는 것은 어리석은 일이다. 자신의 삶에 대해 진솔하게 세워놓은 계획을 스스로 믿지 못한다면 스스로 자신을 부정하는 것이 되고 말 것이다. 따라서 자신이 만든 생애설계는 확실히 신뢰하고 계획대로 할 수 있다는 자신감을 가지고 실천행동에 들어가야 할 것이다.

2. 전체 생활영역의 실천이 부담되면 일부만 선택하여 실천하라

생애설계는 가능하면 8대 생활영역 모두에 대해 설계하고 각 영역의 실천에 적절한 시간, 에너지, 비용을 투입할 필요가 있다. 생애설계에서 왜 다양한 삶의 영역을 생각해야 하는지는 제9장(생애사명 확립)에서 설명했다. 그러나 삶의 다양한 영역을 다 포함시켜 설계했으나 모두를 실천하는 것이 크게 부담되면 자신이 중요시하거나 필요하다고 생각하는 몇 가지 영역만 선택하여 실천할 수도 있다. 그리고 후에 필요하면 제외된 다른 영역을 추가로 실천할 수 있다. 따라서 생활영역 모두를 포함하는 것 때문에 부담을 느낄 필요 없이 일차적으로 선택한 영역을 중심으로 실천하면 된다.

3. 시간관리 연습(습관화) 후에 생애설계를 실천하라

제4편에서 자세히 설명하겠지만 시간관리가 습관화되어 있지 않으면 생애설계를 실천하기 어려울 수 있다. 지금까지 생애설계를 이야기하는 사람들은 물론 은퇴설계, 노후설계, 경력설계 등을 이야기하는 사람들도 어떻게 설계할 것인가에 대한 원칙과 방법을 제시하지 못하고, 실천의 중요성을 강조하지 않은 경우도 많다. 실천을 강조하는 경우에도 시간관리를 통해서 실천하는 것을 생각하지 못하는 경우가 대부분이다. 시간관리는 1년 단위의 시간에 생애목표와 직간접적으로

연계된 목표(소목표 또는 단기목표)를 달성하기 위해 시간을 가장 효율적이고 효과적으로 사용하는 방법이다. 따라서 시간관리 방법과 행동이 습관화되어 있지 못하면 실천의 첫 시도가 어렵게 되거나 실패할 확률이 많아 실천을 주저하거나 중도에 포기할 가능성도 있다.

시간관리는 일정기간 동안(짧게는 3~4주에서 길게는 2~3개월) 연습과 훈련을 통해 습관화해야 한다. 자신에게 습관화되지 않은 행동을 해야 하는 경우에는 잘할 수 있을지에 대한 불안감이나 실패의 두려움도 있기 때문에 생애설계 실천을 주저할 수 있다. 그러므로 제대로 된 절차와 과정을 통해 시간관리를 습관화한 후에 본격적으로 생애설계를 실천할 필요가 있다. 시간관리 습관화를 위한 연습/훈련 기간에는 생애설계의 여러 영역 중 한 영역이나 아니면 여러 영역에서 한두 가지의 목표만 선택하여 목표달성의 시간관리 계획을 수립해보는 것도 좋다. 용기가 있다면 시간관리 연습 없이 바로 생애설계 전 영역에 걸쳐 시작해볼 수 있다. 처음 몇 개월까지는 생애설계 실천 연습과 시간관리 습관화도 같이 겸해 볼 수도 있기 때문이다. 그러나 시간이 좀 걸리더라도 시간관리 연습을 통해 습관화한 후에 생애설계를 실천하는 것이 효과적이다.

4. 미래에 대한 막연한 불안·불확실성을 걱정하지 말라

누구나 미래에 대한 불안과 불확실성을 가지고 있고, 자신의 계획이 그대로 실천될 수 있을 것인가에 대해서도 불안해할 수 있다. 계획을 세우는 가장 큰 목적은 미래에 대한 불안과 불확실성을 줄이기 위함이다. 삶은 얼마든지 계획대로 실천되지 않을 수 있다. 그렇다고 해서 계획을 세우지 않는 것은 어리석은 짓이고, 자신이 세운 계획을 실천하지 않는 것은 더욱 어리석은 짓이다.

미래사회는 변화가 심할 것이기 때문에 생애설계는 별로 의미가 없다고 주장하는 철학자도 있다(Heyd & Miller, 2010). 계획과 관련하여 계획대로 실천되었는지 그리고 어느 정도 계획대로 실천되었는지에 대한 정확한 통계적 분석연구는 없다. 하지만 계획을 세워 실천하는 것이 계획 없이 닥치는 대로 즉석에서 대처하는 것보다 훨씬 더 효과적이고 좋은 결과를 가져온다는 것은 모두 경험으로도 잘 알 수 있기 때문에 일상적인 일이 아닌 것은 계획을 세워 실천해야 한다. 미래의 불안과 불확실성을 줄이기 위해 계획을 세우는 것(기획을 하는 것)인데 자신이 세운 계획에 대해 다시 불안해하거나 불확실하게 생각하여 생애설계의 실천을 주저하는 것은 자기모순에 빠지는 것이다. 그러므로 자신이 세운 계획은 불안과 불확실성을 줄이기 위한 최선의 방법이라는 확신을 가지고 과감하게 실천해가는 것이 현명하다.

5. 실패의 두려움에서 벗어나라

생애설계는 자기 삶에 대한 최선의 진솔한 계획이기 때문에 실패에 대한 두려움이 더 클 수 있으며, 실패하게 되면 자존심까지 상할 수도 있다. 하지만 생애설계 1년간의 계획을 시간관리를 통해 실천하는 데 완전히 실패했다 하더라도 1년간의 실패일 뿐 생애설계의 실천 전체를 실패한 것은 아니다. 또한 시간관리는 중간에 실천 결과를 평가하기 때문에 1년 내내 실패하는 경우는 거의 없다. 아울러 많은 경우 시행착오를 통해 값진 교훈을 얻을 수 있기 때문에 실패는 완전히 실패로 끝나버리고 마는 것은 아니다. 실패는 성공의 어머니다. 따라서 실패를 두려워하여 시작을 주저하는 것은 현명한 행동이 못 된다.

6. 의지력을 강화하라

생애설계 실천의 가장 큰 장애는 의지력의 부족이라 할 수 있다. 사람들은 계획한 대로 활동하거나 행동하고자 하는 의지력이 부족한 경우가 많다. 일단 시작해도 한두 번 해보고 중단하거나, 몇 번 빠졌다고 그만두거나, 시도해보고 잘 안 된다고 쉽게 포기하거나, 자존심 상한다고, 시간이 많이 걸린다고 중단하는 등 의지력 부족으로 실천하지 못한 계획은 부지기수다. 조직 업무나 개인 사업과는 달리 개인생활에서 계획은 의지력 부족으로 실천에 실패하는 경우가 많다. 동기는 의지력을 강화시킨다. 목표(최종목표나 중간목표)를 달성했을 때의 기쁨, 자랑, 성취감을 상상하면 실천 의지가 강화될 수 있다.

7. 인내심·도전정신을 함양하라

생애설계에서 생활영역별 목표(최종-대-중-소 목표)를 노력 없이 짧은 시간 내에 쉽게 달성할 수 있는 경우는 드물고, 오히려 달성이 어렵고 시간이 많이 걸리는 경우가 훨씬 많다. 목표를 잘 설정했더라도 현실적으로 여러 가지 여건이 맞지 않아 달성되지 못할 수도 있고, 생각보다 시간이 많이 걸릴 수도 있다. 생애설계를 일단 실천하기 시작했다 해도 이러한 어려움 때문에 용기를 잃거나 좌절하고 포기하는 경우도 있다. 조직이나 개인의 사업계획도 실천하는 데 많은 어려움이 있는 것처럼 개인의 생애설계 실천은 더욱 어려울 수 있고 계획대로 잘 안 되는 경우가 더 많을 수 있다. 최선을 다해 만들어낸 생애설계의 생애목표 달성을 쉽게 포기하는 것은 생애설계자인 자신과의 싸움에서 지는 것이 되고 자존심 상하는 일이 아닐 수 없다. 생애설계 실천에 대한 결심은 자신과의 약속이다. 자신과의 약속을 지키고 자신과의 싸움에서 이겨야 한다는 생각은 인내심과 도전정신을 함양하고 나아가서는 실천에 대한 의지력을 강화해준다. 목표달성에 일부 실패하더라도 도전정신을 발휘하여 재시도하고 끝까지 하겠다는 결심으로 끊임없이 노력하는 정신이 필요하다. 요컨대 생애설계 실천에서는 앞에서 말한 강한 의지력과 인내심 그리고 도전정신이 가장 중요한 요소다.

8. 가족과 주위 사람들의 지지를 확보하라

생애설계의 생애목표 달성을 위해 가족, 조직이나 사업상 동료나 친구 등의 도움이 필요하면 요청할 수 있고, 때로는 이들로부터 위로도 받고 용기도 얻을 수 있기 때문에 상대방을 방해하지 않는 한 적극 활용하는 것도 효과적이다. 특히 나쁜 습관이나 태도를 개선하거나 바라는 행동을 배우고 익히려는 경우 가족과 주위 사람들에게 자신의 감시자가 되어 제대로 하지 않으면 지적해주도록 부탁할 수도 있다. 예를 들면 금연하고자 하는 경우 담배를 피우는 것을 주위 사람들이 보고 지적하면 벌금을 내겠다고 약속하여 자신의 금연행동을 통제하고 강화시킬 수도 있다. 또한 바라는 행동이나 태도를 발전시키려는 경우 주위 사람들에게 지지자가 되도록 부탁할 수도 있다. 그리고 학교 친구나 직장 동료, 사회활동 동료끼리 같이 생애설계를 하고 실천하는 경우 정기적으로 모여 의견을 나누고 평가하면서 서로 실천을 격려하고 약속이행의 감시자가 될 수도 있다.

9. 경우에 따라 목표달성 정도의 만족감을 조정하라

목표달성에서 단기간에 목표를 너무 높이 설정하면 몇 번 시도해보다가 횟수를 채우지 못하거나 몇 번 빼먹다가 포기해버리기 쉽다. '작심불과 삼일'이라는 말이 이런 경우 때문에 나온 말일 수도 있다. 예를 들면 새해부터 주 5일 아침 5시에 일어나 1시간 동안 운동하는 것을 목표로 삼는 경우 처음 하루나 이틀은 잘할 수 있다. 하지만 3일째 되는 날에 늦게 일어나 30분밖에 운동하지 못하거나 너무 졸려 운동을 못하는 등 일주일에 두 번밖에 제대로 하지 못하게 되면 아예 포기하기 쉽다. 그러한 경우가 너무 흔하기 때문에 처음부터 목표를 주 5일 운동으로 정하는 것은 무리일 수 있다. 따라서 첫 주는 2일, 둘째 주는 3일, 셋째 주는 4일, 넷째 주는 5일로 점차 목표 일수를 늘여가는 식으로 전략을 짜는 것이 효과적이다. 그리고 중간에 한두 번 빠지게 되면 쉽게 포기하는 경우가 많은데 몇 번 빠져도 계속하면 결국 목표를 효과적으로 달성할 수 있다.

필자의 경우에도 주 5일 아침 5시부터 1시간 이상 운동 습관을 들이는 데 여러 번의 중단, 다시 시행 등을 반복하면서 운동 날짜를 계속 늘려 현재는 주 5일 운동이 습관화되었다. 이렇게 주 5일 아침 5시부터 1시간 이상 운동을 습관화하는 데 거의 10년이란 시간이 걸렸다. 목표달성이 미진하고 불규칙적이더라도 지속하면서 운동을 하고 있다는 것에 만족하고 목표수준을 계속 높여서 바라는 목표 수준에 도달하는 것도 효과적인 전략이 될 수 있다.

10. 목표를 자주 눈으로 보면서 자기최면을 강화하라

우리는 일반적으로 구호나 어떤 원칙을 잘 보이는 곳에 붙여두고 있는 경우를 일상생활에서 많이 접한다. 예를 들면 조직에서는 미션-비전-목표(또는 비전-미션-목표)의 도표, 정부나 공공기관의 특정 연도의 주요 목표나 정책 등을 액자에 넣거나 홈페이지 첫 화면에 눈에 띄게 나타내는 경우다. 이런 경우 형식적으로 접할 수도 있지만 계속 접하다 보면 자기최면에 걸려 그 구호나 원칙을 생각하게 되고, 그렇게 하려는 의지도 생기고, 그렇게 해야겠다는 무언의 압박도 받게 된다.

마찬가지로 생애 최종목표 같은 경우는 액자에 넣어 집이나 사무실의 잘 보이는 곳에 붙여놓을 수 있다. 생애영역별 사명이나 목표 같은 경우는 다이어리에 적어두면 하루에도 여러 번 볼 수 있기 때문에 자기최면의 효과를 얻을 수 있다. 생애설계 다이어리에 생애사명, 목표체계, 향후 10년 목표, 1년 목표, 월간목표, 주간목표를 적어놓고 보게 되면 이런 자기최면의 효과를 기대할 수 있다.

생애설계의 실천·평가·수정

생애설계 실천의 진행 사항은 정기적으로 평가해야 한다. 실제로 생애설계 실천은 1년 단위로 이루어지기 때문에 분기별 또는 월별로 평가할 수 있다. 평가사항은 목표달성 정도와 시간관리 계획의 실천 정도가 될 수 있다. 개인적 차이는 있겠지만 1년이나 6개월에 한 번 정도의 평가는 간격이 너무 길 수 있다. 분기별(3개월) 평가가 적합할 수 있다. 정기적인 평가를 통해 목표달성이나 시간관리가 잘 되지 못한 사항에 대해서는 원인을 분석하여 개선해야 한다.

생애설계 실천의 정기적 평가를 통해 필요시 생애사명과 생애목표(최종-대-중-소 목표)를 수정하고 더 정교하게 보완할 수도 있다. 수정은 아주 신중하게 해야 할 것이고 너무 자주 하지 않는 것이 좋다. 그러나 향후 10년 목표는 좀 더 자주 수정할 수 있다.

13

생애설계 영역별 생애주기 단계 발달과업

생애주기 단계 발달과업은 생애목표의 주요 대상이 된다

제6장에서 생애주기 단계별(9단계) 발달과업을 간략히 설명했다. 생애설계는 요람에서 무덤까지 전 생애주기 단계에 대한 계획이지만 실제로 본인이 생애설계의 중요성을 자각하여 주체적으로 계획을 세울 수 있는 시기(단계)는 청소년기부터라 할 수 있다. 청소년기 이전에는 부모가 주도하되 자녀의 의견을 잘 반영할 수 있어야 한다. 따라서 생애설계 절차 제2단계(생애목표 설정)의 목표설정에 현재 생애주기 단계부터 다가올 각 단계에서 해결하고(수행하고) 넘어가야 할 주요 과업을 목표로 포함시켜 계획을 세우는 것이 대단히 중요하다.

생애목표 설정에서 주요 목표가 될 수 있는 것은 제10장에서 설명한 바와 같이 엄밀하게 말하면 (1) 생애사명과 직결되는 목표, (2) 생애주기 단계별 발달과업 중 생애사명 실현의 생애 최종-대-중-소

목표에 직간접으로 관계되는 것과 관계되지는 않지만 중요한 발달과업, (3) 직장 및 개인 사업의 업무목표다. 이 세 가지 목표는 결국 모두 생애주기 단계 발달과업에 속하는 것이다. 미국심리학회(American Psychological Association, 2018)의 생애설계 가이드라인(Life Plan for the Lifespan)에서도 생애주기 단계별 발달과업 관련 사항을 중요한 생애설계 사항으로 제시하고 있다.

제6장에서 생애주기 단계 발달과업을 신체적, 인지적, 심리정서적, 사회적 측면의 네 가지로 구분하여 제시했는데 이 네 가지 측면의 발달과업은 8대 생활영역과도 연계된다. 이 네 가지 측면의 전부 또는 일부는 생활의 각 영역에 연계되기도 하고, 반대로 생활의 각 영역이 네 가지 측면 전부 또는 일부와 연계되기도 한다. 다시 말하면 네 가지 측면 발달과업은 다양한 생활영역의 활동에 영향을 미치고 이를 촉진시키기도 하고, 반대로 다양한 생활영역의 활동은 네 가지 측면의 발달과업 수행에 영향을 미치고 수행을 촉진하기도 한다.

생애주기 단계 발달과업의 10년 단위 구분과 생애설계 영역 연계

일생기간은 생애주기 단계별(9단계)로 구분하거나 연령으로도 구분할 수 있는데 연령으로 구분하는 것이 일반적이다. 그래서 생애주기 단계를 말하면 연령을 생각하고, 연령을 말하면 생애주기 단계를 생각하게 된다.

일상생활에서는 생애주기 단계보다는 연령을 중심으로 생각하고 행동하는 것에 더 익숙해 있고, 연령을 생애주기 단계와 연계하여 생각하기 쉽기 때문에 연령 중심으로 생애기간을 구분하는 것이 편리한 면이 많다. 따라서 10대, 20대, 30대 ···60대, 70대 등 10년 단위의 구분에 익숙해 있다. 여기서는 8대 생활영역을 중심으로 10년 단위로 생애설계의 목표가 될 수 있는 발달과업을 태아기, 10대 이전, 10대, 20대, 30대, 40대, 50대, 60대, 70대, 80대 이상의 10개 연령대로 나누어 제시하기로 하겠다.

제시하는 과업사항은 그대로 목표가 될 수는 없고, 목표 서술의 구성요건(SMART)을 갖추어 서술해야 목표가 될 수 있다. 예를 들어 '올바른 영양식 습관화'는 '2020년 6월 말까지 하루 식사 중 5대 영양소를 고려한 식사 한 끼 이상 하는 것을 습관화한다' 등으로 서술해야 한다. 생애주기 단계별 발달과업은 향후 10년 목표설정에도 반영되어야 할 것이다.

직업·경력 영역: 하는 일·활동은 자아 정체성과 자존감의 상징이고, 기본적이고 중심적인 삶의 영역이다

현대사회에서 자기가 어떤 일이나 활동을 주로 하느냐는 자아 정체성을 드러내는 가장 핵심적인 요인이고 자기 존재감과 가치를 나타내는 자존감의 상징이 된다. 일이나 활동은 삶을 살아가는 기본적 수단이고 삶의 중심 영역이라 할 수 있다. 특히 직업활동은 자신의 사회적 정체성을 나타내는 것이기도 하다(Vaillant, 2002).

경력은 직업을 포함한 다양한 사회적 활동을 일컫는 포괄적인 말

〈표 13-1〉 생애설계의 직업·경력 영역 과업

연령대	과업 사항
태아기	태아 보호를 위한 부모의 직업활동 계속/휴직/휴가 여부 결정
10대 이전	아동의 적성/성격 탐색, 아동양육을 위한 부모의 직업활동 계속/휴직/휴가 여부 결정
10대	적성/성격 확인, 진로 탐색/결정, 대학 진학 여부(취업 후 진학 포함) 결정, 적합한 대학 전공 선택, 직업관 정립, 자아 정체성 확립
20대	직업 정체성 확립, 취업 준비, 직장/직무에 대한 적성 테스트와 선택, 직업의 안전성 확립, 경력개발
30대	직업 안정성 확보, 경력개발, 이직/전직에 따른 준비, 직무능력 개발, 승진 노력, 리더십 개발
40대	리더십 개발, 경력개발/확장, 하고 있는 일의 재검토와 창의적 변화 추구, 사회문화적 활동에 관심 두기
50대	새로운 경력 추구, 주된 일자리에서 1차 퇴직 준비, 재취업 및 창업 준비
60/70대	취업 연장, 재취업, 창업, 경력 활용 활동(자문, 멘토링 등)
80/90대	경력 활용 활동(자문, 멘토링 등)

로 현재까지 해온 다양한 사회적 활동을 포함한다. 직업은 경력의 일부이지만 하는 일을 중심으로 말하는 경우 직업이라 하는 것이 더 적합하다. 여기서는 주로 해오거나 하고 있는 활동과 주된 활동이 아닌 다른 활동을 같이 묶어 직업·경력 영역으로 분류하기로 하겠다.

생애주기 단계 발달과업 중 생애설계의 직업·경력 영역의 과업이 될 수 있는 것을 제시해보면 〈표 13-1〉과 같다.

학습·자기개발 영역: 학습·자기개발은 개인생활 영역의 적응/지속발달과 경쟁력 유지 기반이다

학습은 공식적 학교 교육만이 아니라 새로운 것을 배우고, 행동으로 숙달하고, 습관화하기 위한 공식적·비공식적 교육과 경험 그리고 훈련을 모두 포함한다. 이런 의미에서 생애 전 과정이 학습과정이라 할 수 있다. 제4장에서 인간은 요람에서 무덤까지 계속 발달한다고 설명했는데 학습은 전 생애주기에 걸쳐 생활의 모든 영역에서 발달의 기반이 되고 발달을 촉진시키는 주요 요인이 된다.

현재 우리사회는 지식정보화사회를 넘어 제4차산업혁명사회 시대로 들어서고 있으며 지식과 기술은 급속도로 변화하고 있다. 이러한 사회에서 형성된 지식과 기술을 활용하고, 새로운 지식과 기술을 생산하고, 직장과 사회에서 필요하고 가치 있는 존재가 되기 위해서는 끊임없이 학습해야 한다. 이 같은 학습은 자신을 계속 새롭게 개발하는 가장 핵심적 수단이 된다.

현재까지 알고 있는 지식과 경험만으로는 직장과 사회 속에서 살아남기 어렵다. 보수를 받는 일이나 활동이 아닌 사회공헌활동에도 현재까지 쌓아온 지식과 기술이 별로 유용하지 않을 정도로 사회활동과 개인생활에도 새로운 지식과 기술 및 경험이 요구되고 있다. 새로운 학습은 자신의 개인적 생존과 사회적 존재가치를 유지하기 위해 불가피한 것이 되고 있다.

생애설계에서 학습·자기개발 영역은 특히 직업·경력 및 재무 영역과 밀접한 관계가 있으며 이 외에도 건강, 사회참여·봉사, 가족·사회관계, 여가·영적활동 등에도 영향을 미친다. 생애주기 단계 발달과

〈표 13-2〉 생애설계의 학습·자기개발 영역 과업

연령대	과업 사항
태아기	해당 사항 없음
10대 이전	인지능력 개발과 이를 위한 부모의 양육 행동, 언어발달 점검과 촉진, 도덕성 교육, 아동 스스로의 학습계획 지도
10대	인지능력 개발과 이를 위한 부모의 양육 행동, 학습동기 유발, 성격/적성의 (재)발견, 독서활동 동기화, 성 교육, 언어발달 점검, 도덕성 교육, 학업성취도 증진
20/30대	직업과 연계된 심화학습(학위과정, 특별교육과정, 특별훈련과정), 직무능력 개발, 경력개발을 위한 학습, 외국어 능력 향상
40/50대	직업과 연계된 심화학습(학위과정, 특별교육과정, 특별훈련과정), 직무능력 개발, 경력개발을 위한 학습, 취업/직무연계 계속 교육 참여, 자격증 취득 교육, 해외 시찰과 연수 훈련, 전직/재취업 위한 교육/훈련(심화교육 포함)
60/70대	직무연계 계속 교육, 취·창업 위한 교육/훈련(심화교육 포함), 자격증 취득 교육, 일상생활 적응과 교양 증진 교육/훈련
80/90대	교양 증진/일상생활 적응을 위한 교육/훈련

업 중 학습·자기개발 영역에 해당될 수 있는 과업을 제시해보면 〈표 13-2〉와 같다.

건강 영역:
건강은 생존과 활동의 기본요건이다

건강은 생존과 활동(행동)의 기본요건이다. 건강 영역 생애설계의 과업은 주로 질병 예방과 치료, 영양 증진, 체력 증진과 유지, 스트레스 해소, 건강상태 점검, 건강 약화에 대한 의료·돌봄비용 대책, 응급상황 대처능력 강화, 연령 변화와 건강상태 변화에 대한 지식 습득 등이 될

〈표 13-3〉 생애설계의 건강 영역 과업

연령대	과업 사항
태아기	태아의 의료적 점검, 임산부의 영양/의료적(신체/정신 건강) 점검, 투약/약물 부작용에 대한 유의
10대 이전	예방접종, 신체·정신적(인지) 발달 점검, 언어발달 점검, 균형 영양식, 사고/상해 예방, 적절한 배변훈련, 신체근육 운동 촉진, 주치의 지정/진료
10대	신체적 성장발달에 대한 이해 증진, 균형 영양식, 비만 유의, 성 교육, 학업 스트레스 극복, 약물중독, 정기 건강검진, 주치의 지정/진료
20대	건강 유지/증진 행동 습관화, 음주 자제, 금연, 규칙적 식사 습관화, 균형 영양식, 건강 유해환경 회피, 스트레스 관리, 정기 건강검진, 주치의 지정/진료
30대	건강 유지/증진 행동 습관화, 음주 자제, 금연, 규칙적 식사 습관화, 균형 영양식, 스트레스 관리, 적절한 성생활, 정기 건강검진, 주치의 지정, 의료진료비 대책
40대	신체·정신적 노화과정의 체계적 이해, 건강 유지/증진 행동 습관화, 만성질환 발견 및 대응, 폐경 대응(여성), 스트레스 관리, 의료기록의 유지/관리(질병진료, 복용약물 포함), 정기 건강검진(40세의 생애전환기 건강검진), 주치의 지정/진료, 의료진료비 대책
50대	신체·정신적 노화과정의 체계적 이해, 건강 유지/증진 행동 습관화, 만성질환 발견 및 대응, 폐경 대응(여성), 정기 건강검진, 의료기록 유지/관리(질병진료, 복용약물 포함), 주치의 지정/진료, 의료진료비 대책
60/70/80/90대	예방접종, 치아 건강관리, 신체·정신적 노화과정의 체계적 이해, 신체·정신적 기능 저하에 대응, 건강 유지/증진 행동 습관화, 만성질환 발견 및 대응, 정기 건강검진, 의료기록 유지/관리(질병진료, 복용약물 포함), 건강 약화 시의 재산관리 및 법률 대리인 지정, 지속적 돌봄서비스 필요시 주거 대책, 주치의 지정/진료, 의료진료비 대책

수 있다. 생애주기 단계 발달과업 중 건강 관련 생애설계 과업이 될 수 있는 것을 제시해보면 〈표 13-3〉과 같다.

가족·사회관계 영역:
가족·사회관계 정립은 소속과 사랑의 원천을 유지하고 삶의 호위대를 튼튼히 하는 것이다

사람은 가족 속에서 태어나 가족과 함께 생활하고, 친척, 친구, 이웃과 사회활동(직장 및 관련 활동, 학습 관련 활동, 사회참여·봉사활동 등)을 통해 다양한 사람들과 관계를 가진다. 개인을 둘러싼 이러한 가족·사회적 관계를 사회적 관계망(social network)이라 한다. 이러한 사회적 관계망 속에서 많은 사람들과 즐겁고 의미 있는 관계를 계속 유지하는 것은 인생의 행복과 인지능력과 뇌 건강을 유지하는 데 큰 도움이 된다(Global Council on Brain Health, 2017).

인생 항해에서 자신의 배와 같이 항해하는 사회적 관계망 속의 모든 사람들의 배는 자신의 사회적 지지 호위대(호위함대)라 할 수 있다. 『성공적 노화(*Successful Aging*)』의 저자 로우와 칸(Rowe & Kahn, 1998)은 사회적 관계망의 개인 한 사람 한 사람을 하나의 배로 보고 자기 배를 둘러싸고 같이 항해하는 모든 배들은 자기 배를 지지하고 보호해주는 '사회적 지지 호위대(convoy of social support)'라 했다. 사회적 지지 호위대라는 말은 사회적 관계망을 잘 비유한 표현이라 할 수 있다. 이러한 사회적 지지 호위대는 수적으로 많은 것(관계망의 크기)도 중요하지만 더 중요한 것은 얼마나 잘 지지해주는 관계인가(관계망의 질)다.

일생을 사는 동안 서로 도움이 되는 질 높은 사회적 지지 호위대를 튼튼히 유지하는 것은 생애사명을 실현하고 생애목표를 달성하는 중요한 수단이 되며 생애목표 그 자체를 달성하는 것이 된다. 이런 의미에서 생애설계의 가족·사회관계 영역의 과업이 될 수 있는 생애주기 단계 발달과업을 제시해보면 〈표 13-4〉와 같다.

〈표 13-4〉 생애설계의 가족·사회관계 영역 과업

연령대	과업 사항
태아기	출생아 주거환경 준비, 출산 후 가족의 일상생활 조정 준비, 출산 후 보육시설 이용 가능성 검토/준비
10대 이전	가족의 아동 양육에 대한 건전한 원칙 정립, 아동 양육을 위한 안전한 주거환경 구비, 아동의 애착행동에 대한 적절한 관리, 아동 양육에 대한 부모교육 이수, 아동의 친구관계(시설, 학교, 이웃 등) 조성, 또래 친척과의 관계 조성
10대	부모와의 건전한 대화관계 정립, 부모로부터의 건전한 독립성 배양, 건전한 친구관계 형성 유지, 가족과의 활동에 대한 의미부여, 건전한 친구관계(또래집단) 형성, 도덕성/인성 교육에 유의
20대	가족 내 성인으로서의 책임감 발휘, 부모로부터의 심리정서적, 경제적 독립 시도, 다양한 친구관계(이성/동성) 형성, 결혼 및 가정 형성/준비, 직장에서의 적절한 동료관계 형성
30대	결혼 및 가정 형성/준비, 부부관계의 강화, 결혼을 통한 새로운 친인척관계의 건전한 형성, 건전한 자녀(교육)관 정립, 가족과의 활동에 대한 의미부여, 부모와의 관계 재정립, 직장에서의 적절한 동료관계 형성, 직장과 가정생활의 적절한 균형화
40대	자녀와의 관계 재정립, 자녀교육 지원, 부모와의 관계 재정립, 부부관계의 강화, 직장과 가정생활의 적절한 균형 유지, 다양한 사회활동의 동료관계 형성, 특별 동호인 관계 형성
50대	자녀교육 지원, 자녀결혼 후의 가족관계 재정립, 부모와의 적절한 관계 유지, 다양한 사회활동의 동료관계 형성, 다양한 연령층과의 동료관계 형성, 특별 동호인 관계 형성
60/70/80/90대	배우자와의 관계 증진, 가족과의 접촉 증진, 가족과의 동거/별거 관계 정립, 부모와의 적절한 관계 유지, 건강 약화 시의 돌봄 서비스/주거관계 정립, 정신적 건강 약화 시의 법률대리인 지정, 사회참여·봉사활동을 통한 다양한 연령층과 동료관계 형성, 사회적 관계의 재정립(선택과 집중)

주거 영역:
적절한 주거 확보는 생활을 안전하고 안락하게 담는 그릇을 마련하는 것이다

주거는 개별 주택 전체를 묶어 말하면서 주거환경, 주택의 임대차, 구입, 건축, 수리, 관리, 판매, 이사, 주택 내 편의성과 안전성, 동거/별거 사항, 주택의 활용 등 주택에 관련된 다양한 사항까지 포함하는 폭넓은 말이다. 생애주기 전 단계를 통해 적절하고 안전하고 안정적인 주거공간을 확보하고 관련 사항을 잘 관리하는 것은 인간으로서의 존엄성을 유지하고, 기본적 욕구를 충족시켜주고, 사생활의 자유를 확보하고, 사회적 관계망을 구축·유지하고 사회적 지위와 정체감 유지의 상징이 된다(최성재·장인협, 2016). 주거는 이같이 개인과 가족의 삶을 기본적으로 담는 물리적, 심리정서적, 사회적 그릇이 되는 것이다.

'주거'라는 말은 일상생활에서는 잘 사용하지 않지만 국가사회정책이나 주택 관련 전문분야에서는 상당히 많이 사용되고 있다. 그러나 그 의미는 실제로 '주택'이라는 물리적 공간에 거의 한정되고 있다. 생애설계에서는 주거의 의미를 제대로 살려 관련 사항을 다루는 것이 바람직하다.

생애설계 주거 영역의 과업으로 설정할 수 있는 생애주기 단계 발달과업을 제시해보면 〈표 13-5〉와 같다.

〈표 13-5〉 생애설계의 주거 영역 과업

연령대	과업 사항
태아기	영아 성장에 안전하고 적합한 주거환경 준비/조성
10대 이전	독립적 개인생활 공간 확보(자기 방), 놀이와 생활에 안전한 주거 공간 확보, 안전한 이웃(지역사회) 환경 확보
10대	독립적 개인생활 공간 확보, 같은 지역에서의 계속 거주 지향, 안전한 이웃(지역사회) 환경 확보
20대	부모와의 독립주거 지향, 개인/가족 주거 확보 비용 준비
30대	개인/가족 주거 확보, 자녀 양육에 안전한 주거 확보, 주거 내 자녀의 개인생활 공간 확보
40/50대	자녀 양육을 위한 안전한 주거 확보, 주택 내 자녀의 개인생활 공간 확보, 부모 주거지와의 근거리 주거 지향, 노후 주거계획 수립
60/70대	주거공간의 축소 고려, 주거의 의료시설 접근 용이성 확보, 주거공간의 안전성/편의성 확보, 자녀와 근거리 주거 지향, 건강 약화 시의 주거원칙 확립, 주택자산 상속 여부 결정
80/90대	주거공간의 안전성/편의성 확보, 주거의 의료시설 접근 용이성 확보, 자녀와 근거리 주거 지향, 주택연금 활용 고려, 건강 약화 시의 주거원칙 확립

사회참여·봉사 영역: 사회참여·봉사는 사회와 함께하고 사회에 공헌하는 자신의 가치를 확인하는 것이다

사회참여(시민사회 참여: 지역사회 및 국가사회 발전을 위한 활동을 목적으로 하는 시민사회조직 참여)와 자원봉사 및 기부활동 참여는 지역사회와 국가사회의 일원으로서 할 수 있고 또 해야 하는 가치 있는 일로서 자신의 존재가치를 실현할 수 있는 중요한 활동이다.

사회참여·봉사활동은 생애주기 전 기간을 통해 참여하고 발전시커나가야 할 중요한 발달과업이라 할 수 있다. 생애설계의 사회참여·봉사 영역의 과업이 될 수 있는 생애주기 단계 발달과업을 제시해보면 〈표 13-6〉과 같다.

〈표 13-6〉 생애설계의 사회참여·봉사 영역 과업

연령대	과업 사항
태아기	해당 사항 없음
10대 이전	사회봉사 중요성 교육, 부모의 시민사회활동(지역사회 발전과 개선을 위한 활동)과 사회봉사활동 참여/기부의 모범을 통한 중요성 교육, 용돈의 일정금액 기부행동 형성, 친구끼리의 사회봉사활동 참여 격려
10대	다양한 시민사회단체 활동의 이해 및 청소년 회원으로 참여, 학교의 봉사 동아리 결성/참여, 용돈의 일정액(일정률) 기부활동 참여
20대	해외봉사활동 참여, 대학생 봉사단 참여, 일정액(일정률) 기부활동 참여, 시민사회활동 참여, 직장봉사활동(동아리) 참여, 인터넷을 통한 봉사활동 참여
30대	가족, 단체, 개인적으로 다양한 연령층과의 봉사/기부활동 참여, 인터넷을 통한 봉사활동, 시민사회활동 참여
40대	가족, 단체, 개인적으로 다양한 연령층과의 봉사/기부활동 참여, 인터넷을 통한 봉사활동, 시민사회활동 참여, 역사·문화 지킴이 활동 참여
50/60/70/80/90대	다양한 기부활동(재능/물질) 참여, 다양한 형태(직접 참여 및 인터넷 참여 등)의 자원봉사활동 참여, 시민사회활동 참여, 역사·문화 지킴이 활동, 청소년/청년 멘토링 참여

여가·영적활동 영역: 여가·영적활동은 의무에서 벗어난 휴식·여유·자유·즐거움의 원천이 되고 삶의 의미를 더해준다

삶의 활동은 크게 일과 여가로 나눌 수 있다. 여가를 즐기는 것이 삶의 제1차적 목표는 아니지만 여가 없는 삶은 삶을 피로하게 만들고 건강을 해쳐 결국 삶 자체를 파괴할 수도 있다. 여가활동과 영적활동은 일과 의무에서 벗어나 휴식, 여유, 자유와 즐거움을 맛보게 하고,

〈표 13-7〉 생애설계의 여가·영적활동 영역 과업

연령대	과업 사항
태아기	해당사항 없음
10대 이전	창의성·상상력 증진을 위한 놀이, 부모/타인과의 유대감 형성을 위한 놀이, 가족과의 적절한 여가시설 방문/이용, 가족과 캠프, 친구들과의 놀이 기회 제공/참여, 종교적 활동/행사 참여(선택), 부모의 아동의 재능/특기에 따른 여가·취미활동 지도
10대	교내외의 적성·성격에 맞는 다양한 취미활동 참여, 필요한 경우 종교·영적활동 참여
20/30대	다양한 형태(개인, 가족, 단체, 부부)의 여가활동 개발 및 즐기기, 다양한 문화생활 즐기기, 적합한 스포츠 활동 개발, 종교·영적활동 참여(선택), 인터넷 활용 활동
40/50대	다양한 형태(개인, 가족, 단체, 부부)의 여가활동 개발 및 즐기기, 다양한 문화생활 즐기기, 적합한 스포츠 활동 개발(부부 참여 고려), 종교·영적활동 참여(선택), 인터넷 활용 활동
60/70대	선호하는 여가활동의 선택과 집중, 선호하는 스포츠 활동의 선택과 집중, 다양한 연령층과 여가활동, 다양한 문화생활 즐기기, 인터넷 활용 활동, 종교·영적활동 강화(선택)
80/90대	선호하는 여가활동의 선택과 집중, 선호 스포츠 활동의 선택과 집중, 종교·영적활동 강화(선택)

삶의 의미를 더하고, 삶의 에너지를 재충전하는 활동이다. 여가와 영적활동은 우리의 삶을 활기차고 더욱 의미 있게 만들기 위해 반드시 필요하다.

그러므로 여가·영적활동은 생애주기 단계를 통해 우리 삶의 한 부분으로 습관화해야 한다. 여가활동은 시간 여유가 있으면 하는 활동이 아니라 하루 일과의 일부가 되어야 한다. 생애설계 여가·영적활동 과업이 될 수 있는 생애주기 단계 발달과업을 제시해보면 〈표 13-7〉과 같다.

재무 영역: 돈은 모든 생활영역 목표달성의 기본 토대다

돈은 생애목표 달성과 생활의 모든 영역의 활동을 가능하게 하는 기본 토대(디딤돌)다. 즉 돈은 모든 생활영역의 목표달성 활동을 가능하게 하는 기본적 수단이 되기 때문에 생애설계의 재무 영역 과업은 다른 모든 생활영역 과업과 연계된다. 재무 영역 과업은 각 영역별 기본 생활비나 특별한 생애 이벤트 비용뿐만 아니라 일반생활비 등 모든 비용 마련을 위한 소득원 개발과 지출관리 및 자산관리도 포함한다.

생애설계의 재무 영역 설계는 기존의 재무설계(주로 특별 목표달성, 위험 대비, 이벤트 관련 비용 중심의 계획)와 구분된다. 생애설계의 재무 영역 과업이 될 수 있는 생애주기 단계 발달과업을 제시해보면 〈표 13-8〉과 같다.

〈표 13-8〉 생애설계의 재무 영역 과업

연령대	과업 사항
태아기	임신/출산 관련 충분한 비용 준비
10대 이전	아동 보육/교육 추가비용(정부 지원 외), 건전한 소비생활 습관 형성(건전한 용돈관리), 저축 습관 형성, 기부행동 기르기
10대	건전한 소비생활 습관 형성(건전한 용돈관리), 저축 습관 형성, 용돈벌기(경험), 건전한 개인생활 경제관념 형성, 기부행동 기르기
20대	경제적 자립 시작, 학비 조달방법 개발, 학자금 융자, 주거비 마련, 신용과 부채의 이해, 부채(교육비) 상환, 결혼자금 준비, 공적연금/퇴직연금 가입, 개인연금(저축) 가입, 직업/경력개발 비용, 학습/자기개발 비용 마련, 기부행동 습관화
30대	결혼자금 준비, 공적연금/퇴직연금 가입, 개인연금(저축) 가입, 직업/경력개발 비용, 부채(교육비) 상환, 학습/자기개발 비용 마련, 기부행동 습관화, 개인/가족 주거비용 마련, 가족 기본생활비 및 추가목표 비용 마련 및 관리
40대	가족의 재정관리, 공적연금과 연계한 노후생활자금 산출/노후자금 준비, 사적연금(퇴직연금 포함) 가입/관리, 자산 및 부채 점검, 자산관리 전략 수립 및 실천, 자녀 교육비 마련, 부모 용돈/의료비/돌봄 관련 추가 지원금 마련, 학습/자기개발 비용 마련, 일정액(정률) 기부
50대	가족 재정관리, 퇴직연금/사적연금 관리, 연금 외 추가 노후자금 준비, 자녀 교육비 마련, 노후 건강관리 비용 마련, 자산관리 및 적절한 투자, 부모 용돈/의료비/돌봄 관련 추가비용 마련, 학습/자기개발 비용 마련, 일정액(정률) 기부
60/70대	감소된 수입에 적응하기, 자산관리 및 투자, 추가 수입원 개발(주택연금 포함), 학습/자기개발 비용 마련, 본인/배우자의 추가적 건강관리 비용 마련(건강보험료 포함), 여가·영적활동 비용 마련, 경조사비 조정/마련, 상속과 증여 준비, 건강 약화 시의 재산권에 대한 법률대리인 지정
80대 이상	감소된 수입에 적응하기, 자산관리 및 투자, 추가 수입원 개발(주택연금 포함), 본인/배우자의 추가적 건강관리 비용 마련(건강보험료 포함), 여가·영적활동 비용 마련, 경조사비 조정/마련, 상속과 증여 준비, 건강 약화 시의 재산권에 대한 법률대리인 지정

제4편

생애설계 실천과 일상생활을 위한 시간관리

시간관리란 무엇이고 왜 필요한가?

시간의 의미

시간은 사건을 순서적으로 의식하거나 사건의 지속 시간을 비교하거나 사건들 사이의 간격이나 물체의 움직임을 측정하는 중요한 측정 단위가 된다. 그렇기 때문에 시간은 일상생활의 주요 관심사가 되고 있을 뿐 아니라 종교, 철학, 과학 등 학문의 중요한 연구주제가 되어 왔다.

시간이란 무엇인가? 시간의 속성을 인식하는 시각은 크게 두 가지로 나눌 수 있다. 그 하나는 시간이란 우주 근본구조의 한 부분으로 사건이 순차적으로 일어나 움직이거나 흘러가는 큰 공간과 같은 것이고 측정할 수 있다고 보는 것이다. 다른 하나는 시간은 사건이 일어난 순서를 정하고 비교하는 정신구조의 한 부분일 뿐 측정할 수 없다고 보는 것이다.

시간은 또한 물리적 시간(physical time)과 심리적 시간(psychological

time)으로 나눌 수 있다. 물리적 시간은 공적이고 객관적인 것으로 기계(시계)로 측정 가능한 것이다. 이에 비해 심리적 시간은 개인이 주관적으로 의식하는 것인데 같은 물리적 시간이라도 빠르거나 또는 느리게 의식할 수 있는 것이다. 예를 들면 아름다운 여인의 옆에 앉아 있는 남자는 몇 시간도 불과 몇 분으로 의식할 수 있는가 하면, 뜨거운 난로 옆에 앉아 있는 사람은 단 몇 분도 몇 시간으로 의식할 수 있다. 그리고 시간은 그 자체를 의식하면 할수록 길게 느껴지지만 다른 일에 몰두하여 시간을 의식하지 못하면 빠르게 느껴진다.

종교적 차원에서는 시간은 직선적인 흐름과 윤회적 흐름으로 보는 경우가 있다. 직선적 흐름으로 보는 것은 기독교적 관점의 시간이다. 시간은 처음(창조)에서 종말(예수의 재림)까지 일방적으로 흐르는 것으로 본다. 윤회적 흐름으로 보는 것은 불교적 관점의 시간이며 출생과 소멸이 반복하여 돌아가는 것으로 본다.

또한 시간은 흘러가는 시간(chronos)과 의미 있는 시간(kairos)으로 구분된다. 이 구분은 고대 그리스 사람들의 개념으로 크로노스는 자연적으로 흘러가는 시간으로 달력이나 시계로 잴 수 있는 시간을 말한다. 반면에 카이로스는 특정한 시간이나 의미 있는 시간을 말하는 것으로 흘러가는 시간이 어떤 특별한 의미를 가질 때 카이로스가 된다. 카이로스의 시간은 목적을 가진 사람이 의식하는 주관적 시간이라 할 수도 있는데, 예를 들면 1분을 1년처럼 길게 의식할 수도 있고 1년을 1분처럼 짧게 의식할 수도 있다.

그리고 시간은 연령에 따라 다르게 인식할 수도 있다. 중년기에 들어서면 시간을 보는 관점이 지금까지 살아온 시간을 의식하는 것보다는 앞으로 남은 시간을 더 많이 의식하는 경향으로 바뀐다(Butler, 1975). 그리고 나이 들어감에 따라 같은 시간도 짧게 인식된다. 어릴 때는 하루가 길게 느껴지는데 나이 들수록 점점 짧게 느껴진다. 즉 하루의 길이는 사람마다 자신이 살아온 기간과 비교하여 상대적으로 다르게 느끼기 때문이다. 따라서 살아온 기간이 짧을수록 하루 시간은 상대적으로 길게 느끼는 반면, 살아온 기간이 길수록 하루 시간은 짧게 느끼는 것이다. 예를 들면 40세 성인은 10세 어린이보다 하루를 훨씬 짧게 느낀다. 40년에 비교한 하루 비중은 10년에 비교한 하루 비중보다 훨씬 짧기 때문이다. 이처럼 중년을 지나면서 지나온 시간의 길이가 길어질수록 하루, 한 달, 1년의 시간은 어린 시절이나 젊은 시절에 비해 훨씬 짧게 인식되고 세월이 빠르게 지나가는 것으로 인식된다(Dowden, 2019).

특히 노년기에 이르면 더욱 시간이 빨리 지나간 것으로 인식하는 또 하나의 설명은 새로운 경험과 변화의 정도와 이에 대한 기억의 유무와 연관된 것이다. 지난 시간이 새로운 것을 경험하거나 변화가 많았던 것으로 기억하면 그 시간은 길게 느끼지만 새로운 경험이나 변화도 이에 대한 기억도 없으면 그 시간은 짧게 느낀다는 것이다. 나이를 먹으면서 기억할 만한 새로운 경험이 별로 없고 기억력까지 약해지면 기억에 남는 것이 적어지기 때문에 특히 중년기 이후의 시간은 빨리 지나가는 것으로 인식할 수 있다(Klein, 2006).

시간관리의 의미와 중요성

시간에 대한 개인적 의식과 감각이 다르기는 하지만 대부분의 사람들은 시간의 의미와 중요성을 알고 있다. 시간의 중요성과 시간관리의 중요성을 깊이 생각하여 실제로 실천해보고 많은 글을 남긴 사람은

〈그림 14-1〉 벤자민 프랭클린 초상

The morning question, What good shall I do this day?	5	Rise, wash, and address *Powerful Goodness;* contrive day's business and take the resolution of the day; prosecute the present study; and breakfast.
	6	
	7	
	8	Work.
	9	
	10	
	11	
	12	Read or overlook my accounts, and dine.
	1	
	2	Work.
	3	
	4	
	5	
	6	Put things in their places, supper, music, or diversion, or conversation; examination of the day.
	7	
	8	
	9	
Evening question, What good have I done today?	10	Sleep.
	11	
	12	
	1	
	2	
	3	
	4	

〈그림 14-2〉 벤자민 프랭클린의 일일 시간사용 계획표

미국의 벤자민 프랭클린(Benjamin Franklin: 1706~1790)이다(〈그림 14-1〉). 프랭클린은 가난한 집안에서 태어나 초등학교 2학년 학력이 전부지만 미국 독립운동의 초석을 놓은 인물로 피뢰침을 발명한 과학자이자 외교관, 사상가, 정치관료, 신문기자 등 다방면에서 많은 업적을 남겼다. 미국의 100달러 지폐에 그의 초상이 새겨져 있을 정도로 역사적 인물이다. 프랭클린의 성공 비결은 남다른 절제와 검소한 생활과 더불어 철저한 시간관리라 할 수 있다. 그는 "모든 일은 시간을 정해놓고 하고 언제나 유용한 일을 하라"고 강조했고, 3-5-7-9(독서/자기개발 3시간, 식사 및 여가 5시간, 수면 7시간, 일 9시간)의 시간관리 원칙을 세워 평생 철저하게 지키며 84년을 살았다. 그는 20대 초반에 영국에 갔다가 배를 타고 필라델피아로 돌아오는 중에 시간의 중요성을 깊이 깨닫고 그의 생애를 설계했고, 설계대로 철저한 시간관리를 통해

평생 생애설계를 실천했다. 이런 의미에서 그는 시간관리의 아버지라 할 수 있다. 프랭클린에게 가장 중요한 것은 돈을 많이 버는 것이나 유명해지는 것과 같이 외형적으로 나타나는 목표를 달성하는 것이 아니라, 이루고 싶어 하는 인격의 유형(성격 특성, 생각, 행동, 태도의 종합)이라 생각하고, 13가지의 주요 덕성을 개발했다. 프랭클린이 말한 주요 덕성은 생애설계 절차의 첫 단계인 생애사명 확립의 핵심요인인 존재 가치와 활동 방향에 해당될 수 있는 것이다. 그는 매일 잠자리에 들기 전 그가 만든 삶의 13가지 덕성을 생각하며 '나는 오늘 어떤 선한 일을 했나?' 하고 자신에게 물었다고 한다.

시간을 의식하지 않고서는 삶을 살 수 없을 정도로 시간은 우리의 삶을 지배한다고 해도 과언이 아니다. 더구나 현대인은 주어진 시간을 어떻게 배분하여 효율적이고 효과적으로 보내야 할 것인가를 생각하지 않을 수 없다.

급속한 고령화가 진전되면서 평균수명이 연장되어 100세 인생의 가능성은 점점 높아지고 있다. 그러나 무한한 과거에서 무한한 미래로 이어지는 긴 시간에 비하면 100세 인생도 짧은 시간일 수밖에 없다. '인생은 짧고 예술은 길다'라는 격언은 인생이 짧기 때문에 시간을 의미 있게 잘 사용하는 것이 중요하다는 의미를 포함하고 있는 말이라 생각된다.

철학자 쇼펜하우어는 40세가 넘으면 사람들은 얼마나 살았는가를 생각하기보다는 앞으로 살 시간이 얼마나 남아 있는가를 생각한다고 했다(Butler, 1975에서 재인용). 이는 중년기 이후를 살고 있는 사람들이라면 대부분 공감할 수 있는 말이라 생각한다. 우리나라의 평균수명(남녀 평균)은 2020년 현재 이미 OECD 국가 평균을 넘어 83세에 이른다. 따라서 현재 50세라면 평균 30~40년을, 현재 60세라면 평균

20~30년을 더 살 수 있을 것이다.

20세기 중반 이후 평균수명의 연장과 더불어 인생을 목적지향적으로 의미 있게 사는 것을 중요시하는 경향이 나타났다. 개인적 삶의 가치와 철학에 근거하여 인생의 목표를 설정하고 그 목표달성을 위한 시간을 효율적이고 효과적으로 사용할 수 있는 지식과 기술이 많이 연구되어왔다. 선진국에서는 1950~1960년대부터 '시간관리(time management)'라는 이름의 훈련 프로그램이 개인과 조직 생활에서 시행되거나 시간관리에 관한 자기개발 학습서 등이 많이 출판되었다. 그러나 우리나라의 경우 시간관리는 일반인 사이에 아직까지도 중요하게 인식되지 못하고 있다.

우리에게 주어진 24시간 중 마음대로 사용할 수 있는 시간은 실제로 하루에 7시간도 못 된다. 통계청에서 2014년에 실시한 생활시간조사에서 하루 중 필수 생활시간(수면, 식사, 개인유지 시간)은 평균 11시간, 소득을 위한 노동과 가사노동 시간은 평균 6시간 정도였다(통계청, 2015). 그렇다면 자신이 마음대로 사용할 수 있는 시간은 하루 평균 7시간도 못 된다는 계산이 나온다. 필수시간을 제외하고 모두 마음대로 사용할 수 있다고 해도 그 시간은 평균 13시간 미만이다. 결국 시간관리는 하루 중 평균 7~13시간을 어떻게 잘 사용하느냐에 관한 것이라 할 수 있다.

일생이 100세까지 연장된다고 해도 일생의 시간은 너무나도 빨리 지나간다. 이런 말은 나이가 들수록 더욱 실감나는 말이다. 중국(남송)의 시인이며 학자인 주희(朱熹)는 세월의 빠름과 공부의 중요성을 다음과 같이 노래했다. "소년은 쉬 늙고 학문은 이루기 어려우니 한 치의 시간도 가벼이 말라. 지당(연못)의 풀잎이 봄꿈을 깨기도 전에 뜰 앞의 오동나무는 벌써 가을 소리를 내는구나(少年易老學難成 一寸光陰不

可輕 未覺池塘春草夢 階前梧葉已秋聲)."

앞서 설명했듯이 중년기를 넘어서면 시간이 더욱 빠르게 지나가는 것처럼 느끼게 되고 시간 인식은 인생에서 남은 시간이 얼마나 되는가로 바뀌게 된다. 새들러(Sadler)가 말한 40세 이후의 제3기 인생의 시간은 인생에서 남은 시간(여생)이다. 여생이라 생각할 때 그 시간은 더욱 짧게 느껴지고, 주어진 시간을 어떻게 하면 잘 아껴 효과적으로 보낼 것인가는 참으로 중요한 삶의 과제가 아닐 수 없다.

시간관리와 목표

시간관리(time management)는 "개인생활이나 조직생활에서 목표를 달성하기 위해 주어진 시간의 가치를 최대한 높일 수 있도록 원칙과 기술과 도구 등을 활용하여 행동을 관리하는 것"을 말한다. 넓은 의미의 시간관리는 주어진 모든 시간의 사용에 관한 것으로 우리 삶 전체의 관리라 할 수 있다. 좁은 의미의 시간관리는 사람의 일상생활 가운데 식사, 취침 등과 같은 기본적 생리활동 시간을 제외한 모든 시간을 최선으로 활용하여 최대의 효과를 얻을 수 있도록 행동을 관리하는 것을 말한다.

시간관리는 주어진 시간 내에 어떤 목표(이루고자 하는 일이나 도달하려는 어떤 상태)를 달성하기 위한 행동관리이기 때문에 목표설정을 먼저 해야 한다. 따라서 시간관리는 절차상 목표설정이 가장 중요하고 핵심적인 것이라 할 수 있다. 다시 말해서 시간관리는 목표달성을 위해 주어진 시간을 효율적이고 효과적으로 사용하기 위한 행동관리라 할 수 있다.

시간관리의 이점

시간관리의 이점을 생각해보면 시간관리의 중요성을 더 잘 이해할 수 있을 것이다. 시간관리는 다음과 같은 이점이 있다(유성은, 1988).

(1) 리듬 있는 삶을 살 수 있게 한다: 일과 휴식을 조화 있게 만들고, 적당한 긴장감을 갖게 하며, 바쁜 사람에게는 여유를 주고 한가한 사람에게는 긴장감을 준다.

(2) 여유 있게 목표를 달성하게 한다: 미리 계획하게 하고, 가치 있는 일에 더 많은 시간을 투입하게 하여 목표달성에 마음의 여유와 시간적 여유를 가지게 한다.

(3) 서두름과 분주함을 예방한다.

(4) 변화가 심한 현대생활에 효과적으로 잘 적응하게 한다.

(5) 정신적·육체적 스트레스를 예방하여 건강한 삶을 살게 한다.

(6) 자기실현을 최대로 하게 하며 성공적인 삶을 살게 한다.

시간관리는 시간이 모자라서 어쩔 줄 모를 정도로 바쁘게 사는 사람에게나 필요한 것이지 시간 여유가 많은 사람들에게는 별로 필요 없는 것이라 생각할 수 있다. 하지만 시간관리는 시간 여유가 많은 사람들에게도 남는 시간을 소중하고 의미 있게 보내기 위해 더 필요한 것이다.

인생의 시간을 잘 보내는 데는 좋은 생활태도와 가치관과 의지가 필요하지만 이것만으로는 부족하다. 시간을 잘 관리하는 방법과 기술을 익혀 실천한다면 우리의 생애(여생)를 더 가치 있고 의미 있게 보낼 수 있다.

시간관리와 생애설계

시간관리는 생애설계를 위해 만들어진 것은 아니지만 생애는 일생동안 주어진 전체의 시간이라는 의미에서 생애설계와는 불가분의 관계다. 100세까지 산다면 우리 생애 시간은 약 88만 시간이 된다. 생애설계는 생애주기(8~9단계)의 시간을 효율적이고 효과적으로 사용할 계획이라 할 수 있으며, 일생의 관리라 할 수도 있다. 그러나 시간관리는 실제로 1년 단위의 시간을 효율적이고 효과적으로 사용하는 데 초점을 두고 있다. 시간관리에서 다루는 시간은 인생 전체를 말하는 것으로 볼 수 있지만 인생 전체도 한 시간, 하루, 일주일, 한 달 그리고 1년이 계속 쌓여서 이루어지고, 실제로 1년의 시간은 직접 느끼고 통제할 수 있는 가장 가까운 미래의 시간이기 때문에 1년 단위 시간이 실제적 시간관리 대상이 된다. 따라서 시간관리는 1년 단위 시간을 목표달성을 위해 효율적이고 효과적으로 사용하기 위한 행동관리라고 할 수 있고, 생애설계의 주요 절차이며 수단이 된다.

생애설계 절차인 시간관리에서 목표는 생애사명에 근거하여 수립된 생애목표(최종-대-중-소 목표로 연결되는 목표)를 1년 단위로 세분화한 목표다. 그러므로 1년 단위의 목표는 소목표보다 더 세부적 목표가 되는 것이다. 1년 단위로 구성된 세부목표 달성의 시간관리 계획이 없다면 생애목표를 달성할 수 없기 때문에 시간관리 없이는 생애설계는 실행하기 어렵다고 해도 과언은 아니다. 시간관리는 생애설계와 무관하게 발전되어왔지만 시간관리는 목표달성 행동의 시간관리라는 점과 1년 단위 시간 중심으로 이루어진다는 점에서 생애설계의 핵심적 절차와 실천수단이 된다. 이러한 의미에서 시간관리는 생애설계와 불가분의 관계라는 것을 다시 한 번 확인할 수 있다.

생애설계는 시간관리를 통해 크로노스의 시간(단순히 물리적으로 지나가는 시간)을 카이로스의 시간(물리적 시간에 의미를 부여함)으로 바꾸는 것이라 할 수도 있다. 물리적 시간에 의미를 부여한다는 것은 주어진 시간 동안 목표를 설정하고 그 목표를 달성하기 위해 직간접적으로 필요한 행동을 하게 만드는 것이다. 누구에게나 동일하게 주어진 24시간에 어떤 의미를 부여하느냐에 따라 24시간이 쌓여서 이루어지는 우리 생애는 실로 다양하고 크게 차별화되는 결과를 가져올 수 있다.

생애설계와 불가분의 관계를 가지는 시간관리는 생애설계의 중요한 절차이며 생애설계 실천의 가장 효과적이고 효율적인 수단이 된다. 따라서 시간관리의 계획과 행동 그리고 습관화 없이는 생애설계를 제대로 실천하기는 대단히 어렵다고 할 수 있다.

시간관리는 배워서 연습하고 습관화해야 한다

시간관리의 원칙과 기술은 논리적 유추나 이론적 연구로 확립된 것은 아니고, 사람들의 일상적 경험을 통하여 축적된 것이기 때문에 지능이나 재능에 관계없이 누구나 배울 수 있다. 시간관리의 능력이 성격특성과도 관계된다는 연구도 있으나(Claessens 등, 2007) 다른 특성보다도 연습을 통한 습관화가 훨씬 큰 영향을 미친다. 무엇을 배운다는 것은 이해하고, 이해할 것을 실제로 연습해봄으로써 충분히 실행 가능하다고 확인하는 것을 말한다. 시간관리는 항상 해야 하거나 할 필요가 있는 실제적 행동이다. 따라서 항상 시간 속에 살고 있고 시간을 잘 활용하기 위해서는 시간관리 행동을 우리 삶의 기본적 활동으로 습관화할 필요가 있고, 습관화를 위해서는 훈련이 필요하다.

어떤 새로운 행동을 습관화하는 데는 행동에 따라 차이는 있지만 연습이 필요하고 시행착오를 거쳐 익숙해지는 과정, 즉 시간이 필요하다. 2~3주 만에 습관화할 수 있는 행동도 있겠지만 대부분 행동의 습관화에는 적어도 한 달 이상, 2~3개월, 더 나아가서는 1년 또는 더 긴 시간이 걸릴 수도 있다. 일반적으로 시간관리 습관화를 위한 훈련은 2~3개월 정도면 가능하다.

생애설계의 실천은 내 삶의 오늘 하루, 이 번 주일, 이 달, 금년의 시간 속에서 이루어져야 하므로 시간관리가 습관화되어 있지 않으면 제대로 잘 실천하기 어렵고, 몇 번 시도해보다 보류하거나 아예 중단해버릴 수도 있다. 따라서 생애설계 실천은 세운 계획을 실제로 실천하는 시간관리 행동의 습관화가 이루어진 후에 본격적으로 시작해야 할 것이다. 다음 제15장에서 시간관리 행동의 습관화를 위한 시간관리의 훈련 절차를 상세히 설명하도록 하겠다.

시간관리 훈련(연습)과 절차

시간관리 훈련에는 절차가 있다

시간관리는 원칙과 기술(이하 '기술'로 칭함)을 적용하는 행동이기 때문에 지능이나 적성과는 관계없이 누구나 배울 수 있다. 시간관리에서는 배운 기술을 적용하기 위한 훈련(연습)이 훨씬 더 중요하다. 우리 삶의 모든 영역에는 훈련이 필요하다. 운동선수들이 이기기 위해서는 철저히 자기절제를 하며 훈련을 해야 하듯이 인생에서 목표를 달성하고 보람을 느끼기 위해서는 절제와 훈련이 필요하다. 시간관리의 기술과 행동도 자기절제 훈련을 통하여 습득되고 발전된다.

한 가지 기술과 행동을 습득하기 위해서는 많은 반복 훈련이 필요하다. 이 말은 시간관리의 습관화에는 다른 어떤 지식이나 기술보다 상당한 시간을 들여 꾸준히 훈련하는 것이 중요하다는 것이다. 시간관리의 습관화는 생애주기 단계에서 빠르면 빠를수록 좋다. 생애설계와 관련 없이 어떤 목표의 달성을 위해서라도 청소년기부터 시간관리 습관화를 위한 훈련이 필요하고, 생애를 설계하고 실천하고자 하는 경우에는 생애설계의 절차로서 시간관리 습관화를 위한 훈련이 더욱 필요하다. 시간관리의 습관화는 생애주기의 늦은 시기에서라도 결코 늦었다고 할 수 없다. 아무리 늦어도 남아 있는 시간을 의미 있게 보내기 위해서 시간관리 습관화와 이를 위한 훈련이 필요하다.

시간관리 훈련 절차

시간관리는 목표를 달성하기 위해 시간을 효과적이고 효율적으로 사용하려는 기술을 적용하는 행동관리다. 따라서 시간관리에는 계획과 실천이 중요하다. 먼저 목표를 달성할 계획을 세워야 한다. 계획은 미래에 달성하고자 하는 것의 절차와 결과에 대한 청사진이다. 제8장에서 계획(plan)과 기획(planning)의 차이를 설명했다. 계획은 단순한 아이디어가 아니라 계획을 세워나가는 과정을 거쳐 얻어진 결과이고, 기획은 계획을 세워나가는 절차를 거치는 것과 그 절차를 통해 얻어진 결과를 같이 말하는 것이다.

기획에 대해 공부했거나 조직에서 일하고 있는 사람들은 계획과 기획을 잘 이해하고 항상 적용하고 있을 것이다. 기획의 일반적인 절차는 (1) 목표설정, (2) 목표 관련 사항 조사(관련 사항의 연구결과, 현재의 여건, 장래의 여건/조건의 예측 등), (3) 목표달성을 위한 대안(수단/전략) 개발, (4) 목표달성 대안의 검토 및 평가, (5) 최종대안의 선택이라 할 수 있다(Skidmore, 1990). 그리고 기획에서 최종대안이 결정되고 나면 실제로는 그 대안을 실천하기 위한 시간계획도 수립해야 한다. 사실 기획과정은 목표설정부터 시작되지만 따지고 보면 그 이전에 왜 그것을 기획하는지, 무슨 목적으로 그것을 기획하는지에 해당하는 '배경'이나 '취지'가 있을 수 있다. 그러한 배경이나 취지에 해당하는 것이 바로 생애설계의 생애사명에 해당된다고 할 수 있다. 따라서 이런 의미에서 기획과정은 생애설계과정(절차)과 비슷한 점이 많다.

생애설계에서 최종-대-중-소 목표의 연계(목표체계)를 만드는 데 기획을 적용하면 좀 더 효과적이고 효율적인 목표체계를 만들 수 있다. 즉 목표체계는 최종목표를 설정하고 그 최종목표를 달성하기 위한 수단이나 중간과정이 되는 목표들의 연결체계다. 최종목표를 달성하기 위한 수단이나 중간과정이 되는 대-중-소 목표는 여러 가지 대안 목표 가운데 선택한 목표가 되기 때문이다.

시간관리는 생애설계의 핵심과정으로 생애설계와 불가분의 관계에 있지만 생애설계와 관련 없이 시기적으로는 더 일찍이 별개로 발전되어왔다. 따라서 여기서는 생애설계의 한 과정으로서의 시간관리(제11장에서 설명했음)가 아니라 일반적인 관점에서 시간관리를 설명하기로 하겠다.

시간관리는 목표달성을 위한 방법이나 수단이다. 개인생활이나 조직생활에서 (사명과 관계없이도) 목표를 설정하는 경우가 많다. 목표설정의 방법과 목표서술의 요건 등은 제10장에서 설명했다. 따라서 여기서는 시간관리 절차의 첫 단계인 목표설정부터 설명하겠다.

시간관리는 (1) 목표설정 → (2) 시간사용 우선순위 결정 → (3) 시간사용 계획표(스케줄) 작성 → (4) 실행 → (5) 평가(주기적 평가)의 과정이 습관화되어 반복되는 상태를 말한다. 시간관리를 습관화하기 위해서는 시간관리 훈련과정을 거쳐야 하고, 그 훈련과정은 일반적으로 〈그림 15-1〉에서 제시된 바와 같은 절차로 이루어진다. 즉 (1) 현

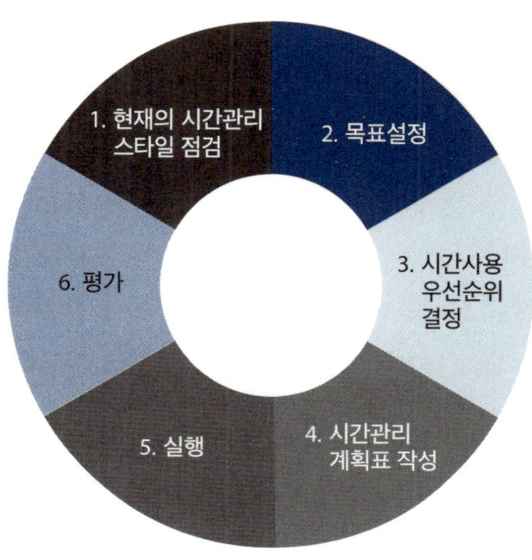

〈그림 15-1〉 시간관리 훈련 절차

재의 시간관리 스타일 점검 → (2) 목표설정 → (3) 시간사용 우선순위 결정 → (4) 시간관리 계획표(스케줄) 작성 → (5) 실행 → (6) 평가로 이루어진다(유성은, 1988). 이러한 시간관리 훈련과정은 2~3개월 정도 소요될 수 있다. 훈련을 통해 시간관리 습관화가 이루어지면 훈련절차의 첫 단계인 '현재의 시간관리 스타일 점검'은 필요 없게 된다. 그러면 시간관리 훈련과정에 대해 좀 더 상세히 살펴보기로 하겠다.

제1단계: 현재의 시간관리 스타일 점검

시간관리 훈련과정에서는 먼저 현재까지 습관화된 자신의 시간관리 스타일을 점검하여 장점과 단점을 파악하는 것이 중요하다. 최소 2~3일, 길게는 일주일 정도 24시간 동안 하는 활동을 15분 단위로 기록하여 활동이 목표와 어느 정도 관련이 있는지, 시간낭비는 어느 정도였는지 등을 분석할 필요가 있다. 시간관리 스타일 점검에서 15분 단위가 너무 짧다고 생각하면 30분 단위로 검토할 수도 있다.

시간관리 스타일 점검은 시간낭비를 얼마나 하고 있는가를 검토하기 위한 것이다. 대부분의 사람들은 매일 적어도 2시간 정도의 시간낭비를 한다고 한다. 시간낭비를 줄이기 위해 다음과 같은 질문으로 자기행동을 분석해볼 수 있다. (1) 이 활동이 내가 계획(목표)하는 것에 얼마나 밀접한 관계가 있는가? (2) 어떤 활동이 계획실천(목표달성)에 더 중요한가? (3) 어떤 행동이 계획실천(목표달성)에 시간낭비인가? 이 단계에서는 목표가 무엇인지를 잘 모르고 있거나 목표가 설정되어 있지 않을 수도 있기 때문에 '계획'은 단순히 궁극적으로 이루어내려고 하는 것 정도로 생각하면 된다. 다행히 목표가 설정되어 있으면 계획하는 것을 목표라 생각하면 된다.

시간관리 스타일 점검에는 〈표 15-1〉과 같은 일일활동 명세서를 활용할 수 있다. '활동'란에는 15분 단위로 무엇을 했는가를 기록하고, '활동의 중요성'란에는 시간사용 우선순위에 따라 A(긴급하고 중요한 것), B(긴급하지 않지만 중요한 것), C(긴급하지만 중요하지 않은 것), D(긴급하지도 중요하지도 않은 것)로 구분하여 체크한다. 이후 각각의 활동에 얼마나 많은 시간을 사용하는지를 계산하고 시간낭비였는지 아닌지를 판단해서 시간낭비 여부에 체크(✓) 표를 한다. 이렇게 점검하면 자신의 시간관리 스타일을 알 수 있게 된다.

이와 같은 일일활동 명세서를 활용한 체크를 2~3일에서 일주일 정도 시행해보면 자신의 일상적 시간사용 현황과 시간낭비 여부를 확실히 파악할 수 있다.

〈표 15-1〉 일일활동 명세서

일일활동 명세서(년 월 일)													
시간	활동	활동의 중요성				시간낭비 여부	시간	활동	활동의 중요성				시간낭비 여부
오전		A	B	C	D		오후		A	B	C	D	
5:00	기상						12:00-12:15						
5:00-5:15							12:15-12:30						
5:15-5:30							12:30-12:45						
5:30-5:45							12:45-1:00						
5:45-6:00							1:00-1:15						
6:00-6:15							1:15-1:30						
6:15-6:30							1:30-1:45						
6:30-6:45							1:45-2:00						
6:45-7:00							2:00-2:15						
7:00-7:15							2:15-2:30						
7:15-7:30							2:30-2:45						
7:30-7:45							2:45-3:00						
7:45-8:00							3:00-3:15						
8:00-8:15							3:15-3:30						
8:15-8:30							3:30-3:45						
8:30-8:45							3:45-4:00						
8:45-9:00							4:00-4:15						
9:00-9:15							4:15-4:30						
9:15-9:30							4:30-4:45						
9:30-9:45							4:45-5:00						
9:45-10:00							5:00-5:15						
10:00-10:15							5:15-5:30						
10:15-10:30							5:30-5:45						
10:30-10:45							5:45-6:00						
10:45-11:00							6:00-6:15						
11:00-11:15							6:15-6:30						
11:15-11:30							6:30-6:45						
11:30-11:45							6:45-7:00						
11:45-12:00							7:00-7:15						
							7:15-7:30						
							7:30-7:45						
							7:45-8:00						
							8:00-8:15						
							8:15-8:30						
							8:30-8:45						
							8:45-9:00						
							9:00-9:15						
							9:15-9:30						
							9:30-9:45						
							9:45-10:00						
							10:00	취침					

*기상과 취침 시간은 개인에 따라 달리 정할 수 있음. 그러나 1일 7시간 정도 취침하는 것이 건강과 활동을 위해 바람직함.

제2단계: 목표설정

시간관리는 목표를 세우는 것부터 시작된다. 어떤 일이나 행동을 할 때 목표가 있어야 미리 계획을 세울 수 있고 얼마나 진도가 나갔는가도 알 수 있으며, 목표를 달성하면 만족감과 성취감을 느낄 수 있다.

일반적인 시간관리에서 목표는 생애목표와 관계없는 것일 수도 있고 생애설계의 생애목표(목표체계)에 속한 것일 수도 있다. 일반적으로 목표가 될 수 있는 것은 (1) 생애사명에 따른 목표, (2) 생애주기 발달과업으로 생애목표와 직간접적으로 연계된 것과 연계되지 않더라도 중요한 것, (3) 직장이나 개인 사업상의 업무목표, (4) 개인생활의 목표 네 가지로 구분할 수 있다. 즉 일반 시관관리에서 목표는 이 네 가지 중 어느 한 가지 또는 그 이상이 될 수 있다. 목표는 가능하면 다섯 가지의 목표서술 요건(SMART)을 구비하여 서술할 필요가 있다.

목표를 설정하는 경우 생애설계에서처럼 목표달성 기간에 따라 장기-중기-단기 목표를 설정할 수 있고, 향후 10년 목표 그리고 1년 목표, 월간, 주간 목표도 설정할 수 있다. 조직에서는 그 조직의 사명을 실현하기 위해 조직목표를 설정하고 최종-대-중-소 목표 또는 장기-중기-단기 목표를 설정할 수 있다. 조직의 사업(업무) 부서별로 그리고 프로젝트별로도 다양한 수준의 목표를 설정할 수 있다. 논리적으로는 물론 실제적으로도 조직 전체의 목표는 조직의 부서별 목표와 연계되어야 한다. 또한 조직의 일원과 부서의 일원으로 일하는 개인의 경우, 업무상 목표는 개인 생애목표에 포함될 수도 있다. 개인의 목표도 최종-대-중-소 목표 또는 장기-중기-단기 목표(목표체계)로 설정할 수 있다. 그리고 목표체계와 더불어 향후 10년 목표(1년 단위 목표) 및 당해 연도(금년)의 연간, 월간, 주간 목표를 설정할 수도 있다.

목표설정에 유의해야 할 것은 시간에 대한 의식이다. 사람들은 인생에서 남은 시간이 짧다고 생각할수록 장기적 목표보다는 단기적 목표를 설정하고, 지식과 정보의 습득이나 자기 성장을 위한 목표를 설정하기보다는 친근한 사람들과의 관계 유지, 인간관계 개선, 정서적 즐거움이나 기쁨을 얻을 수 있는 것을 목표로 설정하는 경향이 있다. 그리고 남아 있는 시간의 길이를 의식하는 데는 연령보다는 개인의 주관적 인식이 더 중요하게 작용한다(Kennedy, Fung & Carstensen, 2001).

중년기 이후 인생에서 남은 시간을 짧게 인식하는 경향이 있지만 개인에 따라서는 객관적인 물리적 시간(크로노스)보다는 주관적으로 의미를 부여하는 시간(카이로스)으로 더 많이 의식할 수 있다. 자신의 노력으로 건강하게 장수할 수 있다고 생각하고 노력한다면, 연령에 크게 관계없이 장기적인 계획을 충분히 세울 수 있다.

제3단계: 시간사용 우선순위 결정

해야 할 일이 여러 가지인 경우 시급성과 중요성에 따라 우선순위를 정해야 한다. 해야 할 일에 대한 시간사용 우선순위 결정 원칙은 제11장에서 설명한 것과 같다(〈그림 11-1〉 참조). 긴급하고 중요한 것(A), 긴급하지 않지만 중요한 것(B), 긴급하지만 중요하지 않은 것(C), 긴급하지도 중요하지도 않는 것(D)으로 구분하는 것이다. 긴급하지도 중요하지도 않는 것(D)은 시간낭비이므로 무시하고 ABC로만 구분한다. A에 해당하는 것이 많은 경우 해당 항목들을 다시 판단하여 ABC로 구분한다.

이와 같이 일의 우선순위를 정하는 ABC 원칙을 '아이젠하워 원칙(Eisenhower principle)'이라고도 한다(쉬셴장, 2017). 이 원칙은 미국의 아이젠하워 대통령이 만들었다고 전해지기 때문이다. 아이젠하워가 2차대전 후 콜럼비아대학교 총장을 할 시절에 다른 동료 총장이 "중요하다고 생각하는 것 중에 긴급한 것은 별로 없고, 긴급하다고 생각하는 것 중에 중요한 것이 거의 없다"고 말한 것의 의미를 살려 시간 사용 우선순위를 만들었다고 한다.

A에 해당하는 것은 긴급하고 중요한 일들이므로 즉시 처리해나가야 한다. 그런데 우리는 실제로 A에 해당하는 일을 하느라 삶의 많은 시간을 빼앗기고 있다. A에 너무 많은 시간을 소비하며 살아가는 삶은 위기 해결과 문제 해결에만 급급한 삶을 살아가게 된다.

B에 해당하는 일은 긴급하지 않지만 중요한 것이다. 이런 일들에 많은 시간을 투자하면 인간관계, 건강 유지/회복, 높은 생산성을 이룰 수 있고, 나머지 부분의 일을 처리할 수 있는 능력을 배양할 수 있고, 또한 A에 해당하는 일도 크게 줄일 수 있다. 즉 B에 많은 시간을 투자하면 C나 D의 일에 얽매이지 않을 뿐만 아니라 A에 해당하는 일도 줄일 수 있고 일 처리 시간까지 줄일 수 있다. 긴급한 것에 얽매여 중요한 것을 놓치는 시간관리는 결코 현명한 방법이 아니다. B에 많은 시간(20% 정도까지)을 사용하면 그 20%의 시간사용을 통해 전체 일의 80%를 해낼 수 있는 효과를 얻을 수 있다. 이 같이 B에 20%의 시간 투자로 목표의 80%를 달성할 수 있는 20/80의 효과를 시간관리의 파레토 원칙(Pareto principle)이라 한다.

C에 해당하는 일은 긴급하지만 중요하지 않은 것으로 중요하지 않은데 중요한 것처럼 보이고 간단히 거절하지 못하는 일들이다. 일부 사람들은 C에 해당하는 일을 A에 해당하는 일이라 생각하고 급하지만 중요하지 않은 일에 대부분의 시간을 사용한다. C에 해당하는 일을 급하다고 생각하는 근거는 대부분 자신의 판단보다는 다른 사람이 설정하는 우선순위와 기대에 따른 것이다(Covey, 1989). D에 해당하는 일은 시간낭비라 할 수 있는 일이므로 무시하는 것이 좋다. C나 D에 너무 많은 시간을 투입하는 사람은 책임감이 약한 사람이라 할

수 있으며, 성공적 삶을 사는 사람들 대부분은 C와 D의 일에 시간투입을 삼가는 사람들이라 할 수 있다.

제4단계: 시간관리 계획표(스케줄) 작성

1. 시간관리 도구 형태

시간관리는 시간관리 도구를 이용하는 것이 가장 바람직하다. 시간관리 도구는 크게 두 가지로 나눌 수 있다. 하나는 인쇄물 형태이고 다른 하나는 전자정보기술 활용 형태다. 인쇄물 형태에는 전통적으로 많이 활용되고 있는 포켓용 수첩, 다양한 크기의 다이어리 형태(시중 판매 또는 조직 업무용 등)가 있다. 전자정보기술 활용 형태에는 일반 PC용, 모바일 기기에서 사용할 수 있도록 개발된 다양한 앱(application) 등이 있다.

아직까지 생애설계와 연계하여 시간관리를 할 수 있도록 개발된 시간관리 도구는 찾기 어렵다. 그리고 전자정보기술형은 실제로 생애설계와 연계된 시간관리를 반영하기 어려운 점(특히 기록하는 사항이 많은 경우)이 있어 간단하고 중요한 약속을 입력하고 상기시켜주는 정도에서는 편리성이 크다. 따라서 전자정보기술형은 인쇄물형의 다이어리를 보조하는 정도로 활용하는 것이 바람직하다. 휴대 편의와 이용 편의만 추구하다 보면 생애설계 다이어리의 효과를 얻기 어렵다. 인쇄물 형태로 생애설계의 시간관리용으로 변형하여 사용할 수 있는 것은 프렝클린 다이어리이지만 생애설계용 시간관리 계획표에 더 적합한 양식을 제시해 보기로 한다.

2. 시간관리 계획표 종류

시간관리 계획표는 일간(일일), 주간, 월간 및 연간의 시간관리 계획표를 말한다. 하루의 삶이 중요하지만 그 하루는 일주일 단위의 삶 속에 포함되어 있고, 현대의 생활은 대부분 주간 단위로 이루어지므로 일간 시간관리 계획표와 주간 시간관리 계획표를 통합하여 사용하는 것이 효과적이다. 다이어리나 포켓용 수첩 등도 주간 시간관리 계획표 형태로 한눈에 볼 수 있도록 만들어진 것이 많다. 시간관리 계획표는 목표달성 행동을 시간적으로 요약·기록하는 계획표이므로 연간, 월간, 주간 시간관리 계획표에는 반드시 목표 기록란을 두고 목표달성이 핵심사항이 되도록 하는 것이 중요하다.

시간관리 계획표로 여기에 소개하는 연간, 월간, 주간 시간관리 계획표를 스스로 만들어 사용하거나 목표와 계획표가 잘 반영된 다이어리를 구입하여 사용할 수도 있다. 단순히 월별, 날자별로 중요사항을 적도록 만들어놓은 것이 아니라 시간관리를 목적으로 상세하게 연간, 월간, 주간의 목표달성을 중심으로 시간계획을 세우고 실천하는 데 도움이 되도록 만들어진 다이어리를 구입하여 사용하면 좋을 것이다.

일반적 시간관리가 아닌 생애설계 절차로서의 시간관리는 생활영역별 생애사명(별도의 표로 정리하여 제시하거나 아니면 목표체계에 사명이 포함되어 있기 때문에 생략해도 무방함), 생활영역별 목표체계와 향후 10년 목표까지를 요약·정리하여 다이어리에 포함시키는 것이 바람직하다(〈표 10-2〉 및 〈표 10-3〉 참조).

3. 당해 연도(현재 연도) 목표 서술

시간관리는 실제로 1년 단위로 이루어지기 때문에 당해 연도(현재 연도) 1년의 목표가 가장 중요하고 기본적인 목표가 된다. 생애설계와 관계가 있든 없든 1년 단위 목표를 가능하면 생활영역별로 〈표 15-2〉와 같은 양식으로 제시할 필요가 있다.

생애설계와 관련 없는 시간관리라 하더라도 생애설계와 관련된 시간관리의 당해 연도(현재 연도) 목표 서술의 양식을 사용할 수 있다. 생애설계를 의식하지 않는 상태에서의 일반적 시간관리의 경우라도 당해 연도 1년 목표는 개인 또는 조직 아니면 둘 다에 해당하는 여러 가지 목표를 설정할 수 있고, 목표의 종류를 분류하면 8대 생활영역에 거의 해당될 수 있을 것이다. 시간관리를 위한 다이어리가 아닌 경우(시중에 판매되거나 일반적으로 조직에서 배포하는 것)에도 연간목표를 적는 부분이 있는 경우가 많기 때문에 거기에 맞춰 다양한 목표를 서술하여 한눈에 볼 수 있도록 하면 된다. 연간목표를 종합적으로 서술하는

〈표 15-2〉 당해 연도의 생활영역별 목표 서술 양식

생활영역	생애목표
직업·경력	
학습·자기개발	
건강	
가족·사회관계	
주거	
사회참여·봉사	
여가·영적활동	
재무	

부분이나 표가 없으면 〈표 15-2〉(제10장 〈표 10-4〉와 같음)와 같은 양식을 만들어 다이어리에 붙여넣으면 될 것이다.

4. 한눈에 보는 연간 시간관리 계획표

연간 시간관리 계획표는 연간목표 달성을 위한 일자별로 주요 월간/주간/일일 목표, 행사 및 방문 계획, 회의 및 여행 일자, 보고서 작성

〈표 15-3〉 한눈에 보는 연간 시간관리 계획표 양식

일자	1월	2월	3월	4월	5월	6월	7월	8월	9월	10월	11월	12월
1												
2												
3												
4												
5												
6												
7												
8												
9												
10												
11												
12												
13												
14												
15												
16												
17												
18												
19												
20												
21												
22												
23												
24												
25												
26												
27												
28												
29												
30												
31												

및 보고(브리핑/프레젠테이션 포함) 등 주요 계획을 표시하여 한눈에 볼 수 있는 표를 작성하면 된다. 연간 시간관리 계획표는 일반 다이어리 크기의 좌우 양면을 사용할 수 있지만 공간이 크게 제한되어 선택적으로 주요 계획사항만 기록할 수밖에 없다. 좀 더 많은 기록공간이 필요하면 별도로 만들어 벽이나 책상 위에 비치할 수 있다. 일반적으로 사용하는 연간 시간관리 계획표 양식은 〈표 15-3〉과 같다.

5. 월간 시간관리 계획표

연간목표는 당해연도 시작 전에 12개월간의 월간목표로 세분화해서 설정해야 한다. 대부분의 다이어리나 수첩의 월간 시간관리 계획표에는 목표를 적는 부분이 없다. 기존 다이어리의 월간 시간관리 계획표에 목표 서술 난이 없는 경우 적절한 공간에 적어넣거나 별도의 월간 시간관리 계획표를 만들어 붙일 수도 있다. 아니면 〈표 15-4〉와 같은

〈표 15-4〉 월간 시간관리 계획표 양식

2020년 1월							
월간 목표	일	월	화	수	목	금	토
				1	2	3	4
	5	6	7	8	9	10	11
	12	13	14	15	16	17	18
	19	20	21	22	23	24	25
	26	27	28	29	30	31	

월간 시간관리 계획표를 만들어 대치할 수도 있다.

6. 주간 시간관리 계획표

일상생활에서 계획을 월간 또는 주간 단위로 하는 경우가 대부분이므로 〈표 15-5〉와 같이 일일 시간관리 계획표와 주간 시간관리 계획표를 통합한 양식을 사용하는 것이 좋다. 하지만 기존 다이어리의 주간 시간관리 계획표에 목표 서술 난이 없는 경우가 대부분이기 때문에 계획표의 적절한 공간을 활용하여 주간목표를 적어넣고, 또한 시간사용 우선순위(ABC) 표시를 하면 될 것이다.

〈표 15-5〉 주간 시간관리 계획표 양식

<table>
<tr><td colspan="10">2020년 1월 첫 주</td></tr>
<tr><td colspan="5" rowspan="2">주간목표</td><td rowspan="2">2
목</td><td>v</td><td>ABC</td><td>시간</td><td>활동</td></tr>
<tr><td></td><td></td><td></td><td></td></tr>
<tr><td rowspan="2">30
월</td><td>v</td><td>ABC</td><td>시간</td><td>활동</td><td rowspan="2">3
금</td><td rowspan="2"></td><td rowspan="2"></td><td rowspan="2"></td><td rowspan="2"></td></tr>
<tr><td></td><td></td><td></td><td></td></tr>
<tr><td>31
화</td><td></td><td></td><td></td><td></td><td>4
토</td><td></td><td></td><td></td><td></td></tr>
<tr><td>1
수</td><td></td><td></td><td></td><td></td><td>5
일</td><td></td><td></td><td></td><td></td></tr>
</table>

7. 표준 주간 시간관리 계획표 작성

시간을 효과적으로 사용하기 위한 최선의 방법 중 하나는 자신에게 맞게 표준화된 시간관리 계획을 갖는 것이다. 특별한 경우를 제외하고는 주간 및 일일 단위로 규칙적으로 하는 일을 정해놓고 그대로 따르는 것이 바람직하다. 그래서 표준 주간 시간관리 계획표와 표준 일일 시간관리 계획표를 〈표 15-6〉과 〈표 15-7〉과 같은 양식으로 작성하는 것이 바람직하다. 기존 다이어리에 제시된 양식과 같거나 비슷한 표준 시간사용 계획표가 있는 경우는 거의 없다.

〈표 15-6〉 표준 주간 시간관리 계획표

오후				목	오전		
요일	시간		활동		오후		
					저녁		
월	오전			금	오전		
	오후				오후		
	저녁				저녁		
화	오전			토	오전		
	오후				오후		
	저녁				저녁		
수	오전			일	오전		
	오후				오후		
	저녁				저녁		

〈표 15-7〉 표준 일일 시간관리 계획표

일일활동 명세서			
오전	계획	오후	계획
5:00	기상	12:00-12:15	
5:00-5:15		12:15-12:30	
5:15-5:30		12:30-12:45	
5:30-5:45		12:45-1:00	
5:45-6:00		1:00-1:15	
6:00-6:15		1:15-1:30	
6:15-6:30		1:30-1:45	
6:30-6:45		1:45-2:00	
6:45-7:00		2:00-2:15	
7:00-7:15		2:15-2:30	
7:15-7:30		2:30-2:45	
7:30-7:45		2:45-3:00	
7:45-8:00		3:00-3:15	
8:00-8:15		3:15-3:30	
8:15-8:30		3:30-3:45	
8:30-8:45		3:45-4:00	
8:45-9:00		4:00-4:15	
9:00-9:15		4:15-4:30	
9:15-9:30		4:30-4:45	
9:30-9:45		4:45-5:00	
9:45-10:00		5:00-5:15	
10:00-10:15		5:15-5:30	
10:15-10:30		5:30-5:45	
10:30-10:45		5:45-6:00	
10:45-11:00		6:00-6:15	
11:00-11:15		6:15-6:30	
11:15-11:30		6:30-6:45	
11:30-11:45		6:45-7:00	
11:45-12:00		7:00-7:15	
		7:15-7:30	
		7:30-7:45	
		7:45-8:00	
		8:00-8:15	
		8:15-8:30	
		8:30-8:45	
		8:45-9:00	
		9:00-9:15	
		9:15-9:30	
		9:30-9:45	
		9:45-10:00	
		10:00	취침

8. 휴식 시간관리 계획

시간관리 계획표 작성에 빠뜨리지 말아야 될 것은 휴식시간에 대한 계획이다. 자신의 신체적·심리적 상태와 특성에 따라 다음 사항을 참고하여 일일 및 주간 시간관리 계획표에 반드시 다음과 같이 휴식시간과 휴식방법을 포함시켜야 할 것이다: (1) 주기적으로 휴식하라, (2) 매일 휴식하라, (3) 매 시간마다 최소한 2~3분, 점심식사 후 10~15분을 휴식하라, (4) 일주일에 1~2일 정도 휴식하라.

휴식은 일을 위한 재창조(recreation)의 시간이다. 휴식은 하루와 일주일을 다시 살아가는 데 필요한 에너지를 재충전(재창조의 에너지 보충)하는 기회가 된다.

9. 시간관리 계획표 작성 시기

각각의 시간관리 계획표 작성 시기는 다음과 같이 정하는 것이 일반적이다.

- 일일 시간관리 계획표: 전날 저녁, 취침 전 또는 당일 아침
- 주간 시간관리 계획표: 전주 토요일 저녁 또는 일요일 저녁
- 월간 시간관리 계획표: 다음 달 시작 3일 또는 일주일 전
- 연간 시간관리 계획표: 새해 시작 전년도 12월 중

제5단계: 시간관리 계획 실행

아무리 좋은 시간관리 계획을 세워도 이를 실행하지 않으면 아무런 유익이 없고 시간관리가 효과적으로 될 수 없다. 실행이 가능하다고 생각하여 계획을 세웠음에도 불구하고 계획보다 실행이 어려운 것은 분명하다. 계획의 실행에는 무엇보다 강한 의지, 인내심과 도전정신이 필요하다.

제6단계: 평가

일일, 주간 및 월간 시간관리 계획표의 실행결과를 보고 자신의 시간관리 스타일을 평가하여 문제점을 개선하면서 시간관리를 훈련할 필요가 있다. 평가의 결과는 다음 날, 다음 주일 또는 다음 달의 시간관리 계획표 작성과 실천에 참고할 수 있어야 할 것이다. 시간관리 훈련을 마치고 본격적인 시간관리 행동을 하는 경우는 분기별로 시간관리 과정을 평가하는 것이 좋다.

본격적 시간관리 행동 실행

본격적인 시간관리는 연습기간을 2~3개월 정도 거친 후에 들어가야 할 것이다. 이러한 훈련과정을 거치는 것은 시간관리를 일상적 행동 습관으로 완전히 굳혀나가는 데 가장 효과적이다. 시간관리는 개인생활과 조직생활에서 목표를 달성하는 가장 효과적이고 효율적인 수단이고 방법이며, 나아가서는 생애설계의 가장 효과적이고 효율적인 실천도구다. 시간관리는 시간관리 계획만으로는 절대 이루어지지 않는다. 계획을 행동으로 실천하는 시간관리를 통해 제대로 실천할 수 있다. 시간관리야말로 성공적 인생을 만들어가는 가장 핵심적이고 효과적인 행동임을 명심해야 할 것이다(Covey, 1989). 시간관리는 누구나 훈련하여 습관화할 수 있다.

앞서 제시한 6단계의 시간관리 훈련을 거쳐 시간관리가 완전히 습관화되면 시간관리는 실제 (1) 목표설정 → (2) 시간사용의 우선순위 결정 → (3) 시간관리 계획표 작성 → (4) 실행 → (5) 평가의 5단계를 거치게 된다. 특히 시간관리를 생애설계의 절차로 활용하는 경우 첫 단계인 목표설정 단계는 비교적 쉽게 지나갈 수 있다. 연간목표가 이미 설정되어 있기 때문에 월간 및 주간 목표만 세부적으로 설정하고, 그 목표달성을 위한 월간 및 주간 시간관리 계획표를 작성하면 된다. 그리고 마지막 평가단계는 시간관리를 행동으로 습관화한 이후에도 계속 필요하다.

시간낭비를 막는 방법

우리가 주간, 월간, 연간 시간관리 계획을 세워 실천하는 과정에서 시간을 낭비하게 하는 여러 가지 요인이 있다. 이러한 시간낭비 요인들을 제거할 수 있다면 시간을 훨씬 효율적으로 사용할 수 있을 것이다. 따라서 시간낭비 요인과 시간낭비를 막을 수 있는 방법을 정리하여 소개하기로 한다(Cook, 1998; Dodd & Sundheim, 2005).

가진 것을 정리하여 있을 곳에 두라

무언가를 소유하고 있으면 그것들을 유지하기 위해 정신적·신체적 노력은 물론 금전적 비용도 들게 된다. 그러므로 가지고 있는 서류, 이메일, 잡동사니 등을 잘 정리할 필요가 있다. 우선 주기적으로 (1) 버림, (2) 보관, (3) 다른 사람에게 줌/중고품 판매 등으로 분류하여 정리할 필요가 있다. 서류는 (1) 버림, (2) 처리 위임(대신 처리하게 함), (3) 직접 처리, (4) 임시 보관(처리하기 전에 임시적 보관), (5) 컴퓨터 파일(사진 찍거나 스캔하여 그림 파일로 만듦)로 보관으로 분류하여 정리할 수 있다.

특히 서류와 이메일은 계속 쌓여 찾기도 처리하기도 어렵고, 많은 경우 시간을 소모하게 한다. 정기적으로 검토하여 필요한 서류는 스캔하거나 사진(휴대전화 사진 기능 활용)으로 찍어 컴퓨터 파일로 보관하면 된다. 이메일은 (1) 읽는 즉시 회신하거나 불필요한 것은 삭제하고, (2) 남겨둔 메일은 정기적으로 검토하여 삭제하거나 (3) 보관할 필요가 있는 것은 파일로 전환하거나 사진 찍어 파일로 보관하면 편리하다. 컴퓨터 파일로 저장할 경우는 반드시 복사본 파일을 만들어 두어야 한다.

책상을 깨끗이 정리하라

책상 위나 서랍 속의 서류나 물건을 정리하여 필요한 것을 쉽게 찾을 수 있게 하는 것이 중요하다. 많은 경우 책상 위 서류나 물건이 뒤죽박죽이라서 찾는 데 시간이 많이 걸리기 쉽다. 책상은 직장이나 가정에서 개인의 중요한 생활도구로 업무나 일상생활에서 중요한 것을 생각하고, 계획하고, 정리하고, 보관하는 곳이다. 책상은 여러 가지 서류나 책, 문방구, 기타 개인 소지품 등을 놓거나 보관하는 곳이다. 따라서 책상 위는 잘 정돈하고 충분한 공간을 마련하는 것이 좋고 책상 서랍 등도 잘 정리하는 것이 좋다. 특히 서류는 쌓아두지 말고 트레이(미결, 보류, 처리 등으로 분류)에 분류하거나 파일 폴더를 사용하여 정리하거나, 컬러 스티커/포스트잇을 붙여 분류·정리할 필요가 있다. 물론 서류도 정기적으로 정리하여 필요 없는 것은 파쇄하거나 버리는 것이 좋다.

일 처리를 미루지 말라

일 처리를 미루는 것은 시간낭비의 가장 큰 요인 중 하나다. 특히 해야 할 일을 미루는 것이 습관화되면 시간낭비뿐만 아니라 장기적으로 심각한 문제를 초래할 수 있다. 일 처리를 미루는 주요 원인은 (1) 변화, 비판, 실패, 불완전성, 실수, 거부당함에 대한 두려움, (2) 할 일이 너무 많음, (3) 결정하기 어려움, (4) 처리기한의 불분명, (5) 불분명한 목표, (6) 일에 대한 정보 부족이나 일을 제대로 할 줄 모름, (7) 내키지 않는 일 등이다. 일을 미루는 것은 시간을 도둑맞게 하는 것이다. 일을 미루는 것에 대한 해결 방법은 다음과 같다.

(1) 큰 프로젝트는 작게 나누어 생각하라: 목표를 최종 → 대 → 중 → 소 목표로 구분하듯이 큰 프로젝트는 작은 부분으로 나누어 추진한다.

(2) 일의 어느 부분에서건 먼저 시작하라: 너무 겁내거나 두려워 말고 일단 어느 부분에서건 시작하는 것이 중요하다.

(3) 어렵고 힘든 것부터 먼저 하라: 어렵고 힘든 일은 항상 마음에 짐이 되고 걱정이 되어 다른 일을 하는 데도 방해가 되므로 먼저 하는 것이 훨씬 좋다.

(4) 30분 정도만 전혀 방해 받지 않고 일을 해보라: 방해 받지 않고 일을 해봄으로써 계속 그 일을 하는 시간을 늘려가고 익숙해질 수

있다.

(5) 일 처리(진행)를 일상적 속도에 맞게 하라: 일 처리에 무리하게 속도를 내거나 휴식이나 재충전(휴식)의 시간도 없이 일하는 것에만 얽매이는 것은 피한다.

(6) 긍정의 마음과 자세로 일하라: '내가 해야 한다', '내가 하지 않으면 안 된다'라는 생각으로 일하게 되면 골치 아픈 일이 되기 쉽고, 실패하거나 잘하지 못하면 비난받는다는 생각으로 의기소침해지기 쉽다. 그 대신 '내가 하기로 선택했다'라고 생각하면 이루어낼 결과를 긍정적으로 기대하고 자신감이 생길 수 있다.

(7) 완벽에 너무 집착하지 말라: 세상일에는 완벽이란 있을 수 없다. 일의 중요한 부분이나 큰 틀을 잡으면 계속 수정 보완할 수 있기 때문에 한 번에 완벽하게 해낸다는 생각은 버린다.

(8) 작은 일부터 잘 해내면서 스스로를 칭찬하라: 큰일의 일부인 작은 일을 먼저 이루어냄으로써 성취감과 자신감을 느끼게 되면 계속 추진할 수 있는 동기와 용기가 생긴다. 일단 작은 일을 이루어낸 것에 스스로 칭찬하는 것이 바람직하다.

No라고 대답하는 방법을 배우라

직장에서 상사의 지시 또는 부탁, 아는 사람의 부탁이나 요청을 받아 시간상 해내기 어렵거나 제대로 해내지 못해 스스로도 불만인 경우가 있다. 너무 많은 일은 결국 시간관리를 못하게 만든다. 처음부터 거절할 수 있으면 거절하고 아니면 가부를 결정할 시간을 얻어 생각한 후에 시간적으로 도저히 할 수 없거나 잘할 수 없는 일이라 판단되면 멋지게 거절할 수 있어야 한다. 멋지게 거절하는 화법을 잘 만들거나 배우는 것이 좋다. 단순히 멋지게 잘 거절하는 말만 하고 거절 이유는 말하지 않는 것이 좋다. 이유를 대면 그 이유로 인해 오히려 설득당하는 경우도 있다는 점에 유의하라.

시간을 지켜라

시간을 잘 지키는 것이 시간낭비를 막는 중요한 방법이다. 시간에 늦으면 기회를 잃게 될 수도 있으며 이전 것을 확인하여 따라가기 위해 더 많은 시간을 소비할 수도 있으며, 다른 사람의 시간도 낭비하게 만들 수 있다. 특히 회의의 경우 시작 시간과 끝나는 시간을 잘 지키는 것, 즉 정해진 시간을 정확히 지키는 것이 자신의 시간관리와 다른 사람(들)의 시간관리를 위해서 반드시 필요하다. 그리고 시간을 지키는 것은 다른 사람(들)에 대한 예의라는 것도 잊지 말아야 할 것이다.

약속시간과 시작/종료 시간을 지키지 않는 것은 때로는 상대방이 부하든 상사든 일반인이든 가족이든 관계없이 인격을 무시하는 것이 될 수 있다는 점에 유의해야 한다. 그리고 특별한 이유 없이 갑자기 일방적으로 회의시간을 정하거나 변경하는 것 역시 상대방의 인격을 무시하는 것이 되고 상대방의 시간계획에 혼란을 초래할 수 있다. 약속시간 전에 미리 방문한 사람이 있는 경우는 양해를 구하고 기다리게 한 후에 만나는 것도 중요하다. 반면에 정해진 약속시간 이전에 미리 가서 만나려 하는 것도 상대방의 시간관리를 방해하는 것이 될 수 있음에 유의해야 한다.

과도한 정보를 줄여라

우리는 정보의 홍수 속에 살고 있다. 너무 많은 정보는 판단을 흐리게 하고 시간을 낭비하게 만든다. 시시각각으로 변하는 정치, 경제, 사회의 다양한 상황에서 즉각적으로 판단을 내려야 하는 경우(예를 들면 증권이나 주식 시장의 결정)는 정보의 다양성보다 신뢰성이 더 중요할 것이다. 일상생활과 직업활동 경험을 통해 좀 더 신뢰성 있는 정보의 출처를 확인하고 확실하고 신뢰할 수 있는 정보를 얻는 방법을 터득하는 것이 중요하다.

출처가 불분명한 인터넷, 신문, 방송, 시중의 다양한 서적의 정보를 활용하거나 그런 정보를 다른 사람에게 전달하는 일은 위험하고 자신의 인격까지도 의심하게 만들 수 있다. 특히 이러한 정보를 저서, 강의, 강연에 활용하는 것은 삼가야 할 것이다. 자기의 판단이나 주장이 아닌 다른 출처의 정보(지식, 기술, 경험 등 포함)를 전달하는 경우는 반드시 출처를 정확히 밝혀야 한다. 출처를 밝히지 않고 정보를 공적으로 사용하는 것은 자신의 양심에도 저촉되고 지적재산권을 침해하는 것이 될 수도 있다.

계획된 스케줄에 다른 일이 끼어드는 것을 최소화하라

계획된 스케줄(시간사용 계획)에 다른 일이 새롭게 끼어들게 되면 전체 스케줄을 계획대로 실행하기 어렵게 되는 경우가 많다. 계획을 방해하는 것은 특별한 요청이나 부탁이 아니더라도 여러 가지로 많다. 습관적이고 빈번하게 하는 이메일 확인, 휴대전화 문자 메시지, 카카오톡(kakao talk), 페이스북(facebook), 인스타그램(instagram) 등의 사회관계망서비스(Social Network Services, 이하 SNS) 확인은 주의를 산만하게 만들고 일 수행을 방해할 수 있다. 이 같은 일은 적절한 시간 간격을 두고 확인하거나 휴식시간에 하는 것이 좋다. 특히 상대방과 대화 중 또는 회의 중에 SNS 확인이나 사용도 실례가 된다는 점을 유의해야 할 것이다. 예정 없이 찾아오는 사람을 만나거나 중요하지 않은 전화나 발신자 불명의 전화를 받는 것도 시간사용에 방해가 된다. 이러한 경우에 대한 적절한 대응책을 가지고 있어야 한다.

한 번에 한 가지 일만 처리하라

일의 종류에 따라 제한된 5~10분, 20~30분, 1~2시간 내에 두 가지 이상의 간단한 일을 하는 것이 가능할 수도 있고 그렇게 하는 것이 유능하게 보일지는 모른다. 한 번에 두 가지 이상의 일을 하는 것은 일이 간단하고 짧은 시간 내에 할 수 있으면 큰 문제는 없겠지만 불과 1~2시간 이내에 목표가 설정된 두 가지 이상의 일을 하는 것은 결과적으로 생산성을 낮추게 된다. 1~2시간 내에는 한 가지 일에만 집중하는 것이 훨씬 생산성을 높일 수 있다.

계획된 일이나 목표를 달성하려는 일로 1~2시간 내에 처리할 수 있는 것은 거의 없다. 목표가 있는 일은 적어도 며칠, 일주일, 수개월 또는 그보다 훨씬 많은 시간을 요한다. 적어도 2~3시간 이상 또는 하루 이상의 시간을 사용하는 경우는 여러 가지 일을 동시에 할 수 있고, 할 수밖에 없는 경우가 많다. 그러나 1~2시간의 짧은 시간 내에 두 가지 이상의 일을 처리하는 것은 생산성을 떨어뜨리고 경우에 따라 결과적으로 시간이 더 많이 걸릴 수도 있다. 그러므로 1~2시간 내의 짧은 시간에는 한 가지 일에만 집중하는 것이 결국 시간을 절약하는 방법이다.

목표달성을 위해 위험도 감수하라

목표는 일반적으로 현재보다는 높은 수준으로 설정된다. 목표달성까지는 많은 노력이 필요하고 예측하기 어려운 상황이 닥칠 수도 있고, 두려움과 위험도 따를 수 있다. 목표달성을 위한 행동에 두려움과 실패의 위험이 따르더라도 목표달성의 의지, 인내심, 도전정신이 강하면 그러한 두려움과 위험은 충분히 감수할 수 있고 극복할 수 있다.

다른 사람이 할 수 있는 일은 다른 사람에게 적절히 위임하라

직장 일이나 개인 일에서 수행 시간, 전문성, 중요성 등을 고려하여 자신이 직접 처리하지 않아도 된다고 판단되면 다른 사람이 그 일을 처리하도록 하는 것이 좋다. 비용이 들더라도 결국 시간상 득이 되는 일은 다른 사람에게 위임하는 것이 좋다. 일을 위임할 경우 일의 완료 기한, 일의 내용과 수행 방법, 수행 결과 확인 방법(보고 방법 포함), 책임, 경우에 따라 비용 등을 명시할 필요가 있다.

회의를 잘 주재하라

회의 진행자는 회의진행 방법을 잘 알고 숙달하여 사전에 잘 준비하고(필요한 경우 연습, 연습을 통한 시간조정 포함), 시작/종료 시간을 잘 지켜야 한다. 회의 시작시간과 종료시간을 반드시 미리 공지하고 회의 진행자는 회의 종료시간을 잘 지켜서 회의 참석자의 시간사용 계획을 방해하지 않도록 배려하는 것도 중요하다.

회의내용을 미리 알려주지 않거나 자료를 미리 제공하지 않음으로써 회의의 효과를 떨어뜨리는 경우가 많다. 회의자료를 미리 알려주는 경우에도 참석자가 회의자료를 미리 읽고 참석하도록 요청하는 것이 효과적이다. 회의에서는 이미 전달한 자료내용을 다시 그대로 보고하는 것은 피하고, 요약해서 간략히 보고하거나 보고는 생략하고 회의자료 내용에 대한 질의응답과 토의를 진행하는 것이 바람직하다. 이와 관련하여 회의 참석자는 회의자료를 미리 읽고 참석해야 회의의 효과성과 효율성을 높이는 것임을 알아야 할 것이다. 회의에 참석해서야 회의내용을 알게 된다면 제한된 시간에 회의 효과를 얻기 어렵다. 회의내용을 사전에 잘 알지 못하는 상황에서는 제대로 중요한 결정을 못 하거나 시간에 쫓겨 피상적인 결정을 할 수밖에 없는 경우가 많다. 회의에 큰 도움이 될 것으로 기대하고 일정이 바쁜 사람들을 모아놓고 기대하던 결과를 얻지 못하는 것은 회의 준비를 제대로 못한 주최자 측의 과실이 더 클 수 있음을 유의해야 할 것이다.

여러 가지 의사소통 수단을 적절히 활용하라

일에 따라 이메일, 메모지, 전자결재, 텔레컨퍼런스(teleconference: 다자 접속 전화통화회의), 화상회의, 화상통화, 음성녹음, 전화, 팩시밀리, 휴대전화 문자 메시지나 다른 SNS 방법 등을 적절히 활용하는 것이 현명하다. 직접 대면하기 위한 시간 약속도 번거롭고, 면담 약속 시간이 되었는데도 앞사람의 결재나 면담이 길어지면 대기하는 데도 상당한 시간을 낭비하게 된다. 한국문화에서 특히 상급자에게 전화나 문자로 보고하는 것이 실례라고 생각하여 대면하는 것을 선호하는 경향이 있는데 가능하면 전화나 문자로 보고하고, 대면 보고나 면담을 위해 시간을 낭비하는 문화는 개선되어야 할 것이다.

제5편

생애설계 영역

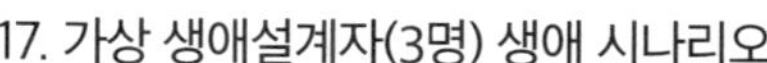

가상 생애설계자(3명) 생애 시나리오

각각 다른 가상 생애설계자 설정 필요성

생활영역별 생애설계를 좀 더 잘 이해하고 스스로 생애설계를 해볼 수 있도록 하기 위해서는 8대 생활영역별 생애사명과 생애목표를 설정한 예를 제시하는 것이 중요하다. 현재로서는 생활영역별 생애설계를 시행한 실제 사례를 소개하기 어렵기 때문에 가상 생애설계자의 예를 제시하기로 한다. 그리고 개인마다 특성과 상황이 다르기 때문에 표준 생애설계안을 제시하는 것도 어렵다. 그럼에도 연령과 직업 활동에 초점을 두고 20세, 40세, 55세 세 사람의 가상 생애설계자를 설정하고자 한다.

20세는 아직 취업하지 않은 상태에서 가까운 장래에 취업하는 것이 가장 큰 관심사이고 중요한 목표일 수 있기 때문에 20대 초반의 청년(대학생과 청년 취업 준비생)을 대표할 수 있을 것으로 생각한다. 40세는 중년기에 막 접어든 연령으로 청년후기층과 중년층을 대표할 수 있을 것으로, 55세는 5년 내에 퇴직을 앞두고 노후생활에 많은 관심을 가지고 준비하는 중년기 중·후반 연령층과 노년기 초반 연령층을 대표할 수 있을 것으로 생각한다.

은퇴설계, 노후설계, 경력설계, 재무설계 등 기존 생애설계 관련 교육 프로그램이나 설명(소개)서에서 어떤 한 개인이 절차를 따라 생활영역 전체를 설계한 예시는 찾기 어렵다. 8대 생활영역에 걸친 생애설계 예시를 좀 더 잘 이해할 수 있도록 20세, 40세, 55세 세 명의 가상 생애설계자의 개인적·가족적 및 직업활동의 배경과 생애설계에 관심을 가지게 된 배경을 설정하기로 한다.

가상 생애설계자 세 명의 생애 시나리오

1. 20세 대학생 K

K는 현재 20세의 식품영양학을 전공하고 있는 대학생으로 1학년 과정을 다 끝내고 겨울방학을 맞고 있다. 가족으로 47세 아버지와 44세 어머니, 18세 남동생(고교 3학년), 그리고 같이 살지 않지만 식품제조회사에서 영업부장으로 퇴직한 75세 조부와 전업주부로 지내온 70세 조모가 있다. 아버지는 3남매 중 차남이며 현재 자동차 타이어 제조회사 생산부장으로 일하고 있으며, 어머니는 초등학교 교사로 일하고 있다.

대학 입학 후부터 자신의 진로에 대해 깊이 생각하면서 대학 시절이야말로 자신의 인생에 대해 진지하게 생각하고 일생을 계획할 수 있는 귀중한 시간이라고 판단했다. 그래서 K는 스스로 자신의 삶을 설계하여 대학생활을 더욱 의미 있고 보람차게 보내기로 결심했다.

1학년 2학기 교양과정을 공부하면서 21세기는 고령화가 세계적인 추세가 될 것이고 우리사회에서도 주요한 사회문제와 장기적으로 해결해야 할 과제가 될 것이라는 것을 알게 되었다. 언론에서도 고령화가 저출산과 더불어 사회적 과제가 되고 있고 정책적 대응이 필요하다는 보도가 있어왔고 '100세 시대'라는 말도 종종 들어왔다. 마침 최근 번역·출판된 『백세 인생(*The 100-Year Life*)』(Gratton & Scott 저, 2016; 번역본, 2017)이라는 책을 구입해 읽게 되었다. 그 책을 읽으면서 100세 인생 이야기는 중년기나 노년기 사람들의 관심사라고만 생각했는데 그것이 아니라 젊은 세대들이 더 많이 관심을 가져야 할 사항이라는 것, 미래사회 변화에 대한 대응책은 개인과 사회 모두가 장기적으로 준비해야 한다는 것, 특히 젊은 시절부터 개인적으로 체계적인 생애설계와 실천이 필요하다는 것을 깨닫게 되었다.

그 책을 읽은 후 학교 내에서 생애설계에 대해 도움을 받을 만한 서비스가 있는지를 알아보았다. 우선 학교의 취업지원실에 문의했으나 취업이나 진로에 대한 상담은 해주지만 생애설계는 잘 알지 못하고 지도해줄 만한 전문가가 없다고 했다. 대학생의 가장 큰 관심사는 졸업 후 진로나 취업이기 때문에 진로나 취업에 집중한 서비스를 제공하는 것은 이해가 되었으나 대학 시절 인생 전체를 생각하며 긴 안목에서 진로나 취업을 포함하는 생애 전체에 대해 한층 더 체계적인 설계를 할 수 있도록 도움을 주는 서비스가 없다는 것이 아쉬웠다. 그래서 생애설계에 관한 전문서적을 찾으러 학교 도서관을 찾았는데 생애설계, 은퇴설계, 노후설계 등의 관련 서적은 있었으나 그 책들은 생애설계를 설득력 있고 논리적으로 이해하는 데 별로 도움이 되지 못했다. 서점에서 생애설계 관련 서적을 찾아보았으나 대부분 은퇴·노후설계 관련 서적이었고, 그 내용들 역시 체계적이지 못했다.

인터넷을 통해 생애설계에 관한 체계적인 정보가 있는지 확인하던 중 한국생애설계협회를 알게 되었다. 협회의 생애설계 교육 담당자를 찾아가서 생애설계에 대해 설명을 듣고 생애설계를 요약 설명한 책자와 생애설계 워크북(workbook)도 받아왔다. 설명 책자도 읽어보고 생애설계 워크북에 따라 연습해본 결과 생애설계를 어느 정도 체계적으로 이해할 수 있게 되었다. 한국생애설계협회의 자료에서 크게 세 가지를 확실히 알게 되었다. 첫째, 우리가 원하는 것은 노후만의 건강과 행복이 아니라 노후를 포함한 생애 전체의 건강과 행복이기 때문에 생애주기 전체에 대한 설계가 필요하다는 것이다. 둘째, 생애주기 각 단계에서의 선택과 결정과 행동은 이후 단계에 계속 영향을 미치고 노년기까지도 영향을 미친다는 것이다. 셋째, 대학생은 진로와 취업이 가장 큰 관심사이지만 진로와 취업도 앞으로의 생애 전체를 내다보고 설계해야 한다는 것이다. 그래서 K는 스스로 자신의 생애를 진지하게 생각해보고 생애 전체를 설계해보기로 했다. 1학년 과정을 다 끝낸 후의 방학 기간이라 자신의 생애설계를 집중적으로 더 이해한 후 2학년 1학기 말까지 자신의 생애설계를 해보기로 결정했다.

K의 기대여명은 2018년 현재 60년(책 발간일 기준 가장 최근 자료)이지만 향후 수명 연장 추세를 감안하면 80년까지도 가능할 것이므로 100세 인생을 기대해볼 수 있다. 100세 인생을 전제로 한다면 현재의 법정정년은 60세에서 계속 연장되다 결국은 폐지될 것이다. 노화에 따른 개인 간 능력 차이도 크고, 노화에 따라 더욱 발달하거나 큰 변화 없는 결정화 지능에 적합한 직업이나 직종도 많이 개발될 것이다.

미래사회는 지식정보화사회와 4차산업혁명사회로 급속하게 진전될 것이다.

저출산 현상이 개선될 가능성이 높지 않기 때문에 인구고령화는 더욱 급속해질 것이다. 공적연금제도의 한계로 공적연금만으로 노후의 경제적 보장이 어려워질 가능성이 커질 것이다. 이 같은 사회, 인구, 경제, 기술 및 산업의 변화에 따라 장년기(60~70대)에도 계속 일을 해야 적정 생활수준을 유지할 수 있을 것으로 예상된다.

앞으로 20세 대학생에게 펼쳐질 미래 삶의 패턴은 직업을 적어도 2~3회 이상 바꾸게 될 가능성이 크고, 새로운 직업이나 직종의 일을 위해 새로운 것을 계속 배우고 훈련받아야 할 필요성도 크게 증가할 것이다. 노동시장에서 계속 경쟁력을 유지하기 위해서는 끊임없이 학습과 자기개발을 위해 노력해야 하고 이를 위해 상당한 비용을 생애주기 동안 투입해야 할 것이다. 노후의 경제적 보장을 잘 준비했기 때문에 노후에 일을 계속할 필요가 없을 수도 있다. 그러나 일은 경제적 소득을 위해서뿐만 아니라 자신의 사회적 가치와 인지능력 유지를 위해서도 필요하다. 일하지 않는 기간이 길어질수록 인지능력이 계속 떨어지고 삶의 만족도도 계속 떨어진다는 것이 조사연구에서 밝혀지고 있다(Grafton & Scott, 2016).

K는 직업·경력, 학습·자기개발, 재무 영역뿐만 아니라 다른 영역에서도 미래사회의 변화를 예측하여 균형 잡힌 생애설계를 하고 그 설계를 계속 수정해갈 필요가 있다.

2. 40세 회사원 M

M은 현재 40세로 가전제품제조회사 생산부장으로 승진한 지 1년도

안 되는 남성이다. 금년 들어 연령으로 중년기에 접어들었다는 생각에 막연한 불안감이 생기기도 하고 지난 삶을 돌아보면서 앞으로의 인생에 대해 진지하게 계획을 세울 필요가 있다는 생각을 하게 되었다. 2년제 대학에서 컴퓨터공학과를 졸업하고, 군 복무를 마친 후 25세에 통신장비제조회사에 취업하여 34세에 생산과장으로 승진했고, 35세에 현재의 가전제품제조회사의 생산과장으로 스카우트되었고, 금년 초에 생산부장으로 승진했다.

28세에 2살 아래의 C와 결혼하여 딸 Y(10세)와 아들 D(8세)가 있고, 50대 중반에 무역회사 이사로 퇴직한 67세 아버지와 전업주부 생활을 해온 64세 어머니가 있으며 부모님은 25년 전에 구입한 아파트에서 따로 살고 있다. 부인은 결혼 초기 맞벌이를 하다가 자녀출산 후부터는 전업주부로 생활해왔으며 2년 전부터 주 20시간 정도 텔레마케터로 일하고 있다. 그는 그간 열심히 저축한 것과 약간의 재테크로 주택구입자금 일부를 준비했고, 청약저축에도 가입하여 38세 때 은행담보대출을 받아 전용면적 25평의 아파트를 구입했다. M은 우리사회의 20~30대처럼 평범하게 교육받고, 취업하고, 결혼하고, 자녀를 낳아 양육하면서 중산층으로 열심히 살아왔다고 생각했다. 회사에서 생산부장으로 승진하면서 책임도 무거워진데다 금년에 40세라는 상징적인 중년층 시작 나이가 되면서 스트레스도 생기고 불안해지기도 했다. 그래서 지나온 삶을 돌아보며 인생을 진지하게 생각해보고 새로운 계획을 세워야겠다는 생각을 최근 몇 개월 사이에 자주 하게 되었다.

지난 연말 고등학교 동창회에서 한국생애설계협회에서 생애설계사 자격증을 받은 선배를 만났는데 그 선배는 100세 시대를 맞아 노후설계나 은퇴설계와 같이 퇴직 임박해서 하는 설계로는 퇴직 후 30~40년을 제대로 보낼 수 없기 때문에 가능하면 생애 전체에 대한 생애설계를 빨리 할 필요가 있다고 했다. 그 선배는 우리가 바라는 것은 노후만의 건강과 행복이 아니라 노후까지를 포함한 생애 전체의 건강과 행복이므로 생애설계는 빠르면 빠를수록 좋다고 강조했는데 그 말이 마음에 와닿았다. 중년기부터가 그렇게 빠른 시기는 아니지만 M은 그래도 남들보다는 일찍 생애설계를 시작할 수 있게 된 것을 다행으로 생각했다. 그래서 M은 중년기에 접어든 것을 계기로 50년이 넘는 나머지 인생을 진진하게 설계해보기로 결심했다. 그 선배에게 연락하여 생애설계에 대해 상세히 알고 싶다고 했더니 한국생애설계협회에서 제공하는 생애설계 공개강좌과정을 소개해주었다. 20시간 과정에 등록하여 저녁시간에 강의를 듣고 생애설계 워크북을 통해 생애설계를 연습해볼 수 있는 시간을 가질 수 있게 되었다.

M의 기대여명은 2018년 현재 41년으로 81세까지는 평균적으로 생존 가능하기 때문에 95세까지 생존을 기본으로 생애설계를 하는 것이 현명하다. 향후 20~30년 후의 미래사회에 예상되는 변화로서 법정정년은 70세까지는 충분히 연장될 것이고 그 이후는 정년이 폐지될 가능성이 높다. 공적연금제도에 의한 노후소득 보장의 한계가 커질 것이기 때문에 소득보장에 대한 개인 책임이 더욱 커질 것이다. M은 65세부터 공적연금(국민연금) 수급이 가능해질 것이지만 최고수준의 연금보험료로 35년 가입하여(25세 취업~60세 퇴직) 받게 될 연금액은 부부기준의 최소 노후생활비(60대 경우 약 195만 원, 현재가치로 환산한 금액. 송현주 외, 2017)에도 못 미칠 것으로 예상된다. 따라서 M은 적어도 75세까지는 일을 계속해야 적정 수준의 부부기준 노후소득(70대 경우 약 210만 원. 송현주 외, 2017)을 보장할 수 있을 것으로 예상된다.

지식정보화사회와 4차산업혁명사회의 급속한 진전에 따라 정형화되고 복잡한 판단력이 필요 없는 일들은 인공지능(AI)으로 대체될 가능성이 커질 것이지만 인공지능이 대체할 수 없는 비교우위의 직업이나 직무는 노동시장에서 경쟁력을 가지고 살아남을 수 있을 것이다. 따라서 M은 좀 더 장기적인 계획으로 현재 하는 일과 관련된 직무를 계속할 수 있는 직무능력을 향상시키거나 아니면 1차적으로 퇴직한 후 새로운 직무나 직업에 재취업하거나 새로운 사업을 창업하기 위해 장기적으로 연구하고 학습하고 훈련을 받는 노력을 계속할 필요가 있다. 퇴직 임박하여 단기간의 간단한 교육으로 받는 자격증이나 현재까지 쌓은 지식과 기술 및 경험을 활용하는 정도의 수준으로 재취업을 계획한다면 너무 안이한 계획이 아닐 수 없다. 그런 정도의 직업능력과 경쟁력으로는 임시직이나 잘 되면 계약직 정도의 고용에 그칠 가능성이 높고, 고용절벽을 만날 가능성도 크다. 장기적으로 미래의 사회, 인구, 경제, 기술, 산업 분야의 변화를 충분히 예측하여 중년기 동안 제대로 준비할 수 있어야 한다. 일이 생업을 위한 불가피한 활동이 아니라 자신의 적성과 성격에도 맞으면서 자신의 생애사명과 생애목표를 달성하고 즐거움과 만족을 줄 수 있도록 생애설계를 할 수 있어야 할 것이다.

그리고 40세는 앞으로 50년 이상을 살아갈 생애설계를 하는 데 있어 별로 늦은 나이는 아니기 때문에 직업·경력, 학습·자기개발, 재무 영역뿐만 아니라 건강, 가족·사회관계, 사회참여·봉사, 여가·영적 활동 영역에서도 미래사회의 변화를 잘 예측하여 균형 잡힌 생애설계를 할 수 있어야 할 것이다.

3. 55세 퇴직 예정자 P

P는 현재 55세로 중견기업인 화장품제조회사의 영업담당 이사를 맡

고 있다. P는 고등학교 시절 성적도 좋은 편이었고 대학 진학의 꿈도 키워왔지만 가정 사정으로 대학 진학이 어렵게 되었다. 취업 후에 기회가 되면 대학공부를 할 수 있을 것으로 기대하고 고등학교 졸업 후에 바로 군 복무를 마치고 약 1년간 취업을 준비하여 23세 때 당시 유명제품을 만들던 냉방기제조회사의 총무과 직원으로 입사했다.

첫 직장의 업무는 그런대로 재미있었으나 대학공부를 할 수 있는 기회를 찾기는 어려웠기 때문에 30세 때 중견 건설회사의 경영지원과 직원으로 자리를 옮겼다. 현실적으로 고등학교 졸업 후 일단 취업하면 대학 캠퍼스에서 공부할 수 있는 기회를 가지기 쉽지 않다는 것을 실감하고 35세에 방송통신대학교 경영학과에 입학하여 5년간의 노력 끝에 졸업했다. 대학을 졸업하면서 헤드헌터(Head Hunter: 중견 및 고급 인력을 스카우트하는 사람 또는 회사)를 통해 40세에 현재의 화장품제조회사 영업과장으로 자리를 옮겼다. 이후 45세에 경영기획부장으로 승진했고, 52세에 영업담당 이사로 승진했다.

31세에 교회 청년부에서 사귄 26세의 여성 C와 결혼하여 자녀 둘을 두고 있다. 아들 B는 현재 23세로 대학 2학년 수료 후 군 복무를 마치고 복학하여 3학년 재학 중이고, 딸 G는 21세로 대학 3학년이다. 부인 C는 결혼 후 1년 정도 직장생활을 하다가 자녀양육을 위해 직장을 그만두고 전업주부로 생활을 해왔는데 그런대로 만족하고 있는 편이다.

결혼 후 전세로 살면서 세 번이나 이사를 했고 38세 때 은행 담보대출을 받아 전용면적 35평 빌라를 구입했다. P는 맏이지만 아버지가 지방공무원으로 퇴직하여 생활비 보조의 경제적 부양부담은 없는 편이고 부모는 따로 생활하고 있다. 아버지는 현재 80세인데 1년 전 낙상으로 허리를 다쳐 건강상태가 좋지 못한 상황이고, 어머니는 79세로 건강상태는 좋은 편이다.

현재의 화장품회사로 직장을 옮길 당시 나이는 40세였는데 그 시기는 2000년대 들어 고령화 문제가 사회적 화두로 등장하면서 국가에서도 고령화사회에 대한 장기적 대책을 세우느라 고심하던 시기였다. 그러나 40대 초반이었지만 아직도 청춘이라 생각했기 때문에 현재에만 충실하면 된다는 생각에 새로 옮긴 직장에서의 적응과 능력 발휘와 승진이 중요한 관심사였고, 가정적으로는 자녀들의 학업과 진로가 가장 큰 관심사였다.

40대 이후 지금까지 내내 회사 일과 자녀들 장래 문제로 고민하면서 노후는 아직 멀었다고 생각하고 퇴직 이후 생활 계획은 간간이 막연하게 대책을 세워야 한다는 생각만 하고 때로는 잘 되겠지 하는 낙관적 생각도 하면서 지내왔다. 금년 들어 5년 이내에 퇴직하게 된다는 것이 현실로 다가왔음을 실감하고 퇴직 준비에 본격적으로 관심을 가지게 되었다. 좀 일찍 앞을 내다보고 노후생활을 준비하지 못한 것이 크게 후회되지만 이제부터라도 적극적으로 향후 30~40년 인생에 대해 체계적인 계획을 세워보기로 결심했다. 근무하는 회사 전체로 보면 매년 퇴직하는 사람들이 많지 않아 퇴직 예정자나 임금 피크제 대상자들에 대한 회사 자체의 교육 프로그램을 마련하지 못하고 있다. 최근 2~3개월 사이에 동창들과 퇴직한 직장 선배들과 자주 만나 장래 이야기를 나누면서 이 나이에는 퇴직 후 생활 걱정과 준비가 가장 큰 관심사임을 확인했다. 그리고 퇴직 후 30~40년의 삶에 대한 계획과 준비는 결국 전적으로 자신의 책임일 수밖에 없다는 것도 실감했다.

은퇴설계나 노후설계에 관한 교육을 받은 사람들 이야기를 들어보면 노후설계의 내용으로 어떤 것이 중요하다는 것 정도는 알고 있었지만 구체적으로 어떤 절차를 통해 어떻게 계획을 세우고 실천해야 할지는 잘 모르고 있었다. 공공기관이나 대기업 등에서는 퇴직이나 노후 준비와 관련하여 일과 사회활동을 위한 경력설계, 노후생활비 마련이나 보충을 위한 재무설계, 건강관리를 위한 건강설계, 사회적 관계 설계, 여가활동 설계 등에 대한 교육 프로그램을 제공하지만 내용 대부분은 아주 단편적이고, 생활영역 간에도 상호 연결도 안 되고, 체계적이지 못하다는 것도 알게 되었다. 그런 교육에서는 무엇이 중요하다는 것만 강조하고 있을 뿐 퇴직 후의 자신의 삶을 구체적이고 체계적으로 설계할 수 있는 방법을 가르쳐주거나 스스로 자신의 노후 삶을 설계하는 연습을 해볼 수 있는 기회는 더구나 없는 것 같다.

P는 앞으로 자녀 독립과 결혼, 노후의 적절한 생활비 마련, 좀 더 의미 있고 보람된 일을 하면서 생활비에도 보탬이 되는 일을 어떻게 찾고 준비해야 할지 등, 퇴직 후 30~40년의 생활계획이 큰 과제로 닥친 상황에서 지금부터 당장 어떻게 하면 좋을지 고민에 빠지게 되었다.

이에 P는 우선 은퇴설계나 노후설계에 관한 교육을 직접 받아보는 것이 좋겠다고 생각했다. 여러 교육전문회사나 사회단체 등에서 생애설계, 생애 경력설계, 은퇴설계 등의 이름으로 교육 프로그램이 제공되고 있는 것을 알게 되었으나 선뜻 마음이 내키는 프로그램을 찾기 어려웠다. 그러던 중 최근 언론보도를 통해 한국생애설계협회에서 중소기업 퇴직 예정자를 위한 20시간 생애설계 교육 프로그램을 제공하고 있다는 것을 알고 한국생애설계협회의 교육내용을 확인해보았다. 그 교육과정은 생애설계의 관점에서 생활의 다양한 영역에 대해 공통적이고 원칙적인 절차에 따라 체계적으로 노년기 생활을 설계하는 방법을 알려주고 워크북을 통해 실제 생애설계를 연습해볼 수 있는 기회도 제공한다는 것을 알게 되었다. 그래서 그 교육과정에 등록하여 생애설계를 해보기로 했다.

현재 55세인 P의 기대여명은 2018년 현재 27년(남자)으로 82세까지의 평균적 생존은 충분히 가능하고 노력하면 90세까지 생존 가능성이 상당히 높을 것이기 때문에 90세까지 생존을 전제로 생애설계를 하는 것이 바람직하다. 여성의 경우 남성보다 평균수명이 5~6년 더 길기 때문에 자신의 사후에도 아내가 10년 정도 더 살 것을 고려해야 하고, 아내와 같이 상의하며 생애설계를 하는 것이 효과적이다. 2017년부터 60세 법정정년이 모든 사회단체나 민간기업에 적용되었기 때문에 현재 55세인 P는 법정정년의 적용으로 60세에 퇴직할 것으로 예상된다.

60세에 1차적으로 퇴직하면 37년간 공적노령연금(국민연금)에 가입한 셈이 되고, 63세부터 연금수급이 가능하게 된다. 최고의 연금보험료를 37년간 납입한 경우 받는 연금액은 130만 원 정도밖에 되지 않아 부부기준 월 최소생활비(60대 경우 약 195만 원, 현재 가치로 환산. 송현주 외, 2017)에도 못 미치게 될 것으로 예상된다. 따라서 부부기준 적정 월 노후생활비(60대 경우 약 242만 원. 송현주 외, 2017)를 마련하기 위해 적어도 70세 초반까지는 일해야 할 것으로 예상된다. 70대에도 부부의 적정 생활비 210만 원 정도를 계속 유지하려면 75세까지도 일해야 할지 모른다.

60세 이후 10~15년간 소득이 있는 안정된 일자리를 가지기 위해서는 60세까지 남은 5년을 최대한 활용하여 새로운 직무나 직업에 취업하거나 새로운 사업을 창업할 수 있는 준비를 해야 할 것이다. 55세는 상당히 늦은 나이지만 현재의 건강상태와 강한 의지, 용기, 인내심이 있으면 경쟁력 있는 새로운 일자리의 취업이나 새로운 창업도 충분히 가능하다.

55세 나이와 향후 사회경제적 상황 변화를 고려하여 가능하면 지금까지 해오던 일과 연계된 새로운 일자리나 사업을 개발해야 할 것이다. 50~60대는 가족생활의 지출부담이 큰 시기이므로 퇴직 후 10~15년간 안정적인 일자리 마련을 위해 상당한 시간과 비용을 투입하여 준비할 필요가 있다. 조급한 마음에서 빨리 그리고 비용을 적게 들이고 쉬운 기술이나 간단한 자격증을 취득하여 취업하려거나 전통산업에 속하는 쉬운 사업으로 창업하려는 시도는 큰 실망과 좌절에 처할 가능성이 높다.

퇴직 이후 60세에서 90세까지 30년은 살아온 생애의 절반을 더 사는 것이기 때문에 미래사회 변화를 잘 예측하여 생활의 다양한 영역에 걸쳐 생애설계를 할 수 있어야 할 것이다.

영역별 생애설계 예시의 한계

설명을 간결하게 하려는 의도와 책의 분량이 많아지는 문제를 고려하여 제18장부터 제시하는 8대 생활영역별 생애설계에서는 제1단계 생애사명(인생의 꿈) 확립과 제2단계 생애목표 설정까지만 제시하고, 제3단계 생애목표 달성을 위한 시간관리 계획 수립은 생략하였다.

생애 직업·경력설계

일·직업·직무·경력의 의미

'일(work)'이라는 말은 일상생활에서 가장 많이 사용하는 말 중 하나인데 사람이 의식적으로 어떤 목적을 가지고 행동하거나 생각하는 모든 활동을 말한다. 일은 넓은 의미로 생존을 위한 수면, 생리적 활동, 휴식이나 여가활동을 제외하고 의도적으로 하는 행동이나 생각을 말하며, 보수를 받는 직업활동, 무보수의 의무적 활동, 무보수의 자원봉사활동을 포함한다. 좁은 의미로는 '보수를 받고 하는 직업활동'을 말하는데 이러한 좁은 의미로 사용하는 경우가 가장 많다. 좁은 의미의 일과 관련하여 논란이 될 수 있는 것은 여성의 경우에 많이 해당될 수 있는 가사/가정관리를 일/직업으로 볼 것이냐 아니냐다. '전업주부'는 전적으로 가사/가정관리를 하는 사람이므로 직업인으로 보아야 할 것이다. 생애설계의 관점에서는 '전적으로 하는 가사/가정관리활동'을 하나의 직업활동으로 보는 것이 타당하다.

직업(occupation)은 개인이 생계를 유지하거나 과업을 수행하거나 사회적으로 맡은 역할을 지속적으로 수행하는 것을 말한다. 직업은 가사활동이나 가족 돌봄활동 등과 같이 무보수인 경우도 있지만 보수를 받거나 수익을 얻으려고 하는 것이 대부분이다. 직업을 세분화하면 수백 가지에 이르기 때문에 어느 정도 구체적이냐에 따라 다양한 수준으로 직업을 분류할 수 있다. 아주 큰 범위로 분류하면 (1) 관리직, (2) 경영/회계/사무 관련직, (3) 금융/보험 관련직, (4) 보건/의료 관련직, (5) 문화/예술/디자인/방송 관련직, (6) 영업/판매 관련직, (7) 기계 관련직, (8) 재료 관련직, (9) 전기/전자 관련직, (10) 정보/통신 관련직 등이 있다.

직업은 또한 산업과도 직접 관련되고 일부는 거의 중복되기도 하여 때로는 직업과 산업이 혼동되기도 한다. 산업(industry)은 사람이 살아가는 데 유용한 여러 가지 물품이나 서비스(용역)를 만들어내는 체계적인 활동을 말하는데 산업의 분류도 세분화하면 수십 가지에 이른다. 산업을 가장 큰 범위로 분류하면 (1) 농업, (2) 임업, (3) 광업, (4) 제조업, (4) 전기/가스/증기/수도사업, (5) 건설업, (6) 운수업, (7) 음식/숙박업, (8) 출판업, (9) 과학/기술 서비스업, (10) 공공행정, (11) 교육 서비스, (12) 예술/스포츠/여가 관련 서비스 등이 있다. 산업도 활동의 분야이기 때문에 역시 직업처럼 하려고 하는(하고 싶어 하는) 일이나 활동의 분야가 될 수도 있다.

직무(job)는 어떤 직업에서 직위나 직책을 수행하는 것 또는 직업활동의 일부 과정의 일을 말한다. 직업은 여러 가지 직무로 구성되는 것이 일반적이다. 직무는 다른 의미에서 직장 내에서 개인이 맡은 구체적 업무라고도 할 수 있는데 취업이나 직업·경력설계의 주요 대상이 되는 것이 일반적이다. 직무의 예는 영업/마케팅, 생산/품질관리,

연구/개발(R/D: Research & Development), 디자인, 업무지원(자재, 구매, 기획, 인사관리, 재무/회계, 법무, 홍보 등) 등이다. 또한 직무는 이보다 더 세분화될 수도 있다.

경력(career)은 개인이 자신의 가치관을 기반으로 자기주도적이고 적극적인 노력을 통해 수행하고 발전시켜나가는 제반 활동을 말하는데 직업활동, 사회참여활동(시민사회 참여활동), 자원봉사활동을 포함한다. 그런데 많은 경우 경력은 단순히 직업활동만 의미하는 것으로 사용된다.

의미의 범위에 따라 일, 직업, 직무, 경력의 네 가지 용어를 비교·구분하면 '일'이 가장 넓은 의미이고 그다음이 경력, 그다음이 직업, 그다음이 직무라 할 수 있다.

직업·일의 중요성

일(좁은 의미)하는 것이 왜 중요한지는 왜 일을 해야 하고, 일하기를 원하는지를 생각해보면 잘 알 수 있다.

첫째, 일하는 것은 인간생활의 윤리이기 때문이다. "일하지 않는 사람은 먹지도 말라"는 속담이 있다. 이 말은 사람으로서 일하는 것은 기본적 활동이고 당연한 도리라는 의미다. 그 일은 보수를 받는 일일 수도 있고 아닐 수도(예: 가사, 가족 돌봄 등) 있다. 어쨌든 일하는 것은 인류사회 역사에서 가장 오래된 개인생활과 사회생활의 기본적 활동이고 윤리가 되어왔다.

둘째, 개인의 경제적 자립을 위해서다. 연령이나 신체적 및 정신적 상태에 따라 일할 수 없는 사람도 있지만 대부분은 일정한 연령 이후에 개인 스스로 자신의 생계유지와 경제적 자립을 위해 일하는 것이 당연하다는 것이 인류사회의 일반적인 가치관이 되고 있다.

셋째, 일은 자아개념을 형성하고 발전시키는 수단이다. 사람들은 다른 사람과 구분되는 자아개념 또는 자기 이미지를 나타내기 위해 그리고 자아개념을 형성하고 발전시키기 위해 일하려고 한다. 이렇게 자아개념을 형성하고 발전시키는 것은 인간의 성장발달에서 계속되는 과정이다(Super, 1953).

넷째, 인간은 자아 정체성, 특히 사회적 정체성을 확립하기 위해 일한다. 인간의 성장발달과정에서 자아개념을 형성하고 발전시키면서 자신의 존재 의미와 고유한 특성과 가치라 할 수 있는 자아 정체성을 확립하는 것은 중요한 발달과업이다. 인간은 내면적(심리적) 특성과 사회적 관계를 통해 자아 정체성을 확립한다. 일은 바로 사회적 관계를 통해 사회적 측면의 정체성을 확립하는 핵심요인이다. 현대사회에서 일을 하느냐 안 하느냐와 어떤 일을 하느냐는 사회에서 자신의 정체성을 나타내고 확립하는 중요한 수단이다(Vaillant, 2002).

다섯째, 사회 공동체 일원으로 사회의 발전과 생활의 개선을 위해서 일한다. 개인은 사회 구성원으로 사회라는 공동체를 유지하고 발전시키고 개선하기 위해 의무적으로 일하는 것이 당연하다. 인류사회는 구성원 개인이 열심히 일한 결과로 발전했다고 해도 과언이 아니다.

여섯째, 일은 개인의 신체적 및 정신적 건강 유지를 위해 필요하다. 일은 일반적으로 규칙적 일과를 유지하게 하고, 적절한 신체적 움직임과 운동을 요구하고, 건전한 인지적 활동(생각)과 사람들과의 관계를 유지하고 발전시키게 함으로써 건강을 유지하는 데 크게 기여한다.

일곱째, 일은 생애가치를 실현하고 목표를 달성하는 주요한 대상이다. 인간생활은 직업활동(일), 학습·자기개발, 건강, 가족·사회관계,

주거, 사회참여·봉사, 여가·영적활동, 재무관리 등의 다양한 영역이 있지만 직업활동이 가장 중요하고 대표적인 영역으로 인정되고 있다. 따라서 직업활동은 개인의 생애사명을 실현하고 목표를 달성하는 대표적 영역이 된다는 점에서 그 중요성이 크다.

직업·경력설계(career planning)의 의미와 중요성

이 책에서 말하는 '직업·경력설계'는 일반적으로 많이 쓰이는 말을 따라 편의상 '경력설계'로 부르기로 하겠다. 앞에서 말한 바와 같이 경력은 사실 직업과 직업 이외의 사회적 활동(시민사회 참여 및 사회봉사활동)까지 포함하지만 일반적으로 직업활동을 핵심적인 것으로 생각하고, 또한 이 책에서 분류하는 생활의 주요 영역에서도 사회참여 및 봉사활동을 별도의 영역으로 분류하고 있기 때문에 경력설계는 직업활동 설계로 한정하기로 하겠다.

경력설계는 직업활동에 대한 계획이기 때문에 생애설계와 관계없이 별도의 독립적인 설계 분야로 취급되어왔다. 즉 생애주기와 생활영역에서 직업활동이 가장 중요한 것으로 취급되고 있기 때문에 생애설계와는 관계없이 장래 직업활동을 계획하는 별도의 설계로 인정되고 있다.

경력설계는 생애설계와는 직접 관계없는 별도의 직업활동 설계라는 의미의 경력설계(이하 '일반 경력설계'라 함)와 생애설계의 한 영역으로서의 경력설계(이하 '생애 경력설계'라 함) 두 가지로 생각할 수 있다. '일반 경력설계'는 생애 전체를 내다보는 관점이 거의 없고, '생애 경력설계'는 생애설계의 한 영역으로서 일반 경력설계까지 포함하는 현재부터 생애 전체에 대한 경력설계라 할 수 있다.

경력설계는 생애설계와 관련이 있든 없든 직업선택과 취업 및 직업상 자기발전까지 포함하는 계획이므로 생활영역에서 가장 핵심적이고 중요한 영역의 설계다. 직업·일은 자신의 존재 의미를 부여하고, 자아를 확립하고, 자신의 사회적 가치를 부여하고, 경제적 안정의 1차적 수단이 되고, 신체적 및 정신적 건강을 유지시키고, 가족을 이루고 유지시키며, 사회참여와 봉사의 기회를 부여함으로써 삶 전체에 의미와 만족을 가져오는 생활의 기본적이고 핵심적 요인이 된다. 따라서 생애설계의 가장 대표적 영역은 생애 경력설계라 해도 과언이 아닐 정도로 생애설계의 영역 중 가장 중요한 영역이다.

그러면 일반 경력설계와 생애 경력설계를 구분하여 그 의미와 절차를 살펴보기로 하겠다.

일반 경력설계

기존 생애설계 또는 관련 설계의 의미, 내용, 절차 또는 원칙이 백인백색이듯이 일반 경력설계도 마찬가지다. 경력설계는 인간생활에서 중요한 사항임에도 불구하고 이론적 연구는 거의 없는 상황에서 주로 서비스 현장에서 교육(강의), 컨설팅, 또는 실무적 성격의 책자 등에서 이야기되고 있을 뿐이다. 일반 경력설계는 '경력상담', '직업상담', '직업설계', '진로상담', '진로설계'라는 이름의 서비스로 제공되고 있기도 하다.

현재 우리나라에서 일반 경력설계 서비스는 대부분 중년층 재직자 또는 퇴직에 임박한 사람 또는 중년기 이후 구직자/전직자를 대상으로 제공되고 있는 것이 일반적이며, 청소년, 대학생, 청년층을 대상으로 하는 경우는 드물다. 청소년이나 대학생 대상의 경력설계는 주로 졸업 후의 취업에 초점을 두고 있다. 청소년을 대상으로 하는 진로상담, 진로지도, 진로설계는 고등학교 졸업 후 대학 진학 여부와 직업과 연계한 대학 진학 계획, 취업전략 등을 주로 다루고 있으며, 대학생을 대상으로 하는 직업설계, 직업상담, 진로상담, 진로설계도 대학 졸업 후 취업과 취업전략 등을 주로 다룬다.

중·고등학생인 청소년에 대한 진로지도, 진로상담, 진로설계의 서적에서는 대체로 청소년의 꿈을 가꾸고 실현하기 위해 진로지도나 진로설계가 필요하다고 강조하고 있다. 그러나 대학입시에 매몰되어 있는 우리나라 중·고등학교 교육 현실에서는 대부분 청소년의 꿈은 부모와 보호자들에 의해 강요되고 있고, 아니면 대중매체 속에 비친 화려한 젊은 연예인들의 모습에 매료되어 허황된 것이 되고 있는 것은 안타깝다. 오늘날의 현실에서 청소년을 위한 진로지도와 진로설계는 청소년이 자유분방하고 창의적이고 미래지향적인 꿈(꿈은 생애사명이나 생애목표가 될 수 있음)을 꾸고, 자신들이 진정으로 꿈꾸는 그 꿈을 먼 장래를 내다보고 실현하려는 계획이 되지 못하고 있으며, 단순히 자신의 성적에 맞춰 어느 대학에 갈 것인지에만 한정하는 것이 되고 있다. 대학 진학이나 취업은 단지 자신의 꿈을 이루기 위한 첫 단계일 뿐이다.

최근 세계적인 가수집단으로 우뚝 서고 있는 아이돌 그룹 '방탄소년단(BTS)'은 2013년 그들의 데뷔곡 중 하나인 'No More Dream(더는 꿈꿀 필요 없어)'에서 오늘의 청소년들이 대학입시에 매몰된 안타까운 모습을 지적하면서 진정한 자신의 꿈을 꾸도록 촉구하고 있다. 그

노래의 일부를 소개하면 다음과 같다.

암마, 니 꿈은 뭐니(뭐니), 젊은이, 니 꿈은 뭐니(뭐니) 젊은이, 니 꿈은 뭐니(뭐니), 니 꿈은 겨우 그거니. I wanna big house, big cars & big rings. But 사실은 I dun have any big dreams.

하하 난 참 편하게 살아. 꿈 따위 안 꿔도 아무도 뭐라 안 하잖아. 전부 다다다 똑같이 나처럼 생각하고 있어. 새까맣게 까먹은 꿈 많던 어린 시절. 대학은 걱정 마 멀리라도 갈 거니까. 알았어, 엄마 지금 독서실 간다니까.

니가 꿈꿔 온 니 모습이 뭐여. 지금 니 거울 속엔 누가 보여. I go to say 너의 길을 가라고. 단 하루를 살아도 뭐라도 하라고 나약함은 담아둬
(중략)
지겨운 same day 반복되는 매일. 어른들과 부모님은 틀에 박힌 꿈을 주입해. 장래 희망 No. 1. 공무원. 강요된 꿈은 아냐. 9회 말 구원투수, 시간낭비인 야자에 돌직구를 날려. 지옥 같은 사회에 반항해.

꿈을 특별 사면, 자신에게 물어 봐, 니 꿈의 profile. 억압만 받던 인생, 니 삶의 주어가 되어 봐. 지금 내 거울 속에 누가 보여? I gotta say 너의 길을 가라고. 단 하루를 살아도 뭐라도 하라고, 나약함은 담아둬.
(중략)
살아가는 법을 몰라, 날아가는 법을 몰라. 결정하는 법을 몰라, 이젠 꿈

꾸는 법도 몰라. 눈을, 눈을 떠라. 다 이제 춤을 춰봐. 자 다시 꿈을, 꿈을 꿔봐 다. 너 꾸물대지마 우물쭈물 대지마 Wuss up!

(중략)

To all the youngsters without dreams.

일반 경력설계의 설계 주체는 처음 직업을 선택하고 취업하려는 경우와 이미 취업하여 조직의 일원이 되어 있는 경우로 나누어볼 수 있다. 또한 일반 경력설계는 설계 주체가 취업 여부에 관계없이 전적으로 개인적 입장에서 하는 경우와 이미 취업한 상태에서 조직의 일원으로 조직과 연계하여 하는 경우로 나누어볼 수 있다. 일반 경력설계의 설계기간은 개인에 따라 차이가 있겠지만 생애 경력설계에 비하여 상대적으로 중·단기적이라 할 수 있다.

일반 경력설계에서 기본적 또는 공통적으로 적용되는 절차나 원칙은 찾기 어렵지만 국내외의 다양한 경력설계 서비스의 소개 자료를 검토해보면 대체로 다음과 같이 5단계 내지는 6단계 절차로 이루어진다. (1) 자기 알기(자기탐색) → (2) 직업/직무 탐색 → (3) 직업/직무 결정 → (4) 구직 전략 및 시간관리 계획 수립 → (5) 취업 → (6) 경력 관리/개발. 취업까지만 포함시키면 5단계 절차(과정)가 되고, 취업 후의 경력 관리/개발 단계까지 포함하면 6단계 절차가 될 수 있다. 생애 경력설계는 6단계까지 모두와 그 이상의 것들을 포함한다.

일반 경력설계도 경우에 따라 생애 경력설계와 같을 수도 있지만 대부분은 위에서 설명했듯이 생애 경력설계와는 다른 특성을 보인다. 우리나라에서 일반적으로 제시되고 있는 일반 경력설계의 특성 또는 한계를 살펴보면 다음과 같다.

(1) 경력설계의 의미가 불분명하다: 경력설계의 의미가 불분명하고 다양하여 전반적으로 경력설계를 명확히 이해하기 어렵다.

(2) 경력설계의 특성과 절차가 불분명하다: 경력설계의 특성과 절차가 불분명하거나 너무 다양하여 경력설계를 제대로 이해하기 어렵다.

(3) 취업에 초점을 맞춘 중·단기적 관점의 경향이 있다: 대학생, 전직 계획자, 퇴직 예정자, 실업자 등 당장 취업이 필요한 사람을 대상으로 하는 취업계획 같은 인상이 짙다. 취업 이후 그 직업이나 직무에서 조직이나 사업의 목표에 맞춰 능력을 발휘하고 직위상의 발전을 도모하는 중·장기적 계획을 수립하는 것도 중요한데 취업 이후 경력관리와 개발은 등한히 하는 경우가 많다.

(4) 생애 사명과 목표에 대한 고려가 부족하다: 생애 사명과 목표를 고려한 장기적 관점의 직업활동 계획이 되지 못하고 있다. 비록 절차에서 생애 사명과 목표를 고려하더라도 생애 전체에 대한 장기적인 관점이 되지 못하는 경우가 대부분인 것 같다.

(5) 경력관리와 경력개발 포함 여부가 불분명하다: 취업 이후에 이루어지는 경력관리 또는 경력개발을 포함하는 경우와 그렇지 않은 경우가 있고, 또한 직장과 관계없는 개인 차원의 경력설계와 직장의 일원으로서의 경력 관리와 개발이 명확히 구분되지 못하고, 하나의 과정 속에 연계되어 있지 못한 경우가 대부분이다.

생애 경력설계

1. 왜 생애 경력설계가 필요한가?

생애 경력설계는 생애설계의 한 영역으로서 경력에 관한 설계이므로 현재 이후 생애 전체의 직업활동에 관한 계획이다. 생애 경력설계의 시점과 기간을 보면 요람에서 무덤까지일 수도 있지만 실제로는 빠르면 청소년기 이후 기간, 늦으면 장년기 이후나 노년기만 해당될 수 있다. 생애 경력설계를 언제 시작하느냐, 아니면 직업활동을 언제부터 시작하고 언제까지 할 것이냐에 따라 계획 기간이 달라질 수 있고, 계획 실천의 시간 계획도 달라질 수 있다.

생애 경력설계는 단순한 취업설계가 아니라 현재 이후 전 생애에 걸쳐 취업, 재취업 및 이를 위한 준비(교육과 훈련을 포함한 다양한 준비 활동), 취업 후의 경력 관리와 개발까지를 포함하는 전반적인 설계다. 생애 경력설계는 일반 생애설계도 마찬가지지만, 전체를 아주 상세하게 계획하는 것은 아니라 할 수 있다. 생애 경력설계는 직업영역에서 생애사명을 확립하고, 생애목표를 설정하고 그 목표를 생애주기 단계별로 달성하기 위한 계획이다. 목표는 최종목표, 대(장기)목표, 중(중기)목표, 소(단기)/세부 목표로 구분하여 설정하고 향후 10년 목표는 좀 더 상세하게 설정하면 된다. 최종-대-중-소/세부 목표와 기간의 시간 간격은 목표에 따라 다를 수 있다.

향후 장기적으로 보면 평균수명 연장과 이에 따른 생애주기 단계의 변화 가능성이 높기 때문에 전 생애기간 동안 한 가지 직업활동을 계속하는 것이 아니라 적어도 2~3번 이상 직업이 바뀌는 것이 보편적 현상이 될 것이다. 개인에 따라서는 훨씬 더 많이 직업이 바뀔 수 있다. 2010년대 말 우리나라에서 실제적으로 40대 말(2018년 현재 평균 49.4세)에 가장 오래 근무한 직장에서 1차적으로 퇴직하고(통계청, 2019) 50대 이후에 재취업 또는 창업이 크게 증가하는 추세다. 향후 60세 전후해서 퇴직해도 경제적 이유 및 다른 여러 가지 이유로 70대까지 일해야 할 경우가 점점 더 증가할 것이다.

생애 경력설계에서는 생애 전체의 취업과 재취업 및 경력 관리와 개발을 모두 포함할 수도 있지만 사실상 모두를 한 번에 설계하기는 어려울 수 있다. 따라서 생애 경력설계는 1차 취업과 이후의 직업활동을 중심으로 설계하고, 1차 직업활동 종료 후 재취업 계획은 1차 직업활동 종료(1차 퇴직) 전에 충분한 시간적 여유를 가지고 설계하는 것도 바람직하다.

일부 공공기관 및 민간기관의 교육 및 상담 프로그램에서 '생애 경력설계'라는 말을 사용하고 있으나 실제 내용은 생애설계의 관점이 부족하고 논리적이고 원칙적인 절차에 따른 경력설계가 못 되고 있는 것 같다. 설령 생애사명과 생애목표를 포함하고 있어도 확실히 그것이 무엇을 의미하는지, 왜 중요한지, 경력설계 절차와의 관련성과 논리적 설명도 없이 참고사항 정도로 다루고 있는 경우도 있다. 왜 또는 무슨 목적으로 그 일을 하려는지(경력 영역에서의 생애사명은 무엇인지) 그리고 그 일의 목표가 무엇인지(경력 영역에서의 생애목표는 무엇인지) 불분명한 상태에서 재취업이라는 현실적 필요성에만 집착하는 경우가 대부분이다. 장기적 관점에서 경력에서의 사명과 장기(대)-중기(중)-단기(소) 목표를 제대로 설정하지 못하고 어떻게 만족스런 일자리를 찾고, 그 일자리를 유지하고, 그 속에서 발전할 수 있을지, 나아가서는 만족스런 새로운 일자리를 만들 수 있을지는 의문이다.

2. 생애 경력설계(생애 직업·경력설계)의 절차

생애 경력설계는 생애설계의 한 영역이므로 생애설계의 기본적 절차를 그대로 적용해야 할 것이다. 제8장에서 생애설계의 절차가 논리적이라는 점을 강조하고 그러한 절차가 생애설계의 가장 중요한 특성이라고 설명했다. 생애 경력설계는 생애설계의 기본적 절차가 그대로 적용되는 것이기 때문에 생애 경력설계의 절차는 다음과 같이 되어야 할 것이다. (1) 생애 경력사명 확립 → (2) 생애 경력목표 설정 → (3) 생애 경력목표 달성을 위한 시간관리 계획 수립 → (4) 실천·평가·수정. 이 같은 생애 경력설계 절차는 앞에서 정리한 일반 경력설계의 6단계 모두와 그 이상의 것을 포함한다.

사회·경제·기술적 변화에 따른 생애 경력설계의 고려사항

생애 경력설계는 사회적 가치관, 직업에 대한 선호도, 기술의 혁신적이고 급속한 변화, 기존 산업의 쇠퇴, 새로운 산업의 부상(발전), 고령화 및 인구구조의 변화 등을 포함하는 사회·경제·기술적 변화를 충분히 고려할 필요가 있다. 향후 미래사회에 예상되는 사회·경제·기술적 변화로서 중요한 것을 제시하면 다음과 같다.

1. 고령화/수명 연장에 따른 변화

1) 생애주기 단계의 변화: 8단계에서 9단계로 변화

제7장에서 주장한 바와 같이 수명 연장으로 인해 지난 60~70년간 보편화되어온 생애주기 8단계를 그대로 적용하거나 받아들이기는 점점 어려워지고 있다. 생애주기는 9단계로 구성되는 것이 바람직하다. 9단계는 현재 8단계의 중년기(40~60세)와 노년기(80세 이상) 사이에 장년기(60~80세)를 새로 설정하는 것이다. 건강한 60~70대 장년기 20년 기간은 개인적으로는 물론 사회적으로 생산적인 활동의 기간이 되어야 할 것이고, 중장기적으로 국가 정책도 이런 방향으로 추진될 가능성이 높아질 것이다.

2) 사회적 부담 증가와 개인 책임 증가

저출산 현상은 우리나라의 경우 대단히 심각하지만 선진국에서도 두드러지게 나타나고 있어 세계적 추세가 되고 있다. 저출산은 한 국가의 인구구조에서 생산가능인구(현재 15~64세) 수와 비율의 계속적 감소를 초래하고, 노인인구 수와 비율을 증가시킬 것이다. 따라서 노인인구를 사회적으로 부양해야 할 생산가능인구의 부양부담이 계속 증가하게 될 것이 분명하다. 사회의 부담능력(생산가능인구의 부담능력)에도 한계가 있기 때문에 계속 증가하는 노인인구를 더는 부양하기 어려워지게 될 시기가 분명히 올 것이다. 그렇게 되면 사회는 불가피하게 비용부담을 줄이게 될 것이고 반면에 노인인구의 개인 부담이 커질 수밖에 없을 것이다. 즉 60대 연령부터 30~40년간 경제적 보장을 국가로부터 기대하기 어려워질 수 있기 때문에 노후생활의 경제적 보장을 위한 개인적인 대책이 더욱 필요하게 될 것이다. 개인의 경제적 대책은 결국 일을 통한 수입을 확보하는 것이 가장 효과적인 방법이 될 수밖에 없고 70대 말까지 계속 일할 계획을 세우는 것이 무엇보다 현명한 방법이 될 것이다.

3) 교육-일-여가의 3단계 생애모형에서 다단계 생애모형으로 변화

산업화 이후 사람들의 일반적 삶의 단계는 교육-일-여가의 3단계가 순차적으로 진행되는 모형이었고 현재까지도 가장 보편적인 삶의 양식이 되어왔다. 이 3단계 모형은 산업사회의 진전에 따라 생긴 연령과 역할 규범에 따라 교육-일-여가의 순서로 진행되어왔다. 그런데 고령화의 진전과 이에 상응하는 새로운 변화들이 나타나면서 산업사회의 전통적인 3단계 모형은 서서히 다단계 모형으로 변화될 가능성이 커지고 있다. 다단계 모형은 이미 20여 년 전에 새로운 경향으로 예고되었다. 릴리와 릴리(Riley & Riley, 1994)는 개인 고령화(수명 연장)가 진전될수록 청소년/청년기 일부=교육, 청년기/중년기=일, 노년기=여가와 같이 연령이나 생애주기 단계와 연계한 역할모형 공식은 서서히 무너지게 되고, 교육-일-여가는 청소년기부터 연령이나 생애주기와 크게 상관없이, 순서 구분 없이, 4단계 이상의 다양한 조합으로 이루어질 것으로 예측했다.

이러한 예측은 점차 설득력을 얻고 있으며 고령화가 더욱 급속히 진전되고 있는 최근에 『100세 인생(*The 100-Year Life*)』의 저자 그래튼과 스콧(Gratton & Scott, 2016)도 개인 고령화에 따라 3단계 모형 생활양식이 다단계 모형으로 바뀔 것이라고 확신 있게 주장하고 있다. 생애 경력설계를 하는 청년이나 중년층은 특히 이러한 경향을 고려할 필요가 있다.

앞으로는 평생 직업/직장의 개념도 사라질 것이고 나이에 크게 관계없이 자신의 계획에 따라 취업하고, 퇴직하고, 다시 교육받고, 다시 취업하고, 그 중간에 휴식과 여가의 기간도 몇 년 동안 가지며 70대까지 개인에 따라 다단계적 삶을 계획하고 즐길 수 있음을 생각해야 할 것이다. 이러한 다단계의 삶은 미리 계획되지 않더라도 일단 1차적 취업 후에 퇴직이나 계약 종결(임기 종결) 이전에 충분한 시간 여유를 가지고 1차 직업생활 이후의 생애 경력설계를 다단계로 할 수 있다. 지금까지 일반화되어 있는 3단계 모형이 다단계 모형으로 바뀌는 데는 시간이 상당히 걸릴 수 있다. 현재로서는 3단계 모형에서 벗어난 생활양식은 가족이나 주위 사람들로부터 눈치를 받거나 우려를 자아낼 수도 있지만 과감하게 시도해보는 것도 용기 있는 현명한 판단이다. 특히 중년기 이후의 다단계 모형의 시도는 제5장(심리사회적 발달론)에서 소개한 중년기 발달과업 중 새들러(Sadler, 2002)가 말한 제2의 성장을 위해 인생 비행기 여행에서 다시 안전띠를 매고 또 다른 하나 이상의 정점을 향해 비행하는 선택과 노력이 필요하다는 것과 일맥상통하는 것이라 할 수 있다.

2. 평생 직업/직장 시대에서 직업 다양화 시대로 변화

선진국에서는 오래된 현상이지만 평생 직업/직장 보장의 관행과 생각은 여러 가지 이유로 점차 사라지고 있다. 이러한 경향 역시 고령화와 상당히 관련이 있지만 다른 사회·경제·기술·문화적 여건의 변화와도 크게 관련이 있다. 향후 100세 시대를 예상하면 평생 동안 직업을 2~3회 이상 바꾸는 것은 보편적 현상이 될 것이다(Gratton, 2011). 이러한 경향은 누구에게나 가능한 선택의 문제일 수도 있고, 불가피한 선택일 수도 있다. 생애 경력설계에서 반드시 한 직업/직장만 생각할 필요가 없다는 것을 충분히 고려하여 1차 생애 경력설계를 먼저 하는 것이 중요하다. 생애주기의 현재 위치에서 먼저 1차 생애 경력설계를 하고, 그 설계를 실행하면서 계획적으로 제2차, 제3차 등의 생애 경력 설계를 할 수 있다.

3. 생산·서비스 단위의 소규모화와 공유경제의 증가

미래사회는 지식정보화사회와 4차산업혁명사회의 진전과 더불어 생산단위는 대규모에서 소규모· 개인화로 변화될 가능성이 높다. 생산단위의 소규모화는 어떤 업무를 지속적으로 같은 개인이나 조직을 대상으로 하는 것이 아니라 일시적으로 다양한 개인이나 조직을 대상으로 하게 되는 것을 말하는데 이러한 경향은 앞으로 더욱 뚜렷해질 것으로 예상된다(Gratton & Scott, 2016). 개인적 기술과 지식의 수준, 산업과 기술의 발전 상태에 따라 일시적/임시적으로 하는 일(이 같은 일은 gig economy의 전형적 형태임)의 형태가 크게 증가할 것이다. 긱 이코노미(gig economy)는 정규직이나 파트타임 같은 얽매인 장기적 일자리가 아니라 구매자 다수를 대상으로 특정 과제나 업무를 수행하면서 단기적으로 소득을 올리는 사람들이 많아지는 현상을 말한다(Gratton & Scott, 2016). 이 같은 경향을 고려하면 직업/직장 선택과 직무를 대기업, 대단위 생산조직에 한정하지 말고, 소기업 취업, 창업, 1인기업도 충분히 고려해볼 필요가 있다.

물건을 소유하는 것이 아니라 공유하거나 빌려 쓰는 경제활동을 공유경제라 한다. 다시 말해서 공유경제는 자신이 소유하고 있는 기술· 서비스나 재산을 다른 사람과 공유하거나 다른 사람의 것을 빌려 씀으로써 새로운 가치를 창출하는 것이라 할 수 있다. 예를 들면 전 세계의 숙박 공유 웹사이트인 에어비앤비(Airbnb)를 활용하여 자기 집의 방을 빌려주고 수입을 올릴 수 있다. 이러한 공유경제가 크게 활성화될 것을 고려하여 창의성 있는 직업활동을 설계하는 것도 중요하다.

4. 노동의 유연성/스마트 워크(smart work) 증가

앞으로 일하는 시간의 양태가 훨씬 다양해지고(출퇴근 시간 조정 등), 고용과 해고가 더 유연해지고, 일하는 장소와 시간도 편의에 따라 달리할 수 있는 스마트 워크 경향이 점점 뚜렷해질 것이기 때문에 이러한 경향을 활용하여 취업하거나 창업하는 것도 고려할 필요가 있다.

5. 기술발전에 따른 절대/비교 우위 직업 선택

앞으로 단순노동과 반숙련 노동은 컴퓨터나 로봇 등으로 대체될 것이지만, 숙련노동은 기술적 도구로 대체하기는 어렵고 보완하는 정도가 될 것이다. 따라서 일자리가 없어지는 것도 있고, 그대로 유지되거나 더욱 증가할 수도 있다. 인공지능은 전문지식, 귀납적 추론, 대화 등을 통한 복잡한 문제 해결 능력을 제대로 갖출 수 없기 때문에 사람을 대신하기 어려울 것이고, 특히 복잡하고 어려운 움직임이나 이동도 대신하기 어려울 것이다. 장기적으로는 기술적 도구가 사람의 일자리를 대신할 수 있는 영역이 점차 확대될 것이므로 사람이 절대적 우위를 갖는 일자리나 비교적 우위를 갖는 직업을 찾거나 그런 직업을 창출할 필요가 있다(Gratton & Scott, 2016).

6. 생애주기 단계·직업활동 변경 사이 과도기의 효과적·효율적 활용

길어진 생애주기에서 생활양식이 3단계에서 다단계로 발전하고 이에 따라 여러 번 직업을 선택해야 할 가능성이 높아지고, 70대까지 또는 그보다 더 오래 일해야 할 것이다. 더 오래 능력을 발휘하여 일하기 위해서는 직업 전환 사이의 과도기가 많아질 것이고, 그 과도기는 새로운 직업활동을 위한 효과적이고 효율적인 투자의 시간이 되어야 할 것이다. 길어지는 생애를 생각하면, 빨리 일하는 것에 급급하여 간단하고 쉬운 일을 준비하면서 짧은 과도기를 보내는 식은 결코 현명한 행동이 아닐 것이다. 더 오래 일하고 그리고 직업능력을 비교우위 또는 절대우위 상태로 유지하기 위해서는 시간적으로 여유 있게 치밀한 계획을 세워 지식과 기술을 새로 개발하거나 그 수준을 높여야 할 것이다. 몇 달간의 준비나 교육/훈련, 짧은 기간의 자격증 취득으로는 제대로 된 취업도 어렵고, 경쟁력 발휘도 어렵고, 직업의 안정성을 기하기도 어려우며, 게다가 적절한 수입도 얻기 어려울 것이다. 따라서 적어도 1년 이상 2~3년의 과도기를 보내면서 철저하게 준비하는 것이 바람직하다.

7. 새롭고 발전 전망 높은 직업 고려

앞으로의 사회·경제·기술·문화적 발전과 변화에 따른 새롭고 발전 전망이 높은 직업활동을 선택하는 것이 중요하다. 단순히 사회적 위세도(인정받는 정도) 높은 직업(소위 전통적 인기, 사회적 인정, 고소득 직업)에 집착하는 것보다는 새롭게 부상하고 발전 가능성 있는 직업을 선택하는 것이 현명할 것이다. 새롭고 발전 전망이 높은 직업은 상당히 연구되어 있는 편이고 관련 정보에도 어렵지 않게 접근할 수 있다.

8. 일과 가정/일과 생활의 균형화 중시 경향

일과 가정의 균형화 또는 일과 생활의 균형화(work-life balance: 워라밸)는 새로운 세계적 추세이고 사회발전의 결과이기도 하다. 결혼생활에서 배우자에 대한 더 많은 배려와 협력과 친밀성, 자녀양육의 역할 분담, 4세대 가족에 대한 고려, 친구관계의 중요성과 다연령화, 여가의 창조적 활용 등은 일 못지않게 중요시되는 추세다. 이러한 균형화는 개인 특성에 따른 문제일 수도 있지만 새로운 사회적 추세로 나타나고 있는 만큼 그러한 면에 배려가 더 많은 직업/직장을 선택하는 것도 고려해보아야 한다.

생애 경력설계(생애 직업·경력설계)의 예시

1. 20세 대학생 K

1) 경력의 생애사명 확립

K는 고등학교 시절 대학진학 진로를 결정하기 위해 실시한 성격검사와 적성검사를 재확인하기 위해 소속 대학교 부설 대학생활연구소를 찾아가 두 가지 검사를 다시 받았고, 직업 흥미검사도 새로 받았다. 검사 결과 자신이 선택한 전공이 자신이 하고 싶어 하는 일에 적합하다는 것을 확인했다. 자신의 전공도 고려하고 자신이 사회적으로 가치 있는 사람이 되어야겠다고 결심하고 깊이 있게 생각하여 경력 영

역 가치관을 '국민들의 가정생활 편의와 영양 증진'으로 정했다.

그리고 자신의 가치관에 맞는 직업활동 방향(분야)을 '획기적 식품 개발(자)'로 정했다. 식품산업의 발달로 다양한 식품이 개발되고 있으나 인스턴트식품이 주류를 이루고, 가정배달 요리도 단품 위주이고 또한 영양소와 먹는 사람의 영양상태를 전혀 고려하지 못하고 있는 것 같았다. 가정생활에서 가족의 생애주기에 따른 영양상태, 신체적 건강상태, 직업활동으로 인한 시간 부족 등을 고려할 때 간단한 단품요리 음식이 아니라 가정에서 조리해서 먹는 가정식과 비슷하면서 영양과 건강 증진도 같이 고려한 가정배달 음식을 개발하는 것이 좋겠다고 생각했다. 따라서 K는 가격도 합리적이고 외부에서 주문하여 가정으로 배달하는 즉시 신선하게 먹을 수 있는 '획기적 식품 개발자'가 되는 것을 직업활동 방향으로 정했다.

자신의 생애설계에서 생애사명 확립이 대단히 중요하지만 상당히 시간이 걸리고 어떤 면에서는 어렵기 때문에 자신의 생각이 합리적이고 바람직한지 확인이 필요하다고 생각하여 지도교수와 다른 교수들의 의견도 들었다. 그리고 가족과 학교 친구들의 의견도 들었다. 따라서 K는 '국민의 생활편의와 영양 증진을 위해 획기적 식품 개발자가 된다'가 경력 영역의 적절한 생애사명이 될 수 있다고 판단했다.

2) 경력의 생애목표 설정

(1) 최종목표 설정

경력 영역에서 생애사명을 실현하기 위해서는 최종목표를 설정해야 하기 때문에 최종목표를 '55세까지 시니어용 가정배달 식사제조 사업체 운영자의 성공모델이 되는 것'으로 정했다. 모든 연령층에 적용

가능한 포괄적인 가정식 배달식사 제조업이 더 좋을 수도 있지만 향후 증가하는 고령인구와 가정에서의 식사조리의 어려움과 건강 및 영양 상태 등을 고려하면 세심한 식사를 맞춤식으로 제공하는 것이 좋은 아이디어라 생각하여 시니어 대상 가정식 배달식사 제조업에 초점을 맞추기로 했다. 따라서 경력 영역에서 생애 최종목표는 50대에 달성하는 것이 적합하다고 생각하고 55세를 목표달성 기한으로 정했다. 이러한 최종목표를 달성하기 전에 현재의 가정식 배달식사 제조업 현황을 조사했고 장래 시니어들의 소득 향상, 수요, 라이프스타일 변화, 건강에 대한 관심, 산업의 발전 전망 등도 고려했다. 향후 시니어(65세 이상) 인구가 2050년이면 전체 인구의 40% 가까이 될 것을 고려하면 가정식 배달식사 제조업은 크게 성장할 것이다. 한편 상업적이고 이윤추구적인 면에 치중한 식품 제조업체들이 우후죽순처럼 생겨나 사회적인 이슈가 될 수도 있을 것이다. 따라서 적절한 이윤추구와 합리적인 비용으로 시니어의 가정생활 편의와 영양 증진을 위해 사회적으로 필요하고 모범적인 가정식 배달식사 제조업체 운영자의 모델이 되는 것은 생애사명을 구체적으로 실현하는 것이 될 것이라 생각한다.

(2) 목표체계(목표 연계 체계)

최종목표를 달성하기 위한 주요 수단/하위목표가 되는 대목표, 대목표 달성의 주요 수단/하위목표가 되는 중목표, 중목표 달성의 주요 수단/하위목표가 되는 소목표를 〈그림 18-1〉과 같이 설정할 수 있다. 그림에서 중목표 관련 소목표는 두 가지 또는 그 이상 있을 수 있으며, 소목표에 구체적 목표 서술이 없는 공란은 소목표를 예시하지 않은 것이다. 목표체계에 생애주기 발달과업에 해당하는 것과 업무 관련 주요 목표도 반영해야 한다.

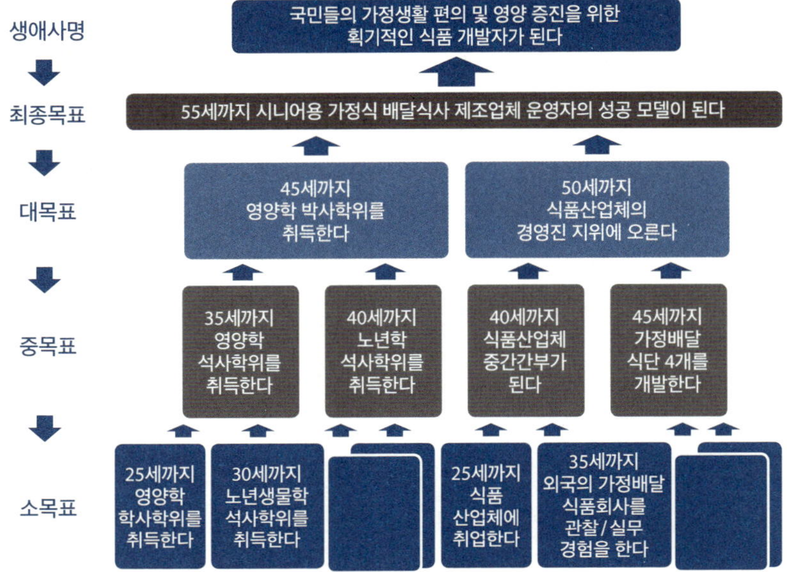

〈그림 18-1〉 생애 경력설계의 생애사명과 목표체계의 예시

대목표는 40대에 달성하고, 중목표는 30대와 40대 중반에 걸쳐 달성하고, 소목표는 20대와 30대 중반에 걸쳐 달성하는 것이 적합하다고 생각한다. 그리고 소목표 및 그 이하의 세부목표를 포함할 수 있는 향후 10년 목표는 1년 단위로 좀 더 상세히 설정해야 한다. 최종-대-중-소 목표로 이어지는 목표체계는 〈표 18-1〉과 같은 양식으로 설정할 수 있다.

목표체계는 〈그림 18-1〉과 같이 그림으로 나타낼 수도 있지만 〈표 18-1〉과 같이 표로 나타낼 수도 있다. 그림은 한눈에 보기에 편하고 목표 간 관계도 잘 나타낼 수 있지만 목표가 많은 경우는 그림으로 표현하기 어렵다. 따라서 목표체계를 표로 제시하는 것이 더 실용적이고 편리하다. 표에서는 목표 크기·범위(달성기간, 중간단계 등)에 따

〈표 18-1〉 생애 경력설계 목표체계(20세 K)

구분	번호	목표서술
생애사명		• 국민의 가정생활 편의와 영양 증진을 위해 획기적인 식품 개발자가 된다.
최종목표		• 55세까지 시니어용 가정식 배달식사 제조업체 운영자의 성공 모델이 된다.
대목표	1	• 45세까지 영양학 박사학위를 취득한다.
	2	• 50세까지 식품산업체의 경영진 지위에 오른다.
중목표	1-1	• 35세까지 영양학 석사학위를 취득한다.
	1-2	• 40세까지 노년학 석사학위를 취득한다.
	2-1	• 40세까지 식품산업체 중간간부가 된다.
	2-2	• 45세까지 가정배달 식단 4가지를 개발한다.
소목표	1-1-1	• 25세까지 영양학 학사학위를 취득한다.
	1-1-2	• 30세까지 노년생물학 석사학위를 취득한다.
	1-2-1	• 34세까지 재가노인복지기관에서 월 1회 2시간 정도 식사 관련 자원봉사활동을 한다.
	1-2-2	• 35세까지 사이버대학에서 노년학 학사학위를 취득한다.
	2-1-1	• 25세까지 식품산업체에 취업한다.
	2-1-2	• 35세까지 외국의 가정배달 식품회사를 관찰/실무 경험을 한다.
	2-2-1	• 38세까지 가정배달 식단 개발의 주요 조건/특성을 파악한다.
	2-2-2	• 40세까지 가정배달 가능 식단 품목을 연구한다.
	2-2-3	• 43세까지 가정배달 식단 2가지를 개발한다.

라 여러 개를 나열할 수 있고, 번호를 붙여 쉽게 구분할 수도 있다. 대목표는 1, 2, 3으로, 중목표는 1-1, 1-2, 2-1, 2-2, 2-3으로, 소목표는 1-1-1, 1-1-2, 1-2-1, 1-2-2, 1-3-1, 1-3-2, 2-1-1, 2-1-2, … 3-1-1, 3-1-2, 3-2-1, 3-2-2 등으로 표시할 수 있다. 세 가지 숫자가 연결된 목표 번호에서 첫 자리는 대목표, 둘째 자리는 중목표, 셋

째 자리는 소목표를 나타내므로 번호를 보면 소, 중, 대 목표 각각이 어떻게 연결되는지 알 수 있다.

생애 경력설계 목표체계와 연계된 향후 10년 목표는 〈표 18-2〉와 같이 설정할 수 있다.

〈표 18-2〉 생애 경력설계 향후 10년 목표(20세 K)

연령	목표서술
20	• 생애 경력설계를 완료한다. • 미래사회의 변화와 식품산업의 변화에 대해 집중적으로 탐구한다.
21	• 고령화사회 대응 식품산업에 대해 집중 연구한다. • 노년학을 부전공 신청하여 일부 학점을 이수한다. • 식품 제조/영양 관련 공모전에 참여한다.
22	• 식품제조업체(6개월)의 인턴으로 참여한다. • 군 복무를 시작한다. • TOEIC 시험 공부를 한다.
23	• 군 복무를 완료한다. • TOEIC 시험 공부를 계속한다.
24	• 졸업에 필요한 영양학 및 노년학(부전공) 과목 이수를 완료한다. • TOEIC 시험에 응시하여 900점 이상을 획득한다. • 영양사 자격증(국가자격) 취득시험 공부를 시작한다.
25	• 영양학 학사학위를 취득한다. • 영양사 자격증을 취득한다. • 가정배달과 관련된 식품산업체에 취업한다.
26	• 회사의 사업현황과 중장기 사업계획을 파악한다.
27	• 가정배달 식품제조업 현장방문 관련 자료를 수집한다. • 노년생물학(전공) 석사과정에 입학한다.
28	• 회사에서의 가정배달 식품개발 가능성을 탐구한다.
29	• 회사의 신상품 개발 프로젝트에 참여한다.

(3) 생애 경력목표 달성을 위한 시간관리 계획 수립

시간관리는 1년 단위로 이루어지는 것이 일반적이므로 생애 경력목표 중 20세의 1년간 목표로 (1) '미래사회의 변화와 식품산업의 변화에 대한 집중 탐구'와 (2) 'TOEIC 시험 준비'를 설정한 후, 월별로 세부목표를 설정하고 목표달성 행동을 수행할 계획을 세우기로 했다.

시간관리 계획과 실천 도구는 생애설계 다이어리이므로 1년 목표는 월별로 세분화하여 전년도 말에 설정하는 것이 적합하다. K는 경력을 포함한 8개 분야의 생애설계를 6월 말까지 완료했기 때문에 7월부터 12월까지 6개월간 월별 세부목표를 설정하고 월별 세부목표에 따라 주간목표는 다음 달 시작 바로 전주에 설정하기로 했다. (1)의 목표달성을 위한 연구 방법과 순서는 ① 자료 수집 및 독서 → ② 연구의 주요 내용 구성 → ③ 내용별 구체적 탐색 및 정리 → ④ 연구결과 보고서 작성으로 하기로 했다. (2)의 목표달성을 위한 절차는 ① TOEIC에 대한 전반적 이해 → ② 시험에 대비한 공부전략 수립 → ③ 수험서적 독서 및 연습 → ④ 학원수강에 따른 월별 및 주간 목표 수립으로 정했다.

기존 다이어리에 월간목표와 주간목표를 기록하는 난이 없으면 쪽지나 포스트잇(Post It: 스티커와 비슷한 접착메모지)에 적어 해당 월간 시간사용 계획표나 주간 시간사용 계획표에 붙이면 된다. K가 사용하는 기존 다이어리의 시간사용 계획표에는 월간 및 주간 목표 기록란이 없어 경력 영역과 다른 생활영역 월간목표까지 포함한 월간목표를 포스트잇에 기록하여 붙이기로 했고, 주간의 다양한 생활영역 목표도 마찬가지 방법으로 기록하여 붙이기로 했다.

그리고 시간관리는 약 12주간 연습을 통해 습관화한 후에 실천하기로 하고, 생애 경력설계 및 다른 생활영역 설계의 생애사명, 생애목표(목표체계 및 향후 10년 목표) 및 금년도 목표는 제11장의 해당 양식으로 작성하여 다이어리 앞쪽에 붙여놓고 자주 읽어보기로 했다.

(4) 생애 경력설계 실천·평가·수정

다이어리를 통해 1년간 목표달성 시간관리 계획을 실천하면서 잘 실천하고 있는지, 실천에서 문제점이 있는지를 평가하여 실천의지를 다지고 필요하면 경력설계의 일부를 수정하기로 했다.

2. 40세 회사원 M

M은 95세까지 생존을 기대하면서 75세까지는 소득이 있는 적절한 일을 할 계획을 세울 필요가 있다. 법률에 따라 2033년부터 65세가 되어야 국민연금 수급이 가능해질 것이다. 현재의 고령화 추세를 감안하면 65세까지도 정년연장이 될 것이기 때문에 65세 정년 이후 적어도 10년을 일할 계획을 세워야 한다. 앞으로 급속히 진전될 지식정보화와 4차산업혁명사회를 고려하면 인공지능과 비교우위의 일자리에서 일할 수 있는 직업능력을 개발할 필요가 있다.

M은 60세까지 현 직장에서 일한 후 퇴직하여 직장의 경험도 살리고, 계속 일할 기회도 갖고, 개인 시간을 잘 활용할 수 있으면서 사회에 공헌하는 의미에서 가르치는 일(강사, 교사, 교수)을 하는 것이 좋겠다고 생각했다.

따라서 생애사명을 '가르치는 일을 통해 사회에 공헌한다'로 정하고, 15년 정도 새로운 삶을 준비하여 최종목표는 컴퓨터공학을 가르치는 강사(교수)가 되는 것으로 설정했다. 이에 앞서 M은 전문가의 적성검사와 성격검사를 받고 공학 분야 활동과 교수로서의 적합성도 확인했다. M은 〈표 18-3〉과 같은 목표체계와 〈표 18-4〉와 같은 향후 10년 목표를 설정했다.

〈표 18-3〉 생애 경력설계 목표체계(40세 M)

구분	번호	목표서술
생애사명		• 나는 가르치는 일을 통해 사회에 공헌한다.
최종목표		• 57세까지 컴퓨터공학을 가르치는 강사(교수)가 된다.
대목표	1	• 50세까지 AI 활용 가전제품 2가지를 개발한다.
	2	• 50세까지 컴퓨터공학 박사학위를 취득한다.
	3	• 55세까지 컴퓨터공학 관련 강의 경험을 4회 이상 쌓는다.
중목표	1-1	• 48세까지 AI 활용 가전 신제품 1가지를 개발한다.
	1-2	• 50세까지 AI 활용 가전 신제품 1가지를 추가 개발한다.
	2-1	• 45세까지 컴퓨터공학 석사학위를 취득한다.
	2-2	• 50세까지 AI 관련 학술논문 2편을 국내 학술지에 발표한다.
	3-1	• 51세까지 대학 강의용 강의안을 개발한다.
	3-2	• 52~55세 사이 1년에 한 학기 이상 강의한다.
소목표	1-1-1	• 47세까지 AI 활용 가전 신상품 시제품 1가지를 개발한다.
	1-2-1	• 49세까지 AI 활용 가전 추가 시제품 1가지를 개발한다.
	2-1-1	• 40세에 2년제 대학 졸업자의 독학사 취득 계획을 수립한다.
	2-1-2	• 42세까지 컴퓨터공학 독학사 학위를 취득한다.
	2-2-1	• 46세에 AI 연구 대학원 특별교육과정을 수료한다.
	2-2-2	• 48세까지 AI 관련 논문 1편을 국내 학술지에 발표한다.
	2-2-3	• 49세에 AI 관련 추가 논문 1편을 국내 학술지에 발표한다.
	2-2-4	• 47세부터 연 1회 이상 국내외 컴퓨터공학 학술대회에 참석한다.
	3-1-1	• 50세까지 대학 교수법에 대한 도서를 3권 이상 독서한다.
	3-2-1	• 52~53세에 2회 이상 대학 이외에서 한 학기 이상 강의한다.
	3-2-2	• 54~55세에 2회 이상 대학에서 강의한다.

〈표 18-4〉 생애 경력설계 향후 10년 목표(40세 M)

연령	목표서술
40	• 생애 경력설계를 완료한다. • 2년제 대학 졸업자 독학사 취득 계획을 수립한다.
41	• 독학사 학위과정을 시작한다.
42	• 컴퓨터공학 독학사 학위를 취득한다.
43	• 컴퓨터공학 석사과정에 입학한다. • 영어 독해능력 향상을 위해 학원수강을 시작한다. • 컴퓨터공학 영문 개론서적 1권을 연 2회 독서한다.
44	• 석사과정을 수료하고 학위논문을 준비한다. • 44세부터 국내외 컴퓨터공학 학술지의 주요 논문 독서를 시작한다.
45	• 컴퓨터공학 석사학위를 취득한다. • 컴퓨터공학 박사과정 입학 계획을 수립한다.
46	• 컴퓨터공학 박사과정에 입학한다. • 대학원 AI 특별교육과정을 수료한다. • AI 활용 가전제품 개발 가능 품목을 연구·정리한다.
47	• AI 활용 가전 신제품 시제품 1가지를 개발한다. • 47세부터 연 1회 이상 국내외 컴퓨터공학 학술대회에 참석한다.
48	• AI 관련 논문 1편을 국내 학술지에 게재한다. • AI 관련 박사학위 논문 작성을 시작한다. • AI 활용 가전 신제품 1가지를 개발한다.
49	• AI 관련 박사학위 논문 초안을 완료한다. • AI 관련 추가 논문 1편을 국내 학술지에 게재한다. • AI 활용 가전 추가 시제품 1가지를 개발한다.

3. 55세 퇴직 예정자 P

P는 늦은 나이기는 하지만 아직 퇴직을 5년이나 남겨둔 시기에 생애설계의 필요성을 절실히 깨닫게 된 것을 다행으로 생각했다. 사무/관리직 계통의 직무를 수행해온 사람들은 기술계통 직무나 전문직 종사자들에 비해 퇴직 후 재취업에서 직무와 연관된 뚜렷한 일자리 찾기

가 어렵고 선택의 폭이 크게 제한되어 있다는 것을 절실히 깨닫게 되었다.

앞으로 인생 후반기가 30~40년은 기본이 될 것이라는 것과 노후기간 연장으로 개인 책임이 더욱 커질 것을 생각하면 75~80세까지도 일하는 것을 전제로 경력설계를 해야 한다는 것을 알 수 있게 되었다. 비숙련 일자리 취업이나 지금까지의 경험과 지식을 살리는 것만으로는 오래 안정적으로 일할 수 없기 때문에 시간이 걸려도 최대한 노력하여 제대로 준비하기로 했다.

그래서 다음과 같이 세 가지 원칙을 정했다. 첫째, 지금까지 하던 일과 연계되는 일을 한다. 둘째, 최대한 전문성 있는 일을 하기 위해 새로운 지식과 자격으로 자신의 능력/경쟁력을 확보한다. 셋째, 새로운 일자리에서 15년 이상은 일하도록 한다. 그러기 위해 경영/관리 업무 경력을 살리면서 관련 국가자격증인 경영관리사와 세무사 자격증을 취득하여 중소기업 컨설팅 일을 하기로 했다. 따라서 생애사명을 '나의 지식과 경험으로 중소기업 발전에 기여한다'로 정하고 60세 퇴직까지 남은 5년간 열심히 준비하여 '65세까지 모범적 중소기업 시니어 컨설턴트가 된다'는 것을 생애 최종목표로 설정했다. 목표체계와 향후 10년 목표는 〈표 18-5〉 및 〈표 18-6〉과 같다.

〈표 18-5〉 생애 경력설계 목표체계(55세 P)

구분	번호	목표서술
생애사명		• 나의 지식과 경험으로 중소기업 발전에 기여한다.
최종목표		• 65세까지 나는 모범적 중소기업 시니어 컨설턴트가 된다.
대목표	1	• 58세까지 경영관리사 자격증을 취득한다.
	2	• 63세까지 세무사 자격증을 취득한다.
	3	• 64세까지 기업 컨설팅회사에 취업한다.

〈표 18-5〉 생애 경력설계 목표체계(55세 P)(계속)

구분	번호	목표서술
중목표	1-1	• 56세까지 경영관리사 자격증 취득을 위해 독학한다.
	1-2	• 57세까지 경영관리사 자격증 취득을 위해 학원 수강을 한다.
	2-1	• 59~60세에 세무사 자격증 취득을 위해 독학한다.
	2-2	• 61~62세까지 세무사 자격증 취득을 위해 학원 수강을 한다.
	3-1	• 55세까지 기업 컨설팅 관련 도서 10권을 독서한다.
	3-2	• 56세까지 기업 컨설팅의 업무 현황과 발전 전망을 연구한다.
	3-3	• 61~64세에 월 1회 이상 중소기업 자원봉사 컨설팅에 참여한다.
	3-4	• 61~64세에 컨설팅회사 취업을 계속 시도한다.
소목표	1-1-1	• 55세까지 경영관리사 자격증 취득 전략을 수립한다.
	1-1-2	• 56세까지 경영관리사 활동 예상 분야를 조사한다.
	1-2-1	• 57세까지 경영관리사 자격증 취득시험과목 학습을 완료한다.
	1-2-2	• 57~58세에 경영관리사 자격증 취득시험에 응시한다.
	2-1-1	• 59세에 세무사 자격증 취득 준비전략을 수립한다.
	2-1-2	• 62~63세에 세무사 자격증 취득시험에 응시한다.
	2-2-1	• 61~62세에 도서관에 등록하여 일일 4시간 이상 공부한다.
	3-3-1	• 61~64세에 한국노인인력개발원 지원 중소기업에 월 1회 자원봉사로 컨설팅한다.
	3-4-1	• 60세까지 컨설팅회사 취업 전략을 수립한다.
	3-4-2	• 65세까지 두 가지 자격증을 충분히 활용하는 시간제 컨설턴트로 취업한다.

〈표 18-6〉 생애 경력설계 향후 10년 목표(55세 P)

연령	목표서술
55	• 기업 컨설팅 관련 도서 10권을 독서한다. • 경영관리사 자격증 취득 전략을 수립한다.
56	• 경영관리사 활동 예상 분야를 조사 연구한다. • 기업 컨설팅 업무의 현황과 발전 전망을 연구한다.
57	• 경영관리사 자격증 취득을 위해 학원 수강을 한다. • 경영관리사 자격증 취득시험과목 학습을 완료한다. • 경영관리사 자격증 취득시험에 응시한다.
58	• 경영관리사 자격증 취득시험에 응시한다. • 경영관리사 자격증을 취득한다.
59	• 세무사 자격증 취득시험 준비 전략을 수립한다. • 세무사 자격증 취득시험 독학가능 시험과목을 독학한다. • 세무사 관련 도서 12권을 독서한다.
60	• 세무사 자격증 취득시험 독학가능 시험과목을 독학한다. • 60세까지 컨설팅회사 취업 전략을 수립한다.
61	• 세무사 자격증 취득을 위해 학원 수강을 한다. • 한국노인인력개발원 지원 중소기업에 월 1회 자원봉사 컨설팅한다. • 컨설팅회사 취업을 시도해본다. • 도서관에서 1일 4시간 세무사 자격증 취득시험 공부를 한다.
62	• 세무사 자격증 취득을 위한 학원 수강을 계속한다. • 한국노인인력개발원 지원 중소기업에 월 1회 자원봉사 컨설팅한다. • 컨설팅회사에 주 1회 4시간 자원봉사한다. • 컨설팅회사 취업을 계속 시도한다. • 세무사 자격증 취득시험에 응시한다.
63	• 세무사 자격증 취득시험에 응시한다. • 세무사 자격증을 취득한다. • 한국노인인력개발원 지원 중소기업에 월 1회 자원봉사 컨설팅한다. • 컨설팅회사 취업을 시도한다.
64	• 한국노인인력개발원 지원 중소기업에 월 1회 자원봉사 컨설팅한다. • 컨설팅회사 취업을 계속 시도한다. • 중소기업 컨설팅회사에 취업한다.

19

생애 학습·자기개발설계

학습·자기개발의 의미

학습(learning)은 좁은 의미로 경험이나 훈련의 결과로 일어나는 지속적 행동변화를 의미하지만 넓은 의미로 경험과 훈련을 통한 행동변화와 의도적으로 지식과 기술을 습득하는 것을 모두 의미하며, 생애과정 전체를 통해 계속 이루어지는 과정이다. 학습은 의도적 및 비의도적으로 이루어지는 것을 모두 포함하지만 자기개발은 의도적으로 이루어지는 것만 말한다. 이런 이미에서 학습은 자기개발을 포함하는 폭넓은 개념이다.

엄격하게 말하면 학습과 자기개발은 구분되지만 의식적이고 의도적인 노력으로 이루어진다는 면에서는 구분 없이 사용해도 별 문제 없다. 학습·자기개발에서 학습이라는 말은 생략하고 편의상 '자기개발'이라 부르기로 하겠다.

생애주기 단계와 자기개발

생애발달의 전 과정에서 다양한 지식과 기술이 의도적 또는 비의도적으로 학습된다. 이러한 학습이 의도적으로 이루어지면 자기개발이라 할 수 있다. 대체로 청소년기까지는 공식적 교육에 의한 학습이 자기개발의 거의 전부라 해도 과언이 아니다. 공식적 교육은 개인의 자발적인 의지보다는 부모와 사회적 압력에 의해 이루어지는 면이 더 큰 것이 일반적이다. 특히 사회는 자체의 존속과 발전을 위해 사회 구성원의 사회 적응과 능력개발을 필요로 하고 이를 위해 구성원에게 일정한 공식교육을 요구한다. 공식교육은 국민의 권리이면서 의무이기 때문에 사회가 교육제도를 마련하고 지원하고 있다. 우리나라에서는 2019년 8월까지는 중학교 교육까지만 의무교육이었으나 2019년 9월부터 시작하여 2021년까지 고등학교 교육도 의무교육이 된다.

2019년 8월까지는 고등학교 교육은 의무교육은 아니었지만 거의 모든 청소년은 고등학교까지 교육은 당연히 받아야 하는 것으로 생각하고 있고 해당 연령의 청소년은 거의 모두(99.7%. 통계청, 2018) 고등학교 교육을 받고 있다. 대학부터 교육은 본인과 가족의 결정사항이지만 우리나라 경우는 선진국에 비해 대학진학률이 크게 높은 편이다(68.9%. 통계청, 2018). 자기개발에서 교육기관을 활용하는 경우는 고등교육기관인 대학교 교육(중·고등학교 교육을 '중등교육', 대학교 이상의 교육을 '고등교육'이라 함)부터 해당된다고 할 수 있으며, 우리 국민의 높은 대학진학률로 보아 대부분의 청소년과 청년은 대학교육까지를 국민의 기본적 교육과정으로 생각하는 편이라 할 수 있다. 그러나 대학 이후 더 높은 수준의 교육은 전적으로 본인의 선택사항이며 자기개발의 주요한 수단이 된다. 대학 이상의 학위과정은 개인과 가족의 경제적 사정과도 연계되어 있어 단순한 의지만으로는 자기개발의 수단이 되지 못하는 경우가 많다. 대학의 학위과정이 아니라도 평생교육 명목으로 대학, 특수교육기관, 사회단체 등에서 다양한 자격과정, 특별교육과정을 운영하고 있어 교육기관을 통한 자기개발 프로그램과 기회는 크게 확대되고 있다.

20세기 중후반부터 대학교육 이후에도 다양한 이유로 계속 교육을 받아야 할 필요성이 사회적으로 널리 인식됨에 따라 계속교육 또는 평생교육이 발전하기 시작했고, 지난 20여 년 사이에 우리나라에서도 평생교육이 크게 발전했다. 1999년에는 평생교육법이 제정되기까지 했다. 특히 개인 고령화(수명 연장)가 급속히 진행되면서 노년기 이후 단순한 적응, 생활편의, 호기심을 채우고 일반적 교양을 증진하기 위해서만이 아니라 오래 건강하고 생산적으로 활동하기 위해서도 평생교육의 필요성은 더욱 커지고 있다. 앞으로 펼쳐질 100세 시대에 80세까지 일하는 것이 바람직할 뿐만 아니라 어떤 면으로는 80세까지는 일해야 할 것이기 때문에 평생교육을 통한 자기개발의 필요성은 더욱 커지고 있다. 평생교육은 공식적 교육기관뿐 아니라 비공식적 교육기관(민간 사설기관이나 정부 지원의 비학교 시설)에서도 많이 이루어지고 있다. 직업 분야별, 전문직업별, 특별 연령층 대상, 각종 공적 및 민간 자격증 인증교육과 훈련 프로그램도 다양하게 제공되고 있다.

자기개발은 생애 전 과정을 통해 그 필요성과 수요가 크게 늘어나고 있으며 이에 대응하여 경제적으로 큰 부담 없이 다양한 학습기회를 활용할 수 있는 방법들(예를 들면 대면교육, 독학, 온라인 교육, 학점은행제, 정부의 공식적 직업훈련과정 등)이 제공되고 있다.

자기개발의 필요성

자기개발은 개인적 선택사항이지만 사회·경제·산업·기술의 변화와 인구구조의 변화 등을 고려할 때 자기개발을 개인 선택사항으로만 남겨둔다면 결국 중·장기적으로 사회적 부담을 초래하고 사회 전체의 존속과 발전에도 부정적 영향을 미치게 될 것이므로 사회가 개인의 자기개발을 적극 지원해야 할 필요성이 절실해지고 있다(OECD, 2003). 이러한 면에서 자기개발의 사회적 필요성과 개인적 필요성을 나누어 생각해보기로 한다.

1. 사회적 필요성

(1) 사회의 존속과 발전 필요성: 사회는 구성원의 생산활동 유지와 증진을 통해 존속하고 발전한다. 따라서 사회구성원이 생산활동에 참여할 수 있는 기본적 자격을 갖추게 하고 나아가서는 자발적인 자기개발을 통해 생산성을 높여 발전할 수 있도록 할 필요가 있다.

(2) 적절한 자격의 잠재적 노동력 풀(pool) 형성: 사회는 지식정보화사회/4차산업혁명사회로의 진전에 대응하여 노동자의 지식을 계속 보완하고, 고령화사회로의 진전에 대응하여 능력이 향상된 고령자의 노동력 풀(필요시 활용 가능한 사람들의 집단)을 가질 필요가 있다.

(3) 경제적 변화에 적절히 대응하는 노동인구 유지: 사회는 생애과정을 통해 개인이 다양하게 새로운 직업을 선택할 수 있게 하고, 복수 직업을 선택하게 하는 데 도움이 되도록 지식과 기술을 향상시킬 필요가 있다.

(4) 지식정보화사회/4차산업혁명사회 및 고령화사회로의 진전에

대응한 적절한 사회적 기능 강화: 사회는 국민들로 하여금 빠르게 진전하는 지식정보화사회/4차산업혁명사회와 고령화사회에 대응하는 지식과 기술을 습득하게 하여 스스로 경제적 자립과 사회적 및 신체적 독립을 유지하게 하는 기능을 강화시킬 필요가 있다.

2. 개인적 필요성

(1) 지식기술 생명주기의 단축에 대응: 사회발전과 더불어 인간의 일상생활, 조직, 지역사회, 사회제도 등 모든 면에서 지식과 기술은 빠른 속도로 개선되거나 새로운 것으로 대치되고 있다. 기존 지식과 기술의 유효 주기가 계속 단축되어 새로운 것을 배우지 않으면 발전하기도 어려울 뿐만 아니라 현상 유지도 어렵게 될 수 있다. 기존의 경험과 지식과 기술로는 직업과 사회 활동에서의 경쟁력을 유지하기가 대단히 어려워지고 있다.

(2) 고령화에 따른 수명 연장/생애주기 단계 변화 대응: 개인 고령화로 수명이 연장되고, 저출산 경향으로 인구구조도 변화하여 생산가능인구(노동자 또는 근로자) 수가 줄어들기 때문에 전통적인 정년퇴직 연령을 넘어 더 오래 일하지 않으면 안 될 시기가 머지않아 도래할 것이다. 따라서 노동자의 고령화가 불가피하게 될 것이다. 그러므로 고령 노동자가 생산성을 높이기 위해서는 새로운 지식과 기술로 무장하지 않으면 시장의 경쟁과 일자리 경쟁에서 살아남기 어려울 것이다.

(3) 직업/직무의 효율성과 효과성 유지/증진: 생산성은 결국 최소의 비용(효율성)으로 원하는 상품이나 서비스를 생산(효과성)하는 것으로 그 우열이 판단될 수밖에 없다. 결국 생산성은 효율성과 효과성의

경쟁이고 그 경쟁은 새로운 지식과 기술의 경쟁이기 때문에 자기개발에 의한 경쟁력 향상은 필수적이라 해도 과언이 아니다.

(4) 경력목표 달성의 기본적 수단: 직업 관련 지식과 기술은 물론이고 리더십 배양과 다양한 인간관계 유지와 개선을 위해서 그리고 자신의 경력목표 달성을 위해서도 지위에 관계없이 모두 지속적인 자기개발이 필요하다. 이런 의미에서 자기개발은 경력을 개발하고 발전시키고 궁극적으로 경력목표를 달성하는 기본적 수단이 되는 것이다.

(5) 직업활동 이외의 모든 활동에서의 가치/경쟁력 유지/향상: 직업활동뿐만 아니라 사회적 활동과 개인생활 활동에도 가치와 경쟁력 유지/향상이 필요하기 때문에 자기개발이 필요하고 기존 지식과 기술과 경험에만 의존하는 것은 한계가 더욱 커질 수밖에 없다.

(6) 연령주의 타파: 연령주의의 가장 큰 원인 중 하나는 성인으로 나이 들수록 그들에게서 새로운 것을 기대하기 어렵고 따라서 생산성이 떨어진다고 판단하는 것이다. 특히 우리나라에서는 실력은 없으면서 나이 많거나 직책이 높다는 것으로 권위를 세우려는 경우가 많은데 이러한 경우가 연령주의를 더욱 강화시키고 있다. 나이 들면서 학습이 어려워지는 면이 있지만 노력하면 새로운 것에 대한 학습은 충분히 가능하고, 한편 개인차도 크다. 노력 부족이나 개인차를 연령이 많기 때문이라고 매도하는 것은 합리적이지 못하다. 따라서 나이 들어가면서 지속적인 노력으로 자기개발하는 것은 사회적으로 연령주의를 배격하고 스스로도 연령주의의 희생양이 되지 않을 수 있는 중요한 대책이 될 것이다.

(7) 자신의 가치성 유지/증진: 사회생활이나 개인생활에서도 새로운 지식과 기술이 있는 한 자기 가치성을 잘 유지하고 향상시킬 수

있다. 이 말은 낡은 지식과 기술을 가진 사람은 가치가 없다는 의미가 아니라 어디까지나 상대적인 가치성이 떨어진다는 의미다.

(8) 사회의 주류로 계속 참여: 자기개발을 통해 새로운 지식과 기술을 가지게 되면 사회적 가치가 상대적으로 높아지고 이에 따라 일하거나 활동할 수 있는 기회도 많아진다. 따라서 자기개발을 열심히 한 사람은 사회에서 물러나지 않고 계속 사회의 주류로 참여하고 사회의 일원으로 남아 있을 수 있을 확률이 높아진다.

(9) 생활의 적응과 편의 증진: 직업생활까지 포함한 모든 생활에서 새로운 지식과 기술을 갖출수록 잘 적응하고 편리하게 생활할 수 있다. 일상생활에서 새로운 지식정보화 기술을 활용한 생활도구나 정보검색, 지식습득을 하지 못하면 생활이 점점 더 불편해질 수 있다.

(10) 건강 유지/증진: 건강 관련 지식을 포함하여 새로운 지식과 기술을 더 많이 갖출수록 신체적·정신적 건강을 더 잘 유지하고 증진할 수 있다. 자기개발로 일이나 다른 사회활동의 기회도 더 많아질 수 있고, 건강도 유지/향상시킬 수 있다.

(11) 인지능력 유지: 앞에서 일반적 성인지능 개념이 아닌 새로운 개념의 성인지능을 설명했다. 새로운 성인지능 개념은 유동적 지능(流動的知能[fluid intelligence]: 유전적으로 타고난 지능)과 결정화 지능(結晶化知能[crystallized intelligence]: 생후 경험, 교육과 훈련으로 얻어지는 지능)이다. 나이 들수록 유동적 지능은 떨어지지만 결정화 지능은 오히려 높아진다. 나이 들수록 결정화 지능을 발휘해야 할 경우가 많아지고, 많은 서비스업은 결정화 지능의 발휘를 필요로 한다. 그러므로 인지능력을 계속 유지하고 발전시키기 위해서는 자기개발이 필요하다. 흔히 '나이가 들어 머리가 둔해진다'고 하는데 '나이가 들어 배우려 하지 않기 때문에 머리가 둔해진다'고 말하는 것이 더 맞는 말이다. 새로운 것을

계속 학습하려는 노력은 뇌 건강과 치매 예방에도 효과가 크다(서유헌, 2016; Doidge, 2007).

(12) 사회적 관계 유지: 가족, 이웃, 친지, 직장 동료들과 잘 어울리고 관계를 잘 유지하려면 일상생활과 사회생활에 필요한 새로운 상식과 기술 정도는 따라잡을 수 있어야 한다. 그렇지 못하면 세상이 어떻게 돌아가고 있는지도 잘 모르고 상호 소통하고 어울리는 데 어려움이 많을 수 있고, 경우에 따라 소외될 수도 있다. 게다가 같은 직업 분야나 같은 관심 분야의 사람들이 만나는 경우 최신의 지식과 기술을 갖추게 되면 여러 연령층과도 잘 어울릴 수 있게 되고 더 좋은 관계를 오래 유지할 수 있다.

성인의 자기개발 장애요인

앞에서 말한 여러 가지 이유로 성인으로서 자기개발은 필요하고 바람직한 생활의 중요한 활동이다. 자기개발의 장애요인을 잘 극복하면 자기개발은 충분히 가능하다. 자기개발 노력의 장애요인이 될 수 있는 것은 다음과 같다.

1. 지능에 대한 오해

대부분의 사람들은 일반적 성인지능 개념에 따른 지능검사 결과만 알고, 새로운 성인지능 개념으로 측정한 결과는 모르고 있다. 그렇기 때문에 나이 들면 지능이 떨어진다고 오해하고 있다. 일반적 성인지능 검사는 노화에 따른 반응속도가 느려지는 것을 반영하지 못하고 정해진 시간 내에 응답하게 하므로 나이 많은 사람들에게는 불리하다. 그래서 일반적으로 지능은 나이 들수록 떨어지는 것으로 오해하고 있다. 게다가 나이 들면 기억력까지 떨어지기 때문에 더욱 배우기 어렵다고 생각하여 새로운 것을 배우려는 의지가 약해지기 쉽다. 연령이 높아지면 학습이 어려워지는 면이 있지만 새로운 개념의 성인지능인 결정화 지능은 증가하므로 노력하면 어려움을 극복할 수 있고, 기억력도 훈련으로 유지/증진할 수 있기 때문에 학습은 충분히 가능하다.

2. 학습능력에 대한 과소평가

학습능력은 지능과 기억력이 크게 좌우하므로 나이 들면 지능이 떨어진다는 오해와 약해지는 기억력을 향상시킬 수 없다는 판단으로 학습능력을 과소평가하는 경우가 많다. 지능도 반드시 떨어지는 것이 아니고 기억력도 훈련하면 충분히 유지할 수 있기 때문에 학습 요령만 잘 터득하면 큰 어려움 없이 배울 수 있다는 것이 많은 실험연구를 통해 밝혀지고 있다. 나이 들어 새로운 것을 배우고, 박사학위도 받고 새로운 언어도 충분히 습득하는 사람들을 많이 보고 듣는다. 이 사람들은 특별히 천재가 아니라 요령 있게 학습하는 방법을 알고 기억력 유지/증진 방법을 잘 터득하여 의지를 가지고 꾸준히 노력한 사람들일 뿐이다. 뇌 과학 연구에서 사람이 새로운 것을 배우려 노력하면 뇌 기능도 맞춰서 변화/발전되고 기억력도 증진될 수 있다는 것이 밝혀지고 있다(Doidge, 2007). 그러므로 나이가 많아 자기개발이 힘들다고 생각하는 것은 오해이고 자기합리화일 뿐이다.

3. 적극적 태도의 부족(성격과 태도의 변화)

나이가 많아질수록 성격이나 태도가 소극적이고 수동적으로 변하는 경우가 많아 새로운 것을 학습하기 위해 적극적으로 행동하는 것을 싫어하게 된다. 우리나라와 같은 사회문화적 환경에서는 아직도 직위나 나이로 권위를 세우려는 경향이 있고, 자기 할 일을 부하에게 시키는 관습이 있고, 특히 정보화와 관련된 사항에 대해서는 젊은층에게 시키거나 의존하는 것에 익숙해 있다. 따라서 복잡하고 새로운 것에 대한 학습의 시도를 주저하게 되고 용기를 내지 못하는 경우가 많다.

4. 연령주의 수용/자기낙인

연령주의는 대부분 내용이 비합리적이고 비과학적인 편견과 고정관념임에도 불구하고 연령주의를 인정하고 받아들이고 스스로 자신을 그렇게 낙인 찍는 경우가 많다. 그렇게 되면 새로운 것을 학습하는 것을 아주 어렵게 생각하거나 '이 나이에 …' 등으로 핑계를 대면서 용기를 내지 못하는 경우가 많아진다.

5. 목표의식 부족/부재

목표는 생애설계와 관계가 있을 수도 있고 없을 수도 있다. 일반적으로 어떤 일을 계획할 때는 목표를 설정하는 것이 대단히 중요하다. 목표설정의 이점에서 설명했듯이 목표를 설정하게 되면 그 목표달성을 위해 노력해야겠다는 동기가 생긴다. 그러므로 목표를 설정하는 것 자체가 대단히 중요하다. 그런데 목표설정의 중요성을 잘 모르는 경우가 대부분이고 따라서 목표달성에 대한 동기나 의지를 가지지 못할 가능성이 크다. 그러므로 평생 새로운 기술과 지식을 얻어야 할 필요성을 확실히 알고 새로운 지식과 기술 습득을 분명한 목표로 설정하면 그 목표달성을 위한 동기와 추진력이 생길 수 있다.

6. 개인적 의지/열정/인내심/도전정신의 부족

자기개발은 전적으로 개인의 선택과 결정사항이기 때문에 강한 의지력 없이 자기개발을 하기 어렵다. 무엇보다도 생애 자기개발설계를 실천하는 데는 강한 의지, 열정, 인내심, 도전정신이 필요하다.

7. 시간 부족의 자기합리화

많은 경우 사람들은 시간이 부족하여 자기개발의 여유가 없다고 생각한다. 시간관리를 잘하고 조금만 더 부지런하면 자기개발할 시간을 충분히 마련할 수 있다. 자신도 모르게 게으름을 피우면서 시간 부족을 핑계로 삼는 경우가 많다. 자기개발은 시간의 일시적 집중적 투입보다는 평생 지속적 투입으로 이루어져야 한다. 시간관리를 잘하면 시간 절약은 물론 학습도 효과적이고 효율적으로 잘할 수 있기 때문에 시간 부족은 합리적인 이유가 되지 못한다.

8. 학습에 대한 부담감과 거부감

초·중·고교와 대학교 교육에서 의무감과 스트레스가 컸던 기억과 경험 때문에 사람들은 학습에 대한 거부감이 클 수도 있다. 성인이 된 이후 학습은 단순히 먹고 살기 위해서, 경쟁에서 이기기 위해서, 더 오래 일하기 위해서 할 수 없이 하는 것이 아니라 자신의 재발견, 세상의 재발견, 새로운 것을 알게 되는 기쁨, 자기 성숙과 계속 발전을 위한 것이라는 긍정적 태도를 가지게 되면, 학습은 기쁨과 즐거움을 주는 열정적인 활동이 될 수 있다.

생애 자기개발설계(생애 학습·자기개발설계)의 절차

생애 자기개발설계 절차는 생애설계의 한 영역인 만큼 그 절차는 생애설계의 4단계 절차(① 생애사명 확립, ② 생애목표 설정, ③ 목표달성을 위한 시간관리 계획 수립, ④ 실천의 점검·평가·수정)를 따르는 것이 합리적이다. 그런데 처음 두 단계에서 유의할 사항이 있다. 생애 자기개발설계의 ③, ④단계는 그대로 적용하면 되지만 처음 두 단계는 그대로 적용하기 어려운 면이 있다.

생애 자기개발설계에서 생애사명의 핵심적 두 가지 요인, 즉 존재가치와 활동(행동) 방향의 의미를 약간 달리 생각해야 한다. 자기개발 영역의 생애사명에서 가치는 자기개발을 하는 목적이나 이유 또는 자기개발의 원칙이나 신념으로 생각하면 된다. 앞에서 설명한 자기개발의 필요성은 자기개발의 목적이나 이유가 될 수 있다. 활동 방향은 어떤 행동이나 상태를 나타내는 것으로 자기 성격이나 적성과는 관계가 없을 수도 있고, 다른 사람에게 의미를 주거나 이익이 되는 것이 아니어도 된다. 이런 의미에서 생애 자기개발설계에서 생애사명 하나를 예시해본다면 '나는 나의 가치 유지를 위해 자기개발에 항상 노력하는 사람이 된다'라고 할 수 있다.

생애 자기개발설계에서 목표는 최종-대-중-소 목표로 구분될 수 없거나 구분할 수 있어도 기준이 다를 수 있다. 목표를 구분할 경우 그 기준은 원하는 상태나 행동을 하게 되기까지의 중요한 방법이나 수단이 되거나 아니면 단계적인 양적(빈도, 강도, 등급 등) 증가나 감소 등이 될 수 있다. 이러한 의미에서 생애 자기개발설계의 최종목표를 예시해본다면 '나는 항상 내 업무 분야에서 최신 지식과 기술을 갖춘 사람이 된다.' 대목표는 (1) '관련 직무나 직업계의 동향을 항상 파악한다' 또는 (2) '직무 관련 최근 도서를 3개월에 한 권씩 독서한다'가 될 수 있다. 대-중-소 목표를 단계적·양적으로 증가하는 것으로 설정하는 예는 '25세까지 학사학위를 취득한다/30세까지 석사학위를 취득한다/40세까지 박사학위를 취득한다'가 될 수 있다.

생애 자기개발설계는 생애 경력설계와 밀접한 관계가 있다. 따라서 자기개발설계의 목표와 경력설계(경력개발 포함)의 목표가 같은 것이 많이 있을 수 있다. 두 가지 영역설계의 목표에 같은 것이 많은 것은 전혀 문제가 되지 않고 오히려 효율적이고 효과적이다. 목표가 공유되면 시너지 효과를 낼 수 있고 목표의 수도 줄어들고 목표달성에 더 많은 에너지를 투입할 수 있기 때문이다.

8대 생활영역별 예시에서도 생애설계 절차 4단계를 모두 예시하는 것이 바람직하나 시간관리 계획 수립 단계와 생애설계 실천·평가·수정 단계는 거의 비슷한 설명의 반복이 될 것이므로 생략하기로 한다. 따라서 생애 자기개발설계 이후 각 생활영역별 설계 예시에서는 생애사명을 포함하는 목표체계만 제시하기로 한다.

생애 자기개발설계(생애 학습·자기개발설계)의 예시

1. 20세 대학생 K

〈표 19-1〉 생애 자기개발설계 목표체계(20세 K)

구분	번호	목표서술
생애사명		• 자신의 가치 유지를 위해 항상 자기개발에 노력한다.
최종목표		• 시니어 영양식 관련 최신 지식/기술을 갖춘 사람이 된다.
대목표	1	• 45세까지 영양학 박사학위를 취득한다.
	2	• 50세까지 노인영양학 최신 지식 실무자가 된다.
	3	• 50세까지 노인영양식 제조의 최신 기술 실무자가 된다.
중목표	1-1	• 30세까지 노년생물학 석사학위를 취득한다.
	1-2	• 35세까지 영양학 석사학위를 취득한다.
	1-3	• 40세까지 노년학 석사학위를 취득한다.
	1-4	• 40~50세에 국내외 영양학 학술지에 3편 이상 논문을 발표한다.
	2-1	• 36세부터 매년 국내 영양학 학술지 논문을 모두 독서한다.
	2-2	• 36세부터 매년 국제 영양학 학술지 논문을 모두 독서한다.
	3-1	• 42세부터 매년 식품공학 국내 학술지 논문을 독서하여 실무에 활용한다.
	3-2	• 43세부터 국내 시니어 영양식 제조기술 연구모임을 발족하고 연 2회 모임을 갖는다.
소목표	1-1-1	• 25세까지 영양학 학사학위를 취득한다.
	1-2-1	• 40~45세에 회사의 시니어 식품개발 업무에서 박사학위 논문자료를 준비한다.
	1-3-1	• 35세부터 매년 국내 노년학 학술대회에 참석한다.
	1-4-1	• 27세까지 사이버대학에서 생물학 학사학위를 취득한다.
	2-1-1	• 30세부터 매년 국내 영양학 학술대회에 참석한다.
	2-2-1	• 38세부터 매년 국제 영양학회에 참석한다.
	3-1-1	• 41세까지 시니어 영양식 연구자를 조사한다.
	3-2-1	• 40세부터 매년 국내 식품공학 학술대회에 참석한다.
	3-2-2	• 41세부터 연 1회 이상 국내외 식품산업 전시회에 참석한다.

〈표 19-2〉 생애 자기개발설계 향후 10년 목표(20세 K)

연령	목표서술
20	• 미래사회의 변화와 식품산업의 변화에 대해 집중적으로 탐구한다.
21	• 고령화사회에 대응하는 식품산업에 대해 집중적으로 연구한다. • 노년학 부전공을 신청하여 과목 일부를 이수한다. • 식품 제조/영양 관련 공모전에 참여한다.
22	• 식품제조업체에 6개월간 인턴을 한다. • 군 복무를 시작한다. • TOEIC 시험 공부를 시작한다.
23	• 군 복무를 완료한다. • TOEIC 시험 공부를 계속한다.
24	• 졸업에 필요한 영영학 및 노년학(부전공) 과목이수를 완료한다. • TOEIC 시험에서 응시하여 900점 이상을 획득한다. • 영양사 자격증(국가자격) 취득시험 공부를 시작한다.
25	• 영양학 학사학위를 취득한다. • 영양사 자격증을 취득한다.
26	• 영양학 영문 개론서 1권을 두 번 독서한다.
27	• 노년학 영문 개론서 1권을 두 번 독서한다. • 사이버대학에서 생물학 학사학위를 취득한다. • 노년생물학(전공) 석사과정에 입학한다.
28	• 영어 청취력 및 회화 능력 향상을 위해 학원 수강을 시작한다.
29	• 영어뉴스를 주 2회 30분 이상 청취 훈련을 한다.

2. 40세 회사원 M

〈표 19-3〉 생애 자기개발설계 목표체계(40세 M)

구분	번호	목표서술
생애사명		• 나의 연구/교육 경쟁력 유지를 위해 최신 지식을 유지한다.
최종목표		• 75세까지 컴퓨터공학 AI 분야의 최신 지식의 학자가 된다.
대목표	1	• 50세까지 컴퓨터공학 박사학위를 취득한다.
	2	• 55세까지 컴퓨터공학 관련 강의 경험을 4회 이상 쌓는다.
중목표	1-1	• 45세까지 컴퓨터공학 석사학위를 취득한다.
	1-2	• 50세까지 AI 관련 학술논문 2편을 국내 학술지에 발표한다.
	2-1	• 51세까지 대학 강의용 강의안을 개발한다.
	2-2	• 52~55세 사이 매년 한 학기 이상 강의한다.
소목표	1-1-1	• 40세에 2년제 대학 졸업자의 독학사 취득 전략을 수립한다.
	1-1-2	• 42세까지 컴퓨터공학 독학사 학위를 취득한다.
	1-2-1	• 46세에 AI 연구 대학원 특별교육과정을 수료한다.
	1-2-2	• 48세까지 AI 관련 논문 1편을 국내 학술지에 발표한다.
	1-2-3	• 49~50세에 AI 관련 추가 논문 1편을 국내 학술지에 발표한다.
	1-2-4	• 47세부터 연 1회 이상 국내외 컴퓨터공학 학술대회에 참석한다.
	2-1-1	• 50세까지 대학 교수법에 관한 도서를 3권 이상 읽는다.
	2-2-1	• 52~53세에 2회 이상 대학 이외에서 한 학기 강의한다.
	2-2-2	• 54~55세에 2회 이상 대학에서 한 학기 강의한다.

〈표 19-4〉 생애 자기개발설계 향후 10년 목표(40세 M)

연령	목표서술
40	• 생애 경력설계를 완료한다. • 2년제 대학 졸업자의 독학사 취득 전략을 수립한다.
41	• 독학사 학위과정을 시작한다.
42	• 컴퓨터공학 독학사 학위를 취득한다.
43	• 컴퓨터공학 석사과정에 입학한다. • 영어 독해능력 향상을 위해 학원 수강을 시작한다. • 컴퓨터공학 영문 개론서적 1권을 두 번 독서한다.
44	• 석사과정을 수료하고 학위논문을 준비한다. • 44세부터 국내외 컴퓨터공학 학술지를 독서하기 시작한다.
45	• 컴퓨터공학 석사학위를 취득한다. • 컴퓨터공학 박사과정 입학 전략을 수립한다.
46	• 컴퓨터공학 박사과정에 입학한다. • 대학원 AI 특별교육과정을 수료한다. • 회사에 AI 활용 가전 신제품 연구 프로젝트를 제안한다.
47	• 회사의 AI 활용 가전 신제품 개발(제1차)과정을 활용하여 학술논문으로 작성한다. • 47세부터 연 1회 이상 국내외 컴퓨터공학 학술대회에 참석한다.
48	• AI 관련 논문 1편을 국내 학술지에 게재한다. • AI 관련 석사학위 논문을 작성한다. • 회사의 AI 활용 가전 신제품 개발(제2차)과정을 학술논문으로 작성한다.
49	• AI 연구 특별교육과정을 수료한다. • AI 관련 추가 논문 1편을 국내 학술지에 발표하기 위한 연구를 시작한다.

3. 55세 퇴직 예정자 P

〈표 19-5〉 생애 자기개발설계 목표체계(55세 P)

구분	번호	목표서술
생애사명		• 나의 가치/경쟁력 유지를 위해 최신 지식의 경영 컨설턴트가 된다.
최종목표		• 64세부터 중소기업 경영 최신 지식의 전문 컨설턴트가 된다.
대목표	1	• 58세까지 경영관리사 자격증을 취득한다.
	2	• 63세까지 세무사 자격증을 취득한다.
	3	• 56세까지 기업 컨설팅 업무 현황과 발전 전망을 연구한다.
중목표	1-1	• 56세까지 경영관리사 자격증 취득을 위해 독학한다.
	1-2	• 57세까지 경영관리사 자격증 취득을 위해 학원 수강을 한다.
	2-1	• 59~60세에 세무사 자격증 취득을 위해 독학한다.
	2-2	• 61~62세까지 세무사 자격증 취득을 위해 학원 수강을 통해 공부한다.
	3-1	• 55세까지 기업 컨설팅 관련 실무서적 10권을 독서한다.
소목표	1-1-1	• 55세까지 경영관리사 자격증 취득 전략을 수립한다.
	1-1-2	• 56세까지 경영관리사 활동 예상 분야를 조사한다.
	1-2-1	• 57세까지 경영관리사 자격증 취득시험과목 학습을 완료한다.
	1-2-2	• 57~58세에 경영관리사 자격증 취득시험에 응시한다.
	2-1-1	• 59세에 세무사 자격증 취득시험 준비 전략을 수립한다.
	2-1-2	• 62~63세에 세무사 자격증 취득시험에 응시한다.
	2-2-1	• 61~62세에 도서관에 등록하여 1일 4시간 이상 공부한다.

〈표 19-6〉 생애 자기개발설계 향후 10년 목표(55세 P)

연령	목표서술
55	• 경영관리사 자격증 취득 전략을 수립한다.
56	• 경영관리사 자격증 취득시험 독학가능 시험과목을 집중적으로 학습한다. • 기업 컨설팅 업무의 현황과 발전 전망을 연구한다.
57	• 경영관리사 자격증 취득을 위해 학원 수강을 시작한다. • 기업 컨설팅 관련 도서 20권을 독서한다. • 경영관리사 자격증 취득시험과목의 학습을 완료한다. • 경영관리사 자격증 취득시험에 응시한다.
58	• 경영관리사 자격증 취득시험에 응시한다. • 경영관리사 자격증을 취득한다.
59	• 세무사 자격증 취득시험 준비 전략을 수립한다. • 세무사 자격증 취득시험 중 독학가능 시험과목을 독학한다. • 세무사 관련 서적 12권을 독서한다.
60	• 세무사 자격증 취득시험 독학가능 시험과목을 독학한다. • 세무 관련 법률개정 변천사를 연구하여 정리한다.
61	• 세무사 자격증 취득을 위해 학원 수강을 시작한다. • 61~64세에 보건복지부 한국노인인력개발원 지원 중소기업에 주 1회 자원봉사 컨설팅한다. • 도서관에 등록하여 1일 4시간 세무사 자격증 취득시험 공부를 한다.
62	• 세무사 자격증 취득을 위해 학원 수강을 한다. • 한국노인인력개발원 지원 중소기업에 주 1회 자원봉사 컨설팅한다. • 도서관에 등록하여 1일 4시간 세무사 자격증 취득시험 공부를 한다. • 세무사 자격증 취득시험 준비를 총정리한다. • 세무사 자격증 취득시험에 응시해본다.
63	• 세무사 자격증 취득시험에 응시하여 자격증을 취득한다. • 한국노인인력개발원 지원 중소기업에 주 1회 자원봉사 컨설팅한다.
64	• 한국노인인력개발원 지원 중소기업에 주 1회 자원봉사 컨설팅한다.

생애 건강설계

건강의 의미

자신을 포함하여 주위 사람들 중에 건강에 너무 민감하게 신경을 많이 쓰며 건강을 지키는 것이 생활의 전부인 것처럼 행동하는 사람이 있는가 하면 반대로 자기 생명을 빨리 끝내기로 작심한 것처럼 건강은 전혀 생각하지 않고 흡연과 음주에 빠지거나 칼로리(섭취 열량)는 전혀 생각하지 않고 마구 먹어대는 사람들도 있다. 대부분의 사람들은 이 양극단 사이에 속할 것이다.

건강은 우리생활에서 가장 많이 이야기하고 관심을 가지는 것임에도 불구하고 건강의 의미를 확실히 알지 못하고, 각자 다르게 생각하는 것이 일반적이다. 예를 들면 '병이 없고 허약하지 않은 상태', '병원에 가는 일이 없는 상태', '한 번도 아파 누워 본 적이 없는 상태', '감기 한 번도 걸려 본 적이 없는 상태', '아주 잘 움직이고 식사 잘 하고 잠 잘 자는 상태', '정신이 아주 똑똑하고 사리를 잘 분별하는 상태', '신체검사에서 특별히 문제점이 발견되지 않은 상태', '같은 나이의 다른 사람에 비하여 아주 팔팔하게 생활하는 상태' 등을 바로 '건강한 상태'라고 생각하는 것이다. 이런 각자 나름대로의 정의는 건강의 일부만을 이야기하고 있을 뿐이다.

건강의 의미를 제대로 알려면 건강 전문가들의 의견을 받아들여야 한다. 건강에 대한 가장 적합한 정의 중 하나는 전문가들의 의견을 종합한 세계보건기구(WHO)의 정의라 생각한다.

세계보건기구(WHO, 1948)에 따르면 건강은 "단순히 질병이나 허약성이 없는 상태뿐만 아니라 신체적·정신적 및 사회적으로 완전한 복지 또는 행복의 상태"를 의미한다. 세계보건기구의 정의는 건강을 상당히 포괄적으로 정의하고 있지만 더 폭넓게는 영적인 건강도 중요하기 때문에 추가해야 한다는 주장도 있다(Reisser & Dobson, 2006). 영적 건강은 이 책의 생애설계에서 별도로 여가·영적활동 영역으로, 사회적 건강은 가족·사회관계 영역으로 다루고 있다. 따라서 생애설계 영역에서 말하는 건강은 세계보건기구 정의 중에서 말하는 신체적 및 정신적 건강만 다루기로 한다.

실제로 어떤 사람이 건강한지 아닌지 그리고 어느 정도 건강한지는 한두 가지 또는 몇 가지 질문만으로 판단하기는 어렵다. 신체적 건강상태는 의학과 의료기술의 발달 결과 건강검진으로 거의 완벽하게 파악할 수 있다. 정신적 건강은 신체적 건강만큼 객관적이지는 못하지만 검사기기와 검사 질문문항을 통해 객관적으로 파악할 수 있다. 어쨌든 신체적 및 정신적으로 건강한지 아닌지 그리고 어느 정도 건강한지는 건강검진을 통해 확인하는 것이 가장 확실한 방법이라 할 수 있다.

건강과 생애주기의 연계

출생 이후 나이 들어감에 따라 사고로 인한 상해나 사망은 줄어들고 전염성 질병(communicable diseases: CDs)도 줄어드는 반면, 비전염성 질병(noncommunicable diseases: NCDs)인 만성질병이 증가하고, 이러한 비전염성 만성질병이 신체적·정신적 장애와 사망의 주요 원인이 되고 있다.

그런데 많은 만성질병은 개인의 노력으로 예방할 수 있고 그 발병 시기를 늦출 수 있다. 연구에서 밝혀진 바에 따르면 당뇨나 심혈관 질환 같은 만성질병을 유발하는 위험요인은 영아기 또는 태아기 때부터 생겨난다는 것이다. 이러한 위험요인은 생애주기를 지나면서 바람직하지 못한 사회경제적 환경과 개인 행동을 통해 더욱 강화될 수 있다(WHO, 2002). 특히 흡연, 운동/활동 부족, 부적절한 식습관 및 잘못된 생활습관은 만성질병을 유발하는 중요한 요인이 될 수 있다. 따라서 이러한 위험요인은 어린 시절부터 생애과정을 통해 계속 유의하면서 계획을 세워 잘 통제하고 관리하는 것이 중요하다. 만성질병의 가장 큰 원인은 잘못된 생활습관이란 의미에서 만성질병을 '습관병'이라고 부르기도 한다.

정신적 건강 위험요인의 상당부분은 신체적 건강과 관련이 있고, 많은 위험요인은 나이 들면서 가족, 친구, 이웃, 직장 및 사회활동의 동료들과 사회적 관계 속에서 심리적 요인과 연계되어 나타날 가능성이 증가할 수 있다. 어린 시절부터 가족, 친구, 이웃 등과의 인간관계를 통해 정신건강의 위험요인이 발생할 가능성이 있다는 것이 연구를 통해 밝혀지고 있다. 또한 생애주기 각 단계의 다양한 생활영역과도 연계되어 정신건강 위험요인이 다르게 형성될 수도 있다. 이러한 점에서 정신건강 역시 생애과정 전체를 통해 유의하고 계획적으로 잘 예방하고 관리할 필요가 있다(Reisser & Dobson, 2006).

건강의 중요성

건강의 중요성은 굳이 말할 필요가 없지만 생애설계에서 건강(관리) 설계의 중요성을 강조하는 의미에서 10가지로 정리해보기로 하겠다.

1. 생존가능/존재로서의 의미부여

건강 유지와 관리는 생명유지의 기본적인 행동으로 생명을 유지하며 살아 있게 해주고, 살아 있는 존재로서 의미를 부여할 수 있게 해준다.

2. 신체와 정신의 대체 불가능성

기본적으로 신체나 정신에서 문제되는 일부는 완전히 또는 상당한 정도 치료하거나 회복시킬 수는 있지만 기계처럼 새로운 것으로 대체할 수가 없기 때문에 가능하면 최대한 주어진 신체와 정신을 잘 유지/관리해야 한다.

3. 신체적·정신적 독립(자기관리 가능)

성장발달과정에서 영·유아 시절은 불가피하게 다른 사람이 자신의 신체와 정신을 관리할 수밖에 없지만 적어도 스스로 움직이고 이동하고 생각하여 판단할 수 있게 된 이후는 스스로 자기 신체와 정신을 관리할 수 있고 그렇게 하는 것이 바람직하다. 건강은 신체적 및 정신적으로 스스로 독립하여 일상생활을 할 수 있는 기본 조건을 만들어준다.

4. 이동/활동의 자유 보장

건강은 신체를 자유자재로 움직이고, 여러 장소로 이동하고 다양한 사람들과 사회적 관계를 가지고 역할과 활동을 할 수 있게 하는 기본 조건을 만들어준다.

5. 신체적·정신적 능력 발휘

건강 유지와 증진은 직업적 역할과 사회적 참여의 기회와 능력을 제공하고 신체적·정신적 기능을 향상시킴으로써 현재보다 더 높은 수준의 능력을 발휘하게 해준다.

6. 사회적 존재로서 가치 유지(경제적 자립/사회적 역할 수행)

건강은 직업활동을 통해 경제적으로 자립하고 직업 역할과 다른 사회적 역할 수행과 참여를 통해 사회 구성원으로서 의무를 다하고 나아가서는 사회 발전에도 공헌할 수 있게 해준다.

7. 사회적 관계 유지/증진

건강은 사회적 관계에서 직접 접촉의 기회를 제공하고 접촉을 통해 관계를 발전시킬 수 있도록 해준다. 많은 경우 건강 문제로 병원에 입원하거나 물리적(지역적)으로 격리되어 직접 접촉을 통한 사회적 관계를 갖지 못하고 이로 인해 다른 여러 가지 문제도 발생한다.

8. 개인의 자존감 유지

건강은 사회적 관계를 가능하게 하고 촉진함으로써 자존감을 유지시켜주는 중요한 수단이다. 건강은 사람들과의 관계와 역할 속에서 자기 정체성과 자기가치를 인식하게 해줌으로써 자기 존재감을 확인할 수 있다.

9. 사회적 자원

건강은 사회 구성원으로서 생산적인 활동을 하게 하고, 사회 구성원 각자의 생산적 활동은 바로 사회의 존속과 발전을 위한 가장 중요한 자원이 되게 한다.

10. 건강하고 행복한 장수의 조건

어린 시절부터 일생 동안 건강을 잘 지켜야 장수할 수 있다는 것은 상식이다. 미국 하버드대학 학생 268명을 72년간 추적 조사한 결과가 이런 상식을 잘 증명해주고 있다(Vaillant, 2002). 이 연구에서 건강하고 행복한 노년과 장수를 누리고 있는 사람들의 특성을 7가지로 제시하고 있다. (1) 비흡연/젊은 시절 금연, (2) 성숙한 방어기제, (3) 알코올 중독 경험 없음, (4) 알맞은 체중, (5) 안정적인 결혼생활, (6) 규칙적 운동 및 (7) 계속적 배움(교육). 이 7가지 건강한 노화와 장수 요인 중 (1) 금연, (3) 음주 자제, (4) 알맞은 체중, (6) 규칙적 운동은 모두 건강 유지/증진의 직접적 요인이 되는데 이 네 가지 요인은 생애과정에서 통제 가능한 것이다. 건강하고 행복한 노화와 장수는 일생 동안 건강을 잘 지켜온 결과로 나타나는 것이다.

생애주기 단계별 건강상태의 변화(노화와 건강)

1. 신체적 건강상태의 변화

출생부터 20대 중반까지 계속 신체의 기관(조직)과 기능이 발달하여 최고 상태를 유지하다가 20대 중반이나 30대부터 그 기능과 형태가 변화한다. 나이 들어감에 따라 신체의 세포가 재생되는 것보다 소멸하는 것이 많아지면서 신체기관의 형태와 기능이 약화되기 시작한다. 연령 증가에 따른 변화를 노화(老化: aging)라 한다. 노화는 나이듦에 따른 신체적 노화 외에도 인지적·심리적 및 사회적 변화도 포함하지만 일반적으로는 신체적 변화에만 초점을 두고 있다. 신체의 노화 시작 시기와 주요 변화를 살펴보면 〈표 20-1〉과 같다. 이 같이 노화에 따라 건강이 약해지고 급성질병은 줄어들고 만성질병은 증가하게 된다.

연령에 따라 많이 발생하는 질병 종류가 다르지만 전체 국민 중 의료기관을 많이 찾는 질병을 살펴보면 (1) 호흡기계 질환, (2) 소화기계 질환, (3) 근골격계 및 결합조직 질환, (4) 눈 및 눈 부속기관 질환, (5) 손상 중독 및 외인에 의한 특정 질환 순이다. 또한 1년 동안

〈표 20-1〉 신체조직별 노화 시작 시기와 주요 변화

조직	노화 시작 시기	주요 변화
시력	30세부터	수정체의 유연성 약화, 가까운 물체에 대한 초점화가 약해짐, 수정체의 황화(黃化), 빛 흡수량 약화, 색깔 구별 어려워짐(70~80세 사이 크게 약화)
청력	30세부터	고 음정 소리와 저 음량(낮은 볼륨) 소리에 대한 감지력 약화
미각	60세부터	맛(단, 짠, 매운, 신 맛)의 감지능력 약화
후각	60세부터	냄새 감지와 구별능력 약화
촉각	점진적	촉각 약화(특히 손끝의 촉각 약화)
심혈관	점진적	심장근육 경화, 심박동 횟수 저하, 동맥경화, 혈류가 약해짐
순환기	20대부터 점진적	공기순환능력 약화, 호흡 횟수 증가, 허파 연결부위 경화, 가슴근육 수축력 약화로 인한 폐 확장 장애
면역	점진적	가슴샘(호르몬) 분비 감소 등으로 20세 이후 약화
근육조직	40대부터	탄력성, 근육량 감소(70세 이후 근감소 심화)
골격	30대 후반 시작, 50대에 가속, 70대 이후 지체	연골 및 철분 감소, 골다공증 증가, 골절 가능성 증가(남성보다 여성이 심함)
출산능력	35세부터	임신 어려움, 유산 가능성 증가, 염색체이상 아동 출산 가능성 증가
신경	50세부터	신경단위 속의 수분 감소, 신경 감소 및 뇌의 공동(空洞) 부분 확대로 인한 뇌 무게 감소(대뇌피질 감소), 새로운 신경세포의 발달로 일정 정도 감소 보완 가능
피부	점진적	탄력성 약화, 피부층 얇아짐으로 인한 주름살 생김(남성보다 여성이 심함)
머리색	35세부터	회색/흰색으로 변화, 머리숱 줄어듦
신장(키)	50세부터	척추의 연골 감소, 탄력성 약화로 신장이 줄어듦(70~80세까지 3cm 정도 줄어듦)
체중	50대까지 증가, 60세 이후 감소	근육과 뼈가 지방분보다 무거우므로 체중이 증가하다가 감소함

출처: Berk (2010), *Development through Lifespan*, p. 435.

신체적 질병 진료를 위해 평균 86% 정도가 의료기관(병원, 약국 등)을 방문했다(국민건강보험공단, 2018).

2018년도 연령별 사망원인 질병을 살펴보면 〈표 20-2〉에서 보듯이 연령이 높아질수록 악성신생물(암 종류), 심장질환, 뇌혈관질환, 간질환, 당뇨병, 고혈압성 질환 등 만성질환으로 사망하는 비율이 크게 증가하고 있음을 알 수 있다. 연령대별 사망원인과 관련된 질병의 원인이나 위험요인에 유의하여 계획을 세워 생애주기 단계별로 건강관리를 잘 해나가야 할 것이다.

신체적 질병의 발생빈도는 연령에 따라 차이가 있지만 생애주기 전체를 통하여 건강을 위협하고 사망의 원인이 되고 있기 때문에 무엇보다도 계획적으로 질병 예방에 노력하고 발생 질병을 잘 관리할 필요가 있다.

2. 정신적 건강상태의 변화

건강하고 힘세고 아름다운 신체를 유지하고 있다고 해도 그것이 혼란스럽고 비현실적인 생각과 감정에 지배된다면 그런 신체적 건강은 별로 가치가 없으며 자신은 물론 다른 사람에게도 어려움을 안겨줄 수 있다. 생각과 감정은 많은 경우 우리가 의식적으로 통제할 수 없는 상태에서 신체적 조직과 기관에 영향을 미친다. 따라서 생각과 감정의 정신적 상태는 생리작용을 방해하거나 신체적 질병을 일으키기도 한다. 정신상태의 혼란과 장애가 두통, 가슴통증, 소화불량, 마비, 호흡곤란, 식욕부진, 구토 같은 신체적 이상이나 질병을 일으키는 경우도 있다(이 같은 현상을 '정신신체 질병'이라 함).

정신건강 문제 또는 정신장애는 크게는 뇌 조직 기능의 손상과 성

〈표 20-2〉 연령대별 5대 주요 사망원인(2018년)(단위: %)

순위＼연령	0세	1~9세	10~19세	20~29세	30~39세	40~49세	50~59세	60~69세	70~79세	80세 이상
1위	출생전후기에 기인한 특정 병태 50.6	악성 신생물 20.2	고의적 자해 (자살) 35.7	고의적 자해 (자살) 47.2	고의적 자해 (자살) 39.4	악성 신생물 27.6	악성 신생물 36.6	악성 신생물 41.7	악성 신생물 34.2	악성 신생물 17.0
2위	선천기형 변형 및 염색체 이상 18.7	운수 사고 9.6	악성 신생물 14.5	운수 사고 11.6	악성 신생물 19.3	고의적 자해 (자살) 21.3	고의적 자해 (자살) 10.1	심장질환 9.0	심장질환 10.3	심장질환 12.6
3위	영아 돌연사 증후군 7.9	선천기형 변형 및 염색체 이상 9.1	운수 사고 14.0	악성 신생물 10.6	심장질환 6.0	간질환 8.4	심장질환 8.2	뇌혈관질환 6.3	뇌혈관질환 8.5	폐렴 11.6
4위	심장질환 1.4	가해(타살) 7.3	심장질환 3.0	심장질환 4.1	운수 사고 5.7	심장질환 7.5	간질환 7.3	고의적 자해 (자살) 4.8	폐렴 6.9	뇌혈관질환 8.5
5위	악성 신생물 1.2	심장질환 6.0	익사 사고 2.3	뇌혈관질환 1.6	뇌혈관질환 3.8	뇌혈관질환 5.6	뇌혈관질환 6.0	간질환 3.9	당뇨병 3.6	알츠하이머병 3.8

*연령별 사망원인 구성비 = (해당 연령의 사망원인별 사망자 수/해당 연령층 총사망자 수) × 100

출처: 통계청(2019), 2018년 사망원인 통계.

격이나 생활의 경험과 관련되는 정서적 이상에 원인이 있지만 구체적 원인은 다양하여 간단히 이야기하기 어렵다. 2017년 국민건강보험공단 통계에 따르면 연령별 질병의 종류와 발생 빈도에는 차이가 있지만 전체적으로 가장 많이 나타나는 정신장애는 (1) 신경증적 스트레스와 관련된 신체형장애, (2) 기분(정동)장애, (3) 치매, (4) 정신분열증, 분열형 및 망상성 장애, (5) 알코올 사용(음주)에 의한 정신 및 행동 장애 순이고, 전 국민의 6.2%가 정신과 진료를 받았다(국민건강보험공단, 2017).

2016년 18세 이상 우리 국민의 표본조사(홍진표 외, 2017)에 따르면 평생에 한 번 이상 정신장애를 앓은 적이 있는 비율은 25.4%였으며 나이가 들수록 전반적으로 줄어드는 경향을 보였다. 그러나 신경증적 스트레스와 관련된 신체형장애, 기분장애, 치매는 나이 들수록 늘어나는 경향을 보였다. 특히 치매는 50대 후반부터 크게 증가하기 시작하며 5세씩 증가할 때마다 치매 발생률은 두 배 정도 증가하고 있으며, 2017년 현재 65세 이상 치매 발생률(추정치)은 9.8%에 이른다(중앙치매센터, 2018).

또한 정신건강에서 지적 장애도 유의해야 할 중요한 사항이며 생애주기 초기단계인 영아기, 유아기, 학령전기에 잘 관찰하여 조기진단으로 확인하는 것이 중요하다.

건강설계의 주요 분야

1. 질병 예방

건강관리의 가장 바람직한 방법은 질병 예방이라는 것은 상식이다.

질병은 신체적 질병이든 정신적 질병이든 관계없이 전 생애과정에서 발생할 수 있기 때문에 예방도 전 생애과정에서 필요하다. 예방에는 다음 방법들이 있다.

1) 예방접종

연령별 예방접종은 영아부터 노인까지 질병에 따라 적절한 시기에 이루어져야 한다.

2) 질병 예방과 건강 유지/증진에 대한 올바른 지식 습득

공교육과정과 대중매체를 통하여 다양한 건강관리 정보와 지식이 제공되고 있으나 그중에는 과학적으로 검증되지 않은 것도 있기 때문에 잘 판단할 필요가 있으며, 가능하면 생애주기 단계별로 필요한 건강관리 지식을 체계적으로 잘 습득할 필요가 있다.

3) 균형 잡힌 영양소 섭취와 올바른 식습관 형성

식품을 통해 생명의 유지, 성장과 발달을 위한 필수영양소를 고르게 섭취하는 것은 질병을 예방하고 치료하고 건강을 유지하는 중요한 방법이다. 에너지(열량)를 공급하는 영양소로는 (1) 탄수화물, (2) 지방 및 (3) 단백질(아미노산)이 있고, 에너지 방출과 조절 역할을 하는 영양소는 (4) 비타민과 (5) 무기질, (6) 물이 있다(최혜미 등, 2016). 이러한 영양소의 중요성을 어린 시절부터 잘 이해하고 식사를 통해 적절한 양을 섭취하는 구체적인 방법을 습관화해야 한다. 즉 필수영양소가 포함된 다양한 식품을 섭취하고(다양성), 모든 영양소를 필요한 만큼 고루 섭취하는 균형 잡힌 식사를 해야 한다(균형식).

한국인이 주로 섭취하면서 필수영양소를 포함하고 있는 식품군은

(1) 곡류, (2) 고기·생선·달걀·콩류, (3) 채소류, (4) 과일류, (5) 우유·유제품, (6) 유지·당류의 6개 군이다. 생애주기와 성별 및 주요 영

〈표 20-3〉 한국인의 1일 기준 열량(에너지)

구분	연령	에너지(Kcal/일)
		에너지 필요 추정량
영아	0~5(개월)	500
	6~11	700
유아	1~2(세)	1,000
	3~5	1,400
남자	6~8(세)	1,700
	9~11	2,100
	12~14	2,500
	15~18	2,700
	19~29	2,600
	30~49	2,400
	50~64	2,200
	65~74	2,000
	75 이상	2,000
여자	6~8(세)	1,500
	9~11	1,800
	12~14	2,000
	15~18	2,000
	19~29	2,100
	30~49	1,900
	50~64	1,800
	65~74	1,600
	75 이상	1,600
임산부	1기	+0
	2기	+340
	3기	+450
수유부		+340

출처: 보건복지부·한국영양학회(2015), 2015 한국인의 영양소 섭취기준.

〈표 20-4〉 대체적 1일(매일) 섭취 영양소를 고려한 식품군과 섭취량

필수영양소 포함 식품군	1일 섭취량
곡류	2~4회
고기·생선·달걀·콩류	3~4회
채소류	매 끼니 두 가지 이상 (나물, 생채, 쌈 등)
과일류	1~2개
우유·유제품류	1~2잔

출처: 보건복지부·한국영양학회(2015), 2015 한국인의 영양소 섭취기준.

양소 섭취량(열량[칼로리]: 음식물의 영양가를 열량으로 환산한 수치)을 기준으로 한 표준 영양섭취 기준을 가정에서의 조리와 식사 및 외식 메뉴 선택에 활용하는 것이 바람직하다. 한국인의 1일 기준 열량(에너지)은 〈표 20-3〉과 같다.

2015년 보건복지부와 한국영양학회(2015)가 공동 발간한 『2015 한국인의 영양소 섭취기준』에서는 생애주기 단계별, 성별 및 주요 영양소 섭취량에 따른 표준식단이 제시되어 있으므로 이를 참고하면 된다. 대체로 하루에 섭취할 영양소를 고려한 식품군과 섭취량을 요약하면 〈표 20-4〉와 같다.

4) 정기적/부정기적 건강검진

신체 성장발달 정도, 건강 위험요인의 사전 발견, 질병의 진전 및 치료 상태를 포함한 전반적인 건강상태를 가장 객관적으로 판단할 수 있는 방법은 건강검진이다. 현재 우리나라에서는 건강검진기본법에 따라 생후 4~71개월의 영·유아와 만 20세 이상의 국민(건강보험 가입자와 의료급여 대상자)은 정기적 및 특정시기/부정기적으로 건강검진을 받을

〈표 20-5〉 건강검진기본법에 의한 건강검진 요약

검진 구분	대상자	검진시기	대상질환	성별/연령별 검사항목
영·유아 건강검진	생후 4~71 개월	1~7차까지	시각이상, 굴절이상, 청각이상, 안전사고, 영양결핍, 영아돌연사 증후군, 치아발생 상태, 대소변 가리기, 전자미디어 노출, 사회성 발달, 개인위생, 성장 이상, 비만, 발달이상 등	
학교 밖 청소년 건강검진	9~24세 이하의 학교 밖 청소년	3년 1회	상담 및 진찰, 혈액검사, 구강검진 등 17개 항목의 기본검진과 감염성 질환 등	산부인과 검진
일반 건강검진	만 20세 이상	• 건강보험 ① 직장 가입자 경우: 사무직은 2년 1회, 비사무직은 매년 ② 직장피부양자 경우: 2년 1회 ③ 건강보험 지역 가입자 경우: 2년 1회	비만, 고혈압, 신장질환, 빈혈증, 당뇨병, 간장질환, 폐결핵/흉부질환, 구강질환	• 이상지질혈증 검사: 남자 24세/여자 40세 이상 (4년 주기) • B형간염검사: 40세 • 골다공증검사: 54/66세 여성 • 인지기능장애검사: 66세 이상 (2년 주기) • 정신건강(우울증) 검사: 20,30,40,50, 60,70세 • 생활습관 평가: 40,50,60,70세 • 노인신체기능 검사: 66,70,80세 • 치면세균막검사: 40세
암 검진	위암: 40세 이상 남녀	2년 1회	문진, 진찰, 상담, 위장조영검사, 조직검사	
	대장암: 50세 이상 남녀	매년	문진/진찰, 상담, 분변잠혈검사, 대장이중조영촬영검사, 대장내시경검사, 조직검사	
	간암: 40세 이상 고위험군 남녀	1년 2회	문진/진찰, 상담, 간초음파검사, 혈청알파태아단백검사	
	유방암: 40세 이상	2년 1회	문진, 진찰, 상담, 유방촬영	여성
	자궁경부암: 20세 이상	2년 1회	문진, 진찰, 상담, 자궁경부 세포검사	여성

수 있다(건강보험공단 주관, 〈표 20-5〉 참조). 초·중·고등학생과 대학생의 경우 학교 주관의 정기적 건강검진을 시행하고 있다. 상세한 종합건강검진은 개인 비용으로 받을 수밖에 없다.

건강검진 결과는 개인이나 가족의 주치의(의원이나 병원의 의사를 주치의로 정하는 것이 바람직함)와 상의하여 종합적으로 판단하고 후속조치를 취하는 것이 바람직하다. 주치의 선택과 관계없이 자신의 건강상태를 평생 동안 종합적으로 계속 검토할 수 있는 정기적 및 부정기적 건강검진 계획을 마련하고, 건강검진 결과를 잘 기록하고 다른 진료사항과 함께 보관하는 것도 중요하다.

정기적 및 부정기적인 건강검진은 자신의 건강상태를 파악하고 건강 위험요인을 미리 발견하여 예방하는 가장 효과적이고 현명한 방법이기 때문에 평생 동안 지켜나갈 필요가 있다.

건강검진은 생애주기에 따라 다양한 내용으로 수검할 수 있다. 태아기 및 영아기부터 청소년기까지는 신체적·정신적 발달 상태, 건강 위험요인, 질병 조기 발견 등에 대해서, 성인기 이후는 건강 위험요인 발견, 질병 조기 발견 및 전반적 건강상태 점검이 검진의 주요 내용이 될 수 있다. 성인기 이후에 가장 유의해야 할 질병은 암이기 때문에 암 검진은 일반 건강검진에 포함시킬 수 있으나 남녀 간 차이를 고려해 별도로 받을 필요가 있다. 미국 암협회에서는 20~39세까지는 3년마다, 40세 이후는 매년 암 검진 수검을 권고한다(Reisser & Dobson, 2006).

5) 구강 건강검진

구강검진은 일반 건강검진에 포함되지만 좀 더 상세한 구강 건강상태 점검을 위해 치과 주치의를 정하여 정기적으로 검진과 진료를 받을 필요가 있다.

6) 규칙적인 생활

표준적 일과 시간을 정하여 규칙적으로 정해진 시간에 기상과 취침, 7~8시간의 수면, 정해진 시간의 세끼 식사, 30분 이상 운동(유산소 운동 및 근력강화 운동)을 포함한 업무나 개인생활(목표달성 활동)과 휴식이 이루어지도록 하는 것이 질병 예방과 건강 유지/증진은 물론 시간관리를 위해서도 바람직하다.

7) 개인/가정 주치의 선택

개인이나 가족 전체의 건강상태 점검과 증진, 질병 진료 및 질병 예방을 위해 가능하면 의원이나 병원의 의사를 주치의로 정하여 지속적으로 같은 의사에게 진료(1차 진료)를 받고 건강문제를 종합적으로 상담할 필요가 있다. 같은 의사가 개인을 계속 진료하고 기록을 유지하고 있으면 개인의 건강상태를 종합적으로 판단하여 적절한 건강관리를 하는 데 크게 도움이 될 수 있다.

8) 정신질병 예방 습관

정신질병 예방을 위한 다양한 방법이 있을 수 있으나 효과적인 방법 중 하나는 영성(靈性: spirituality)을 개발하는 것이다. 자신이 절대자에 의해 받아들여지고 사랑받고 귀중하게 여겨지고 있다는 확신과 절대자와의 안정적인 관계를 유지하는 것은 영적 건강 유지, 신체적 건강 유지/증진 및 건전한 사회적 관계 유지에도 크게 도움이 될 수 있다 (Reisser & Dobson, 2006).

2. 건강 유지/증진

건강 유지/증진은 건강지식을 습득하여 건강상태 유지와 증진을 위한 행동을 습관화하고 건강 위험요인이 되는 행동이나 식습관을 통제하는 것을 말한다. 질병 예방 활동은 건강 유지/증진 활동도 되기 때문에 건강 유지/증진 활동과 중복된다. 중복을 제외한 주요 건강 유지/증진 활동에는 다음과 같은 것이 있다.

1) 적절한 운동

(1) 운동(physical exercises)과 신체활동(physical activities)

운동과 신체활동은 활동의 범위와 목적에서 차이가 있다. 신체활동은 가만히 앉아 있거나 누워 있는 상태를 제외한 몸을 움직이는 모든 활동을 말하지만 운동은 신체활동 중에 의도적으로 신체적 기능 향상을 위해 일정 시간 동안 반복적으로 몸을 움직이는 활동을 말한다. 많은 경우 운동과 신체활동은 같은 의미로 사용되고 있지만 건강설계에서 운동은 신체활동과 구분되어야 할 것이다.

(2) 운동의 이점

왜 소파보다는 땀을 선택해야 하는가? 운동해야 하는 이유는 다른 말로는 운동의 이점이라 할 수 있다. 운동을 해야 하는 이유는 수십 가지로 말할 수 있지만 중요한 것을 정리해보면 다음과 같다(허준원 외, 2017; Reisser & Dobson, 2006; USDHHS, 2018).

① 모든 사망의 원인을 줄이기 위해

② 질병 발생 예방을 위해(관상동맥질환, 당뇨병, 치매, 대장암, 유방암,

골다공증, 고혈압 등)

③ 신체적 적합성과 근력 및 지구력을 높이기 위해

④ 피로를 줄이고 활동 에너지를 공급하기 위해

⑤ 신체적 외모를 잘 유지하기 위해

⑥ 정신건강 증진을 위해(우울증, 불안 등의 해소)

⑦ 기분을 상쾌하고 즐겁게 하기 위해

⑧ 뇌 건강을 위해

⑨ 인지능력 향상을 위해

⑩ 잠을 잘 자기 위해

⑪ 적절한 체중 유지를 위해(과체중/비만 예방)

⑫ 낙상 방지를 위해(신체의 균형 유지)

⑬ 근 감소를 막기 위해(노년기에는 근 감소가 심함)

⑭ 가족과 즐거운 경험(추억)을 쌓기 위해(가족과 같이 하는 운동의 즐거움)

(3) 운동 전략

2016년 현재 우리 국민 전체의 운동 실천율은 38% 정도이고, 남자는 41%, 여자는 35% 정도다. 20대 이하는 약 35%인데 30대가 31% 정도로 가장 낮고, 60세 이상은 46% 정도로 가장 높은 편이다(국가지표체계 홈페이지, 2018). 이 통계로 보면 국민의 약 60%가 운동을 제대로 하지 않고 있다는 것이다. 운동이 중요하고 필요하다는 것을 알고 있지만 운동을 습관화하지 못하는 것이 문제다. 운동을 지속적으로 하기 위해서는 다음과 같은 몇 가지 면에서 태도 변화와 일상생활 조정이 필요하다(Reisser & Dobson, 2006).

① 운동의 이점을 생각하여 동기를 유발하라: 생애 건강설계에서

설정된 '생애사명'과 운동의 이점을 생각하면서 운동의 종류와 시간에 관한 목표를 설정하는 것은 운동의 동기를 유발하고 습관화할 수 있는 효과적인 전략이 될 수 있다. 예를 들면 '나는 매일 아침 30분간 러닝머신에서 달리기(걷기) 운동을 한다'는 식의 목표를 설정하는 것이다. 목표를 설정할 때는 최종목표가 일주일에 5일 이상 30분씩 운동하는 것이면 중간목표를 정하여 점진적으로 운동 횟수(일자)를 늘여가는 것이 효과적이다. 처음부터 일주일에 5일씩 30분간 운동하는 것을 목표로 삼으면 부담이 크고 1~2일 정도 못하게 되면 쉽게 포기하게 될 가능성이 높다. 따라서 처음 몇 주간은 일주일에 2~3일 정도, 그다음 몇 주는 3~4일 정도, 그리고 그다음 몇 주는 4~5일 정도씩 점차 운동의 횟수(일자)를 늘려가는 것이 효과적이다. 그리고 하루나 이틀 운동하지 못하더라도 포기하지 말고 계속하게 되면 충분히 최종목표에 도달할 수 있다. 운동하는 것을 중요한 일과로 습관화하지 못하는 이유 중 하나는 동기유발의 부족이라 할 수 있다(Lachman 등, 2018).

② 운동을 일과로 습관화하라: 운동은 시간 남으면 하는 활동이 아니라 하루의 중요한 일과가 되어야 하고, 이 일과는 시간관리를 통해 습관화해야 한다.

③ 같은 운동에만 집착하지 말라: 운동하는 것이 중요하기 때문에 정한 운동에만 너무 집착하지 말고 운동을 대체할 수 있는 활동도 생각하는 것이 좋다. 가능하면 정해진 형태의 운동을 하도록 노력해야 하지만 정해진 운동을 못하게 되면 같은 양의 다른 시간에 다른 형태의 운동이나 활동으로 대체하는 것도 현명한 방법이다.

④ 자신을 훈련시키는 것이라는 태도로 운동하라: 운동은 가치 있고, 이익 되고, 해야 할 일을 한다는 생각과 태도로 자신을 훈련시키는 것이 되어야 한다.

(4) 운동의 종류와 방법

어떤 운동을 어떻게 하는 것이 효과적인가를 살펴보기로 한다.

① 산소 흡입 정도에 따른 운동의 종류(유산소 운동[aerobic exercise]과 무산소 운동[anaerobic exercise]): 유산소 운동은 산소를 흡입하여 에너지를 계속 생산해낼 수 있는 시간 여유를 가지면서 5분 이상 지속적이고 반복적으로 할 수 있는 운동을 말한다. 반면에 무산소 운동은 짧은 시간 내에 최대의 에너지를 사용하여 격렬하게 움직여야 하기 때문에 산소공급을 통해 에너지를 생산할 여유가 거의 없는 운동을 말한다. 유산소 운동의 예는 걷기, 조깅(달리기), 수영, 자전거 타기, 에어로빅 댄스 등이고, 무산소 운동은 단거리 달리기, 역기 들기, 팔굽혀펴기, 턱걸이, 윗몸 일으키기 등이다.

② 유산소 운동을 위주로 하는 일반적 운동: 일반적 운동은 유산소 운동을 위주로 하는 것이 좋다. 운동 강도는 3단계로 구분할 수 있다.

• 저강도 운동: 시간당 4km 이하 속도로 걷기, 분당 최대심박수의 50~60% 정도, 호흡 패턴이 뚜렷하게 변하지 않고, 땀이 많이 나지 않을 정도이며, 대화를 나눌 수 있으며 노래도 부를 수 있는 정도

• 중강도 운동: 시간당 4~6km 속도로 걷기, 분당 최대심박수의 70~85% 정도, 호흡이 짧아지며, 10분 정도 운동을 하면 땀이 날 정도이며, 대화를 나눌 수 있지만 노래를 부를 순 없을 정도

• 고강도 운동: 시간당 6km 이상 속도로 달리기, 최대심박수의 85% 이상, 호흡이 깊고 빨라지며, 짧은 시간 운동을 하면 땀이 날 정도이며, 대화를 나누기 힘들 정도

③ 운동의 순서: 유산소 운동과 무산소 운동 중 어느 것을 먼저 하는 것이 효과적이냐는 운동의 목적에 따라 다를 수 있다. 심폐기능 강화가 목적인 경우는 유산소 운동 후에 짧은 시간의 무산소 운동을, 다

이어트나 근력 강화가 목적인 경우는 무산소 운동 후 유산소 운동이 효과적이라 할 수 있다.

④ 생애주기에 따른 운동 지침의 예: 현재 우리나라에서는 일반 국민들의 운동이나 신체활동을 권장하는 정부의 공식적 지침서가 없기 때문에 2018년도 발표 미국연방정부의 『미국인 신체활동 지침서(*Physical Activity Guidelines for Americans*)』를 예로 제시하고자 한다. 이 지침서는 우리 국민에게도 그대로 적용할 수 있을 것으로 본다. 이 지침서(〈표 20-6〉 참조)는 신체활동의 필요성, 이점 및 연령과 신체적 조건에 따라 대상을 (a) 취학 전 아동, (b) 학령아동 및 청소년, (c) 일반성인, (d) 노인, (e) 출산 전/후 여성, (f) 만성질병 및 장애 성인의 6개 집단으로 구분하여 제시하고 있다. 청년부터 노년까지 다양한 신체적 상황에 적합한 운동방법, 특히 척추와 관절이 아프지 않게 운동할 수 있는 방법은 정선근 교수의 『백년운동』(2019)이라는 책을 참고하기 바란다.

(5) 과체중/비만 해소와 예방을 위한 운동

운동은 과체중이나 비만을 예방하거나 해소하면서 적절한 체중을 유지하는 중요한 수단이다. 특히 식사 조절과 더불어 적절한 운동을 하게 되면 과체중 또는 비만문제는 거의 해결할 수 있다. 한 연구에 따르면 비만한 사람에게는 식사조절과 더불어 중/고 강도 유산소 운동을 주당 150~300분 정도 실시하고 근력강화 운동도 주당 2회 이상 하는 것이 좋으며, 고강도 운동을 하게 되면 중강도 운동의 두 배 이상 에너지 소모를 가져오므로 운동시간은 반으로 줄여도 된다(양윤준, 2017). 과체중과 비만은 성인병 조기발병을 촉진시킬 뿐 아니라 자녀와 손자녀에까지도 성인병 조기발병을 촉진할 수 있기 때문에

〈표 20-6〉 미국인 신체활동 지침서 요약

생애주기별 대상	신체활동(운동) 지침
취학전 아동 (3~5세)	• 신체 성장 발달을 향상시킬 수 있는 다양한 신체활동
학령아동/청소년 (6~17세)	• 하루 1시간 이상의 중/고 강도 신체활동이 필요하고 그 활동 구성은 다음과 같음 - 유산소 운동: 주 3일 이상 중/저 강도 활동 - 근력강화 운동: 주 3일 이상 - 골격강화 운동: 주 3일 이상
일반성인 (18~64세)	• 주 150~300분 이상의 중강도 활동 또는 75~150분 이상의 고강도 유산소 운동 또는 비슷한 정도의 중/고 강도 유산소 운동의 배합, 가능하면 유산소 운동은 일주일 내내 고르게 분산할 것 • 주 2일 이상의 근력강화 중강도 이상 운동
노인 (65세 이상)	• 기본적으로 일반성인의 운동지침을 그대로 적용하되 추가로 다음 운동이 필요함 - 운동량과 운동시간 중에 유산소 운동, 신체균형 잡기 운동 및 근력강화 운동 포함시킬 것 - 신체적 조건에 따라 운동 강도 조절할 것 • 만성질환자는 운동의 영향 여부/영향 정도를 이해할 것 • 만성질환으로 주 150분 이상 중강도 유산소 운동을 못할 경우 신체적 능력/조건하에서 다른 신체활동을 할 것
출산 전/후 여성	• 주 150분 이상 유산소 중강도 운동 필요(운동시간은 주 내에 분산시킬 것) • 일상적으로 중강도 유산소 운동을 해오거나 신체적으로 활발한 활동을 해온 경우는 그대로 계속해도 무방함 • 임신 여성은 의사의 진료 지침에 따르고, 운동 여부와 정도가 출산 전후에 미치는 영향을 의사와 상의할 것
만성질환 및 장애성인	• 주 150~300분의 중강도 유산소 운동이나 75~150분의 고강도 운동을 하거나 또는 비슷한 정도의 유산소 중/고 강도 운동을 배합할 것 • 근력강화 중/고 강도 운동을 할 것(추가적 이점) • 주당 필요한 운동량을 채우지 못하는 경우는 신체적 능력/조건하에서 일반적 신체적 활동으로 대체할 것

출처: USDHHS (2018), *Physical Activity Guidelines for Americans*.

〈표 20-7〉 아태지역 체질량(BMI) 지수

비만 기준	BMI 지수
저체중	18.5 미만
정상	18.5~22.9
과체중	23.0~24.9
비만	25.0~29.9
고도 비만	30.0 이상

(Camilleri-Carter 등, 2019) 어린 시절부터 영양섭취 조절과 운동을 통한 적정 체중 유지가 중요하다.

과체중/비만을 판단하는 기준은 신장(키)에 비한 체중의 지수(체질량 지수: Body Mass Index[BMI])로 계산한다. 즉 BMI = 체중(kg)/신장(m)^{2}으로 계산한다. 우리나라의 BMI 기준은 세계보건기구(WHO)가 아닌 아태지역 기준을 따르고 있는데 아태지역 기준이 낮아 적합하지 않다는 비판도 있다(조정진, 2015). 비만 기준은 세계보건기구 기준에서는 BMI 30.0 이상인데 아태지역 기준은 25.0 이상이다. 아태지역의 과체중과 비만 판단 BMI 수치는 〈표 20-7〉과 같다.

이 기준에 따르면 2017년 현재 우리나라 전체 인구의 비만율은 약 34%인데 남자는 약 42%, 여자는 26% 정도다. 비만율은 20대에서 60대까지는 높아지다가 70대부터는 줄어들고 있다. 20대 29%, 30대 33%, 40대 35%, 50~60대 38%, 70대 이상은 35%다(국가지표체계 홈페이지, 2019).

2) 건강위해(健康危害) 행동의 통제

특정 만성질병이나 증상을 약화시킬 가능성이 있는 음식물의 섭취를 삼가야 한다는 것을 알면서도 '설마 한 번 또는 몇 번 정도는 괜찮겠지' 하고 생각하여 자주 섭취하는 행동은 건강위해 식습관이므로 통제해야 한다. 이런 식습관을 포함한 건강위해 식습관은 ① 고열량 스낵 섭취, ② 아침식사 거르는 것, ③ 정크 푸드(건강에 좋지 않은 인스턴트 음식이나 패스트푸드) 섭취, ④ 평소의 과식과 스트레스 해결 수단의 과식, ⑤ 과도한 음주, ⑥ 빨리 식사하는 것 등인데, 이 같은 건강위해 식습관은 쉽게 개선할 수 없지만 점진적으로 그런 행동의 횟수를 줄여가는 식으로 목표를 세워 강한 의지와 인내심을 가지고 실천하면 충분히 개선할 수 있다. 또한 흡연, 치아관리 소홀(치간칫솔 및 치실 사용 소홀), 고음(이어폰, 작업환경 등)에 장시간 노출 등도 건강위해 행동이므로 통제해야 한다.

3. 상해·질병 치료/관리

1) 상해·질병 치료 및 복약

사고(산업재해, 운전사고, 안전사고 등)로 인한 상해와 질병의 진료, 치료를 위한 단·중·장기적 복약은 건강관리에서 가장 시급하고 중요한 조치다.

2) 상해·질병 치료를 위한 운동/신체활동

상해·질병 치료를 위해 의사로부터 처방된 운동/신체활동을 단·중·장기적으로 실천하는 것도 시급하고 중요한 건강관리 활동이다.

3) 상해·질병 치료를 위한 식습관 변화/개선

상해·질병 치료를 위해 의사로부터 처방된 식습관을 단·중·장기적으로 실천하는 것 역시 시급하고 중요한 건강관리 활동이다.

4. 상해·질병 치료비용 확보

상해나 질병의 치료비용으로 공적사회보험인 국민건강보험, 노인장기요양보험 및 산업재해보상보험 그리고 사보험인 운전자보험 등에서 지급하는 보험금이 충분하지 못한 경우가 많다(특히 본인부담금이 고액인 경우). 그리고 상해나 질병의 치료비가 보험금 급여 항목이 아닌 경우 추가비용이 필요하기 때문에 적절한 비용 마련 대책(실손보험이나 특수 질병이나 사고대비 사보험 가입 등)을 세울 필요가 있다.

생애 건강설계의 절차

생애 건강설계 역시 생애설계의 기본적 절차를 따라 이루어져야 하지만 생애사명이나 생애목표 설정에서 생애설계의 4단계 절차 원칙과는 좀 다른 점이 있다. 4단계의 생애 건강설계 절차를 간략히 설명하기로 한다.

1. 생애사명

생애 건강설계에서 사명은 (1) 가치와 (2) 활동 상태(활동의 방향이 아닌)로 구성된다고 할 수 있다. 가치는 자신이 건강에 대해 가지는 가치, 신조나 원칙을 말하고, 활동 상태는 어떤 활동의 결과로 나타나는 상태를 폭넓게 말하는 것이다. 건강 영역의 가치는 생애설계에서처럼 다양하지 못하고 몇 가지로 집약될 수 있다. 예를 들면 '신체적 및 정신적 독립', '자기관리 능력 유지', '신체적 이동과 생각의 자유', '건강문제로 타인에게 부담이 되지 않는 것', '존재의미 부여', '존재가치 부여' 등이 될 수 있다. 활동의 상태(활동 결과로 나타난 상태)는 건강 유지/증진으로 도달하게 되는 넓은 범위의 상태가 된다. 예를 들면 '(끝까지) 신체적·정신적 독립 상태 유지', '(끝까지) 자기 신체와 정신의 자기관리 상태 유지', '건강한 신체와 정신 상태 유지' 등이 될 수 있다.

그리고 생애사명 확립에는 자기 성격/적성과의 연계를 생각할 필요는 없고, 다른 사람에게 의미나 이익을 주는 것을 고려하지 않아도 된다. 따라서 생애 건강설계의 생애사명을 예시해보면 다음과 같다. '나는 신체적 및 정신적 독립 유지를 위해 건강 유지에 항상 노력하는 사람이 된다', '나는 내 건강문제로 다른 사람에게 부담을 주지 않기 위해 신체적·정신적 건강 유지에 항상 노력하는 사람이 된다', '나는 나의 존재의미를 확보하기 위해 자신의 신체적·정신적 건강을 평생 잘 유지한다.'

2. 생애목표 설정

목표는 사명에서 폭넓게 제시한 상태를 좀 더 구체적으로 나타내어 측정 가능하게 만들어야 한다. 앞의 예에서 '나는 신체적·정신적 독립 유지를 위해 건강 유지에 항상 노력하는 사람이 된다'라는 사명으로부터 최종목표를 설정한다면 '나는 내 나이에 적합한 최고의 건강상태 지표를 유지한다' 또는 '나는 내 나이에 맞는 최상의 건강 만족도를 유지한다'로 표현할 수 있을 것이다. 대목표는 특별한 (만성)질병이 없는 경우 (1) 질병 예방, (2) 건강 유지/증진 및 (3) 질병 시 치료비 확보의 세 가지 측면에서 설정할 수 있다. 그리고 질병이 한 가지 이상 있는 경우 대목표는 (1) 질병관리, (2) 다른 질병 예방 및 (3) 질병 시 치료비 확보의 세 가지 측면에서 설정할 수 있다.

중-소 목표 설정에는 영양 증진, 건강검진, 운동, 치료비 확보 방안 등의 구체적인 방안이나 단계를 생각할 수 있다. 영양 증진도 필수 영양소 섭취, 체중관리, 식습관 개선 등으로 나누어 하위목표를 설정할 수 있다. 건강검진도 일반 건강검진과 특수질병 예방/조기발견 건강검진으로 나눌 수 있고, 운동도 일반적 건강 증진 목적과 질병치료 목적의 두 가지 운동으로 나눌 수 있고, 치료비 확보도 실손보험과 특수질병 보장보험으로 나누어 목표를 설정할 수 있다.

3. 생애목표 달성 계획 실천을 위한 시간관리 계획 수립

향후 10년 목표 중 현재 연도 1년간(설계 시기가 특정 해의 1월 1일을 지난 어떤 시점인 경우 그해의 남은 시간)을 생각하여 목표를 설정하고 시간관리 계획을 수립해야 할 것이다. 시간관리를 위해 생애설계의 기본단계(제3단계)의 원칙에 따라 생애설계 다이어리를 활용하여 연간, 월간, 주간 목표를 수립해야 한다.

4. 생애 건강설계 실천·평가·수정

생애설계 전체의 각 영역별 설계와 같이 시간관리의 연습 기간을 통해 시간관리를 습관화한 후에 목표달성을 위한 시간관리 계획을 실천하고, 실천 상태를 점검하고, 6개월 단위로 평가하고, 필요하면 연간 계획, 향후 10년 계획 및 목표체계를 수정하는 것이 바람직하다.

생애 건강설계의 예시

1. 20세 대학생 K

〈표 20-8〉 생애 건강설계 목표체계(20세 K)

구분	번호	목표서술
생애사명		• 100세까지 신체적·정신적 독립을 유지한다.
최종목표		• 100세까지 스스로 건강관리를 하며 일상생활을 영위한다.
대목표	1	• 100세까지 신체적·정신적 질병 없이 생활한다.
	2	• 100세까지 적정체중(BMI)을 유지한다.
	3	• 100세까지 균형적 영양 식습관을 유지한다.
중목표	1-1	• 20세부터 2년에 1회 이상 일반 건강검진을 받는다.
	1-2	• 40세부터 필요한 경우 연 1회 이상 특별 건강검진을 받는다.
	1-3	• 40세부터 본인과 아내의 실손보험에 가입한다.
	2-1	• 40세까지 주 5회 이상 60분 이상 유산소 운동을 한다.
	3-1	• 30세까지 주 3일 이상 가정에서 영양식단의 저녁식사를 한다.
소목표	1-1-1	• 20세까지 주치의를 정한다.
	1-1-2	• 30세까지 하루 7시간의 수면을 유지한다.
	1-1-3	• 27세까지 스트레스 관리방법을 습관화한다.
	2-1-1	• 25세까지 주 3회 이상 1회 30분 이상 유산소 운동을 한다.
	3-1-1	• 매일 국민 영양소 섭취기준에 따른 식사를 한다.
	3-1-2	• 과음을 피하고 적절한 음주를 습관화한다.

〈표 20-9〉 생애 건강설계 향후 10년 목표(20세 K)

연령	목표서술
20	• 생애 건강설계를 완료한다. • 주치의를 정한다. • 20세부터 2년 1회 이상 건강검진을 받는다.
21	• 운동과 건강 유지에 대한 적절한 지식을 갖춘다. • 균형적 영양소 섭취를 위해 식습관을 개선한다.
22	• 군에 입대하고 군 생활의 식사에 잘 적응한다. • 군 동료들과 좋은 관계 유지에 노력한다.
23	• 군 생활 중 적절한 체중관리를 한다. • 군 생활 중 수면시간에 잘 적응한다.
24	• 주 2일 이상 1회 30분 이상 운동의 습관화를 연습한다. • 군 생활에서 형성된 수면습관을 계속 유지하고 균형적 영양 식습관을 새로 형성한다.
25	• 주 3일 이상 1회 40분 이상 운동을 습관화한다. • 군 생활의 수면습관 유지로 7시간 수면유지 습관화 노력을 계속한다. • 1일 3식을 습관화한다.
26	• 주 4일 1회 40분 이상 운동 습관화를 계속 유지한다. • 하루의 열량과 균형적 영양 식습관을 계속 유지한다. • 직장인의 스트레스 원인과 해소방법에 대한 지식을 습득한다. • 10시 취침~5시 기상의 7시간 수면 습관화를 위해 계속 노력한다.
27	• 주 5일 1회 50분 이상 운동 습관화를 계속 유지한다. • 과음과 과식하지 않는 습관을 기른다. • 스트레스 해소의 효과적 방법을 습관화한다. • 10시 취침~5시 기상의 수면 습관화를 위해 계속 노력한다.
28	• 주 5일 이상 1회 50분 이상 유산소/근력강화 운동 습관화를 계속 유지한다. • 10시 취침~5시 기상의 수면 습관화를 위해 계속 노력한다.
29	• 주 5일 1회 60분 이상 유산소/근력강화 운동을 완전히 습관화한다. • 10시 취침~5시 기상의 7시간 수면을 완전히 습관화한다.

2. 40세 회사원 M

〈표 20-10〉 생애 건강설계 목표체계(40세 M)

구분	번호	목표서술
생애사명		• (끝까지) 자기 신체와 정신의 자기관리 상태를 유지한다.
최종목표		• 부부 함께 내 집에서 건강을 지키며 생활한다.
대목표	1	• (끝까지) 신체적·정신적 만성질병 없이 지낸다.
	2	• (끝까지) 적당한 운동으로 적정체중(BMI)을 유지한다.
	3	• (끝까지) 스트레스를 잘 관리한다.
중목표	1-1	• 2년마다 건강보험공단 일반 건강검진을 받는다.
	1-2	• 40세 이후 필요하면 매년 특수질병 조기발견 건강검진을 받는다.
	1-3	• 40세까지 가족의 주치의를 정한다.
	1-4	• 45세까지 금연하고, 과음하지 않는 습관을 기른다.
	2-1	• 50세까지 주 5회 매회 60분 유산소/근력강화 운동을 습관화한다.
	2-2	• 47세까지 매일 식사에서 균형적 영양식을 습관화한다.
	3-1	• 43세까지 격월 1회 가족과 캠핑하는 것을 가족행사로 만든다.
	3-2	• 41세까지 직장 스트레스 원인 해소 방안을 찾는다.
소목표	1-1-1	• 연 2회 건강검진 결과와 후속조치를 기록·보관한다.
	1-2-1	• 특수질병 조기발견 건강검진 결과와 후속조치를 항상 기록·보관한다.
	1-2-2	• 40세에 실손보험과 암보험에 가입한다.
	1-3-1	• 주치의 진료사항을 항상 기록·보관한다.
	2-1-1	• 45세까지 주 3회 매회 40분 이상 유산소/근력강화 운동을 습관화한다.
	2-1-2	• 40세까지 주치의와 상의하여 적절한 운동처방을 받는다.
	2-2-1	• 주 3회 이상 저녁식사를 집에서 한다.
	2-2-2	• 44세까지 열량 지키는 식습관을 기른다.
	3-2-1	• 42세까지 직장의 스트레스 해소 방안을 실행한다.

〈표 20-11〉 생애 건강설계 향후 10년 목표(40세 M)

연령	목표서술
40	• 생애 건강설계를 완료한다. • 40세부터 연 2회(일반 및 특수 질병 조기발견) 건강검진을 받는다. • 40세부터 본인과 배우자의 실손보험과 암보험에 가입한다/40세까지 가족 주치의를 정하고 운동처방을 받는다. • 주 2회 이상 매회 20분 이상 유산소 운동을 한다/영양균형 식사를 주 2일 이상 한다. • 흡연량을 하루 10개비 이하, 음주량은 1회 소주 10잔 이하로 줄인다.
41	• 주 2회 이상 매회 30분 이상 유산소 운동을 한다. • 영양균형 식사를 주 2일 이상 한다/흡연량을 하루 8개비 이하, 음주량은 1회 소주 9잔 이하로 줄인다/직장 스트레스 해소 방안을 찾는다.
42	• 주 3회 이상 매회 30분 이상 유산소/근력강화 운동을 한다. • 영양균형 식사를 주 3일 이상 한다/흡연량을 하루 6개비 이하, 음주량은 1회 소주 8잔 이하로 줄인다/직장의 스트레스 해소 방안을 실행한다.
43	• 주 3회 이상 매회 30분 이상 유산소/근력강화 운동을 한다/43세까지 격월 1회 가족과 캠핑하는 것을 가족행사로 만든다/흡연량을 하루 4개비 이하, 음주량은 소주 7잔 이하로 줄인다/영양균형 식사를 주 3일 이상 한다.
44	• 주 3회 이상 매회 30분 이상 유산소/근력강화 운동을 한다/영양균형 식사를 주 4일 이상 한다/흡연량을 하루 2개비 이하, 음주량은 6잔 이하로 줄인다.
45	• 45세까지 주 3회 이상 매회 40분 이상 유산소/근력강화 운동을 습관화한다. • 영양균형 식사를 주 5일 이상 한다. • 완전 금연하고 음주량은 1회 5잔 이하로 습관화한다.
46	• 주 4회 매회 40분 이상 유산소/근력강화 운동을 한다. • 영양균형 식사를 주 6일 이상 한다.
47	• 주 4회 40분 이상 유산소/근력강화 운동을 한다. • 47세까지 매일 영양균형 식사를 습관화한다.
48	• 주 5회 40분 이상 유산소/근력강화 운동을 한다.
49	• 주 5회 이상 60분 이상 유산소/근력강화 운동을 한다.

3. 55세 퇴직 예정자 P

〈표 20-12〉 생애 건강설계 목표체계(55세 P)

구분	번호	목표서술
생애사명		• 타인에 의존하지 않는 건강상태를 항상 유지한다.
최종목표		• (끝까지) 일상생활에 지장 없는 건강상태를 유지한다.
대목표	1	• (끝까지) 부부가 모두 일상생활이 가능한 건강상태를 유지한다.
	2	• (끝까지) 부부가 적절한 운동으로 체중을 유지한다.
	3	• (끝까지) 매일 영양균형 식사를 한다.
중목표	1-1	• (끝까지) 약물로 고혈압/고지혈증 수치의 정상선을 유지한다.
	1-2	• 55세부터 2년 1회 이상 건강검진을 받는다.
	1-3	• 55세부터 필요한 경우 매년 특수질병 조기발견 건강검진을 받는다.
	1-4	• 65세까지 사전의료의향서를 작성 제출한다.
	2-1	• 55세까지 적절한 운동처방을 받는다.
	2-2	• 60세까지 주 5회 이상 매회 60분 이상 운동한다.
	3-1	• 57세까지 균형적 영양의 가정식단을 개발한다.
	3-2	• 60세까지 매일 적정 열량의 영양균형 식사를 한다.
소목표	1-1-1	• 56세까지 만성질환에 해로운 음식 섭취 제한의 식사방법을 습관화한다.
	1-1-2	• 58세까지 적정체중을 유지한다.
	1-2-1	• 55세 부터 주치의 진료기록을 보관한다.
	1-2-2	• 55세부터 2년 1회 정기적 건강검진 결과를 계속 기록·보관한다.
	1-3-1	• 55세부터 특별 건강검진 결과를 계속 기록·보관한다.
	1-3-2	• 55세부터 본인과 배우자의 실손보험과 암보험에 가입한다.
	2-1-1	• 56세까지 운동처방에 따라 필요한 운동량과 시간을 조정한다.
	3-1-1	• 58세부터 영양균형/만성질병을 고려한 요리를 배운다.
	3-2-1	• 56세까지 필수영양소의 식품과 열량을 확실히 알아 식사에 활용한다.

〈표 20-13〉 생애 건강설계 향후 10년 목표(55세 P)

연령	목표서술
55	• 생애 건강설계를 완료한다. • 55세까지 가족 주치의를 정하고 운동처방을 받는다/55세부터 2년 1회의 일반 건강검진과 필요시 연 1회 이상 특별 건강검진을 받는다. • 55세부터 본인과 배우자의 실손보험과 암보험에 가입한다/55세부터 주치의 진료결과를 기록·보관한다/55세부터 일반/특별 건강검진 결과를 계속 기록·보관한다/55세까지 만성질환의 상태와 진단 및 치료에 대한 지식을 습득한다/주 2회 이상 매회 30분 이상 유산소/근력강화 운동을 한다/약물을 통한 고혈압/고지혈증 관리를 계속한다/음주량은 1회 소주 10잔 이내로 줄인다.
56	• 주 3회 이상 매회 30분 이상 유산소/근력강화 운동을 한다/56세까지 운동처방에 따라 운동량과 시간을 조정한다/56세까지 만성질환을 위해 건강위해 식습관을 완전히 생활화한다/56세까지 균형적 영양식과 적정열량 식사를 습관화한다/56세까지 영양균형 식단으로 주 2회 이상 가정에서 식사한다/음주량을 1회 소주 8잔 이하로 줄인다.
57	• 주 3회 이상 매회 40분 이상 유산소/근력강화 운동을 한다/57세부터 독감백신 주사를 매년 접종한다/매월 1회 이상 골프, 매주 텃밭/화훼 가꾸기로 스트레스를 관리한다/음주량을 1회 소주 6잔 이하로 줄인다/주 2일 이상 영양균형 식사를 한다.
58	• 주 4회 이상 매회 50분 이상 유산소/근력강화 운동을 한다/58세까지 적정체중을 유지한다/58세까지 영양균형과 만성질병을 고려한 요리를 배운다/주 3일 이상 영양균형 식사를 한다/음주량을 1회 소주 5잔 이하로 습관화한다.
59	• 주 5회 이상 매회 60분 이상 유산소/근력강화 운동을 한다/주 4일 이상 영양균형 식사를 한다/영양균형 식사와 운동을 통해 적정체중을 계속 유지한다.
60	• 60세까지 주 5회 이상 매회 60분 이상 유산소/근력강화 운동을 습관화한다/일일 열량을 고려한 적정 양의 식사를 습관화한다/주 5일 이상 영양균형 식사를 한다.
61	• 주 5회 이상 매회 60분 이상 유산소/근력강화 운동 습관화를 계속한다/퇴직 이후에도 규칙적인(새로운) 일과를 계속 유지한다/수면시간 7시간을 습관화한다.
62~64	• 주 5회 이상 매회 60분 이상 유산소/근력강화 운동을 습관화한다/규칙적인 (새로운) 일과를 계속 유지한다/수면시간 7시간을 습관화한다.

생애 가족·사회관계설계

가족·사회관계의 의미와 중요성

사람은 다른 사람들과 관계를 가지는 사회적 동물이기 때문에 가족 속에서 태어나고, 가족의 보호를 받아 성장하고 가족 밖의 이웃, 지역사회, 국가사회의 여러 사람과 관계를 가지면서 살아간다. 가족·사회관계(이하 '사회관계'라 함)는 사랑과 소속감의 원천이 되고 사회적 지지 호위대(convoy of social support)가 된다. 넓은 의미에서 가족도 사회적 관계의 일부이지만 가족은 두 명 이상으로 구성되고 애정과 친밀감을 바탕으로 서로 헌신하고 자원과 가치관을 공유하며 함께 의사결정에 참여하는 특성이 있다는 점(Olson & De Frain, 1999)에서 다른 사회적 관계와 구분된다.

가족은 다음 세 가지 면에서 다른 사회집단과 구분되고 중요한 특성이 있다. 첫째, 가족은 부부가 합법적으로 성생활을 영위함으로써 사랑과 함께 성적욕구를 충족시키고 그 결과 자녀를 출산하고, 사회적으로 성적욕구를 통제하는 기능을 한다. 이 같은 기능은 사회에서 가족만이 할 수 있는 고유한 기능으로 국가사회의 인구를 형성하고, 사회의 유지와 발전에 기여하고 인류사회를 존속시키는 수단이 된다. 둘째, 가족은 사회의 생산과 소비의 기본단위로 생활을 보장하고, 사회적으로 노동력을 제공하는 경제적 기능을 수행한다. 셋째, 가족은 교육, 보호, 휴식, 오락, 종교 역할을 수행하고, 사회적으로는 문화를 전달하고 사회의 안정에 기여하는 사회·문화·복지의 복합적 기능을 수행한다. 그런데 이 세 번째 기능은 사회변화에 따라 가족 이외 기관이나 제도를 통해 많이 수행하게 됨으로써 크게 약해지고 있다.

가족과 사회 여러 사람들과의 관계는 앞서 말한 사회적 지지 호위대라 할 수 있다. 사회적 지지 호위대에 속한 배가 많은 것(관계망의 크기)도 중요하지만 더 중요한 것은 그 배들이 지지해주는 정도(지지망의 질)다. 일생을 사는 동안 서로 도움이 되는 질 높은 사회적 지지 호위대를 많이 튼튼히 유지하는 것이 생애사명을 실현하고 생애목표를 달성하는 중요한 수단이 되고 또한 목표 그 자체를 달성하는 것이 될 수 있다.

사회관계의 범위와 대상

누구를 가족으로 생각하느냐는 시대와 사회에 따라 다를 수 있다. 그리고 법적으로 규정하는 가족의 범위와 실제로 개인이 생각하는 가족의 범위가 다를 수 있다. 현재 우리나라에서는 민법 779조에서 가족의 범위를 (1) 배우자, 직계혈족 및 형제자매와 (2) 생계를 같이 하는 직계혈족의 배우자, 배우자의 직계혈족 및 배우자의 형제자매로 규정하고 있다.

그런데 실제 개인적으로 가족이라 생각하는 대상은 다르게 나타나고 있다. 2015년 여성가족부의 조사결과에서 가족으로 생각하는 대상 중 비율이 높은 순을 보면 다음과 같다. (1) 부모(86.3%), (2) 자녀(83.8%), (3) 배우자(82.1%), (4) 형제자매(76.0%), (5) 배우자의 부모(장인, 장모)(56.9%), (6) 배우자의 형제자매(43.2%), (7) 친조부모(42.8%), (8) 며느리(34.5%), (9) 친손자녀(33.3%), (10) 외조부모(33.2%), (11) 사위(30.4%) 순이다.

법적인 가족의 범위는 부양의무나 재산상 책임과 의무와 관련이 있으므로 잘 알아둘 필요가 있지만 실제 일상생활을 하는 데는 주관적인 가족의 범위가 더 중요하다. 법적인 가족의 범위에 해당되지만 상호간에 생각하는 범위가 다른 것이 법적 또는 윤리/도덕적 갈등과 분쟁의 원인이 될 수도 있다. 그러나 실제 사람들이 합의하여 가족의 범위를 정하기는 현실적으로 어렵다.

가족이 아닌 사회관계도 범위가 다양하고 일반적인 정의가 없어 개인에 따른 차이도 많지만 크게는 친족과 친구/동료(친지)로 구분할 수 있다. 친족은 친가의 친척과 외가의 친척 및 자녀의 결혼으로 연결된 사돈가족까지로 생각할 수 있다. 친지는 서로 잘 알고 가깝게 지내는 사이를 말하는데 친구나 동료를 포함한다. 그리고 친구(동료)는 이웃, 학교, 군, 직장, 사회활동, 여가·종교활동 등의 친구로 구분할 수 있다.

이러한 사회관계는 생애주기 단계에 따라 새롭게 형성되고 지속되다가 소멸된다. 가족은 자연적으로 때로는 불가피하게 관계를 가져야 하지만 가족과 친척 이외의 사회관계는 의도적 선택에 의해 형성되고 지속되고 소멸된다. 관계의 정도는 계속 친밀해질 수도 있고 필

구분		영아기	유아기	학령전기	학령기	청소년기	청년기	중년기	장년기	노년기
본인	나									
가족	배우자									
	부모									
	배우자 부모									
	형제자매									
	배우자 형제자매									
	며느리									
	사위									
	조부모									
	배우자 조부모									
	증조부모									
친척	친가									
	외가									
	처가									
	사돈									
친구/동료	이웃									
	학교									
	군생활									
	직장									
	사회활동									
	여가 · 종교									

〈그림 21-1〉 가족·사회적 관계 형성기간 및 지속기간

요한 일정기간 지속되다 약해지거나 소멸될 수도 있다. 생애설계에서 사회관계망으로 고려할 수 있는 범위와 관계 형성기간 및 지속기간을 정리해보면 대체로 〈그림 21-1〉과 같다. 그림에서 제시된 관계의 형성 및 지속 기간은 개인에 따라 다를 수 있기 때문에 관계가 형성되어 지속될 수 있는 기간으로 표시했을 뿐이다.

생애주기 단계에 따른 사회관계망의 변화를 간략히 살펴보기로 하겠다. 심리사회적 발달과업을 잘 수행하는 것은 기본적으로 사회관계를 증진할 수 있는 중요한 수단이 된다(제5장 심리사회적 발달 참고). 생애주기 각 단계(9단계) 모두의 사회관계를 설명할 필요가 없는 점도 있어 편의상 단계를 조정하고, 관계의 종류도 중요하다고 생각되는 (1) 부모-자녀/가족관계, (2) 부부관계, (3) 조손관계, (4) 친구(또래)/동료관계로 한정하여 살펴보기로 한다(Berk, 2010; Cavanaugh & Blanchard-Fields, 2015).

생애주기 단계별 가족 및 주요 사회적 관계의 변화

1. 영·유아기

영아기와 유아기에는 주로 보호자인 어머니(부모)와의 관계를 통해 가족과 사회관계의 기초가 되는 성격이 형성된다. 이 시기에 아동은 부모의 양육 방법과 태도를 통해 기본적 신뢰 대 불신(영아기) 그리고 자율성 대 수치심/의심(유아기)의 성격형성 위기를 겪으면서 사회관계 형성의 기초가 되는 긍정적 측면의 기본적 신뢰와 자율적인 성격을 형성하는 것이 바람직하다.

(1) 부모-자녀/가족관계: 부모가 지속적이고 안정적인 애정 표현과 신뢰관계를 가지고 아동을 돌보게 되면 아동은 신뢰적 성격이 형성되고, 안전하게 주위를 스스로 탐구할 수 있도록 기회를 주고 격려해주면 자율적인 성격이 형성될 수 있다.

(2) 친구관계: 사실 영아기와 유아기는 우리가 일반적으로 이해하는 친구관계(관계하는 사람 각자의 생각, 신념, 행동이 상호간에 영향을 미치는 관계)를 형성하기에는 이른 시기다. 다만 부모나 보호자들이 보육시

설 등에서 또래들을 만나 협조적 놀이를 할 수 있는 기회를 가지도록 지도할 필요가 있다.

2. 학령전기

학령전기의 아동은 스스로 어떤 목적을 가지고 계획을 세워 어떤 행동을 해보려고 한다. 아동이 그렇게 해보려는 근거는 자신을 부모나 주위 다른 사람들처럼 능력이 있다고 생각하고 자신감을 가지는 것이다. 의도했던 대로 행동을 잘 이루어내면 주도성이 강한 성격이 형성되고, 주도적인 성격이 형성되면 이후 목적을 가지고 어떤 행동을 잘 추진할 수 있다는 자신감을 갖게 된다. 이러한 주도적 성격형성은 향후 대인관계를 잘 맺고 유지하는 데 크게 기여할 수 있다.

(1) 부모-자녀/가족관계: 부모가 권위 있는(권위적) 양육 태도(자녀를 잘 이해하고 합리적으로 행동함)로 아동에게 애정적·반응적 태도를 보이면서 아동의 발달과업을 잘 알고 아동이 그러한 과업을 잘 수행할 수 있도록 지원해주는 것이 가장 중요하다.

(2) 친구관계: 학령전기도 일반적으로 이해하는 친구관계를 형성하기에는 이른 시기다. 그러나 부모나 보호자들이 보육시설이나 유치원 등에서 또래들을 만나서 협조하는 관계를 형성할 수 있도록 만남과 놀이의 기회를 제공해주고, 아동과 놀아주면서 지속적인 애착관계를 확인할 수 있도록 도와주는 것이 중요하다(Berk, 2010). 특히 놀이를 같이 할 경우 좋은 태도, 차례를 기다리는 것, 하나의 장난감을 두고 서로 다투면서 갈등을 겪을 경우 갈등을 잘 해결하도록 지도하는 것이 중요하다.

3. 학령기

학령기의 아동은 경쟁심을 갖고 열심히 읽기, 쓰기, 말하기, 그림 그리기 등 복합적인 기술을 배우려 하고 잘 해내기를 바란다. 아동은 자신이 열심히 해낸 일이나 학교 성적에 대해 칭찬받고 격려를 받으면 근면한 성격을 형성하게 된다. 근면한 성격을 형성하게 되면 이후 경쟁력에서 자신을 갖고 잘 적응해나갈 수 있게 되고 사회관계도 잘 맺고 유지하는 데 크게 도움이 될 수 있다.

(1) 부모-자녀/가족관계: 부모는 아동에게 통제하기보다는 허용하면서 자기결정을 할 수 있도록 훈련하는 권위적 양육 태도를 가지고 학령기 아동의 발달과업을 잘 이해하고 그런 과업을 잘 수행하도록 도와주어야 한다. 형제자매가 있는 경우 형제자매들이 경쟁관계가 아닌 상호 지지의 관계를 유지하도록 지도할 필요가 있다.

(2) 친구관계: 학령기부터는 친구관계가 형성되기 시작한다. 아동은 지금까지 단순한 협조적 관계 정도로 지내온 또래관계를 학교생활을 통해 친구관계로 발전시키기 시작한다. 아동은 친구를 사귐으로써 생애에서 처음으로 다른 사람들과 어울리고, 갈등과 문제를 해결하는 방법 등 삶의 기술을 배우기 시작한다. 부모는 아동의 친구관계를 잘 파악하여 친구가 없거나 잘 사귀지 못할 경우 친구를 사귈 수 있는 기회를 제공할 필요가 있다. 교사나 부모는 아동이 친구들과의 계획적 공동활동, 놀이, 학습활동 등을 하고, 생일잔치 초대/참여를 통해 친밀한 관계를 형성할 수 있도록 도와주는 것이 좋다.

4. 청소년기

청소년기 초기나 중기까지는 또래집단에 참여함으로써 다른 사람에게 충성할 수 있는 능력을 발전시키는 일이 중요한 발달과업이 된다. 청소년기 후반이나 말에 이르면 '나는 누구인가?'에 대해 심각하게 고민하고 그러한 고민을 통해 자신만의 가치와 취향을 확립하고 세상에서 어떤 일이나 활동을 하는 것이 바람직한가를 결정하려고 노력한다. 즉 청소년은 청소년기 후반기에 들어오면서 자아 정체성 확립을 중요시하고 자아 정체성 확립을 위해 심각하게 고민하면서 노력한다. 청소년기의 자아 정체성 확립은 가족과 사회관계에서 자신이 존재감을 가지고 역할을 잘 수행할 수 있는 바탕이 될 수 있다.

(1) 부모-자녀/가족관계: 청소년기는 신체적으로 급속하게 성장하면서 부모의 기대를 만족시키는 한편, 부모로부터 심리적으로 독립하여 자아 정체성을 확립하려고 노력한다. 따라서 청소년은 물론 부모도 자녀와의 대화를 통해 고민을 나누면서 부모의 이해와 도움이 잘 이루어지도록 노력할 필요가 있다. 부모-자녀 간 갈등의 원인은 크게 세대 차이와 부모의 권위주의적 양육 태도(원칙과 전통적인 방법에 의한 엄격하고 완고한 양육행동)가 될 수 있으므로(최정혜, 2018) 부모가 권위적 양육 태도(자녀를 잘 이해하고 합리적으로 행동함)로 자녀에게 접근할 필요가 있다. 사회조사(여성가족부, 2015)에서 나타난 우리나라 청소년과 부모의 관계를 살펴보면 다음과 같다. 남자 청소년보다 여자 청소년이 부모와 관계를 더 가깝게 인식하고 있으며, 아버지에게는 친밀감보다는 신뢰감을 더 느끼고, 어머니에게는 신뢰감보다는 친밀감을 더 느낀다. 그리고 연령이 높아질수록 어머니에 대한 친밀감은 큰 차이가 없지만 아버지에 대한 친밀감은 낮아지는 경향을 보인다. 아버

지가 청소년 자신을 이해하는 정도는 모든 연령에서 낮게 나타났고, 반면에 어머니가 청소년 자신을 이해하는 정도는 연령이 높아질수록 더 높아지는 경향을 보인다. 청소년기의 형제자매 관계도 경쟁관계를 벗어나 상호 이해와 지지의 관계가 될 수 있도록 지도하거나 노력할 필요가 있다.

(2) 친구관계: 청소년기는 또래집단 참여와 관계를 통해 친밀성, 상호이해 및 충성심을 바탕으로 하는 친구관계를 발전시켜나가면서 (Berk, 2010) 동성친구와 이성친구도 사귀게 된다. 청소년기에 친구관계를 형성하는 기본적 틀은 학교를 중심으로 하는 또래집단 참여이므로 청소년은 건전한 또래집단의 선택과 참여를 통해 친밀성과 상호이해를 바탕으로 하는 친구관계를 발전시켜나가도록 노력할 필요가 있다. 따라서 부모나 교사도 그러한 친구관계를 잘 형성하고 유지하도록 도와주어야 한다. 특히 고등학교 시절 친구는 평생을 통해 가장 오래 관계를 가지고 자신을 지지해주는 바람직한 사회적 지지 호위대가 될 수 있다.

5. 청년기

청년기에는 사회관계망 속에 있는 사람들에 대한 친밀한 관심과 배려와 우정을 통해 관계를 발전시키면서, 특히 이성친구를 사귀고 결혼까지도 이루어내는 것이 중요한 관심사이고 과제가 된다. 상호 관심과 배려를 통한 친밀한 사회관계는 이성과 동성을 폭넓게 사랑할 수 있는 능력을 발전시키게 된다. 친밀한 관계를 맺을 수 있는 성격과 능력을 발달시키는 것은 인생에서 사회관계를 깊이 있고 폭넓게 형성하고 유지하는 데 크게 기여할 수 있다.

(1) 부모-자녀/가족관계: 청년기는 자기가 태어나면서부터 속해 온 가족과 결혼을 통해 새롭게 형성된 가족을 통해 인생에서 가족관계망이 크게 확대되는 시기다. 자녀가 청년기에 이르게 되면 부모로서의 역할은 크게 달라지고 부모-자녀 간 접촉 시간도 많이 줄어들게 된다. 부모-자녀 간에 자녀 독립과 결혼/분가생활을 둘러싼 여러 가지 갈등이 나타날 수 있다. 따라서 이 시기는 부모-자녀관계가 성숙한 성인관계로 발전하도록 청년의 이해와 노력이 필요하고, 부모도 청년 자녀를 이해하고 지도할 수 있는 대화의 기회를 많이 만드는 것이 중요하다. 특히 결혼 이후는 배우자와 배우자 부모와의 관계 및 형제자매와의 관계도 적절한 접촉과 정서적 관심을 통해 잘 유지하는 것이 중요하다.

(2) 부부관계: 청년기 중후반에 이르면 결혼을 통해 부부관계라는 생애의 새로운 관계가 형성된다. 부부로서의 로맨틱한 사랑과 더불어 가족으로서의 의무와 책임도 관계 형성의 중요한 요소가 된다. 자녀 출산을 둘러싼 가치관과 출산계획 및 출산 후의 양육과 가사분담 문제도 건전한 부부관계 형성과 갈등의 중요한 요인이 된다는 점을 인식하여 부부관계를 이성적으로 잘 유지할 수 있는 노력이 필요하다. 부부는 애정을 중요시하면서 가사와 육아에서 남녀평등의 가치관으로 역할 분담에 노력하여 결혼생활 만족도를 높게 유지하는 것이 중요하다. 결혼생활 만족도는 부부간의 애정관계 그리고 육아와 가정생활 전반에서의 관심, 태도, 역할 등을 포함하는 것이라 할 수 있다. 서양의 경우는 신혼 초기 거의 100%였던 결혼생활 만족도는 자녀의 출생과 양육기간에는 크게 낮아졌다가 자녀가 성장하여 독립한 이후에 다시 높아지는 것이 일반적이다(Cavanaugh & Blanchard-Fields, 2015). 우리나라의 경우 결혼생활 만족도를 신혼부터 노년까지 계속

추적하여 조사한 연구가 없어 연령별로 조사한 자료로 추정할 수밖에 없다. 연령이 다른 사람을 조사한 결과가 같은 사람을 계속 추적 조사(같은 사람이 나이 들어감에 따라 변화하는 관계를 계속 조사)한 결과와 같지 않을 수 있다. 그러나 2006년과 2016년에 연령이 다른 사람들의 결혼생활 만족도를 조사한 자료에 따르면(이상림 외, 2016) 연령이 높아질수록 만족도는 낮아지는 것으로 나타났다. 서양과는 달리 우리나라 사람들의 결혼생활 만족도는 나이 들수록 낮아지는 것이 일반적이 아닌가 생각된다. 부부는 생애과정을 통해 계속 상호 노력하여 결혼생활 만족도를 높이는 노력이 필요하다.

(3) 친구관계(이성/남성): 청소년기 후반과 청년기 초·중반까지의 발달과업인 자아 정체성이 잘 확립되면 자신의 가치와 목표가 분명해지므로 대인관계의 자신감과 친밀성도 강해질 수 있다. 청년기에는 친밀성의 발달과업을 잘 수행함으로써 동성친구 관계는 물론 이성친구 관계도 새롭게 형성하고 결혼까지 이루어내고, 직장이나 사회참여 활동에서도 새로운 사회관계를 형성하는 것이 중요하다. 청년기 이후는 사회경제적 지위, 공통적 관심사·경험의 필요성이 같은 정도, 친밀감 및 의무/책임감, 신뢰 등이 친구관계를 유지/발전시켜나가는 중요한 요소가 된다. 특히 사랑을 위한 이성친구와의 관계는 친밀성, 열정 및 의무/책임을 바탕으로 발전시켜나가야 지속적으로 유지하고 결혼으로까지 이루어낼 수 있다(Berk, 2010).

6. 중년기

중년기에 이르면 결혼, 자녀출산, 직장생활, 사회활동 등을 통해 사회관계가 생애주기에서 가장 폭넓게 확대된다. 중년기 사람은 자신과 사회와의 관계를 생각하고 창의력을 발휘하여 다른 사람을 위해 생산적인 활동을 하는 데 큰 관심을 가지게 된다. 이러한 생산성 발휘 활동을 잘하게 되면 이후 관심을 가지고 타인을 잘 돌보는 삶의 태도를 계속 발전시켜나갈 수 있게 된다. 중년기에는 또한 오래 지켜온 사회문화적 창조물과 유산(전통)에 관심을 가지고 유지하고 다음 세대에 물려주기 위해 지키는 역할(의미의 수호자 역할)을 하는 것도 중요한 발달과업이 된다. 이러한 생산성 발휘와 의미 수호자 역할은 폭넓은 사회관계 형성과 유지의 중요한 요인이 될 수 있다.

(1) 부모-자녀/가족관계: 중년기는 위로는 부모, 아래로는 자녀에 대한 물질적 및 비물질적 지원을 해야 하는 중간세대의 시기이며, 인생에서 가족과 관련하여 가장 많은 역할을 해야 하고 스트레스나 갈등도 가장 많이 겪을 수 있는 시기다. 이 시기는 자녀에 대한 부모로서 그리고 성인자녀로서의 적절한 역할을 통해 가족과의 친밀한 관계를 유지하는 것이 중요한 과제가 된다. 성인자녀와의 관계도 자녀를 이해하려는 입장에서 적절한 대화 시간을 마련하여 애정적이고 상호 협조적 관계를 유지하는 것이 바람직하다. 연로해 가는 본인 및 배우자의 부모에 대한 지원을 둘러싼 갈등과 문제를 현명하게 해결하는 것도 부부관계 발전의 중요한 요인이 될 수 있다. 성인자녀의 부모에 대한 만족도를 조사한 결과에 따르면(여성가족부, 2015) 어머니에 대한 만족도는 54.9%였으나 아버지에 대한 만족도는 30.9%에 불과했다. 따라서 아버지 경우는 성인자녀와의 관계를 더 만족스럽게 유지할 수 있도록 노력할 필요가 있다. 중년기는 또한 결혼으로 인해 확대된 배우자의 친부모 및 형제자매들과의 관계도 잘 유지해나가는 노력도 필요하다.

(2) 부부관계: 중년기는 자녀 양육과 배우자 부모의 부양/돌봄 역할의 샌드위치 세대로 부부간에 다양한 갈등이 나타나는 기간이다.

따라서 배우자를 인생의 동반자 또는 친구로 이해하고, 가정 내외의 일에 대해 부부간에 적절히 역할을 분담하고, 부부만의 적절한 여가·취미활동의 시간을 가질 필요가 있다. 전업주부 경우는 자기성장 기회 모색, 신체적 변화(폐경)와 자녀 독립·결혼에 따라올 수 있는 빈 둥지 증후군(empty nest syndrome)의 원만한 해결 등을 통해 친밀하고 만족스런 부부관계를 발전시켜나갈 필요가 있다. 한 사회조사 결과에 따르면(여성가족부, 2016) 부부간 갈등 원인으로 많이 나타난 순서는 다음과 같다: ① 본인/남편의 생활습관, ② 경제적 문제, ③ 자녀문제, ④ 시부모(고부)관계, ⑤ 부부 가사 분담, ⑥ 본인/남편의 직장생활, ⑦ 본인/남편의 친구관계, ⑧ 친정 부모와의 관계. 이러한 갈등 해소 노력과 더불어 관계 증진을 위해서 부부는 공동의 취미생활을 개발하고 대화시간을 늘려가는 등의 노력이 필요하다.

(3) 조손관계: 조손관계는 손자녀에게 현명하고 지혜롭게 도와주는 사람(멘토의 역할), 가족의 역사와 가치를 전달하는 사람, 손자녀와 선조를 잇는 사람, 양육의 책임에서 벗어나 같이 놀며 즐기는 사람으로서의 역할 모델 이미지를 갖도록 하는 것이 바람직하다(Berk, 2010). 자기 부모가 조부모를 대하는 것을 보고 배운 대로 자녀가 성인이 되었을 때 자기 부모도 비슷하게 대하는 경우가 많음을 명심할 필요가 있다.

(4) 친구관계: 중년기는 친구를 가장 많이 사귈 수 있는 기회가 주어지지만 중년기 이후 친구는 기존의 친구관계를 새롭게 평가하여 선택적으로 정리하고, 새로운 친구를 사귐도 선택적으로 하게 된다(Berk, 2010). 친구관계를 지속하는 요인은 청년기에서와 같이 사회경제적 지위, 공통의 관심사·경험의 필요성이 같은 정도, 신뢰, 친밀성, 충성심, 의무/책임감이라 할 수 있다. 넓은 의미에서 사회활동 동료는 모두 사회관계망 안에 있는 친구라 할 수 있는데 친구는 대체로 네 가

지 형태로 구분하여 사귈 필요가 있다: ① 인생 전반에 관한 감정/정서를 나누는 친구(죽마고우, 지기 등), ② 관심사를 공유하는 친구(연구, 직업활동, 자기개발, 사회참여·봉사활동 등을 같이 하는 친구), ③ 사교와 여가활동을 즐기는 친구(레크리에이션, 긴장완화, 놀이, 스포츠 활동 등을 같이 하는 친구), ④ 인터넷을 통한 사회관계망서비스(SNS)의 친구(질병, 장애, 독거, 원거리, 교통 불편 등으로 대면 접촉이 어려운 경우 교류할 수 있는 친구). 이 네 가지 형태의 친구는 상당 부분 겹칠 수 있다.

7. 장·노년기

장·노년기에 이르면 사회관계가 축소되고 선택적으로 이루어지는 경향이 있다. 내적 성찰을 통해 과거를 돌아보며 자신의 삶을 바라던 대로 살아왔는지 평가하게 된다. 평가결과 비록 불만족스런 부분이 있더라도 자기 삶 전체 속에서 이해하고 의미와 가치를 부여함으로써 나름대로 지난 삶을 만족스럽게 생각하는 통합감(자아통합)을 가지는 것이 장·노년기의 중요한 심리사회적 발달과업이 된다. 또한 자신의 성격과 적성에 맞고 하고 싶어 하고(했고) 원하는(던) 일이나 활동을 하는 것도 중요한 과업이 될 수 있다. 80대 이후에는 죽음을 생각하면서 자신을 후손과 앞서간 선조와 선배를 잇는 역사적이고 우주적인 존재로 인정하고 현실적인 것보다는 죽음 이후의 영적인 것을 더 중요하게 생각하는 것도 중요한 발달과업이 되기 때문에 영성을 개발하는 것도 중요하다. 통합감과 영성을 가지는 것은 가족과 사회관계에서 상대방을 이해하고 수용하는 데 크게 기여할 수 있다.

(1) 부모-자녀/가족관계: 장·노년기에서 부모의 역할은 크게 축소되고 주로 성인자녀에 대한 조언자 역할을 하고, 자녀들 개인이나

가정사의 중요한 사항을 보고받는 정도가 적합하다. 부모-자녀 간의 경제적 지원, 서비스 지원, 정서적 지원에서는 자녀가 부모에게 지원하는 경우가 부모가 자녀에게 지원하는 경우보다 더 많지만(여성가족부, 2015; 보건복지부·한국보건사회연구원, 2017), 자녀로부터 경제적 지원과 서비스 지원을 받는 경우는 특히 현명한 판단이 필요하다. 향후 자녀들과의 사이에서 가장 많은 갈등요인이 될 수 있는 것은 경제적 지원과 서비스 지원이 될 수 있다. 부모의 입장에서는 생애설계 차원에서 경제적 자립과 건강 유지/관리를 일찍부터 계획하고 준비하는 것이 적절한 부모-자녀관계를 유지하는 중요한 대책이라 할 수 있다. 형제자매관계는 중년기에서와 같이 장·노년기에도 정신적 건강에도 중요한 영향을 미치고, 친구로서의 중요한 역할을 할 수도 있기 때문에 형제자매와의 관계를 친구처럼 잘 유지하는 것도 중요하다.

(2) 부부관계: 장·노년기 부부는 인생의 동반자이며 친구로서 상호 이해, 애정, 신뢰, 친밀성, 의무와 책임의 정신을 유지할 필요가 있다. 앞에서 설명했듯이 우리나라의 경우, 결혼생활 만족도는 중년기 중반 이후 자녀의 독립/결혼 시기부터 높아지기보다는 낮아지는 경향을 보이는 것에 유의해야 할 것이다. 그러나 결혼생활 만족도는 개인에 따라 상당한 차이가 있을 수 있다. 즉 중년기 이전부터 부부가 상의하여 노후까지의 생활을 생애설계로 준비하지 못한 경우는 물론, 중년기 이후에도 생애설계로 노후생활을 준비하지 못한 경우는 장·노년기의 결혼생활 만족도 상승 가능성이 높지 않을 수 있다. 특히 자녀와의 별거와 현대생활의 분주함 등으로 자녀가 건강이 나쁜 부모를 돌볼 수 없을 때(노인장기요양보험에서 서비스를 제공하지 못하는 경우가 많음) 배우자가 돌볼 수밖에 없는 경우가 크게 늘어날 것이다. 이런 경우 배우자 돌봄에 따른 갈등과 어려움 등이 결혼생활 만족도를 낮추

는 결과가 될 수 있다. 중년기 부부는 중년기 후반부터 결혼생활 만족도를 높일 수 있도록 상호 노력하는 것이 중요하다.

(3) 조손관계: 손자녀가 성장함에 따라 조부모를 경외의 인물로 여기던 경향이 점차 사라지고 조부모를 현실적으로 이해하면서 조부모와의 접촉을 싫어할 수도 있다(Harris & Cole, 1985, 최신덕 역). 따라서 조부모는 현명하고 지혜로운 멘토, 가문의 역사와 가치를 잘 전달하는 사람으로서의 역할 모델이 되도록 노력할 필요가 있다.

(4) 친구관계: 장·노년기의 친구는 상실된 사회적 역할과 지위에 대한 완충제 역할을 하고, 사랑하는 사람의 상실감을 보상해주고, 행복감과 자존심을 향상시켜줄 수 있기 때문에 인생의 그 어느 시기에서보다도 중요하다. 노년기에는 친구를 선택적으로 사귀는 경향이 더욱 뚜렷해진다(Cavanaugh & Blanchard-Fields, 2015). 따라서 장·노년기에는 친구 수가 줄어들지만 앞에서 말한 네 가지 형태의 친구를 선택적으로 잘 유지하고 사귈 필요가 있다. 특히 SNS 친구를 잘 선택하여 유지하는 것도 중요하다.

관계 유지와 증진의 주요 행동과 생각

누구나 사회관계망 속에서 생활하고 그 관계를 잘 유지하고 발전시키는 것이 좋다는 것을 잘 알고는 있지만 실제 행동은 잘 하지 못하는 경우가 많다.

사람과의 관계는 행동과 더불어 태도와 생각(마음)으로 유지되고 향상된다. 관계에서 무엇보다 중요한 것은 행동이라 할 수 있다. 행동의 대부분은 생각과 태도에서 나오는 것이기는 하지만 실제 보고 듣고 움직이는 행동이 없으면 마음의 생각이나 태도를 제대로 알고 이해하기 어렵다.

그러므로 사람과의 관계에서는 행동이 가장 중요하고 핵심적인 관계 형성의 수단이라 할 수 있으므로 가능하면 행동으로 관계를 유지하고 증진할 필요가 있다. 그러면 관계의 행동과 생각 및 태도를 살펴보기로 한다.

1. 사회관계의 행동과 수단

1) 대화 목적 위주 행동

(1) 직접 대면 대화

직접 대면은 만나서 얼굴을 마주 대하는 행동이고 대화가 따르는 것이 기본이 된다. 즉 만남은 적어도 대화를 전제로 하는 것이다. 만남에는 시간제한이 있지만 최소한의 적절한 시간을 마련할 수 있어야 할 것이다. 만남의 시간과 횟수(정기적/부정기적)는 상의하거나 상의가 어려우면 적절한 수준으로 일방적으로 정하는 것도 중요하다.

(2) 전화/SNS 활용 대화

집/사무실 전화, 휴대전화 및 SNS(Social Network Services: 사회관계망서비스라 하는 facebook, whatapp, skype, kakao talk 등)를 통한 대화도 주요한 대화 행동이 될 수 있다. 전화나 화상통화는 음성을 들으면서 간단한 안부, 중요사항, 긴급사항에 대해 간단한 대화를 할 수 있지만 오래 지속은 어렵다. Messenger, twitter 등까지 포함한 SNS 문자 대화는 상당한 기간 동안 대화가 가능하다. 그리고 사진, 서류 파일, 녹음/동영상 파일 등과 같이 공유할 수 있어 편리한 경우가 많다. 이 같은 SNS 문자 대화 활용은 직접 대면이 어려운 여러 가지 상황에서 대화의 도구로 활용 가능하고 가족, 친구, 직장 동료 또는 사회활동 동료끼리의 집단대화도 가능하기 때문에 집단 구성원 간 의사소통 방법으로도 활용 가능하다.

(3) 이메일(E-mail) 활용 대화

컴퓨터나 휴대전화를 통한 이메일 대화도 필요에 따라 중요하게 활용할 수 있다. 복잡하고 긴 내용을 전달할 수도 있고 분량이 많은 서류, 사진, 동영상 파일 등도 첨부할 수 있기 때문에 편리한 경우도 많다.

(4) 간접 대화

직접적 만남, 음성 또는 화상통화, SNS 접촉이 어려운 경우 제3자(가족이나 다른 사람)를 통해 간접적으로 대화할 수 있다.

(5) 서신(편지) 대화

편지를 주고받는 일은 전자기기를 통한 의사소통이 일반화된 이후 활용도가 크게 낮아지고 있지만 전자기기를 활용할 수 없는 경우나 특별한 경우에 의미 있는 접촉이나 의사소통의 도구로 활용할 수 있다.

2) 대화와 정서적 결속/지지 목적 행동

(1) 행사 기획/참여

생일, 가족이나 친구 등의 특별사항 기념(입학, 졸업, 취업, 수상 등), 친구

집단, 직장 동료, 사회활동 동료들 간의 행사 등

(2) 나들이/여행

데이트, 간단한 나들이, 여행, 캠핑 등

(3) 공동 취미생활

2010년 사회조사 결과에서 부부관계 향상을 위해 가장 하고 싶은 것으로 가장 높은 비율은 공동 취미생활이었다(한국여성정책개발원, 2010).

(4) 스포츠/문화행사 참여/관람

(5) 영상물 공동 감상

(6) 일대일 식사 또는 회식

3) 물질적 지원

가족 및 사회적 관계에서도 선물 정도를 넘어 상당한 정도의 물질적 지원을 해줄 수 있는 방법도 중요하다. 물질적 지원은 가족 간에는 기대되고 그렇게 해야 하는 것이 당연한 경우도 많다.

2. 생각과 태도

가족 및 사회적 관계를 잘 유지하고 증진시키는 데 중요한 생각과 태도 요인이 될 수 있는 것은 (1) 신뢰감, (2) 의무/책임감, (3) 개인의 특성과 사정의 이해, (4) 정서적 친근감/사랑, (5) 만남/대화의 질(태도), (6) 갈등과 문제의 이해 및 해소 의지, (7) 봉사/희생정신(태도), (8) 진솔한 관심의 표현, (9) 존중 등이라 할 수 있다.

생애 사회관계설계(생애 가족·사회관계설계)의 예시

1. 20세 대학생 K

〈표 21-1〉 생애 사회관계설계 목표체계(20세 K)

구분	번호	목표서술
생애사명		• 가족과 지인을 배려하는 마음과 태도로 대하는 사람이 된다(대한다).
최종목표		• 40세까지 가족과 친지로부터 사랑받고 칭찬받는 사람이 된다.
대목표	1	• 35세까지 가족과 화목한 관계를 유지하는 사람이 된다.
	2	• 32세까지 친구들로부터 신뢰받는 사람이 된다.
	3	• 40세까지 직장/사회활동 동료들을 봉사하는 자세로 대한다.
중목표	1-1	• 25세부터 형제자매와 항상 대화하고 사촌들에게도 자주 연락한다.
	1-2	• 23세부터 부모님의 마음을 즐겁게 해드리려고 노력한다.
	2-1	• 25세부터 친구들의 애경사를 잘 챙긴다.
	2-2	• 30세까지 친구들과 자주 연락하고 정기적으로 만난다.
	3-1	• 30세까지 직장 상사/동료에게 인정받는 사람이 된다.
	3-2	• 35세까지 사회활동 동료들 사이에서 책임감을 다하는 사람이 된다.
소목표	1-1-1	• 25세부터 형제자매들과 사촌들에게 일주일에 한 번 정도 연락한다.
	1-2-1	• 30세까지 결혼하여 가정을 이룬다.
	1-2-2	• 23세부터 하는 일과 계획에 대해 부모님께 자주 설명하고 조언을 구한다.
	2-1-1	• 23세부터 친구들의 생일을 잘 파악하여 연락하고 축하한다.
	2-1-2	• 25세부터 친구들과의 모임에서 항상 연락자의 역할을 담당한다.
	3-1-1	• 25세부터 직장 모임에 적극 참여한다.
	3-2-1	• 32세까지 사회활동 동료들 모임에 적극 참여하고 맡은 역할을 다한다.

〈표 21-2〉 생애 사회관계설계 향후 10년 목표(20세 K)

연령	목표서술
20	• 생애 사회관계설계를 완료한다.
21	• 21세부터 일주일에 1시간 정도 부모님과 대화한다. • 21세부터 형제자매들과 사촌들에게 2주에 한 번 정도 연락한다.
22	• 군 생활 동료들과 좋은 관계 유지에 노력하고 마음에 맞는 친구를 사귄다. • 부모님/친구와 전화/SNS로 안부를 자주 주고받는다.
23	• 23세부터 하는 일과 계획에 대해 부모님께 일주일에 한 번 정도 설명하고 조언을 구한다. • 마음을 나눌 수 있는 대학 친구 2명을 사귄다. • 23세부터 친구들의 생일을 잘 파악하여 연락하고 축하한다.
24	• 취업시험 공부를 같이할 친구를 사귄다. • 여자친구를 사귈 기회를 갖는다. • 대학의 일반 친구와 가까운 친구를 잘 구별하여 사귄다.
25	• 25세부터 형제자매들과 사촌들에게 일주일에 한 번 정도 연락한다. • 25세부터 친구들의 애경사를 잘 챙긴다. • 25세부터 친구들과의 모임에서 항상 연락자의 역할을 담당한다. • 25세부터 직장 관계 모임에 적극 참여한다.
26	• 직장의 동료, 상사, 후배들과 매일 간단한 대화를 나누고, 마음에 드는 직장친구를 1명 이상 사귄다. • 26세부터 친척, 친구, 직장 동료 등의 연락망과 정보를 유지한다. • 여자친구를 사귈 기회를 계속 만든다.
27	• 27세부터 부모님과 매일 10분 이상 대화시간을 갖는다. • 직장의 동료, 상사, 후배들과 매일 대화를 나누며 직장친구 1명을 더 사귄다. • 대인관계 기술 관련 도서를 2개월마다 1권씩 독서한다.
28	• 가능한 한 결혼 대상 여자친구를 적극 만난다. • 28세까지 직장 상사와 동료에게 사회성을 인정받는다.
29	• 결혼할 여자친구를 확정한다. • 29세부터 친구들과의 모임에서 연락책으로서의 역할을 적극 담당한다. • 29세까지 직장에서 신뢰할 수 있는 사원으로 인정받는다.

2. 40세 회사원 M

〈표 21-3〉 생애 사회관계설계 목표체계(40세 M)

구분	번호	목표서술
생애사명		• 가족과 지인에게 신뢰받는 사람이 된다.
최종목표		• 50세까지 가족/지인이 필요로 하는 사람이 된다.
대목표	1	• 43세까지 가족이 믿고 상의하는 사람이 된다.
	2	• 45세까지 친구들이 믿고 상의하는 사람이 된다.
	3	• 47세까지 직장/사회활동 동료들이 함께 일하기 원하는 사람이 된다.
중목표	1-1	• 42세까지 부모님 마음에 관심을 갖고 자주 문안드린다.
	1-2	• 43세까지 아내와 부부관계/가정사에 대해 자주 대화한다.
	1-3	• 41세까지 자녀들과 학교생활과 가정 일에 대해 자주 대화를 나눈다.
	1-4	• 45세까지 형제자매들과 자주 연락하고 정기적으로 만난다.
	2-1	• 41세부터 가까운 친구들의 애경사를 챙긴다.
	2-2	• 41세까지 친구들의 모임에 연락자로 적극 봉사한다.
	3-1	• 42세까지 직장의 상사, 동료와 사회활동 동료들에게 인정받는 사람이 된다.
	3-2	• 41세까지 직장 동료와 사회활동 동료들의 모임에 적극 참여한다.
소목표	1-1-1	• 40세부터 부모님께 일주일에 한 번 이상 전화드린다.
	1-1-2	• 41세부터 부모님을 월 1회 정기 방문한다.
	1-2-1	• 40세부터 주 1회 부부 같이 기도하는 시간을 갖는다.
	1-2-2	• 40세부터 배우자와 월 1회 외식한다.
	1-3-1	• 40세부터 자녀들과 매일 10분 이상 대화한다.
	1-4-1	• 42세부터 형제자매들과 같이 분기에 한 번 이상 부모님을 방문한다.
	2-1-1 2-2-1	• 41세부터 가까운 친구들과 격월로 모임을 갖는다.
	3-1-1 3-2-1	• 41세부터 직장모임과 사회활동모임에서 맡은 역할을 충실히 수행한다.

〈표 21-4〉 생애 사회관계설계 향후 10년 목표(40세 M)

연령	목표서술
40	• 생애 사회관계설계를 완료한다. • 40세부터 부모님께 일주일에 한 번 이상 전화드린다. • 40세부터 주 1회 부부 같이 기도하는 시간을 갖는다. • 40세부터 배우자와 한 달에 한 번 외식한다. • 40세부터 자녀들과 매일 10분 이상 대화하고 안아준다.
41	• 41세부터 아내에게 스킨십이나 말로 사랑을 표현한다. • 41세부터 가까운 친구들의 애경사를 항상 챙긴다. • 41세부터 가까운 친구들과 격월로 모임을 갖는다. • 41세부터 아내, 아들/딸과 공동 SNS로 의사소통한다. • 41세부터 직장모임과 사회활동모임에서 맡은 역할을 충실히 수행한다.
42	• 42세까지 부모님 마음에 관심을 갖고 주 1회 문안드린다. • 42세부터 형제자매들과 같이 분기에 한 번 이상 부모님을 방문한다. • 42세까지 직장의 상사, 동료와 사회활동 동료들에게 인정받는 사람이 된다. • 42세부터 직장 동료나 부하직원과 효과적인 대화(나-전달법 의사소통)를 한다.
43	• 43세까지 가족이 항상 믿고 상의하는 사람이 된다. • 43세까지 아내와 부부관계/가정사에 대해 항상 대화한다. • 43세부터 형제들과 월 1회 이상 전화통화한다.
44	• 44세부터 친척/친지의 애경사 리스트를 작성하여 연락에 실수 없게 한다. • 44세부터 친구모임의 자발적 연락책이 된다. • 44세부터 자녀의 학교 담임교사를 연 2회 만나 친구관계 및 사회성에 대해 상의한다.
45	• 45세까지 부모님 생신축하 프로그램을 가족이 계획하여 진행한다. • 45세까지 형제자매들과 자주 연락하고 정기적 만남을 습관화한다. • 45세까지 친구들이 믿고 상의할 수 있는 사람이 된다.
46	• 46세부터 매년 1회 이상 가족여행을 한다. • 46세부터 친구모임에서 독거노인 방문 활동을 2회 정도 한다. • 46세부터 연 2회 직장 부하직원(부부 동반)을 초대하여 식사한다.
47~49	• 47세까지 직장/사회활동 동료들이 함께 일하기 바라는 사람이 된다. • 47세부터 학교 동창회에 반드시 참석한다. • 47세부터 사회활동모임에서 청소년/대학생 멘토링을 위해 자원봉사 활동을 한다.

3. 55세 퇴직 예정자 P

〈표 21-5〉 생애 사회관계설계 목표체계(55세 P)

구분	번호	목표서술
생애사명		• 가족과 지인들에게 항상 신뢰받는 사람이 된다.
최종목표		• 65세까지 가족/지인에게 신뢰받는 조언자/조력자가 된다.
대목표	1	• 63세까지 집안의 현명한 어른으로서 조언자/조력자가 된다.
	2	• 56세부터 친구모임에 적극 봉사하는 사람이 된다.
	3	• 60세부터 사회활동모임에 적극 봉사하는 사람이 된다.
중목표	1-1	• 57세까지 자녀들이 생활의 지혜를 구하고 상의하는 부모가 된다.
	1-2	• 56세까지 아내의 가정 내외 활동의 적극적 조력자가 된다.
	1-3	• 62세까지 손자녀에게 현명하게 사랑과 친절을 나타내는 조부모가 된다.
	2-1	• 56세부터 친구모임 연락자로 봉사한다.
	2-2	• 57세부터 친구모임이 개인 발전에 의미 있는 모임이 되도록 노력한다.
	3-1	• 56세부터 직장동료모임에서 새로운 지식을 제공한다.
	3-2	• 59세까지 사회활동모임의 연락자로 봉사한다.
소목표	1-1-1	• 56세부터 자녀들과 격월로 1회 정기적으로 모임을 갖는다.
	1-1-2	• 57세까지 자녀들과 컴퓨터 및 SNS로 쉽게 상의할 수 있는 방법을 활용한다.
	1-2-1	• 55세에 요리교실에서 가정요리 3가지를 배운다.
	1-3-1	• 61세부터 손자녀와 월 1회 만나는 기회를 가진다.
	3-1-1	• 56세부터 직장 동료와 연 4회 생애설계 관련 모임을 갖는다.
	3-1-2	• 58세부터 사회활동모임의 총무로 자원봉사한다.

〈표 21-6〉 생애 사회관계설계 향후 10년 목표(55세 P)

연령	목표서술
55	• 생애 사회관계설계를 완료한다. • 55세부터 아내, 자녀들의 이야기를 편견 없이 듣는 연습을 한다. • 55세부터 주 1회 1시간 이상 가족이 함께 하는 시간을 갖는다. • 55세에 요리교실에서 가정요리 3가지를 배운다. • 55세부터 친구모임에서 퇴직 후의 계획을 심도 있게 이야기한다.
56	• 56세부터 자녀들과 격월로 1회씩 정기적 모임을 갖는다. • 56세부터 직장 동료와 연 4회 생애설계 관련 모임을 갖는다.
57	• 57세까지 자녀들이 생활의 지혜를 구하고 상의하는 부모가 된다. • 57세부터 친구모임이 개인 발전에 의미 있는 모임이 되도록 노력한다. • 57세까지 자녀들과 컴퓨터 및 SNS로 쉽게 상의할 수 있는 방법을 활용한다.
58	• 58세부터 명절에 부모님/형제자매들과 어린 시절 이야기를 즐긴다. • 58세부터 가족사를 정리하여 기록한다. • 58세부터 친구모임에서 청소년/대학생 멘토링을 위해 자원봉사한다. • 58세부터 사회활동모임의 총무로 자원봉사한다.
59	• 59세부터 형제자매 가족과 함께 연 1회 이상 만남 행사를 갖는다. • 직장생활 경험에서 얻은 교훈을 정리하여 직장 후배에게 넘겨준다.
60	• 60세부터 자녀들과 연 1회 이상 국내외 여행을 한다.
61~64	• 61세부터 손자녀와 월 1회 만나는 기회를 가진다. • 61세부터 추석에 형제자매/자녀들과 부모님 산소에서 부모님 이야기를 나눈다. • 61세부터 새로운 사업(활동) 동료들과 월 1회 모임을 갖고 친분을 쌓는다. • 61세부터 직장 동우회모임에 빠짐없이 참석한다. • 64세부터 자녀들과 월 1회 식사모임을 갖는다.

생애 주거설계

주거의 의미와 중요성

주택(house)이란 말은 많이 사용하지만 주거(housing)란 말은 학술적으로나 정부정책에서는 많이 사용해도 일상생활에서는 많이 사용하지 않는다. 주택은 '집(house)'을 말하는데 일정한 구조와 형태를 갖춘 개별 거주 공간(건물)을 말한다. 반면에 '주거'는 개별 주택 전체를 묶어 말하면서 주거환경, 주택의 임대차, 구입, 건축, 수리, 관리, 판매, 이사, 주택 내의 편의성과 안전성, 동거/별거 사항 등 주택에 관련된 다양한 사항까지 포함하는 폭넓은 개념이다. 따라서 주거는 주택을 포함하며, 생애설계의 한 영역으로의 주거설계는 주택 및 주택 관련 다양한 사항까지 포함한다.

주택과 가족의 관계는 식물과 흙의 관계라 할 수 있을 정도로 밀접하며, 주택은 개인과 가족의 일상생활의 전부 또는 중요한 부분을 담는 그릇이라 할 수 있다. 주택을 소유하거나 임차하여 주거의 안정을 유지하는 것은 다음과 같은 중요성을 가진다(최성재, 2016).

(1) 인간의 기본욕구를 충족시켜준다: 매슬로우(Maslow, 1970)는 인간의 기본욕구를 ① 생리적 욕구, ② 안전의 욕구, ③ 사랑과 소속의 욕구, ④ 자존감의 욕구, ⑤ 자아실현으로 말하고 있는데 주택은 이 중 안전의 욕구를 충족시켜준다.

(2) 건강을 유지/증진시켜준다: 안정적으로 거주할 수 있는 주택이 없이 떠돌아다닌다면 신체적 및 정신적 건강을 유지하고 증진시키기 어려울 가능성이 높다.

(3) 휴식을 주고 스트레스를 해소시켜준다: 주택은 일에 지친 심신을 편안하게 쉬게 만들고 스트레스와 불안을 해소하는 데 크게 기여한다.

(4) 자유를 누리게 해준다: 주택은 자신의 공간에서 아무런 방해나 제약 없이 마음대로 행동할 수 있기 때문에 자유와 해방감을 느낄 수 있다.

(5) 생활의 편의성과 안락함을 제공해준다: 주택은 편리하고 안락한 시설과 장비를 갖출 수 있기 때문에 생활에서 편리하고 안락함을 맛볼 수 있는 장소가 된다.

(6) 마음의 평화와 행복을 느낄 수 있게 한다: 'Home, Sweet Home'이라는 노래도 있듯이 주택에서 이루어지는 가정은 마음의 평화와 가족과의 행복을 나누고 즐길 수 있게 해준다.

(7) 사회적 지위를 제공해줄 수도 있다: 자기 집을 소유하고 있다는 것, 특히 충분한 공간과 시설/장비를 갖추고 있는 주택이 있다는 것은 직접 또는 간접적으로 소유자 자신과 가족의 사회적 지위를 높여줄 수 있다.

(8) 재산으로서의 가치를 부여해준다: 주택은 높은 경제적 가치

를 가지고 시장에서 거래되는 상품이 되고, 주택 비소유자보다 생활비 지출을 줄여주는 효과도 있다.

(9) 추억의 저장소가 된다: 같은 주택에서 오래 생활하면서 개인적으로 느끼고 경험한 일이나 사건/행사, 이웃과 지역사회 사람들과의 교류에서 만들어지는 즐거운 추억을 저장할 수 있는 장소가 된다.

생애주기 단계와 주거설계

어린 시절부터 소유한 주택이든 임대한 주택이든 안정적으로 주택에서 거주한다는 것은 앞서 말한 주택의 여러 가지 중요성을 가지기 때문에 개인과 가족의 생활을 더욱 의미 있게 만들어준다. 사람은 태어나 노년기까지 생애주기 단계를 지나면서 주택을 마련하여 유지/관리하고 그 안에서 가족과 동거하지만 건강문제로 주택에서 생활하기가 어려워지게도 된다. 다음은 생애주기 단계에 따른 주거의 변화를 간략히 살펴보기로 하겠다.

1. 영아·유아·학령전기

이 기간은 본인이 주거를 설계할 수 없는 시기이므로 이 시기의 주거설계는 부모의 주거설계에 따를 수밖에 없다. 대부분의 부모는 주택 구입 능력 부족으로 장기간(4~5년 이상) 안정적이고 지속적인 주거생활에 어려움을 겪는다. 주거지역의 안전성, 주거 시설(설비)의 아동에 대한 안전성, 보육시설/유치원 시설 이용의 불편이 없는 한 주거 이동(이사)은 아동에게 큰 영향을 미치지 않는다. 그러나 한 지역에서 계획하는(원하는) 기간 동안 지속적 거주가 중요하므로 부모는 주거설계를 통해 주택구입(임차) 비용 마련에 최대한 노력해야 할 것이다.

2. 학령기

이 시기 역시 본인이 주거설계를 할 수 없기 때문에 부모의 주거설계에 따를 수밖에 없다. 아동의 입장에서 보면 이웃 친구 및 학교 친구를 사귀기 시작하는 기간이므로 가능하면 초등학교 기간 동안 같은 곳에서 거주하는 것이 바람직하다. 이 기간 동안의 잦은 이사는 아동의 친구 사귐과 학교 적응에 어려움을 초래할 수도 있다. 이사를 하는 주된 이유는 (1) 시설/설비가 더 나은 주택 선택, (2) 직장과의 거리/직장 변동, (3) 분양받은 주택이나 내 집 마련, (4) 교통과 문화시설 이용 편의 지역 선택, (5) 가구 상황에 적합한 주거 선택의 순이다(국토교통부, 2019). 2018년 현재 우리나라 현실에서 가구주로서 생애 최초 내 집을 마련하는 시기는 가구주가 된 후 평균 7.1년으로 나타나고 있다. 40대 연령대 가구의 58% 정도가 집을 소유한 것(국토교통부, 2019)을 보면 아동(자녀)의 학령기 동안 적어도 절반 이상은 부모가 자기 집을 소유한다고 볼 수 있다. 결혼 이후 아동의 학령기까지 안정적 주거, 특히 내 집 마련을 적절한 주거설계로 준비해야 할 것이다.

3. 청소년기

청소년기도 특별한 경우(국내외 유학 등)를 제외하고는 이전 단계에서와 같이 자신의 주거설계를 할 수 없고 부모와 동거하면서 부모의 주거설계에 따를 뿐이다. 청소년의 부모는 생활주기 단계상 청년기 말기에서 중년기 초반에 걸쳐 있는 시기이고 자녀들이 이웃 친구와 학교 친구를 친밀하게 사귀고 또래집단의 중요성이 가장 큰 시기인 만큼 안정된 주택에서의 생활이 중요하다. 특히 고등학교 친구는 일생 동안 가장 중요한 친구가 될 수 있고 학습 계획도 중요한 만큼 고등학교 재학기간 동안은 같은 지역의 안정적 주택에서 자기만의 생활 공간(자기 방)을 갖고 생활할 수 있는 것이 대단히 중요하다. 청소년기의 집은 이웃과 친구 그리고 지역사회 사람들과의 만남과 생활을 추억으로 담아 즐길 수 있는 장소가 된다. 이 시기 청소년 부모들의 자가 소유율은 대체로 평균 60% 정도 추정된다(2018년도 국토교통부 조사자료로 추정). 내 집 마련이 꼭 필요하다고 생각하는 가구주가 평균 80% 이상이 되기 때문에 청소년기 부모는 이 시기에도 주거설계를 통해 내 집 마련의 노력을 계속해야 할 것이다.

4. 청년기

고등학교 졸업 후는 타 지역에 있는 대학에 진학하거나 취업할 수 있으므로 청년기부터는 본인이 결정하여 주거 장소를 변경할 수 있는 가능성이 커지고, 결혼으로 가정을 이루는 경우 부모와의 별도 주택에서 가구를 형성할 필요성이 크게 증가한다. 청년기는 부모로부터 독립된 존재로 자기 스스로 주거설계를 해야 하는 시기다. 취업과 동시에 생애 주거설계를 하는 것이 좋다. 체계적이고 현실성 있는 주거설계는 결혼을 촉진시키고 결혼생활의 만족도를 높여주고 또한 자녀 양육에도 크게 도움이 될 수 있다. 대부분의 사람들은 태어나면서 부모 소유의 집에서 그리고 결혼한 후부터는 내 집에서 살고 싶어 한다. 사회조사 결과에 따르면 내 집 마련이 꼭 필요한 가장 큰 이유는 주거의 안정으로 나타났고, 내 집 마련이 꼭 필요하지 않다는 가구주는 주택구입 비용 마련이 어렵기 때문인 것으로 나타났다(국토교통부, 2019). 안정적 주거는 결혼생활 만족도에도 영향을 미칠 수 있다. 청년가구는 71% 정도만 자기 집을 원하지만 신혼부부가구와 중년가구는 83%, 노인가구는 90%가 자기 집을 원한다. 2018년 현재 청년가구의 자가 소유율은 19% 정도지만 신혼부부가구는 44%, 중년가구는 58%, 노인가구는 76% 정도다(국토교통부, 2019).

5. 중년기

중년기는 대부분 자녀를 출산하여 양육하는 한편 부모와 조부모까지도 생존해 있는 기간이라서 가족 수가 크게 확대되는 시기이기 때문에 가족의 사생활에 필요한 최소의 안락한 공간 등을 포함한 넓은 주거공간이 필요한 시기다. 2017년 인구주택총조사에 따르면(통계청, 2018), 40대와 50대 가구에서 가구원 수가 3인 이상인 비율이 가장 높게 나타났다. 2018년 현재 중년가구의 자가 소유율은 58%(국토교통부, 2019) 정도여서 주거의 안정성이 확보되지 못한 가구도 많은 것으로 볼 수 있다. 임대주택으로도 주거의 안정성을 확보할 수 있지만 가능하면 중년기부터는 자가 소유로 주거의 안정성을 확실히 할 필요가 있다. 어쨌든 중년기 이후는 주거의 안정성이 대단히 중요하므로 자기 소유든 임대주택이든 주거의 안정성을 확보하는 데 최대한 노력할 필요가 있다. 중년기 이후부터의 주거설계는 주거의 안정성 외에도 자녀와의 동거/별거, 부모와 조부모와의 동거/별거, 그리고 부모 및 본인과 부부의 노후주거와 건강 약화 시의 주거방법, 주택의 개조, 노후생활에 편리한 주택의 건설, 주택 일부 임대(민박 시설 활용 등 포함),

주택 자산을 활용한 노후 생활비 보충 방법 등도 포함해야 할 것이다.

6. 장·노년기

2018년 주거실태조사에서(국토교통부, 2019) 현재 우리나라 노인가구의 자가 소유율은 76%에 이른 것으로 나타났는데, 생애주기 특성상 장·노년기가 자가 소유율이 가장 높은 것은 당연하다고 하겠다. 한 조사연구에 따르면(Lee 등, 2015) 우리나라 노인은 70대 중반까지도 주거공간의 크기를 50대에서와 같이 유지하려는 경향이 있는 것으로 나타났다. 주거공간을 크게 유지하려는 주요 이유는 자녀들의 방문 시 옛 모습을 지키면서 충분한 공간을 마련하려는 것, 아직도 넓은 공간을 유지하고 있다는 자부심과 만족감 유지, 자녀에게 유산으로 남겨주고자 하는 의도 등이었다. 주택을 소유하고 노년기까지 거기서 오래 살 수 있다는 것은 앞서 말한 주택의 중요성에 더욱 의미를 더해준다. 노년기 주택의 특별한 의미를 정리해보면 다음과 같다(최성재, 2016).

(1) 노년기의 생활을 담는 그릇이 된다: 퇴직 후 생활의 주된 근거지가 가정이 되고 사회적 관계와 관심이 가족을 중심으로 축소되기 때문에 주택은 생활의 거의 전부를 담는 그릇이 된다.

(2) 사회적 지위와 사회적 정체감의 상징이 된다: 노년기에는 직업 역할이 상실되어 직업 역할을 통하여 사회적 지위와 사회적 정체감을 유지할 수 없기 때문에 적합한 주택의 소유나 적합한 주택상태의 유지를 통하여 사회적 지위와 사회적 정체감을 나타내고 유지할 수 있다.

(3) 개인적인 경험과 추억을 저장하고 사회적 관계망을 구축·유지하는 도구가 된다: 한 주택에서 오랫동안 거주함으로써 개인생활

의 아름다운 경험과 추억을 저장할 수 있고 이웃, 지역사회, 사회복지시설(이용시설)과의 관계를 통해 친밀한 사회적 관계망도 구축할 수 있다.

(4) 자신의 신체적·경제적 독립성을 확인하고 나타내는 것이 된다: 특히 노인이 자녀와 별거하여 산다는 것은 자신이 신체적으로 타인의 도움을 받지 않고 살아갈 수 있는 능력이 있다는 것을 스스로 확인하고 나아가서는 타인에게 자신의 능력을 나타냄으로써 만족감을 얻을 수 있다. 주택을 소유하고 있거나 안정적으로 주거장소를 마련하여 생활할 수 있다는 것은 경제적으로도 독립된 생활을 하고 있다는 것을 나타내는 것이기도 하다.

(5) 노화로 인한 생활기능 저하를 보완해주는 물리적 환경을 제공해줄 수 있다: 일상생활에서 타인의 도움 없이 신체적 독립생활을 하기 위해서는 주택의 구조와 시설을 편리하고 안전하게 개조하거나 주택을 신축할 수도 있다. 이 같은 개조 또는 신축은 일상생활 기능 저하를 보완하고 안전성을 확보하고 자신을 보호·수발하는 사람에게도 편리성을 제공해줄 수 있다. 문턱이 많거나 바닥(욕조 안, 샤워실 바닥 포함)이 미끄럽거나 문 손잡이 사용 어려움, 조리대, 식탁, 세면대가 높거나 모서리가 많은 것 등은 이동이나 사용에 지장을 초래하고 걸려 넘어지기 쉽다.

(6) 자산으로 활용할 수 있다: 주택은 경제적 가치가 크기 때문에 노후에 주택을 담보로 대출을 받거나 주택연금으로 활용하거나 주택 일부를 임대하여 소득원으로 삼을 수도 있다. 우리나라에서는 감정시가 9억 원 이하의 주택은 만 60세부터 주택연금으로 활용할 수 있다.

우리나라의 주거 현황

국토교통부(2019)의 2018년도 주거실태조사보고서 중 주거설계와 관련된 주거현황을 살펴보면 다음과 같다.

1. 가구 특성별 주택 점유 형태

최초 주택 마련 평균연령은 39.4세였고, 자가소유율은 노인-중년-신혼부부-청년 가구 순으로, 전세는 신혼부부-청년-중년-노인 가구 순으로, 월세는 청년-중년-노인-신혼부부 가구 순으로 높았다(〈표 22-1〉 참조. 표에서 일반기구는 중년가구로 간주함).

〈표 22-1〉 가구 특성별 주택 점유 형태(단위: %)

구분	자가	전세	보증금 있는 월세	보증금 없는 월세	무상	계
일반가구	57.7	15.2	19.8	3.3	3.9	100.0
청년가구	18.9	24.3	45.3	6.4	5.1	100.0
신혼부부*	48.0	32.9	14.3	1.0	4.8	100.0
노인가구	75.7	7.2	10.0	2.5	5.2	100.0
저소득가구	47.2	11.6	29.1	6.6	5.1	100.0

*신혼부부: 결혼한 지 5년 이내이고 부인연령 49세 이하.

출처: 국토교통부(2019), 2018년도 주거실태조사.

2. 주택 마련 기간

가구주가 되어 생애 최초 주택을 마련하는 데 걸리는 기간은 평균 7.1년이었다. 3년 이내 주택을 마련한 가구는 약 41%, 5년 이내에 주택을 마련한 가구는 약 50%였다.

3. 연소득 대비 주택가격 비율(PIR)과 월소득 대비 임차료 비율(RIR)

PIR(Price to Income Rate)은 중위수 기준으로 보면 청년, 신혼부부, 중년 가구는 약 5~6배, 노인가구는 약 10배였다. RIR(Rent Index Ratio)은 중위수 기준으로 청년, 신혼부부 및 중년 가구는 약 18%, 노인가구는 약 32%였다.

4. 주택가격 대비 대출금 비율(LTV)

LTV(Loan to Value Ratio)를 좀 더 구체적으로 살펴보면, 청년가구와 신혼부부가구의 주택구입가격 대비 주택대출금 비율(LTV1)은 약 44%, 현재 주택가격 대비 주택대출금 비율(LTV3)은 약 40%였다. 그리고 중년가구(일반가구)의 LTV1은 약 38%, LTV3는 약 29%였고, 노인가구의 LTV1은 약 34%, LTV3는 약 20%였다(〈표 22-2〉 참조).

〈표 22-2〉 가구 특성별 주택가격 대비 대출금 비율(단위: %)

구분	대출받은 가구 전체			
	LTV1	LTV2	LTV3	LTV4
일반가구	37.8	38.0	29.4	29.5
청년가구	45.6	45.7	41.9	41.9
신혼부부	43.2	43.2	39.6	39.7
노인가구	33.9	34.1	19.7	19.8
저소득층	37.2	37.5	25.2	25.4

*LTV1=금융기관 대출액/주택구입가격.
LTV2=(금융기관 대출액 + 개인대출액)/주택구입가격.
LTV3=금융기관 대출액/현재 주택가격.
LTV4=(금융기관 대출액 + 개인대출액)/현재 주택가격.
출처: 국토교통부(2019), 2018년도 주거실태조사.

5. 가구 특성별 임차료 및 대출금 상환 부담 정도

임차료 및 대출금 상환이 부담이 된다고 한 경우는 청년가구 약 81%, 신혼부부가구 약 78%, 중년가구 약 66%, 노인가구 약 47%였다.

6. 거주주택 유형

거주주택 유형은 단독주택과 아파트가 80% 이상을 차지한다. 청년가구 주택은 단독주택 약 42%, 아파트 약 33%였고, 신혼부부 주택은 단독주택 약 14%, 아파트 약 70%였다. 중년가구(일반가구)의 주택은 단독주택 약 34%, 아파트 약 49%였으며, 노인가구 주택은 단독주택 약 50%, 아파트 약 37%였다(〈표 22-3〉 참조).

〈표 22-3〉 가구 특성별 거주주택 유형 비율(단위: %)

구분	단독주택	아파트	연립주택	다세대주택	비주거용 건물내 주택	주택 이외 거처	계
일반가구	33.3	49.2	2.2	9.3	1.7	4.4	100.0
청년가구	42.4	32.6	1.1	10.2	1.0	12.8	100.0
신혼부부	13.9	70.0	1.7	11.5	1.1	1.9	100.0
노인가구	50.1	36.7	2.4	7.5	2.0	1.4	100.0
저소득가구	50.6	29.5	2.3	8.7	2.0	6.9	100.0

출처: 국토교통부(2019), 2018년 주거실태조사.

주거설계의 주요 내용

앞서 말한 것처럼 모든 사람이 주택을 소유하고자 한다고 보아야 할 것이다. 따라서 주택 소유를 위주로 한 주거설계의 주요 내용은 다음과 같다.

(1) 주택 임차/구입/건축 자금 마련 방법: 자금 마련의 구체적 방법은 재무설계와 연계되어야 할 것이다.

(2) 주택 구입/건축 시기: 주택 구입/건축은 빠를수록 좋지만, 적절한 시기를 정하는 것이 주택 구입/건축 계획을 촉진하는 데 도움이 될 수 있다.

(3) 주택 형태: 노년기 주택은 보수나 관리가 쉬운 주택 형태가 좋고, 건축하는 경우 노년기의 생활편의까지 고려한 시설을 갖출 필요가 있고, 공동주택(실버타운, 노인주택 등)도 고려해볼 만하다.

(4) 주택 동거자: 동거자는 생애주기 단계에 따라 달라질 수 있고, 특히 결혼 후 부모(조부모, 증조부모)와의 동거 여부 및 기혼자녀와의 동거 여부도 생각할 필요가 있다.

(5) 소유주택의 활용: 주택을 소득원으로 활용하는 방안으로 주택연금 가입, 임대, 담보 등을 생각할 수 있다.

(6) 주택의 개조(re-modeling) 및 건축: 주거공간의 편의성과 건강상의 문제, 안전사고 등을 고려하여 주택을 개조하거나 노후생활 편의와 안정성을 위해 신축도 고려할 필요가 있다.

(7) 주택과 시설의 선택: 건강상 문제로 자기관리를 할 수 없는 경우 주택에서의 주거(지역사회 거주)와 시설(요양시설, 요양병원, 실버타운 등) 입주를 가족/자녀들과 상의하여 결정해놓을 필요가 있다.

(8) 정부(중앙 및 지방)의 주거정책 활용: 주택의 임대와 구입에 관

한 정부의 지원정책을 잘 활용할 필요가 있다.

주거정책의 이해와 활용

생애 주거설계에서 1차적으로 정부의 주거정책을 활용할 필요가 있는데 집권 정부와 사회문화적 여건 변화에 따라 주거정책이 변할 수 있으므로 계속 추적하여 확인할 필요가 있다. 다음 사항은 2019년 현재 중앙정부의 정책인데 지방정부의 정책이 별도로 있을 수 있기 때문에 설계자의 거주지역 관할 지방자치단체(광역 및 기초)에 알아볼 필요가 있다.

(1) 주거급여제도(국민기초생활보장)

(2) 주택청약저축제도

(3) 행복주택(80%는 대학생, 사회 초년생, 신혼부부 대상; 20%는 고령자, 주거급여 수급자 대상)

(4) 전세금 반환보증

(5) 전세금 안심대출보증

(6) 공공지원 민간임대주택

(7) 주거안정 주택구입자금 대출(소득제한)

(8) 수익공유형 모기지 대출(소득제한)

(9) 오피스텔 구입자금 대출(소득제한)

(10) 안전주택 이주자금 지원(소득제한)

생애 주거설계의 예시

1. 20세 대학생 K

〈표 22-4〉 생애 주거설계 목표체계(20세 K)

구분	번호	목표서술
생애사명		• 자신과 가족의 안전과 생활편의를 위해 쾌적하고 적절한 공간의 주택을 확보한다.
최종목표		• 40세까지 4인가족 생활에 충분한 주택을 소유하고 장기요양 필요시 요양시설에서 생활한다.
대목표	1	• 40세까지 주택 구입은 자녀의 교육조건을 최우선으로 고려한다.
	2	• 39세까지 주택은 전·월세 임차로 마련한다.
	3	• 30세에 결혼 후 부모와 별거한다.
	4	• 시설 입주 장기요양 서비스 필요시 요양시설에 입주하여 생활한다.
중목표	1-1	• 주택구입비는 저축/융자금으로 마련한다.
	2-1	• 39세까지 직장과 거리, 비용 및 부모님과의 거리를 고려하여 최적 장소에 주택을 임차한다.
	4-1	• 주택개조로 최대한 가정생활 후 시설 입주한다.
	4-2	• 70세까지 가정생활 불가시 주거방식을 정한다.
소목표	1-1-1	• 25세부터 주택구입 비용 저축을 시작한다.
	1-1-2	• 27세까지 주거계획 관련 도서를 5권 이상 독서한다.
	2-1-1	• 30세부터 정부의 주거정책을 최대한 활용한다.
	4-1-1	• 건강문제가 가족에게 부담이 안 되도록 한다.
	4-1-2	• 건강문제 시 가정 건강보조 장비를 최대한 활용한다.
	4-2-1	• 75세까지 요양시설 입주 판단조건을 사전에 정하여 가족에게 알린다.
	4-2-2	• 75세까지 요양시설 생활에 대한 긍정적 마음 자세를 확립한다.

〈표 22-5〉 생애 주거설계 향후 10년 목표(20세 K)

연령	목표서술
20	• 생애 주거설계를 완료한다.
21~24	• 특별한 목표 없음
25	• 25세부터 주택구입 비용 마련 저축을 시작한다.
26	• 주택구입 저축 계속
27	• 27세까지 주거계획 관련 도서를 5권 이상 독서한다. • 주택구입 저축 계속
28~29	• 주택구입 저축 계속

2. 40세 회사원 M

〈표 22-6〉 생애 주거설계 목표체계(40세 M)

구분	번호	목표서술
생애사명		• 자신과 가족의 안전과 생활편의를 위해 쾌적하고 적절한 공간의 주택을 확보한다.
최종목표		• 기존 소유 주택을 계속 소유하며, 장기요양 필요시 개조·사용 후 요양시설에 입주한다.
대목표	1	• 시설요양 필요시까지 최대한 가정에서 생활한다.
	2	• 자녀결혼 후 자녀와 별거한다.
	3	• 시설요양 필요시 요양시설에 입주한다.
중목표	1-1	• 기존 주택을 계속 관리한다.
	1-2	• 40세부터 10년간 주택융자금을 상환한다.
	3-1	• 건강문제 시 주택개조로 최대한 가정에서 생활한다.
	3-2	• 70세까지 가정생활 불가시 주거방식을 정한다.
소목표	1-1-1	• 45세부터 5년마다 주택 벽지를 교체/수리한다.
	1-1-2	• 49세까지 노후 주거생활 관련 도서를 10권 독서한다.
	3-1-1	• 건강문제 시 가정 건강보조 장비를 최대한 활용한다.
	3-2-1	• 75세까지 요양시설 입주조건을 정한다.
	3-2-2	• 75세까지 요양시설 생활에 대한 긍정적 마음 자세를 확립한다.

〈표 22-7〉 생애 주거설계 향후 10년 목표(40세 M)

연령	목표서술
40	• 생애 주거설계를 완료한다. • 40세부터 10년간 주택구입용자금을 상환한다. • 노후 주거 관련 도서를 1권 독서한다.
41~44	• 주택구입용자금을 상환한다. • 노후 주거 관련 도서를 매년 1권씩 독서한다.
45	• 주택구입용자금을 상환한다. • 45세부터 5년마다 주택 벽지를 교체/수리를 한다. • 노후 주거 관련 도서 1권을 독서한다.
46~49	• 주택구입용자금을 상환한다. • 노후 주거 관련 도서를 매년 1권씩 독서한다.

3. 55세 퇴직 예정자 P

〈표 22-8〉 생애 주거설계 목표체계(55세 P)

구분	번호	목표서술
생애사명		• 자신과 가족의 안전과 생활편의를 위해 쾌적하고 적절한 공간의 주택을 확보한다.
최종목표		• 시설요양 필요시까지 최대한 가정에서 생활한다.
대목표	1	• 기존 주택에서 시설요양 필요시까지 생활한다.
	2	• 건강조건과 관계없이 자녀와 별거한다.
	3	• 시설요양 필요시 요양시설에 입주한다.
중목표	1-1	• 65세까지 생활편의와 안전을 위해 주택을 개조한다.
	1-2	• 75세부터 주택연금으로 월 150만 원씩 마련한다.
	1-3	• 건강문제시 가정 건강보조 장비를 활용하여 최대한 가정에서 생활한다.
	3-1	• 70세까지 가정생활 불가시 주거방식을 정한다.
	3-2	• 75세까지 요양시설 입주조건을 정한다.

〈표 22-8〉 생애 주거설계 목표체계(55세 P)(계속)

구분	번호	목표서술
소목표	1-1-1	• 60세부터 5년마다 벽지를 교체한다.
	1-1-2	• 노후 주거관리 관련 도서 10권을 독서한다.
	1-1-3	• 64세까지 주택개조 계획을 완료한다.
	1-2-1	• 주택연금 일부를 인출하여 자녀에게 증여한다.
	3-2-1	• 75세까지 요양시설 생활에 대한 긍정적 마음 자세를 확립한다.

〈표 22-9〉 생애 주거설계의 향후 10년 목표(55세 P)

연령	목표서술
55	• 생애 주거설계를 완료한다. • 노후 주거 관련 도서 1권을 독서한다.
56~59	• 노후 주거 관련 도서 1권을 독서한다.
60	• 노후 주거 관련 도서 1권을 독서한다. • 주택 벽지를 교체한다. • 주택연금제도와 그 장단점에 대해 상세히 알아본다.
61	• 노후 주거 관련 도서 1권을 독서한다. • 장기요양보호 관련 도서 5권을 독서한다.
62~63	• 노후 주거 관련 도서 1권을 독서한다.
64	• 주택개조 계획을 완료한다. • 노후 주거 관련 도서 1권을 독서한다.

생애 사회참여·봉사설계

사회참여와 자원봉사 의미

사회참여는 시민사회(civil society) 참여를 말한다. 국가사회의 구성과 활동은 크게 정부/공공 부문, 영리 민간 부문(시장)과 비영리 민간 부문(시민의 자발적 참여로 이루어짐)의 세 부문으로 구성되는데 시민사회는 바로 비영리 민간 부문을 다르게 일컫는 말이다. 사회(society)라는 말은 국가, 지역사회 등과 같은 지리적 영역에서 생활하는 사람 전체를 의미하기도 하고 '사람들의 모임'을 의미하기도 한다. 따라서 시민사회는 시민들의 자발적 참여로 이루어진 비정치적이고 비영리적인 조직이며, 혈연, 지연, 학연과 같은 연고와 친분으로 이루어진 사교나 교류 모임과는 달리 연고 없는 개별 시민들이 공통 관심사와 이익을 위해 만든 모임을 말한다(최일섭, 2016). 시민사회는 다른 말로는 비정부기구 또는 비정부단체(non-governmental organization, NGO)라고도 한다.

자원봉사(활동)는 비영리 무보수 봉사정신에 입각하여 자발적으로 (참여)하는 활동을 말한다. 이러한 특성으로 보면 자원봉사활동의 대부분은 시민사회활동에 포함되고, 많은 경우 시민사회조직(모임)을 통해서 이루어진다는 점에서 시민사회 참여와 자원봉사 참여는 공통점이 많다.

사회(시민사회)참여

1. 시민사회의 의미와 참여의 중요성

시민은 주권자이며, 국가 통치권자를 선출하는 유권자이고, 일상생활에서 국가의 통치행위에 대해 다양한 방법으로 여론을 형성하고 의사를 표출하는 공적 심의자이며, 국가 통치행위의 협조자이고 참여자이며, 나아가서는 국가와 시장의 행동을 감찰하며, 다른 국가의 시민과 연대하여 세계적 문제에도 공동 대처하는 세계시민이기도 하다.

이러한 권리를 가지고 있는 시민은 가족의 원리, 기업의 원리 그리고 정치적 원리도 아닌 공정성과 투명성의 원리를 가지고 공익을 추구하는 활동을 해야 하는 책임성도 갖고 있다. 권리와 책임성을 가지고 있는 시민이 공공 부문과 영리 부문의 활동을 감시하고 조정하며 공정하게 공익을 추구하는 활동에 참여하는 것은 민주시민으로서 바람직한 활동이다. 따라서 시민들의 자발적 참여로 이루어진 비정치적·비영리적 모임인 시민사회에 참여하는 것은 시민의 권리이자 의무이기도 하다.

시민사회(단체)의 중요한 역할은 무엇보다도 공공성과 공익성을 지키는 것이다. 우리나라에서는 1990년대를 전후하여 시민사회가 생겨나기 시작하여 지금은 수를 헤아리기 어려울 정도로 많은 단체가 활동하고 있다. 그러나 일부 시민사회는 편파적 활동을 하거나 상당수의 시민사회 출신들이 정치권에 참여하여 긍정적인 활동 행태를 보여주지 못하는 등으로 인해 시민사회 참여를 정치 참여 수단이나 이권행동으로 보는 비판적 시각도 있다.

시민사회의 의미와 역할을 제대로 이해하고 참여하는 것은 건전한 민주시민의 자질을 갖추고 국가 및 지역사회의 발전에 기여하고 민주시민으로서의 책임을 다하는 바람직한 삶의 태도라 할 수 있다. 이러한 시민사회 참여활동은 생애주기 단계를 통해 교육받고 참여할 기회를 가지고 직접 활동해봄으로써 건전하게 이루어질 수 있다. 우리나라 공교육이나 사회교육에서는 시민사회 참여의 중요성과 필요성을 제대로 교육하지 못하고 있고, 따라서 대부분의 사람들이 시민사회를 제대로 이해하고 참여하는 데 관심을 갖지 못하는 것은 유감스런 일이 아닐 수 없다.

2. 시민사회단체의 특성과 종류

시민사회단체의 특성을 좀 더 포괄적으로 정리해보면 다음과 같다(박상필, 2006; 최일섭, 2016).

(1) 정부조직과는 무관하게 순수하게 시민들이 공개적으로 만든 조직이다.

(2) 혈연, 지연, 학연 등의 연고나 친분을 기반으로 하는 친목, 사교, 교류를 위한 모임이 아닌 연고가 없는 개별 시민들이 만든 조직이다.

(3) 개인들의 자발적 참여로 이루어진 비영리조직이다.

(4) 시민참여의 주된 동기는 도덕·윤리성과 사명감이다.

(5) 추구하는 목표는 시민의 공동적 관심사의 의견수렴과 관심사의 공익적 해결 그리고 이를 통한 지역사회와 국가사회의 전반적 발전에 기여하는 것이다.

(6) 추구하는 공익적 목표달성을 위해 사회적·정치적 압력단체로서의 성격을 띤다.

(7) 주된 활동영역은 인간의 기본적 삶과 관련된 영역이다.

(8) 광범위한 대중 참여를 유도하기 때문에 풀뿌리 조직의 성격을 가지며 또한 자율성과 독립성을 가진다.

시민사회단체의 적합한 분류를 찾기 어려워 임의적으로 분류해보면 대체로 〈표 23-1〉과 같다.

〈표 23-1〉 시민사회단체의 분류

구분	주요 활동
환경·교통단체	환경 보존과 개선, 교통체계 개선과 안전 증진 등
경제·소비자단체	경제정의 실현, 소비자 주권 옹호, 사회적 기업이나 협동조합활동 등
자원봉사단체	다양한 대상에 대한 자원봉사활동
사회복지단체	사회적 약자에 대한 소득·의료·주거·사회 서비스 지원 및 향상 등
권익옹호단체	아동, 여성, 장애인, 노인, 이주민 등에 대한 권익 옹호 등
예술문화단체	문화·예술활동의 일반화, 전통문화 유지, 새로운 문화 형성 등
사회개선단체	바람직하지 못한 사회의식, 관행과 관습의 개선과 개혁, 바람직한 의식 형성 등
교육연구단체	다양한 내용에 대한 사회교육 및 성인교육 보완 확산
정치 관련 단체	정치적 행동 및 정당의 관행 개선/개혁 등
기타 단체	이상의 분류에 해당되지 않는 다양한 목적의 활동

2. 생애주기 단계를 통한 시민사회 참여의 필요성

지역사회든 국가사회든 그 사회의 주인은 그 사회를 합법적으로 구성하고 있는 시민이고, 그 시민이 제대로 민주시민으로서의 자질을 갖추고 사회가 공익성과 공공성을 기반으로 발전할 수 있도록 시민사회에 참여하는 것은 시민의 권리이자 의무다. 그러므로 자기가 태어나 살고 있는 지역사회와 국가사회의 시민으로서 공익성과 공공성을 기반으로 사회가 발전하도록 감시하고, 비판하고, 여론을 형성하여 개선하고 개혁하는 데 관심을 가지고 참여하는 것은 바람직하고 보람된 일이며, 나아가서는 삶의 가치를 실현하는 중요한 방법이 될 수 있다.

이러한 의미에서 아동기, 청소년기, 청년기, 중년기, 장년기, 노년기를 통해 시민사회에 대해 배우고, 이해하고, 민주시민으로서의 자질을 함양하고, 시민사회활동에 참여하는 기회를 가지도록 노력하는 것은 자원봉사활동 참여와 더불어 중요한 생활영역이 될 만한 가치가 있다. 특히 아동기나 청소년기는 공교육을 통해 시민사회를 이해하고, 부모나 주위 성인들의 참여활동을 보고 간접적으로 경험할 수 있는 기회를 가질 필요가 있다. 그리고 청년기 이후부터는 가능하면 시간과 기회를 마련하여 시민사회활동에 참여하도록 노력하는 것도 중요하다.

중년기 이후의 발달과업 중 하나는 생산성의 성취다. 시민사회 참여는 가족을 넘어 이웃과 사회, 더 나아가서는 인류사회의 발전에 기여하는 것으로 '생산성의 성취'라는 발달과업을 이루는 중요한 방법이 된다는 의미에서 그 가치가 크다. 또한 지역사회나 국가사회 그리고 인류사회가 이룩한 문화와 전통을 살리고 유지하고 후세에 전달하는 활동('의미 수호자의 역할' 수행)도 중년기 이후 생애주기의 발달과업이므로 의미 수호의 시민사회활동에 참여하는 것 역시 그 의미와 가치가 크다고 할 수 있다. 특히 장년기와 노년기에는 시간적 여유가 많은 편이므로 시민사회 참여 기회를 통하여 인생에서 쌓은 지식과 기술, 경험 그리고 이를 바탕으로 다져진 지혜를 발휘하여 후손들에게 남겨줄 사회를 개선하고 발전시키고, 전통과 문화를 지켜 후세에 전하는 것은 보람된 삶의 한 측면이 될 것이다.

자원봉사(활동)

1. 자원봉사(활동)의 의미와 특성

자원봉사(volunteer service) 또는 자원봉사활동(volunteer activity)은 가족 외의 개인, 집단 및 사회 전체의 이익(복지)을 위해 자발적으로 시간을 내어 무보수로 하는 활동(일)을 말한다. 자원봉사는 다음과 같은 특성이 있다(최일섭, 2016).

(1) 자원봉사는 참여하는 당사자에게 인격적 성장과 자신의 잠재력을 실현하는 활동이다.

(2) 자원봉사는 자발적으로 참여하는 활동이다.

(3) 자원봉사는 금전적 또는 물질적 대가를 바라지 않는 무보수의 활동이다(참여를 위한 최소한의 필요 경비를 받는 것은 보수로 보기 어렵다).

(4) 자원봉사는 타인의 생명을 존중하며 이웃과 더불어 사는 가치관에 바탕을 두고 있는 이타적 행동이다.

(5) 자원봉사는 사회에 영향을 주고 사회적 책임을 다하는 사회성을 나타내고 실천하는 활동이다.

(6) 자원봉사는 공동체 의식을 높이고 그러한 의식을 생활 속에

서 실천하는 활동이다.

(7) 자원봉사는 자신만의 이익이 아니고 공동체 구성원의 편의나 생활의 기본적 욕구를 지닌 사람들의 편의나 복지 향상과 관련된 활동이다.

(8) 자원봉사는 인간존중의 정신과 민주주의 원칙에 입각하여 필요한 서비스를 제공함으로써 사회의 공동선(共同善)을 실현하는 활동이다.

(9) 자원봉사는 일회적이고 우연한 활동이 아니라 적어도 일정기간 지속적이고 의도적으로 하는 활동이다.

이 같은 특성이 있는 자원봉사 참여는 시민사회 참여와 마찬가지로 민주시민으로서 그리고 국가사회와 지역사회 공동체의 일원으로서 바람직한 역할이며 의무라 할 수 있을 만큼 중요하고 의미 있는 삶의 영역이 될 수 있다.

2. 자원봉사활동의 이득

자원봉사에 참여하는 것은 사회(국가/지역)에, 자원봉사자를 활용하는 기관에, 자원봉사자 자신에게 여러 가지 이득이 된다.

1) 사회의 이득

(1) 공공복지 서비스와 민간복지 서비스의 협력에 의한 복지사회 실현에 기여: 자원봉사활동은 민간복지 서비스의 일부로서 공공복지 서비스의 부족한 부분을 보완하고 공공복지 서비스와 협력관계를 구축함으로써 사회 전체가 복지사회 실현에 책임을 다하게 한다.

(2) 사회통합 촉진: 봉사자는 사회를 구성하는 주체라는 주인의식을 가지고 주로 지역주민들에게 봉사함으로써 공동체 의식과 연대의식을 갖게 하여 사회계층 간의 간격을 좁혀 사회통합을 촉진할 수 있다.

(3) 유휴자원으로서의 사회 인적자원의 효율적·효과적 활용: 다양한 복지 서비스는 많은 사람의 직접적 서비스를 필요로 하는데 공적 서비스에서 충분히 공급할 수 없는 인적자원을 자발적이고 가치 있는 유휴 인적자원으로 대치함으로써 사회 전체가 효율적이고 효과적으로 서비스를 활용할 수 있도록 해준다.

(4) 국가사회의 복지비용 보충과 절약: 사회 전체의 다양한 복지 서비스 수요를 공공복지 재원만으로는 충당할 수 없고 정부의 복지예산에도 한계가 있기 때문에 자원봉사는 부족한 공공복지의 인적자원 비용을 크게 보충해주고 절약하게 해준다.

2) 자원봉사자 활용기관의 이득

(1) 복지기관 및 일반적 대민 서비스 기관 업무의 질적 향상: 자원봉사자의 업무분담과 보조로 복지 및 대민 봉사기관(공공 및 민간 기관)의 서비스 제공자의 과다한 업무 부담을 덜어주어 좀 더 중요하고 시급한 업무에 집중하게 함으로써 기관 업무를 질적으로 향상시킬 수 있다.

(2) 새로운 서비스의 확대/개발: 제한된 유급직원에 의한 서비스의 시간제한을 극복하고 다양한 새로운 형태의 서비스를 개발하는 데 도움을 줄 수 있다.

(3) 기관의 유급직원의 업무능력 보완: 다양한 지식과 기술 및 경험을 가진 봉사자들이 더 창의적인 생각으로 자원봉사기관 유급직원의 업무를 보완 발전시키고, 유급직원의 편견과 선입견으로 인해 봉사대상자가 가질 수 있는 낙인의식도 줄여줄 수 있다.

(4) 지역사회 거주 봉사자의 참여로 인한 조직에 대한 홍보와 친근감 증진: 대부분의 봉사자들은 기관(조직)이 위치한 지역의 주민이므로 지역주민에게 기관을 홍보하고 기관에 대해 친근감을 가지게 할 수 있다.

(5) 기관의 운영비 절약(효율성 증진) 효과: 봉사자는 제한된 운영비용, 인적자원 비용을 절약함으로써 비용 대비 성과를 크게 높일 수 있다.

3) 자원봉사자 개인의 이득

(1) 자신의 잠재력, 성취감 및 긍정적 자아상 증진: 봉사활동을 통해 어려운 과업을 완수하고, 새로운 경험에 도전함으로써 잠재력을 발견할 수 있고, 일에 대한 성취감을 통해 자신감과 긍정적 자아상을 발전시킬 수 있다.

(2) 타인에 대한 이해력, 인간의 존엄성, 사회적 연대감과 공동체 의식 함양: 봉사활동은 대상자와의 만남과 대화를 통해 다른 사람을 이해하고 받아들이고 인간의 존엄성을 확인하고 지역사회의 다른 사람들과 함께한다는 연대의식과 공동체 의식을 함양할 수 있다.

(3) 업무 및 문제해결 능력 향상: 봉사활동은 자신의 행동에 책임을 지고 집단 전체의 이익을 위해 양보하고, 의견을 조정하고 타협하는 과정을 통해 자신의 업무처리 능력과 문제해결 능력을 함양할 수 있다.

(4) 새로운 지식과 기술 습득 및 발전: 봉사활동은 이전에 알지 못했던 새로운 지식이나 기술을 배울 수 있고 가진 기술을 더욱 발전시킬 수 있게 해준다.

(5) 재창조(레크리에이션)와 중요한 여가활동의 기회 제공: 봉사활

동은 일상적 업무나 활동과는 다르고 자발적으로 참여하는 활동이므로 그런 활동을 통해 봉사활동 참여자는 단조로움과 외로움에서 벗어날 수 있고, 스트레스도 풀 수 있어 일상적 일에 새로운 에너지를 보충할 수 있다. 또한 봉사활동은 여가시간을 의미 있고 가치 있게 활용하는 기회와 수단이 될 수 있다.

(6) 자녀와 가족에 대한 모범적 삶의 모습 제시: 봉사활동 참여는 단독으로 할 수도 있고 가족과도 같이 할 수 있는데 자녀들에게 사회와 다른 사람에 대한 관심과 봉사하는 모습을 보이고 같이 느끼게 함으로써 자녀의 인성발달에 기여함은 물론 바람직한 민주시민으로서의 삶의 모습을 심어주는 데도 기여할 수 있다.

(7) 생애주기 단계 발달과업 수행에 도움: 봉사활동 참여는 공동체와 타인에 대한 관심과 배려의 기회를 제공함으로써 봉사자 자신의 생애주기 단계 발달과업 수행에 도움이 될 수 있다.

3. 자원봉사자(시민사회 참여자)의 자세와 태도

일반적으로 시민사회 참여자와 자원봉사 참여자가 갖추어야 할 바람직한 자세와 태도는 다음과 같다.

(1) 자원봉사의 동기를 계속 점검하고 처음의 순수함을 유지한다.

(2) 맡은 일에 책임을 다한다.

(3) 봉사자의 생각, 말, 자세, 행동 등이 대상자에게 미치는 영향을 고려하여 신중한 자세를 가진다.

(4) 기관이나 단체 및 기관 직원과 조화를 이루고 협력관계를 유지한다.

(5) 봉사시간을 잘 지키고, 지키기 어려운 경우는 사전에 연락하

여 조정하거나 양해를 구하여 기관 업무나 서비스 대상자에게 실망을 주거나 어려움이 없도록 한다.

(6) 봉사자끼리 상호 이해하고, 존중하고, 조화를 이루고 협력하는 자세를 가진다.

(7) 봉사 업무 증진을 위한 자원봉사 교육훈련 프로그램에 성실히 참여한다.

(8) 자신이 활동할 수 있는 한계를 정하고 자원봉사기관 서비스 대상자에게 미리 알려 자원봉사자로서의 자신의 역할을 잘 이해할 수 있도록 한다.

(9) 맡은 활동에 대해 미리 준비하고, 활동을 마친 후에 활동의 경과와 내용을 기록하여 평가/지도 받음으로써 발전의 기회로 삼는다. 자원봉사를 활용하는 기관이든 자원봉사 동아리든 자원봉사자가 맡겨진 일을 효율적이고 효과적으로 해내기를 기대하고 있다. 맡겨진 일이나 활동을 수행한다는 면에서는 사회조직(직장)의 일원으로서의 역량을 발휘하고 역량을 발전시켜나가야 하는 것과 차이가 없다. 이런 면에서 자신이 수행한 일을 사전에 준비(계획)하고 수행 과정과 결과를 기록하여 평가받는 것은 어떤 면에서는 당연하고, 자기 역량을 평가받고 발전시킬 수 있는 좋은 기회가 되는 것이다.

(10) 자원봉사활동 중에 알게 된 기관과 개인의 비밀을 유지한다. 이 같은 비밀유지 임무는 자원봉사자의 기본적 윤리다.

4. 자원봉사활동 분야

자원봉사활동은 〈표 23-2〉와 같이 그 분야를 분류할 수 있다(찾기쉬운 생활법령정보 홈페이지[http://easylaw.go.kr], 2019).

〈표 23-2〉 자원봉사활동 분야

분야	활동 장소	활동 내용
사회복지/ 보건 증진	지역사회복지관, 사회복지시설, 무의탁 노인가정 등	진료, 건강교육/건강 증진 캠페인, 호스피스 활동, 지역사회복지관 사무보조 및 안내 등
지역사회 개발/ 발전	지역 지역사회복지관	지역봉사지도원(노인복지법 제24조), 농촌 일손 돕기, 공공시설물 점검/보수, 지역사회 유해환경 추방 캠페인, 유해환경 감시 등
환경보전/ 자연보호	공원/하천/산/골목 등	명예 환경감시원, 환경정비활동, 환경 캠페인, 환경교육활동, 재활용 운동 등
사회 취약계층의 권익 증진	보육원, 영아원, 양로원, 지역사회 복지관, 노인복지관, 장애인복지관, 청소년 쉼터, 노숙자시설, 재가복지봉사센터, 모자가정생활 시설 등	상담/교육, 이용/미용, 사무보조, 가정방문, 나들이 지원, 음식 제공, 미술/음악 심리치료 등
교육/상담	주민자치센터, 아동복지센터, 평생학습관/도서관, 건강가정지원센터	퇴직교원 평생교육활동(퇴직교원평생교육활동 지원법 제1, 6조), 방과후 교실, 도서관 지원 등
인권옹호/ 평화구현	관련 사회단체	외국인 근로자에 대한 한글 교습, 외국인 근로자 지원 등
범죄예방/선도	수형기관, 보호기관, 지정장소, 일상생활장소 등	범죄예방 자원봉사원(보호관찰 등에 관한 법률), 보호소년에 대한 봉사활동(보호소년 등의 처우에 관한 법률 시행령), 수형자의 봉사활동(형의 집행 및 수용자의 처우에 관한 법률), 수용자에 대한 자원봉사활동(형의 집행 및 수용자의 처우에 관한 법률 시행규칙) 등
교통/ 기초질서 계도	지역 주변 및 거리	교통안전 봉사활동(도로교통법 시행령), 교통법규 위반감시, 교통사고 가정 돕기, 혼잡한 거리 정리, 안전운전 캠페인, 교통 관련 제보활동, 교통안전 교육, 교통안전 표지판 청소, 교통사고 응급구조 및 현장지원, 어린이를 위한 교통안전 지도활동 등

〈표 23-2〉 자원봉사활동 분야(계속)

분야	활동 장소	활동 내용
재해구호	재난/재해 지역	구호활동, 지역 자율방재단(자연재해대책법)
문화/관광/예술/체육진흥	문화재, 고궁, 박물관, 미술관, 사회복지시설 등	도서관 자원봉사활동(도서관법 시행령), 문화행사 도우미, 관광안내, 생활체육활동 지원 등
부패방지/소비자보호	녹색소비자연대, 서울YMCA, 한국소비자연맹 등	피해 소비자 상담, 권익보호를 위한 활동, 시장조사 활동 등
공명선거	시민사회단체 등	선거운동 자원봉사, 선거운동 모니터링
국제협력/해외봉사활동	입양기관, 비영리기관, 사회복지기관	통역 및 번역활동, 외국어 홈페이지 번역, 해외 자원봉사활동 등
공공행정 분야 사무지원	정부 행정기관, 공공기관	행정보조, 안내 및 홍보, 주민자치활동 지원, 방범활동 지원 등

출처: 찾기쉬운 생활법령정보 홈페이지(2019), 자원봉사활동 내용 표 일부 수정.

5. 기부활동

기부(寄附)는 개인이나 단체가 자선이나 공익활동을 위해 금품을 자발적으로 정부, 시민사회단체, 복지단체(국내외), 자원봉사활동 단체 등에 내놓는 것을 말하는데 넓은 의미에서 기부도 자원봉사활동으로 볼 수 있다. 생애설계에서는 기부를 자원봉사활동에 포함시킨다.

6. 생애주기 단계를 통한 자원봉사활동 참여 필요성

자원봉사활동(기부 포함) 참여는 지역사회와 국가사회 공동체의 일원으로 다른 사람과 더불어 살아가고 상부상조하는 기쁨 속에서 삶의 보람과 행복을 느낄 수 있는 중요한 삶의 한 영역이므로 가능하면 어린 시절부터 그 의미와 가치를 배우고 실천하는 것이 바람직하다.

일생을 사는 동안 사람은 누구나 예측하지 못하거나 불가피한 사정(경기 침체, 실업, 재난, 사고)으로 신체적·정신적 건강에 해를 입거나 경제적 어려움을 당하거나 자유와 권리를 침해당하여 다른 사람의 도움이 필요한 경우에 처할 수도 있다. 지역사회 또는 국가사회라는 공동체 속에서 더불어 살아가는 시민은 연대의식과 상부상조 의식을 가지고 어려운 상황에 처한 다른 구성원에게 물질과 서비스 제공으로 도움을 주는 행동을 어린 시절부터 보고 배우고 직접 해보는 것은 참으로 가치 있는 활동이 아닐 수 없다.

따라서 아동기에는 부모의 지도와 모범으로 시간과 금품의 양에 관계없이 지속적으로 사회봉사활동과 기부활동에 참여하는 것을 배우고 실천하도록 하는 것이 중요하다. 청소년기에도 부모의 모범적 행동이 필요하지만 적극적이고 지속적으로 자원봉사활동 및 기부의 의미와 가치를 터득하여 적극적으로 자기결정하에 참여하는 것이 좋다. 청년기 이후, 특히 취업하여 경제적으로 독립한 상황에서는 수입의 일정 비율이나 일정액을 정기적으로 기부하고, 개인적으로 그리고 직장 동료나 친구 또는 이웃과 더불어 정기적이고 지속적으로 자원봉사활동에 참여하는 것은 가치 있는 일이다.

특히 장·노년기부터는 시간적 여유가 많고, 평생을 통해 쌓아온 지식과 기술과 경험 그리고 이를 통하여 더욱 풍부해진 지혜를 발휘할 수 있는 자원봉사활동에 참여하는 것은 의미 있고 보람된 삶을 만들어갈 수 있는 중요한 방법이 될 수 있다. 자원봉사활동 참여는 중년기 이후 생애주기 단계 발달과업인 생산성 성취와 의미 수호자의 역할을 잘 수행하는 데도 도움이 될 것이다.

7. 국민의 자원봉사활동 및 기부활동 참여 현황

1) 자원봉사활동 참여율

우리 국민의 자원봉사활동 참여율은 점진적으로 높아지고는 있지만 선진국에 비하면 상당히 낮은 편이다. 2017년도 현재 우리 국민의 자원봉사활동 참여율(10세 이상)은 평균 17.8% 정도였다. 연령별로는 10대가 78.4%로 가장 높고, 20대부터 50대까지는 11~17%대이고, 60대 이후는 10% 이하(7.8%)다(〈표 23-3〉 참조).

2) 기부활동 참여율

2017년 현재 우리나라 국민의 기부활동 참여율(10세 이상)은 평균 24.3%이며, 연령별로는 10대와 20대 약 19%, 30대 약 28%, 40대 약 33%, 50대 약 29%, 60대는 약 16%다(〈표 23-3〉 참조).

〈표 23-3〉 2017년 우리 국민의 연령별 자원봉사활동과 기부활동 참여율(단위: %)

	전체	10대	20대	30대	40대	50대	60대 이상
자원봉사활동 참여율	17.8	78.4	11.5	10.7	17.0	14.2	7.8
기부활동 참여율	24.3	18.8	18.8	28.1	33.4	29.3	15.8

출처: 통계청(2018), 2017 한국의 사회지표.

8. 자원봉사활동과 참여의 새로운 경향

자원봉사활동과 참여 형태 등에서 새로운 경향이 나타나고 있는 점도 사회참여·봉사설계에 참고할 필요가 있다. 물론 이런 새로운 경향이 바람직한지는 판단하기 어렵다. 새로운 경향을 소개하면 다음과 같다.

(1) 자원봉사의 개념과 철학이 바뀌고 있음: 과거와 새로운 경향을 비교하면 〈표 23-4〉와 같다.

(2) 활동 양태가 다양화됨: 여행을 겸한 자원봉사, 해외봉사, 개별화(기관을 통한 봉사보다는 개인적으로 참여)가 나타나고 있다.

(3) 가상 장소로의 활동 확대: 컴퓨터(e-volunteering)를 활용하여 시간과 장소의 한계(국경도 초월)를 넘어 봉사할 수 있는데, 예를 들면 이메일 등을 통한 각종 상담 및 정보 제공, 번역, 기획, 보고서 작성, 통계분석, 회계서류 검토 등을 지원할 수 있다.

(4) 봉사 기간과 시간이 단축되고 있다.

(5) 기업/사회단체 직원 집단들의 봉사활동 참여가 증가하고 있다.

(6) 자원봉사 관련 소송이 증가하고 있음: 특히 자원봉사활동 중 사고 및 상해에 대한 소송이 증가하고 있어 보험 가입이 필요하다.

(7) 자원봉사자 관리가 조직의 인사관리 수준으로 향상되고 있다.

〈표 23-4〉 자원봉사활동의 개념과 철학의 변화

과거	새로운 경향
봉사자는 조직이 원하는 활동을 선택함	봉사자는 자신이 흥미 있는 일을 선택함
봉사활동은 조직의 욕구에 맞는 것	봉사활동은 개인의 욕구와 성장에 도움되는 것
유급직원과 봉사자 일의 분명한 구분	유급직원과 봉사자 일이 구분 없이 같아짐
자원봉사 일은 조직화되고 일정한 양태가 있고 조직적으로 관리됨	자원봉사 일은 기업의 일과 같이 창의적이고 일정한 양태에 얽매이지 않음
자원봉사자는 이타주의자가 되도록 요청됨	자원봉사자는 종종 개인의 이익에 치우침
자원봉사자는 조직의 미션이나 대의에 부응하도록 기대됨	자원봉사자는 개인 성장이나 특혜에 부응함

사회참여·봉사설계의 주요 내용

사회참여·봉사설계(이하 '생애 사회봉사설계'라 함)의 구체적 내용으로 고려해야 할 사항은 다음과 같다.

1. 참여자 형태

(1) 개인 또는 가족의 일원으로 참여
(2) 개인 친분 집단(친구/동창 집단 등의 봉사 동아리)의 일원으로 참여
(3) 직장 또는 사회단체의 일원으로 참여

2. 참여 방법

(1) 기존의 자원봉사 조직화 기관(자원봉사를 주선해주는 기관으로, 예를 들면 자원봉사센터 등)을 통한 참여
(2) 자원봉사 수요기관(자원봉사 서비스가 필요한 기관)에의 직접 참여
(3) 자원봉사 수요기관 겸 조직화 기관(노인복지관 등)을 이용한 참여
(4) 직장/단체의 자체 계획(결정)에 따른 참여

3. 참여 시작 시기

(1) 일정 시점까지(나이, 연/월 등) 참여 시작
(2) 일정 시점 이후부터 참여 시작

4. 시민사회(단체) 참여와 자원봉사(활동) 참여의 선택

(1) 시민사회(단체) 참여: 하나 이상의 시민사회단체에 참여가 가능하다. 특히 60대 이후 시니어들의 참여가 저조하므로 비교적 시간적 여유가 있는 시니어들의 적극적 참여가 필요하고, 또한 시니어들이 사민사회단체를 결성하여 활동할 수도 있다.

(2) 자원봉사 활동 참여: 하나 이상의 자봉사자 활용 기관이나 봉사활동 동아리에 참여할 수 있다.

(3) 시민사회단체와 자원봉사활동 동시 참여 가능

5. 참여활동 장소

(1) 일정 장소에서의 봉사

(2) 가상공간에서의 봉사(인터넷을 통한 봉사: 이메일 상담, 서류작성, 회계, 통계분석, 외국어 번역 등): 시간, 장소, 국경을 초월한 개인적 편의 활동

(3) 국내외 여행을 겸한 봉사

(4) 국제기관과 연계한 봉사

6. 기타

(1) 참여 기간, 회당 참여 시간과 참여 시간 간격

(2) 참여 준비 사항(교육, 훈련 등)

(3) 봉사활동의 본인 선택 여부: 본인 선택 또는 지정(요청)에 따름

(4) 기부(후원) 방법: 현금, 물품 여부, 금액의 정도, 기부 방법(정기적·부정기적), 기부자 명의(개인·가족·단체)

생애 사회봉사설계(생애 사회참여·봉사설계)의 예시

1. 20세 대학생 K

〈표 23-5〉 생애 사회봉사설계 목표체계(20세 K)

구분	번호	목표서술
생애사명		• 하나님의 사랑에 감사하여 시민사회활동에 참여하고, 물질을 나누며 봉사하는 사람이 된다.
최종목표		• 40세까지 한 곳 이상의 시민단체에 참여하고, 매월 4시간 이상 자원봉사활동에 참여하며 수입의 5%를 기부한다.
대목표	1	• 39세까지 시민단체의 주요 역할 담당자가 된다.
	2	• 35세까지 자원봉사동아리 회원으로 매월 4시간 이상 봉사한다.
	3	• 39세까지 수입의 5%를 복지단체에 기부한다.
중목표	1-1	• 29세까지 시민사회활동 관련 지식을 습득한다.
	1-2	• 30세부터 시민사회단체 회원이 된다.
	2-1	• 30세부터 매월 2시간 이상 자원봉사한다.
	2-2	• 34세까지 하나의 자원봉사 동아리를 결성한다.
	3-1	• 35세까지 수입의 3%를 복지단체에 기부한다.
소목표	1-1-1	• 29세까지 적성과 전문성에 맞는 건전한 시민사회단체 한 곳을 선택한다.
	1-2-1	• 28세까지 시민사회 관련 도서 5권을 독서한다.
	2-1-1	• 32세까지 친구중심 봉사동아리를 구성한다.
	2-1-2	• 33세까지 친구중심 봉사동아리를 확대한다.
	2-2-1	• 30세부터 복지기관에서 월 2시간 이상 봉사한다.
	3-1-1	• 30세까지 수입의 1%를 복지재단에 기부한다.
	3-1-2	• 33세까지 수입의 2%를 복지재단에 기부한다.

〈표 23-6〉 생애 사회봉사설계 향후 10년 목표(20세 K)

연령	목표서술
20	• 생애 사회봉사설계를 완료한다. • 학내 시민사회·봉사활동 관련 강의 프로그램을 찾아 본다.
21~22	• 군 복무
23	• 학내 시민사회·봉사활동 관련 강의 한 과목을 수강한다. • 학내 사회봉사 동아리에 참여한다.
24	• 학내 사회봉사 동아리 활동을 계속한다.
25	• 직장/직원 개인단위 개인적 사회봉사활동을 알아본다.
26	• 직장/직원 개인단위 사회봉사활동에 참여를 시작한다.
27	• 친구모임에서 봉사활동 참여를 이야기해본다.
28	• 28세까지 시민사회·봉사활동 관련 도서 5권을 독서한다.
29	• 29세까지 적성과 전문성에 맞는 시민사회단체 한 곳에 참여한다.

2. 40세 회사원 M

〈표 23-7〉 생애 사회봉사설계 목표체계(40세 M)

구분	번호	목표서술
생애사명		• 새 삶을 주신 하나님 사랑에 감사하여 시민사회활동에 참여하고, 가진 것을 이웃과 나누며 봉사하는 사람이 된다.
최종목표		• 50세까지 적어도 한 곳 이상의 시민사회단체에 참여하고, 매월 4시간 이상 자원봉사활동에 참여하고 수입의 5%를 기부한다.
대목표	1	• 48세까지 한 시민사회단체의 중요한 역할을 담당한다.
	2	• 47세까지는 매월 3시간 이상 자원봉사활동에 참여한다
	3	• 48세까지 수입의 3%를 복지기관에 기부한다.
중목표	1-1	• 41세까지 우리나라 시민사회단체와 자원봉사활동 현황을 파악한다.
	1-2	• 42세부터 한 시민사회단체 회원으로 활동한다.
	2-1	• 43세까지 친구중심 자원봉사 동아리를 결성한다.
	2-2	• 44세까지 매월 2시간 이상 자원봉사한다.
	3-1	• 45세까지 수입의 2%를 복지기관에 기부한다.

〈표 23-7〉 생애 사회봉사설계 목표체계(40세 M)(계속)

구분	번호	목표서술
소목표	1-1-1	• 41세까지 나의 적성과 전문성에 맞는 시민사회단체 한 곳에 참여한다.
	2-1-1	• 42세부터 청소년/청년을 멘토링하는 봉사활동을 시작한다.
	2-1-2	• 42세까지 봉사활동을 위해 상담기법에 대한 교육을 받는다.
	2-2-1	• 43세까지 봉사 동아리의 활동계획을 수립하고 자원봉사활동 교육훈련을 받는다.
	3-1-1	• 41세부터 수입의 1%를 복지기관에 기부한다.

〈표 23-8〉 생애 사회봉사설계 향후 10년 목표(40세 M)

연령	목표서술
40	• 생애 사회봉사설계를 완료한다. • 시민사회활동 참여/자원봉사활동 참여 사례나 수기 관련 도서 2권을 독서한다.
41	• 우리나라 시민사회단체/자원봉사활동 현황을 파악한다. • 적성과 전문성에 맞는 시민사회단체 한 곳에 참여한다. • 수입의 1%를 복지기관에 기부한다.
42	• 시민단체 한 곳의 회원으로 활동한다. • 청소년/청년을 멘토링하는 봉사활동을 한다. • 사회봉사를 위해 상담기법 관련 지식/실습 교육을 받는다.
43	• 자녀들의 건전한 성장을 위해 가족과 함께 자원봉사활동을 시작한다. • 친구중심의 자원봉사 동아리를 결성한다. • 자원봉사 동아리 활동계획을 수립하고 자원봉사 훈련을 받는다.
44	• 매월 2시간 이상 자원봉사활동을 한다.
45	• 수입의 2%를 복지기관에 기부한다.
46	• 가족과 함께 해외여행 자원봉사에 참여해본다.
47	• 매월 3시간 이상 자원봉사활동을 한다.
48	• 시민단체 한 곳의 중요한 역할을 담당한다. • 수입의 3%를 복지기관에 기부한다.
49	• 인터넷(메일)을 통한 청소년/대학생 멘토링을 시작한다.

3. 55세 퇴직 예정자 P

〈표 23-9〉 생애 사회봉사설계 목표체계(55세 P)

구분	번호	목표서술
생애사명		• 새 삶을 주신 하나님 사랑에 감사하여 시민사회활동에 참여하고, 가진 것을 이웃과 나누며 봉사하는 사람이 된다.
최종목표		• 65세까지 시니어 중심 시민사회단체를 결성하고, 매월 8시간 이상 자원봉사활동에 참여하고 수입의 2% 이상을 기부한다.
대목표	1	• 64세까지 시니어 시민사회단체에 참여 의향이 있는 동료 50명을 확보한다.
	2	• 63세부터는 매월 6시간 이상 자원봉사에 참여한다.
	3	• 60세까지 수입의 3%를 복지기관에 기부한다.
중목표	1-1	• 63세까지 국내외의 시니어 시민사회활동 참여 현황을 조사한다.
	1-2	• 62세까지 시니어 시민사회활동 적합 주제를 개발한다.
	2-1	• 57세까지는 매월 2시간 이상 자원봉사에 참여한다.
	2-2	• 59세까지 친구중심 자원봉사 동아리를 결성한다.
	2-3	• 60세부터는 매월 4시간 이상 자원봉사에 참여한다.
	2-4	• 60세부터 인터넷을 이용한 전문자원봉사에 참여한다.
	3-1	• 56세부터 수입의 2%를 복지기관에 기부한다.
소목표	1-1-1	• 62세까지 시니어 시민사회활동 공감대 형성을 위한 포럼을 2회 개최한다.
	1-2-1	• 62세까지 시니어 시민사회활동 적합 주제의 포럼을 1회 개최한다.
	2-2-1	• 56세까지 자택 인근 복지기관에서 개별적으로 매월 2시간 자원봉사한다.
	2-3-1	• 58세까지 친구들을 격려하여 나의 자원봉사활동에 같이 참여시킨다.
	2-4-1	• 59세까지 인터넷 이용 전문 자원봉사 수요처를 개발한다.

〈표 23-10〉 생애 사회봉사설계 향후 10년 목표(55세 P)

연령	목표서술
55	• 생애 사회봉사설계를 완료한다. • 자원봉사활동 참여 일반교육과정에 참여한다.
56	• 수입의 2%를 복지기관에 기부한다. • 자택 인근 복지기관에서 개별적으로 매월 2시간 자원봉사한다.
57	• 매월 2시간 이상 자원봉사활동에 참여한다.
58	• 친구들을 격려하여 나의 자원봉사활동에 같이 참여시킨다.
59	• 친구중심의 자원봉사 동아리를 결성한다. • 인터넷 이용 전문 자원봉사 수요처를 개발한다.
60	• 수입의 3%를 복지기관에 기부한다. • 매월 4시간 이상 자원봉사활동에 참여한다. • 인터넷 이용 전문 자원봉사에 참여한다.
61	• 자원봉사활동 참여를 평가해보고 자원봉사 참여 경험을 글로 정리한다.
62	• 시니어 시민사회활동 적합주제를 개발한다. • 시니어 시민사회활동 참여 공감대 형성 포럼을 2회 개최한다. • 시니어 시민사회활동 적합주제 선정 포럼을 1회 개최한다.
63	• 국내외 시니어 시민사회활동 참여 현황을 조사한다. • 매월 6시간 이상 자원봉사활동에 참여한다.
64	• 시니어 시민사회단체 참여 의향이 있는 동료 50명을 확보한다.

생애 여가·영적활동설계

여가의 의미와 중요성

여가는 많이 사용하는 말이지만 사람마다 다르게 이해하고 있는 경우가 많다. 여가는 일과 대비되는 것으로 그 의미(정의)를 크게 세 가지로 구분할 수 있다(Parker, 1979). 첫 번째 정의는 시간을 중심으로 한 정의로 여가는 '24시간 중 신체적·생리적 기본욕구 충족과 의무적인 가사·직업·사회활동 시간을 제외한 나머지 시간'을 의미한다. 두 번째 정의는 활동의 질을 중심으로 한 개념으로 여가는 '주관적인 판단에 의하여 자유와 평화를 느끼는 활동'을 의미한다. 이는 전적으로 주관적인 것으로 무엇이 여가이고 아닌지에 대한 판단이 다양하여 구체적으로 판단하기 어렵다. 세 번째 정의는 첫 번째와 두 번째 정의를 결합한 것으로 '휴식, 기분전환, 사회적 성취, 개인적 발전(자기개발)을 위해 사용되는 활동의 시간'을 의미한다. 따라서 여가를 시간 개념으로 보면 '여가시간(leisure time)'으로, 활동 개념으로 보면 '여가활동

(leisure activity)'이라 말하는 것이 더 정확한 의미가 될 것이다.

여가에 대한 대표적 정의나 분류가 없기 때문에 많은 경우 자기 개발 활동, 사회참여·봉사활동, 건강증진 활동, 영적활동을 여가에 포함시키고 있다. 생애설계에서 여가는 '하루 24시간 중 신체적·생리적 기본욕구 충족, 의무적인 가사·직업·사회활동, 사회참여·봉사활동, 건강 증진, 자기개발 및 영적 활동 시간을 제외한 나머지 시간의 활동'으로 정의하기로 한다. 이 책의 생애설계에서 건강 증진, 자기개발, 사회참여·봉사활동은 별도 영역으로 취급하고 있고, 영적활동도 여가와는 구분하고 있다. 따라서 건강 증진, 자기개발, 사회참여·봉사 및 영적 활동은 여가에서 제외하기로 한다.

여가의 의미는 그 속성과 기능을 생각해보면 더 잘 이해할 수 있을 것이다. 여가활동의 기본 속성은 대체로 일곱 가지로 정리할 수 있다(Kaplan, 1960): (1) 원칙적으로 경제적 기능을 하는 일과 반대되는 것, (2) 즐거움을 가지고 기대되고 즐거운 것으로 회상될 수 있는 것, (3) 비자발적으로 사회적 역할을 수행해야 하는 의무성이 최소한인 것, (4) 심리적으로 자유를 느낄 수 있는 것, (5) 문화적 가치에 위배되지 않는 것, (6) 중요성과 심각성의 정도가 다양한 것, (7) 반드시는 아니지만 가끔 놀이의 요소를 포함하고 있는 것. 여가활동과 관련되는 개념으로 놀이(play)와 레크리에이션(recreation)이 있다. 놀이는 여가활동의 한 형태이고, 레크리에이션은 여가활동 기능의 하나인 재창조 면에서 본 여가활동이다(Parker, 1979).

이 같은 속성을 가진 여가는 우리의 삶에서 크게 다음 세 가지 기능을 한다(김동진 등, 2016).

(1) 휴식의 기능: 의무와 책임이 주어진 일이나 학습이 많은 경우 신체적·정신적 스트레스와 피로가 따르기 때문에 쉬지 않고 계속한

다는 것은 에너지를 소진시키고 건강을 해치고, 일의 효율성과 효과성을 크게 떨어뜨려 결국은 일을 할 수 없게 만든다. 여가는 스트레스와 피로를 회복하고 에너지를 재충전하여 창의적으로 일할 수 있도록 일정시간 일에서 해방시키는 휴식의 기능을 한다.

(2) 기분전환의 기능: 일상적인 일에서는 물론이고 삶의 다른 활동에서도 단조롭고 변화가 없으면 싫증나고 게을러지는 권태에 빠질 가능성이 높다. 여가는 기분전환을 통해 이러한 권태를 벗어나고 예방하는 중요한 기능을 한다.

(3) 자기개발과 재창조의 기능: 여가는 일에서 요구되는 의무와 책임에서 벗어나 자유로운 선택을 통해 진정으로 자신이 원하는 활동을 하게 함으로써 자신의 교양과 업무 능력을 높이고 에너지를 충전하여 일을 더욱 만족스럽고 창의적으로 할 수 있게 한다.

따라서 어떤 형태든 상관없이 여가 없는 삶은 계속하기 어려울 뿐 아니라 비록 그러한 삶이 계속된다 해도 삶에서 의미와 만족을 찾기는 어려울 것이다.

여가활동 유형

여가활동은 다양하게 분류할 수 있으나 정부의 여가활동 실태조사에서 사용하는 분류가 적합하다고 생각해 소개하면 〈표 24-1〉과 같다.

〈표 24-1〉의 분류 중 '스포츠 참여'와 '사회 및 기타'에 속하는 활동의 일부는 이 책에서 말하는 생애설계의 다른 영역에 속하는 것이어서 그 일부를 제외한 다른 것은 생애 여가설계의 내용으로 포함하면 될 것이다.

〈표 24-1〉 여가활동 유형과 예시

유형	세부 유형(예시)
문화·예술 관람	전시회, 박물관, 음악연주회, 전통예술공연, 연극공연, 무용공연, 연예공연 등의 관람, 영화보기 등
문화·예술 참여	문화행사, 문예창작/독서 토론회, 미술활동, 악기연주/노래교실, 전통예술 배우기, 사진촬영, 춤/무용 참여 등
스포츠 관람	스포츠경기 직접·간접 관람, 격투기경기, 온라인 게임 현장 관람 등
스포츠 참여	농구, 야구 등의 구기경기, 테니스/스쿼시, 당구/포켓볼, 볼링, 골프, 수영, 윈드서핑, 수상스키, 스노보드, 스키, 아이스스케이트, 헬스, 보디빌딩, 요가, 배드민턴/줄넘기, 달리기/조깅, 격투기, 자전거, 댄스 스포츠, 승마, 암벽 등반 등
관광	문화유적탐방, 자연명승지/풍경 관람, 삼림욕, 캠핑, 해외여행, 소풍/야유회, 온천/해수욕, 유람선 타기, 테마파크 가기, 지역축제 참가 등
취미·오락	수집활동, 생활공예, 요리하기/다도, 애완동물 돌보기, 노래방, 등산, 낚시, 미니 홈피/블로그 관리, 인터넷 검색, 게임, 갬블(경마, 경륜, 카지노, 카드놀이 등), 쇼핑/외식, 음주, 독서, 미용, 어학/기술자격증 습득 등
휴식	산책, 목욕/사우나/낮잠, TV/비디오 시청, 라디오 청취, 음악감상, 신문/잡지 보기 등
사회 및 기타	자원봉사활동, 종교활동, 클럽/나이트/디스코/카바레 가기, 가족/친지 방문, 잡담/통화하기, 이성교제(데이트)/미팅/소개팅, 친구만남/동호회모임, 이외 분류되지 않은 기타 여가활동

출처: 문화체육관광부(2016), 2016 국민여가활동조사.

생애주기 단계와 여가설계

나이 들어감에 따라 신체적·정신적으로 발달하고 가족과 사회의 환경도 변하기 때문에 이에 맞춰 여가활동 형태(패턴)에도 변화가 일어난다. 그러한 성장과 발달에 따른 변화에도 불구하고 여가활동을 지속하려는 경향이 나타나며 어렸을 때의 여가활동 경험은 성인기 이후의 여가활동에도 영향을 미친다(김동진 등, 2016). 따라서 나이 들어감에 따라 구체적 여가활동의 종류와 형태는 변해도 어린 시절부터 배워서 익숙해진 여가활동에서 얻은 자유로움, 편안함, 즐거움, 새로운 기분전환의 경험은 여가활동의 효과와 중요성을 평생 동안 알게 해주고 여가활동을 지속하려는 의지와 행동을 강화시켜줄 수 있다.

그러므로 여가활동의 효과와 중요성을 평생 인식하고 더구나 여가활동의 기술과 요령을 배워 익숙해짐으로써 느끼는 즐거움을 계속 맛보려면 어린 시절부터 여가활동을 습관화할 필요가 있다.

우리사회에서는 공식교육은 직업활동 수행에 필요한 지식과 기술을 가르치는 데 치중하고 여가활동에 대한 지식과 기술을 가르치는 것을 등한히 해왔기 때문에 대부분의 사람들은 여가를 올바르게 배우고 익히는 기회를 갖지 못하고 있다. 공식교육이 여가활동에 대한 교육을 등한히 하고 있는 데 대해 코신스(Cousins, 1968)는 오래 전에 "과학은 생명을 연장하고 있지만 교육은 오히려 생명을 단축시키고 있다"고 비판했다. 과학에 의하여 연장되는 긴 생명, 특히 65세 이후 연장된 생명은 여가시간을 잘 이용할 수 있는 교육과 의식의 부족으로 쓸모없는 시간이 되고 결국은 연장된 생명은 무의미하게 될 수 있다는 것이다. 이와 같은 비판은 여가활동의 훈련과 경험이 필요함을 잘 지적하는 것이라 할 수 있다. 그러면 생애주기 단계에 따른 여가의 중요성과 변화를 간략히 정리해보기로 한다.

1. 영아·유아·학령전기

이 시기는 학생이나 성인처럼 해야 할 일이 반드시 있는 것이 아니고는 활동의 거의 전부는 놀이라 할 수 있다. 우리나라에서는 유아기부터 지식 학습을 우선으로 여기고 놀이를 중요시하지 않는 경향이 두드러지게 나타나고 있다. 사실 학령기까지는 아동의 일상생활은 놀이가 위주가 되어야 한다. 유치원에서의 학습활동도 놀이처럼 여기거나 놀이와 결합하여 이루어지는 학습놀이가 되도록 하는 것이 훨씬 효과적이다. 학습놀이는 여가활동과 같은 것이므로 의무와 책임이 주어진 학습이나 일로 취급하는 것은 바람직하지 못하다. 하여튼 이 시기의 일상생활은 놀이 위주 활동으로 이루어지는 것이 바람직하다.

이 시기에 아동은 놀이를 통하여 신체적 움직임/운동 능력, 인지능력과 언어능력을 발달시키고, 가족 및 다른 사람과도 관계를 맺고 협력하는 사회성도 발달시키고, 긍정적 성격(신뢰성, 자율성, 주도성) 형성과 정서적 발달도 이룩할 수 있다. 우리나라의 지나친 학습 위주 양육방법은 아동의 건전한 성장과 발달을 해칠 수도 있기 때문에 부모나 보호자 또는 교사는 놀이를 통하여 즐거움과 자발성을 유지하면서 건전하고 균형 잡힌 성장과 발달이 이루어지도록 지도하는 것이 중요하다.

2. 학령기

학령기는 여가와 학습이 병행되는 시기다. 이 시기의 여가활동은 놀이와 더불어 좀 더 다양한 형태의 활동(<표 24-1> 참조)이 된다. 이 시기의 놀이는 신체적 움직임과 활동을 더욱 정교하게 발달시키고, 인지능력과 건전한 성격(근면성)을 형성하고, 사회성과 정서적 안정성을 발달시키는 데 크게 도움이 될 수 있다. 여가는 무엇보다도 학습활동의 의무에서 벗어난 편안함과 즐거움을 느낄 수 있게 해주기 때문에 여가의 이점을 이해하고 여가가 일상생활의 중요한 한 영역임을 알 수 있게 해줄 필요가 있다. 따라서 이 시기부터 건전하고 적절한 여가활동을 습관화하는 것이 이후 평생 동안 여가를 중요시하고 지속적으로 여가활동을 하게 만드는 중요한 요인이 될 수 있다.

3. 청소년기

이 시기는 신체적인 성장이 빠르게 이루어지면서 신체적 활동능력도 빠르고 정교하게 이루어지며, 심리사회적 발달과업 수행(자아 정체성 확립)과 관련하여 청소년은 깊은 고민을 하게 된다. 특히 우리사회와 같은 입시 중심의 중·고교 교육환경, 심하게 말하면 잠자고 먹는 시간 외는 거의 모든 시간을 학습에 사용해야 하는 심리적 압박이 크고, 스트레스도 많기 때문에 학교생활과 가정생활에서도 건전한 여가활동을 적절히 할 수 있는 기회를 마련하는 것이 대단히 중요하다.

우리사회에서 나타나고 있는 특이한 청소년기 성장과 발달 환경은 결코 바람직하지 않다. 청소년을 오직 공부에만 전념시켜 여가를 즐기지 못하게 함으로써 청소년이 여가를 배우고 익힐 수 있는 기회를 거의 박탈당하고 있는 현실은 참으로 안타깝다. 따라서 청소년 자신은 물론 부모와 교사는 청소년의 학습효과를 높이는 차원에서 여가의 속성과 기능을 잘 이해하고 적절한 여가활동을 즐길 수 있도록 노력할 필요가 있다. 학습에는 투입된 시간의 양보다는 질이 더 중요하기 때문에 여가활동이 학습의 질을 향상시키는 데도 중요한 기능을 하는 것임을 알아야 할 것이다.

4. 청년기

청년기는 학습과 일 그리고 여가활동이 동시에 이루어지는 시기다. 이 시기는 여가활동이 의무와 책임에 얽매인 일에서 벗어나 편안함과 즐거움과 에너지를 재충전할 수 있다는 것을 생애주기에서 처음으로 확실히 느끼고 확인할 수 있는 시기라 할 수 있다. 따라서 청년은 자신에게 적절하고 건전한 여가활동을 개발하고 여가활동의 기술과 요령까지 익혀 여가를 진정으로 즐길 수 있도록 노력해야 할 것이다. 여가의 속성과 기능을 확실히 깨닫고 여가활동을 일상생활의 중요영역으로 정하여 일정 시간을 여가활동에 사용하도록 습관화하면 이후 노년기까지 건전하고 효과적인 여가활동을 계속할 수 있게 될 것이다.

여가활동은 청년기의 신체적·정서적·사회적 측면의 발달과업을 수행하는 데도 크게 도움이 될 수 있다. 여가활동을 통해 신체적 능력을 유지 발전시킬 수 있고, 다른 사람들과 같이 하는 여가활동을 통해 이성과 동성 친구도 사귀고, 스트레스도 해소할 수 있다.

5. 중년기

중년기는 인생에서 직장과 가정에서 가장 많은 역할을 해야 하고 따라서 의무감과 책임감도 가장 큰 시기다. 어떤 의미로는 인생에서 가장 많이 여가활동이 필요한 시기라 할 수 있다. 중년기는 인생에서 가장 바쁘고 시간 부족을 많이 느끼기 때문에 여가활동은 시간이 남으면 하는 활동 정도로 생각하기 쉽다. 실제로 많은 경우 시간이 부족하다고 느끼는 것은 시간관리를 잘 하지 못하기 때문이기도 하다.

시간관리는 생애설계를 일상생활에서 실천하는 가장 주요한 기술적 행동이라는 것을 이 책을 통해 강조해왔기 때문에 다시 말할 필요가 없다. 결국 시간이 부족하여 여가활동을 못한다는 것은 핑계에 불과하다.

따라서 늦어도 중년기부터는 시간이 부족한 상황에서도 적합하고 건전한 여가활동을 개발하고 여가의 기술도 익혀 여가활동을 생활의 중요영역으로 삼고 일정한 시간을 할애하는 것이 대단히 중요하다. 여가의 속성과 여가의 기능을 잘 이해하면 여가활동은 다른 생활영역에 필요한 시간을 뺏는 것이 아니라 결국은 다른 영역 활동의 질을 높이고 시간을 절약하고 일의 효과성과 효율성을 높인다는 점을 명심해야 할 것이다.

6. 장·노년기

장·노년기는 개인에 따라 차이는 있겠지만 일반적으로 생활의 경제적 책임(생계유지 책임)과 가족에 대한 책임과 역할에서 크게 벗어나 가장 많은 시간을 여가시간으로 활용할 수 있는 기간이다. 노년기의 여가활동은 그 이전 생애주기 여러 단계의 여가활동에 비해 그 기능과 이점이 훨씬 더 많다고 할 수 있다.

여가활동은 종류가 다양하고 구체적 활동에 따라 각각 다른 기능이나 이점이 있을 수 있으나 일반적으로 〈표 24-2〉와 같은 신체적·생리적 면의 이점과 사회적·심리적·정서적 면의 이점이 있다(Leitner & Leitner, 2004).

장·노년기의 가장 어려운 문제 중 하나는 할 일이 없는 것인데, 할 일은 넓은 의미에서 직업활동, 자기개발활동, 사회참여·봉사활동

〈표 24-2〉 노년기 여가활동의 기능

신체적·생리적 측면의 기능(이점)	사회적·심리적· 정서적 측면의 기능(이점)
• 신진대사를 증진시킨다. • 호흡작용을 증진시킨다. • 신체적 유연성을 증대시킨다. • 신체적 힘을 증대시킨다. • 인내심을 키워준다. • 에너지를 증대시킨다. • 혈압을 낮춰준다. • 콜레스테롤을 낮춰준다. • 이동성을 증대시킨다. • 신체적 독립성을 키워준다. • 수명을 연장시킨다. • 건강을 증진시킨다. • 골다공증으로 인한 골절위험을 감소시킨다. • 낙상의 위험을 감소시킨다.	• 심리적 안녕감을 증대시킨다. • 삶의 질을 높인다. • 사기와 생활만족감을 증대시킨다. • 자존감, 자아개념, 자기효능감을 증대시킨다. • 정신활동을 민첩하게 한다. • 성취감을 느끼게 한다. • 낙관적인 생각을 증대시킨다. • 다른 사람과의 상호작용을 증대시킨다. • 많이 웃을 수 있다. • 불안과 적대감을 감소시킨다. • 외로움과 우울증에 빠질 가능성을 줄여준다. • 건강이 증진된 느낌을 갖는다. • 낙상의 두려움을 감소시킨다.

그리고 여가활동을 모두 포함한다고 볼 수 있다. 장·노년기의 일과를 모두 여가활동으로 보내는 것은 어려운 일이나 한 가지 이상의 여가활동을 정기적으로 또는 수시로 할 수 있으면 우선 시간을 선용할 수 있을 뿐만 아니라 생활의 다른 영역 활동에도 활기를 불어넣어 줄 수 있을 것이다.

여가활동은 노년기에도 새로 개발할 수는 있는데 어떤 여가활동을 개발할 것인지 선택하는 데 여러 가지 어려움이 따를 수 있다. 익숙해지는 데도 기술을 배우는 데도 시간이 걸리고, 경우에 따라 비용도 상당히 많이 들 수 있다. 그러므로 늦어도 중년기부터 자신에게 적절하고 건전한 여가활동을 개발할 필요가 있다. 그럼에도 노년기에도 노력하면 충분히 새로운 여가활동을 개발할 수 있기 때문에 여가활동

개발을 결코 포기해서는 안 될 것이다. 60대 이후 30~40년의 긴 시간을 생각하면 상당한 시간과 비용을 들여서라도 여가활동을 개발할 필요가 있다.

우리 주위에서도 노년에 새로운 특기나 취미활동을 개발하여 삶에 새로운 의미를 찾아 즐기고 있는 사례를 종종 듣고, 대중매체나 책을 통해서도 많이 소개되고 있다. 일례로 미국의 애나 메리 모지스(Anna Mary Moses)라는 여성이 76세에 그림을 시작하여 101세까지 그림을 그렸고, 유명한 화가로 인정받고 백악관에도 초대받는 등의 이야기가 책(Moses, 1952)으로 발간되었다. 그 책의 우리말 번역본(2017) 제목은 '인생에서 너무 늦은 때란 없습니다'로 되어 있는데 '늦깎이'라 생각하는 사람들에게 용기를 줄 수 있는 책이다.

국민의 여가활동 참여 실태

우리 국민의 여가활동 참여실태를 간략히 살펴보기로 한다. 여가활동 참여 실태 통계는 여러 사회조사에서 부분적으로 나타나고 있으나 체계적으로 여가활동을 조사한 『2016 국민여가활동조사』(문화체육관광부, 2016) 결과를 보면 대체로 2010년대 일반인의 여가활동 현황을 잘 알 수 있다. 이 조사에 나타난 주요 사항 몇 가지만 살펴보기로 한다. 이 조사에서 다루는 여가활동의 범위는 생애설계의 여가활동보다는 훨씬 더 넓다.

1. 여가활동에 대한 인식

국민 대부분(88.6%)은 연령층 간의 큰 차이 없이 여가를 삶의 필수적인 요건으로 생각한다.

2. 지속적으로 하는 여가활동 여부와 여가활동 유형

휴식활동을 제외하고 지속적으로 하는 여가활동이 있는 경우가 전체적으로 47.2%인데 10대에서 50대까지는 대체로 45~50%이나 60대에는 41%, 70대 이후는 32%로 크게 떨어지고 있다. 지속적으로 하는 여가활동 유형은 (1) 스포츠 참여 활동, (2) 취미·오락 활동, (3) 사회·기타 활동, (4) 문화·예술 참여 활동 순으로 많다(〈표 24-3〉 참조).

〈표 24-3〉 지속적으로 하는 여가활동 유형 (복수 응답)(단위: %)

연령	문화 예술 관람 활동	문화 예술 참여 활동	스포츠 관람 활동	스포츠 참여 활동	관광 활동	취미·오락 활동	사회·기타 활동
전체	4.0	5.0	1.3	44.9	1.3	30.2	13.4
15~19세	8.4	9.2	0.8	29.8	0.5	46.8	4.6
20대	10.3	5.0	2.0	43.4	0.3	28.9	10.2
30대	4.0	3.9	0.8	53.6	2.1	26.5	9.1
40대	2.9	2.0	1.6	53.1	1.9	26.7	11.9
50대	1.0	3.7	1.8	44.4	1.3	31.8	16.0
60대	1.2	7.9	0.6	38.7	1.1	31.9	18.6
70세 이상	0.7	11.2	0.3	28.8	1.2	29.2	28.6

출처: 문화체육관광부(2016). 2016 국민여가활동조사.

3. 여가활동의 동반자

여가활동은 혼자서 하는 경우가 제일 많고(92.0%), 같이 하는 경우 동반자는 (1) 친구(73.2%), (2) 가족(65.1%), (3) 직장 동료(7.3%), (4) 동호회 회원(6.8%) 순이다(복수 응답).

4. 여가활동 시간

여가활동 시간은 10대에서 50대까지는 하루 평균 2~3시간, 60대는 3~4시간, 70대는 4~5시간이다. 휴일에는 10대와 20대는 5~6시간, 30~50대는 4~5시간, 60대 이상은 5~6시간이었다. 휴일의 평균 여가시간은 평일보다 약 1.5배 더 많다(〈표 24-4〉 참조).

〈표 24-4〉 평일과 휴일의 평균 여가시간(단위: 시간)

	전체	15~19세	20대	30대	40대	50대	60대	70대
평일	3.1	2.7	2.9	2.8	2.8	2.9	3.6	4.7
휴일	5.0	5.1	5.3	4.8	4.7	4.8	5.1	5.7

출처: 문화체육관광부(2016), 2016 국민여가활동조사.

5. 여가활동 빈도

여가활동 빈도는 (1) 매일(84.5%), (2) 일주일에 몇 번(74.5%), (3) 한 달에 2~3회(57.5%), (4) 한 달에 한 번(38.1%), (5) 몇 달에 한 번(21.4%) 순으로 많다.

영적활동의 의미와 중요성

1. 영성(spirituality)의 의미

영적활동은 영성이라 할 수 있다. 일생을 사는 동안 거의 모든 사람들은 청소년기를 지나면서부터 자주 또는 때때로 자기 자신의 존재가치, 삶의 의미, 목적, 자신과 세상(세계)과의 관계 등에 대해 다음과 같은 질문을 던지면서 그 답을 찾고자 한다: 나는 누구인가? 나는 어디서 왜 왔는가? 나는 왜 태어났는가? 내 인생의 가치는 무엇인가? 선과 악의 판단 기준은 무엇인가? 내가 어려움을 당하는 이유는 무엇인가? 이 세상은 어떻게 만들어졌고 누가 만들었을까? 자연의 법칙은 왜 존재하는가? 물질에 작용하는 근본적 원리는 어떻게 만들어진 것인가? 나의 존재는 세상에서 죽으면 끝나는가? 등.

이러한 질문에 대해 답은 과학, 물질주의, 우연주의나 인본주의에서 찾기는 어렵다. 인류 역사에서 사람들은 이러한 질문을 계속 던져왔고 그 답으로 나보다 더 큰 힘, 능력, 지식과 선견지명을 가진 어떤 존재나 그런 사상에서 찾으려 노력해왔다. 그러한 노력에서 얻은 답은 정답이나 객관적이라 할 수 없기 때문에 개인적으로 인정하고 판단할 수밖에 없다. 이러한 질문의 답을 얻을 수 있는 개인적 믿음과 신념을 영성(spirituality)이라 할 수 있다.

세계 6개국 2,000여 명의 과학자들이 10년간 연구하여 2003년 인간 생명체를 구성하는 31억 개의 유전자(genome) 지도를 완료했다. 이 유전자 지도 프로젝트의 총책임자였던 미국의 프란시스 콜린스(Francis Collins)는 그의 저서 『신의 언어(*The Language of God*)』에서 인간의 영성(종교)에 대해 다음과 같이 말한다: "인간이 다른 동물과 구분되는 확실한 특성은 옳고 그름을 판단하는 도덕법칙을 갖고 있다는 것이다. 인간이 왜 이런 도덕법칙을 갖고 있는지는 우주 탄생 기원을 말하는 빅뱅이론(Big Bang Theory)도 진화론도 도저히 설명할 수 없다. 이러한 도덕적 법칙은 시간과 자연을 초월하여 존재하는 절대자에 의해 주어진 것이다." 콜린스는 이렇게 주장하면서 과학과 종교는 서로 대립되는 것이 아니라 공존할 수 있다면서 아인슈타인의 말처럼 "종교 없는 과학은 절름발이이며, 과학 없는 종교는 장님"이라는 말을 되새기고 있다(Collins, 2006). 콜린스의 이러한 주장은 신의 존재를 인정하는 것이지만 도덕법칙을 부여한 어떤 절대적 존재를 인정하고 삶의 의미와 목적을 찾고자 하는 인간의 본질적 영성을 인정하는 주장이기도 하다.

영성은 인간이 삶 자체에 대해서 또는 삶 속에서 하는 일과 역할의 의미와 목적을 찾고 표현하는 방식이며, 또한 자신이 자기 이외의 큰 힘과 능력과 의지를 가진 신비로운 존재와 연결되어 있다고 믿고 경험하는 방법이라 할 수 있다. 영성에는 두 가지의 핵심 요소가 있는데 하나는 인생의 목적과 의미를 주는 존재를 믿는 것과 다른 하나는 자신이 자기 이외의 다른 초인간적이고 초자연적인 존재와 연결되어 있는 것을 믿고 경험하는 것이다. 인간의 생사화복(출생, 사망, 불행과 축복)을 주관하는 존재로 자연적 또는 초자연적 대상을 믿고, 그 대상에게 화(禍)와 저주를 막아주고 복을 주기 바라는 믿음의 샤머니즘(shamanism)과 영성은 구별된다.

영성을 나타내는 행동을 하는 것을 영적활동이라 한다. 영적활동은 여러 가지가 있을 수 있으나 가장 대표적 영적활동은 종교적 활동이라 할 수 있다. 종교 이외에도 명상, 헌신적 사회봉사활동, 예술에 대한 심취와 감상, 자연 속에서의 은둔생활, 화초나 식물 가꾸기 등의 형태도 있다. 영적활동은 초자연적인 대상에 대한 믿음과 함께 같은 믿음을 가진 사람들이 모여 믿음을 나누고 상호 협조하고 돕고 관련된 행동을 하는 것이다. 이런 의미에서 영성은 종교보다는 범위가 훨씬 넓은 개념이다.

영성은 인간의 본질적 특성이라 주장하는 사람들이 많다. 그 본질적 특성은 절대자에 의해 인간이 창조되었을 때부터 속성으로 주어졌다고 보는 입장과 인간이 진화하는 가운데 생존을 위해서 생겨났다고 보는 입장이 있다(Benavides, 2014). 따라서 인간은 태어나면서부터 영성이 발달한다고 보는 입장도 많다.

2. 영적활동의 중요성

영적활동은 과학의 시대, 물질주의, 다양한 사상과 연계되어 그 필요성과 이점에 대해 논란이 많을 수 있다. 그럼에도 인간 존재는 단순히 신체와 정신에 의해서만 행동하고 의미를 찾는 것이 아니라는 의미에서 정신을 지배할 수 있는 또 다른 차원인 영성을 무시하기는 어렵다는 주장도 많다. 영성을 인정하느냐 아니냐는 결국 개인의 판단 사항이지만 영성을 인정하고 영성을 개발하고 영적활동을 함으로써 얻을 수 있는 이점은 많은 연구를 통해 밝혀지고 있고, 상당히 많은 경우 삶의 문제 해결에서 활용되고 있다. 따라서 영적활동의 중요성과 이점을 인정하고 생애설계의 한 영역으로 삼는 것이 바람직하다고 판단하고 영적활동의 이점을 정리해보면 다음과 같다(University of Minnesota, 2019; Reisser & Dobson, 2006).

(1) 고난을 극복할 수 있는 힘을 주고 희망을 준다.

(2) 타인에 대한 이해와 사회적 관계를 증진시킨다.

(3) 삶의 의미와 목적을 분명하게 해준다.

(4) 생애사명 확립에 기여한다: 영성은 삶의 의미와 가치를 찾을 수 있는 중요한 지침이 될 수 있는 것이므로 영성이 확실한 경우는 생애설계에서 생애사명을 확립하는 데 크게 도움을 줄 수 있다.

(5) 영감과 통찰력과 감사하는 마음을 가지게 해준다.

(6) 마음의 평화를 준다.

(7) 용서하는 마음을 갖게 해준다.

(8) 정신건강 문제 해결과 예방 및 정신건강 증진에 기여한다.

(9) 생애과정에 좀 더 건전한 삶을 선택하게 해준다.

(10) 장수에 도움이 된다(Ofstedal 등, 2019).

생애주기 단계와 영성

영성을 인간의 본질적 특성으로 보고 영성의 발달단계를 주장하는 학자도 많다. 인간의 영성을 인정하고 영성을 추구할 것이냐 아니냐는 개인적 판단일 수밖에 없지만 영성을 인정한다면 인간이 의식적으로 영성을 추구하려는 의지는 청소년기 후반이나 청년기 초기부터 나타난다고 할 수 있다. 이 시기의 심리사회적 발달과업은 바로 자아정체성 확립인데 이는 자신의 존재가치와 의미를 찾고 이에 따른 사회 속에서 자신의 역할(활동/직업)을 정하는 것이다. 따라서 영성의 추구는 청소년 후반기나 청년 초기의 발달과업을 해결하는 데도 기여할 수 있다. 나이가 들수록 영성을 추구하는 경향이 나타나기는 하지만 개인의 특성과 문화적 배경에 따른 차이가 큰 것으로 보인다(Wink & Dillon, 2002).

국민의 영적활동(종교) 현황

우리 국민의 영적활동 현황을 아는 것도 영적활동설계에 도움이 될 것으로 생각한다. 그러나 영적활동은 정의도 다양하고 다양한 형태의 행동과 생각으로 나타날 수 있기 때문에 영적활동을 포괄적으로 조사하기는 대단히 어렵다. 따라서 여기서는 영적활동의 가장 대표적인 것이라 할 수 있는 종교활동 현황을 문화체육관광부의 『2018년 한국의 종교현황』 조사 결과 중 몇 가지 사항으로 알아보기로 하겠다.

1. 종교별 인구 비율

우리 국민 중 종교를 믿는 사람은 약 44%로 절반에 못 미치고 있다. 종교가 있는 사람들 중에는 (1) 개신교, (2) 불교, (3) 천주교, (4) 원불교, (5) 유교 순으로 많았다(〈표 24-5〉 참조). 종교가 없다는 사람이 절반을 넘지만 이 중에는 종교가 아닌 다른 영적인 것을 인정하고 활동하는 사람도 상당히 포함되어 있을 것으로 본다.

〈표 24-5〉 국민의 종교별 인구 비율(단위: %)

무종교	개신교	불교	천주교	원불교	유교	천도교	대순 진리회	대종교	기타
56.6	19.7	15.5	7.9	0.17	0.15	0.13	0.08	0.01	0.20

출처: 문화체육관광부(2018), 2018년 한국의 종교현황.

2. 연령대별 종교인구 비율

종교가 있는 사람들(전 인구의 43.9%)의 연령대별 비율을 살펴보면 〈표

24-6〉과 같다.

〈표 24-6〉 연령대별 종교인구 비율(단위: %)

전체	10대 미만	10대	20대	30대	40대	50대	60대	70대	80대 이상
43.9	32.5	38.0	35.1	38.4	43.2	50.7	57.7	58.6	57.2

출처: 문화체육관광부(2018), 2018년 한국의 종교현황.

여가·영적활동설계의 주요 내용

여가·영적활동의 중요성을 인식하고 여가·영적활동설계(이하 '생애 여가설계'라 함)를 하기로 결정했다면 다음 사항을 주요 내용으로 고려할 필요가 있다.

(1) 활동의 유형 선택: 취향, 연령 등을 고려한 활동 형태 및 구체적 활동 선택

(2) 활동의 수: 1개 또는 그 이상(종교는 하나만 선택하는 것이 바람직함)

(3) 활동을 위한 시간(1회당 시간)

(4) 활동 장소: 실내/야외

(5) 활동의 빈도(매일, 주일/월 단위로 1회 이상 또는 몇 회, 총 시간)

(6) 활동 동반자 여부: 단독, 가족(부부, 부모-자녀), 친구, 동호회, 직장 동료 등

(7) 활동비용 부담과 정도(회비, 장소비용, 장비, 의복, 신발, 회식비, 헌금 등)

(8) 활동 시작 시기(몇 세/몇 년부터 또는 몇 세/몇 년까지)

생애 여가설계(생애 여가·영적활동설계)의 예시

1. 20세 대학생 K

〈표 24-7〉 생애 여가설계 목표체계(20세 K)

구분	번호	목표서술
생애사명		• 나의 신체적·정신적 및 영적 휴식과 즐거움을 위해 일정한 시간을 사용하는 사람이 된다.
최종목표		• 35세까지 단순 휴식시간을 정례화하고, 취미활동을 즐기고, 종교활동을 열심히 실천하는 삶을 산다.
대목표	1	• 30세까지 하루 1시간 이상 단순휴식의 일과를 정착시킨다.
	2	• 25세부터 취미/특기활동을 한 가지 이상 개발한다.
	3	• 20세부터 기독교 신앙을 생활로 실천한다.
중목표	1-1	• 29세까지 1시간 이상의 단순 휴식시간을 일과로 습관화한다.
	2-1	• 26세까지 탁구를 스포츠 활동으로 개발한다.
	2-2	• 30세부터 하모니카 연주 특기를 개발한다.
	2-3	• 35세부터 온라인 게임을 주 3회 1시간씩 즐긴다.
	3-1	• 일요일에는 교회 예배 참석하고 동년배 활동(청년부 등)에도 적극 참여한다.
	3-2	• 25세부터 직장 기독교 신우회 활동에 적극 참여한다.
소목표	1-1-1	• 29세부터 일과 중 단순 휴식시간을 효과적으로 보내는 방법을 개발한다.
	2-1-1	• 30세부터 탁구 동호회에 가입 활동한다.
	2-2-1	• 40세까지 가곡/명곡 10곡을 연주한다.
	2-2-2	• 40세부터 자녀들과 주 1회 1시간 온라인 게임을 즐긴다.
	3-1-1	• 20세부터 일요일은 신앙활동에 우선적으로 시간을 배정한다.
	3-1-2	• 20세부터 교회 동년배 활동에 적극 참여한다.
	3-2-1	• 25세부터 기독교 신앙인으로서 직장생활에 모범을 보이도록 노력한다.

〈표 24-8〉 생애 여가설계 향후 10년 목표(20세 K)

연령	목표서술
20	• 생애 여가설계를 완료한다. • 기독교 신앙을 생활로 실천한다. • 일요일은 신앙활동에 우선적으로 시간을 배정한다. • 교회 동년배 활동에 헌신한다.
21	• (군 입대) 주 1회 교회 정기예배에 참석한다. • 스포츠 활동에 적극 참여하여 특기/취미로 개발 가능성을 찾는다.
22	• (군 입대) 주 1회 교회 정기예배를 참석한다. • 스포츠 활동에 적극 참여하여 자신의 특기/취미로 개발 가능성을 찾는다.
23	• 주 1회 이상 교회 정기예배 외의 청년부 봉사활동에 참여한다.
24	• 주 1회 이상 교회 정기예배 외의 청년부 봉사활동에 참여한다.
25	• 취미/특기활동을 개발한다. • 직장 기독교 신우회 활동에 적극 참여한다. • 기독교 신앙인으로서 직장생활에 모범을 보이도록 노력한다. • 주 1회 이상 교회 정기예배 외의 청년부 봉사활동에 참여한다.
26	• 탁구를 취미/스포츠 활동으로 개발한다. • 주 1회 이상 교회 정기예배 외의 청년부 봉사활동에 참여한다.
27	• 주 1회 이상 교회 정기예배 외의 청년부 봉사활동에 참여한다.
28	• 주 1회 이상 교회 정기예배 외의 청년부 봉사활동에 참여한다. • 악기연주의 특기로 하모니카 연주의 소질을 발견한다.
29	• 1시간의 단순 휴식시간을 일과로 습관화한다. • 주 1회 이상 교회 정기예배 외의 청년부 봉사활동에 참여한다.

2. 40세 회사원 M

〈표 24-9〉 생애 여가설계 목표체계(40세 M)

구분	번호	목표서술
생애사명		• 나의 신체적·정신적 및 영적 휴식과 즐거움을 위해 일정한 시간을 사용하는 사람이 된다.
최종목표		• 50세까지 단순 휴식시간을 정례화하고, 취미활동을 즐기고, 종교적 교리를 열심히 실천하는 삶을 산다.
대목표	1	• 45세까지 하루 1시간 이상의 단순 휴식시간을 일과로 정착시킨다.
	2	• 49세까지 취미/특기활동이 마음에 확실한 즐거움이 되는 수준에 이른다.
	3	• 50세까지 영적활동이 마음의 평안을 가져오는 경험을 자주 하게 되는 정도에 이르게 한다.
중목표	1-1	• 44세까지 1시간의 단순 휴식시간을 일과로 습관화한다.
	2-1	• 42부터 테니스를 취미/특기로 개발한다.
	2-2	• 42세부터 자녀들과 온라인 게임을 일주일에 1시간 정도 한다.
	2-3	• 43부터 색소폰 연주를 특기로 개발한다.
	3-1	• 45세까지 내게 가장 적합한 종교활동을 선택한다.
소목표	1-1-1	• 43세까지 단순 휴식시간을 보내는 효과적인 방법을 개발한다.
	2-1-1	• 41세까지 중년기 이후 테니스의 장단점을 연구한다.
	2-2-1	• 42세까지 중년기 이후 색소폰 연주의 장단점을 연구한다.
	2-3-1	• 41세까지 온라인 게임의 원리와 게임 활동의 장단점을 연구한다.
	3-1-1	• 44세까지 영적활동의 종류와 효과를 비교·연구한다.

〈표 24-10〉 생애 여가설계 향후 10년 목표(40세 M)

연령	목표서술
40	• 생애 여가설계를 완료한다.
41	• 중년기 이후 테니스의 장단점을 연구한다. • 온라인 게임의 원리와 게임 활동의 장단점을 연구한다.
42	• 테니스를 취미/특기로 개발한다. • 중년기 이후 색소폰 연주의 장단점을 연구한다.
43	• 색소폰 연주를 특기로 개발한다. • 단순 휴식시간을 보내는 효과적인 방법을 개발한다.
44	• 1시간씩 단순 휴식시간을 일과로 습관화한다. • 영적활동의 종류와 효과를 비교·연구한다. • 중요한 종교활동에 참여해본다.
45	• 하루 1시간 이상 단순 휴식시간을 일과로 정착시킨다. • 내게 가장 적합한 종교활동을 선택한다. • 고등학교 동창 테니스모임에 적극 참여한다.
46	• 색소폰 연주로 3곡을 완전히 숙달한다. • 선택한 종교활동에 대해 심층적 교육을 받기 시작한다. • 직장 테니스모임에 참여한다.
47	• 고등학교 동창회에서 색소폰 연주를 선보인다. • 선택한 종교활동에 정해진 시간 동안 충실히 참여한다.
48	• 정기적 종교모임에서 색소폰을 연주한다. • 선택한 종교활동 동료들과 정기적인 모임을 갖는다.
49	• 취미/특기활동이 마음에 확실한 즐거움이 되는 수준에 이른다. • 색소폰 연주로 6곡을 완전히 숙달한다.

3. 55세 퇴직 예정자 P

〈표 24-11〉 생애 여가설계 목표체계(55세 P)

구분	번호	목표서술
생애사명		• 나의 신체적·정신적 및 영적 휴식과 즐거움을 위해 일정한 시간을 사용하는 사람이 된다.
최종목표		• 65세까지 단순 휴식시간을 일과로 정착시키고, 취미활동을 즐기며, 종교교리의 성실한 실천자가 된다.
대목표	1	• 60세까지 하루 1시간 이상의 단순 휴식시간을 일과로 정착시킨다.
	2	• 65세까지 늦깎이 클래식기타 연주 음반을 낸다.
	3	• 종교활동을 계속 성실히 실천한다.
중목표	1-1	• 59세까지 하루 1시간 이상의 단순 휴식시간을 일과로 습관화 한다.
	2-1	• 64세까지 국내 가곡 20곡 이상을 클래식기타로 연주한다.
	2-2	• 63세부터 지역 클래식기타 동호회 활동을 한다.
	3-1	• 매주 일요일 종교모임에 계속 참여한다.
	3-2	• 지역 교우들 가정모임에 계속 참석한다.
소목표	1-1-1	• 58세까지 단순 휴식시간의 효과적 사용법을 개발한다.
	2-1-1	• 56~60세에 클래식기타 학원에서 주 2일 1시간 교습을 받는다.
	2-2-1	• 60~62세에 주 3일 유튜브를 통해 1시간씩 클래식기타를 연습한다.
	2-1-2	• 62~63세에 지역문화센터 클래식기타 교실 참여자에게 교습을 한다.
	2-2-1	• 61세까지 동네 클래식기타 동호회를 만든다.
	2-2-2	• 62세부터 클래식기타 지역 동호회 회원들과 주 1회 합주 연습을 한다.
	3-1-1	• 매주 일요일 지역 종교모임에 참석한다.
	3-2-1	• 지역 교우들과 매월 1회 봉사활동을 계속한다.

〈표 24-12〉 생애 여가설계 향후 10년 목표(55세 P)

연령	목표서술
55	• 생애 여가설계를 완료한다. • 주 1회 일요일 종교모임에 계속 참여한다. • 지역 교우들의 가정모임에 계속 참여한다. • 지역 교우들과 매월 1회 봉사활동을 계속한다. • 주 1회 일요일 동년배 모임에 계속 참여한다.
56	• 중년기 이후 여기활동에 관한 도서 5권을 독서한다. • 56~62세까지 클래식기타 학원에서 주 2일 1시간 교습을 받는다.
57	• 클래식기타 연주에 관한 연주방법 관련 도서 5권을 독서한다. • 클래식기타 연주 선호곡 50개를 선정하여 악보를 편집한다.
58	• 단순 휴식시간을 보내는 효과적인 방법을 개발한다.
59	• 하루 1시간 이상의 단순 휴식시간을 일과로 습관화한다.
60	• 하루 1시간 이상의 단순 휴식시간을 일과로 정착시킨다. • 주 3일 유튜브를 통해 1시간씩 클래식기타 연습을 한다.
61	• 동네 클래식기타 동호회를 만든다. • 동네 클래식기타 동호회에서 월 1회 경로당을 방문하여 연주한다.
62	• 주 3일 유튜브를 통해 1시간씩 클래식기타를 연습한다. • 지역 문화센터에서 클래식기타 교실 참여자에게 주 1회 교습을 한다.
63	• 지역 문화센터 클래식기타 교실 참여자에게 주 1회 교습을 한다. • 지역 클래식기타 동호회 활동을 한다.
64	• 국내 가곡 20곡 이상을 클래식기타로 연주한다.

생애 재무설계

비용 마련 없는 생애설계는 실천하기 어렵다

돈(재산)은 그 자체로는 의미가 없고 돈을 사용하여 하고자 하는 어떤 행동(활동)을 하거나 어떤 목표를 달성할 때 비로소 그 가치와 의미를 갖는다. 돈 그 자체는 목적이나 목표를 위한 수단(비용)일 뿐 삶의 목적이나 궁극적 목표는 될 수 없다. 재무(財務)는 돈이나 재산에 관한 사항을 말한다. 돈을 마련하고 지출하고 유지/관리하는 활동에 관한 계획을 일반적으로 재무설계(재무관리)라 할 수 있다.

지금까지 7대 생활영역의 생애설계에서 사명을 확립하고 그 사명 실현을 위한 생애목표를 설정하고 시간관리 계획을 통해 목표를 달성하는 방법을 살펴보았다. 그런데 생활 각 영역별 대부분의 목표달성에는 비용(돈)이 필요함에도 불구하고 그 비용은 별로 생각하지 못했다. 목표달성에 필요한 비용 마련과 지출 및 관리 계획인 생애 재무설계 없이는 7대 생활영역의 설계는 거의 실천하기 어렵게 될 것이다.

생애 재무설계의 의미

미국에서 처음 금융전문가들에 의해 만들어진 재무설계사 제도를 본받아 우리나라도 2000년에 민간 재무설계사 제도를 도입했다. 우리나라 재무설계사 단체인 한국FP협회(Korea Financial Planner Association: www.fpkorea.com)에서는 재무설계를 "자신이 바라는 삶을 실현하기 위해 현재의 재무상태를 체계적으로 분석하고 생애 단계별 목표를 수립하여 소득·지출·저축·투자·보험 등에 대한 실행계획을 지속적으로 관리해나가는 과정"이라 정의한다. 이 정의는 일반적으로 말하는 재무설계의 대표적 정의라 할 수 있다.

이 정의에서 말하는 '자신이 바라는 삶'이란 생애설계의 생애사명의 의미를 일부 담고 있는 것 같고, '생애주기 단계별 목표를 수립한다는 것'도 생애설계의 생애목표 수립의 의미를 어느 정도 담고 있는 것 같다. 그럼에도 실제 서비스 현장에서 이루어지고 있는 재무설계는 자신이 바라는 삶이나 생애주기 단계별 목표를 아주 간략히 아니면 거의 반영하지 못하고 생애주기 단계별 주요 사건(출산, 학업, 졸업, 결혼, 퇴직 등)이나 특별한 지출(여행 등)에 대한 준비나 현재 보유자산의 증식, 유지 및 관리에 초점을 두고 있어 재무설계의 정의와는 상당한 차이가 있는 것 같다.

한국재무설계학회의 학술지(*Financial Planning Review*)에 실린 재무설계 사례연구(김성대, 2018)를 보면 '라이프플래닝'을 재무설계과정에서 설정하여 바라는 삶을 반영하려 시도하고 있지만 실제 내용은 생애설계의 생애사명이나 생애목표와는 상당히 거리가 먼 것 같다. 즉 기존의 재무설계 정의나 서비스 현실에서는 생활영역별 생애사명을 실현하기 위한 생애주기 단계별로 목표를 설정하고 이러한 목표를 달성하기 위한 전체 비용 마련과 지출 및 관리 계획은 거의 포함되지 않는 것으로 보인다.

미국의 재무설계사 자격인증표준위원회(Certified Financial Planner Board of Standards)는 개인 재무설계(personal financial planning)를 "개인이 자신의 삶의 목표를 달성하기 위하여 개인이 가지고 있는 재무 자원을 적절히 관리하는 절차"(https://www.cpf.net, 2019; 박광수 외, 2018)라고 정의하고 있는데, 여기서 말하는 자신의 삶의 목표는 생애설계의 생애목표와 차이가 큰 것 같고, 미국의 실제 재무설계 서비스도 한국의 서비스 현실과 큰 차이는 없는 것으로 보인다.

이 책에서 말하는 재무설계는 기존의 재무설계와 구분하여 생애설계의 일부라는 것을 강조하기 위해 '생애 재무설계'라 부르기로 한다. 생애 재무설계는 '생활의 재무 영역의 사명을 확립하고, 사명의 실현을 위해 필요한 비용 마련과 지출 및 관리의 재무목표를 설정하고, 그 재무목표 달성을 위한 행동의 시간관리 계획을 수립하여 실천하는 것'으로 정의한다(이하 '비용 마련과 지출 및 관리'를 편의상 '비용 마련'으로 표현함).

생애주기를 통한 소득과 소비의 변화

2016년 현재 우리 국민의 생애주기 단계별 개인의 소득과 소비 패턴

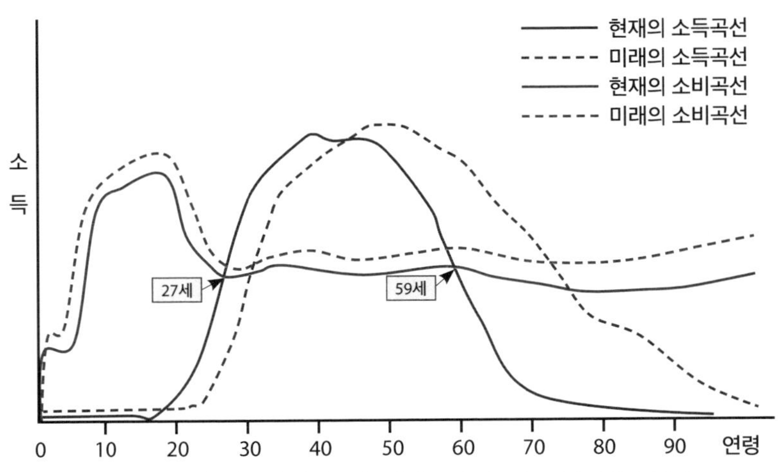

〈그림 25-1〉 생애주기 단계별 개인의 현재와 미래 소득과 소비 패턴 변화
출처: 통계청(2019), 2016년 국민이전계정.

(통계청, 2019)을 바탕으로 향후 변화를 예측해보면 〈그림 25-1〉과 같다.

그림에서 실선은 2016년 현재 개인의 소득과 소비 패턴이고(통계청, 2019), 점선은 20~30년 후 미래의 예측된 소득과 소비 패턴으로 필자가 추정하여 표시한 것이다. 2016년 현재는 평균 27세에 적자에서 흑자로 되었다가 59세부터 다시 적자로 돌아서는 패턴이다. 미래에는 소득과 소비 수준이 올라가겠고 적자 시작 나이도 높아지겠지만 적자문제 해결의 개인 책임은 더욱 커질 것이다. 따라서 향후 점차 더 오래 일할 수 있도록(80세까지도) 준비해야 할 것이다.

재무설계에서 많이 사용하는 소득대체율(퇴직 전 1년간의 통상소득에 대한 퇴직 후 1년간의 통상소득 비율)은 소득수준에 맞춰 생활수준을 정한다는 의미로는 적절한 개념이다. 하지만 퇴직 후 특정목표나 여러 가지 목표달성을 위한 적극적 삶을 계획하고 중년기 이후 유지해온 사회경제적 지위나 생활수준, 특히 소비수준 유지를 목표로 하는 경우는 소득대체율보다는 소비대체율이 더 적합할 수 있다(MacDonald & Moore, 2011; USGAO, 2016). 소비대체율(퇴직 전 1년간의 통상소비에 대한 퇴직 후 1년간의 통상소비 비율)은 퇴직 이후 장·노년기의 재무 영역 목표 설정과 청년기의 경제적 자립 이후 중년기까지 생애주기의 목표설정에 모두 활용할 수 있다.

생애 재무설계의 필요성

〈그림 25-1〉의 현재와 미래의 소득과 소비의 변화를 고려하여 생애 재무설계의 필요성을 제시해보면 다음과 같다.

(1) 다양한 생활영역의 목표달성을 위한 디딤돌 확보: 생애 재무설계는 현재와 미래 생활의 7대 영역의 목표달성을 위한 전반적 비용 마련 계획이므로 다양한 생활영역 목표달성의 기본적 토대가 된다.

(2) 미래에 대한 불확실성 극복: 미래의 변화는 점점 더 예측하기 어려워지기 때문에 모든 생활영역 목표달성의 디딤돌이 되는 재무적 안정성을 확보하기 위한 계획은 불확실한 미래사회에 대한 불안을 크게 해소할 수 있다.

(3) 생애주기 전체(설계하는 시점 이후 남은 생애주기 단계 전체)의 생활영역별 목표달성 촉진: 생애 재무설계는 7대 생활영역별 목표달성의 디딤돌이 되므로 다른 영역의 목표달성을 촉진할 수 있다.

(4) 생활영역 전체에 대한 균형적이고 장기적인 접근과 영역별 목표 고려 및 조정: 다른 7대 생활영역의 목표달성에 필요한 비용 마련과 지출 및 관리를 포함하고 있지만 생애 재무설계는 생활의 균형을 유지하고 장기적으로 필요비용을 마련하는 데 더 큰 역점을 두고

있다. 따라서 비용 마련이 어려울 경우 생활영역별 목표와 목표달성 수준을 조정할 수 있게 해준다.

(5) 합리적이고 객관적인 투자 가능: 생애 재무설계는 생애주기 전체에 대한 장기적 비용 마련 계획이므로 객관적인 금융지식을 습득하여 장기적 안목으로 합리적 투자를 실행함으로써 소득을 더 높일 수 있다.

(6) 편안하고 안정적인 노후생활까지 보장: 생애 재무설계는 노후만을 위한 비용 마련 계획이 아니라 노후까지를 위한 생애 전체의 비용 마련 계획이다. 따라서 생애 재무설계는 장기적 준비를 통해 노후까지의 생활비용을 안정적으로 마련함으로써 다양한 생활영역에서 더 편안하고 안정적인 생활을 가능하게 해줄 수 있다.

기존 재무설계와 생애 재무설계의 차이

생애 재무설계가 기존 재무설계와 다른 특성과 장점을 확실히 이해하기 위해 두 설계를 비교해보면 〈표 25-1〉과 같다.

〈표 25-1〉 기존 재무설계와 생애 재무설계의 비교

구분	기존 재무설계	생애 재무설계
기반이론	자산 축적과 소비 및 개인적 및 사회적 위험 관련 이론	생애설계의 논리적 절차와 생애주기별 발달과업 이론
설계 목적	생애주기 단계별 사건(event)이나 문제해결을 위한 목표자금(목표소득) 마련	생애주기 단계를 통한 생활의 다양한 영역(7대 영역)별 목표자금(목표소득) 마련

〈표 25-1〉 기존 재무설계와 생애 재무설계의 비교(계속)

구분	기존 재무설계	생애 재무설계
목표자금 기준	통계적 기준	통계적 기준과 자신의 생활에 맞는 기준
자금 마련 방법 (설계의 초점)	현재의 지출 흐름에 대한 조정	목표지출과 목표소득 기준에 의한 현금흐름 조정 및 자산운용
생활 전반적 모습 관찰 가능성	잘 관찰되지 못함	잘 관찰될 수 있음
미래 삶의 모습 예상 가능성	잘 예상하기 어려움	잘 예상할 수 있음
생활 균형	생활의 다양한 영역 고려 미비로 생활영역이 편향될 가능성 높음	생활의 다양한 영역 고려로 생활영역의 균형유지 가능성 높음
실천 동기 및 성취감	장기적으로 전체 삶이 보이지 않으므로 실천 동기와 성취감 기대가 약함	생활의 다양한 영역을 고려한 현재와 미래의 영역별 목표달성 비용 마련 계획이므로 실천동기와 기대감이 높음

생애 재무설계의 사명과 목표설정

1. 생애 재무설계의 생애사명

생애설계 틀 속의 생애 재무설계는 다른 여러 생활영역의 전반적 목표달성 비용을 마련하려는 궁극적인 목적(이유)을 생각해야 한다. 그 목적은 바로 재무 영역에서의 생애사명이 되는 것이다. 즉 '왜 돈을 마련해야(벌어야) 하는가?', '돈을 마련하는(버는) 이유가 무엇인가?'를 생각하는 것이다. 따라서 재무 영역의 생애사명은 단순히 돈을 많이 버는 것(마련하는 것)이 아니라 다른 여러 생활영역의 목표달성을 지원하는 것이 되어야 한다. 돈을 버는 것은 그 자체가 목적이 아니라 다양한 생애목표를 달성하기 위한 수단일 뿐이다. 생애 재무설계에서 생애사명을 예시하면 다음과 같다. '나와 가족의 안정적 삶을 보장하고 사회에 공헌하기 위해 경제적으로 여유 있는 삶을 산다', '나와 가족의 최소한의 안정적인 삶을 보장하고 이웃을 도와주는 삶을 산다', '나와 가족의 생애목표 달성에 충분한 생활자금을 마련하는 삶을 산다.'

2. 생애 재무설계의 생애목표

생애 재무설계에서 목표설정은 다른 영역의 설계보다는 좀 더 상세하게 하는 것이 좋다. 재무 영역의 목표는 재무 영역의 생애사명을 완수(실현)한 상태로 볼 수 있는 어떤 상태, 일정액을 지출할 수 있는 상태, 일정액의 자산이나 소득을 확보한 상태, 특정 방법으로 일정액의 소득을 확보한 상태 등으로 미래 일정 시기에 이루어져야 할 재무상태를 말한다.

생애 재무설계 목표설정과 다른 영역의 목표설정의 차이점을 정리하면 다음과 같다.

첫째, 생애 재무목표는 최종-대-중-소-목표로 확연한 논리적 연계성으로 설정하는 것이 부적합할 수 있다. 지금까지 다른 영역의 설계에서 최종-대-중-소 목표체계는 수단이나 과정이라는 논리적 연계성이 있었다. 하지만 생애 재무설계의 목표체계는 그런 논리적 연계성을 가지기 어려울 수 있다. 생애 재무목표는 주로 생애주기 시작시점(주로 연령으로 구분), 예상하는 생애주기 단계의 주요 사건 발생 시점, 생애주기 단계 주요 사건이나 생애주기 단계의 시점 또는 그 사이

기간으로 구분하여 목표를 설정하는 것이 타당하다. 즉 일부 목표 간에는 수단적 성격이 있을 수 있지만 주로 일정 시점이나 일정기간의 시간적 순서에 따른 목표(소득 및 지출) 금액이나 비율(이하 '금액'으로 통일)로 정하는 것이 더 의미 있다. 목표달성 시점이나 기간을 설정하는 예는 다음과 같다.

(1) 교육종료 연령-취업 연령-결혼 연령-중년기 시작 연령-장년기 시작 연령-노년기 시작 연령

(2) 아동기 여러 시점-청소년기 시작 시점-청소년기 완료 시점-취업 시점-결혼 시점-자녀 양육기간 종료 시점-자녀 독립 시점-퇴직 시점-퇴직 이후 시기

(3) 아동기(0~12세)-청소년기(12~18세)-청년 초기(18~25세)-청년 중기(25~35세)-청년 후기(35~40세)-중년기(40~60세)-장년기(60~80세)-노년기(80세 이상)

(4) 10대 미만-10대-20대-30대-40대-50대-60대-70대-80대-90대

둘째, 생애 재무목표는 일정한 액수나 비율로 나타내는 것이 적합하다. 다시 말하면 일정한 금액 아니면 소득대체율 또는 소비대체율로 설정할 수도 있다. 소득대체율 사용은 퇴직 기간에 대한 지표로 더 적합할 수 있고, 소비대체율은 노년기(퇴직 이후)를 포함하는 생애주기 전체에 다 사용할 수 있다. 일반적으로 기존 재무설계에서는 재무목표를 '가계의 재무적 안정과 성장을 위한 재무설계 및 재무행동의 기준'이라 정의하고 있는데(최현자 등, 2003) 이 정의에 따른 예로 '현재보다 소득 늘리기', '소득 대비 지출 줄이기', '투자를 통해 자산 증식하기', '충분한 노후자금 준비하기' 등을 제시하고 있다(이지윤 등, 2018). 이 같은 식의 재무목표 표현은 구체적 수치가 나타나지 않아 목표달

성 정도를 측정하기 어렵다.

셋째, 생애 재무목표는 목표지출(액), 목표소득(액), 목표자산(액), 목표소득 마련 방안별 액수 등이 된다. 목표지출은 생활영역별(7대 영역 또는 일부 영역) 목표기간의 목표달성에 필요한 총비용이고, 목표기간(소-중-대-최종 목표 간 기간)별로 추정하여 산출한다. 목표소득은 목표기간의 지출에 충당하기 위한 소득원별 예상소득 총액이 된다. 목표지출에 7대 생활영역별 목표달성 비용을 포함시켜야 하는데 이는 생애 재무설계가 생애사건 중심의 비용만 고려하는 기존 재무설계와 다른 특성이기도 하다. 목표지출은 목표소득의 한계를 고려하여 다른 생활영역의 목표를 상호 조정할 필요가 있다. 이런 의미에서 생애 재무설계는 다른 영역 설계를 완료한 후에 마지막으로 하는 것이 효과적이다. 좀 더 상세한 목표지출 산출방법과 목표소득 산출방법은 후에 다시 설명하기로 한다.

재무 관련 국가 소득보장 정책과 프로그램

생애주기 단계별로 여러 가지 국가 소득보장정책이 시행되고 있다. 국가의 소득보장정책은 중산층 이하 국민에게 적용되는 선별적 제도로 시행되는 경우가 많지만 소득수준에 관계없이 모든 국민에게 적용되는 보편적 제도도 상당히 있다. 생애 재무설계는 국가의 소득보장 정책을 잘 활용해야 하기 때문에 이에 대한 이해가 중요하다.

국가는 경제적 자립이 어려운 개인이나 가구(자산이 기준 중위소득의 50% 미만)를 선별하여 이들의 소득이나 의료비용 등을 일정수준까지 보충해주는 소득보장제도(공공부조)를 시행하고 있다. 하지만 국가는 세금으로 모든 국민의 소득을 보장할 수는 없기 때문에 소득이 있는 모든 국민을 강제로 참여시켜 스스로 소득보장 계획을 세우도록 하는 보편적 소득보장제도를 시행하고 있다. 이러한 보편적 소득보장제도는 생애주기 단계 전체를 통한 의료비 지원(건강보험), 실업에 따른 실업수당 및 구직수당 지급(고용보험), 직업활동 관련 재해로 인한 소득상실 보상과 상해 치료비 지급(산업재해보상보험), 노후소득 보장(연금보험)을 위한 사회보험제도로 시행하고 있다. 이 외에도 국가가 비용을 직접 지원해주는 것은 아니지만 국민이 가입한 제도에서 지급을 보증해주는 퇴직연금제도와 주택과 농지를 담보로 생활비를 연금처럼 받을 수 있게 하는 주택연금과 농지연금 제도도 있다. 또한 개인이 자발적으로 노후준비 연금저축에 가입하는 경우 세제지원도 해주고 있다. 특히 공적 사회보험제도와 법적 지급보증제도는 소득보장의 핵심 수단이기 때문에 이를 확실히 알고 생애 재무설계에 최대한 활용해야 할 것이다.

공적 사회보험제도와 법적 지급보증제도를 요약·정리하면 〈표 25-2〉와 같다. 상세한 정보는 해당 정부부처나 정책시행 공공기관의 홈페이지 또는 관련 법률에서 확인할 수 있다. 표에서는 (1) 사회보험제도와 (2) 법적 지급보증제도의 두 가지로 나누어 설명하고 있다.

〈표 25-2〉 정부의 소득보장 관련 프로그램

구분	프로그램	가입 대상/자격	수급 조건/혜택	해당부처
사회 보험	연금보험 • 국민연금(일반국민 대상) • 특수직역연금(공무원연금/사립학교교직원연금/군인연금/별정우체국직원연금)	〈국민연금〉 • 가입자격: 소득이 있는 18~64세의 모든 국민(60세까지는 의무가입) • 가입자 종류: 사업장가입자/지역가입자/임의가입자 • 보험요율: 기준소득월액의 9%(직장가입자는 사용자와 4.5%씩 분담, 지역 및 임의가입자는 9% 모두 부담) 〈특수직역연금〉 • 가입자격: 18~60세의 해당 직업 종사자 • 보험요율: 본인부담률은 기준소득의 9%)(단 군인연금은 7%) *군인연금/별정우체국직원연금은 설명 생략함	〈국민연금〉 • 최소 가입연수: 10년(10년 미만은 일시금으로 지급) • 연금 종류: 노령연금(조기/정상/분할/연기연금), 장애연금, 유족연금(연기연금은 65세까지 연기 가능-연금액 월 0.6%씩 가산됨) • 정상연금수급 최소연령: 2013년 61세에서 5년마다 1년 인상, 2033년에 65세 됨 • 연금액: 40년 가입 기준, 가입기간 월평균소득의 40% 〈특수직역연금〉 • 수급 조건/혜택이 연금마다 각각 다름	• 국민연금: 보건복지부(국민연금공단) • 공무원연금: 행정안전부 • 사립학교교직원연금: 교육부(사립학교교직원연금공단) • 군인연금: 국방부 • 별정우체국직원연금: 별정우체국연금공단
	국민건강보험	• 직장가입자: 소득 있는 모든 직장인(사용자 및 근로자) • 지역가입자: 직장가입자가 아닌 자영업자 및 기타 소득자 〈보험료 요율〉 • 직장가입자: 월소득의 6.46%(사용자와 근로자가 절반씩 분담: 매년 조정됨) • 지역가입자: 소득과 재산을 합산한 부과점수에 점수당 금액을 곱한 액수	• 급여항목: 진찰, 검사, 약제(藥劑)/치료재료의 지급, 처치/수술/그 밖의 치료, 예방/재활, 입원, 간호, 이송(移送) • 보험금 급여율: 외래는 진료비의 80%, 입원은 85%	• 보건복지부(국민건강보험공단)

〈표 25-2〉 정부의 소득보장 관련 프로그램(계속)

구분	프로그램	가입 대상/자격	수급 조건/혜택	해당부처
사회보험	노인장기요양보험	• 모든 건강보험가입자 • 보험요율: 건강보험료의 8.51%(2019년: 매년 조정)(직장가입자는 사용자와 절반씩 분담)	• 재가급여: 방문요양, 방문간호, 방문목욕, 주/야간보호, 단기보호, 기타 재가급여 • 시설급여: 요양시설입원 보호 • 특별현금 급여: 가족요양비, 특례요양비, 요양병원 간병비	• 보건복지부(국민건강보험공단)
	고용보험	• 근로자를 사용(고용)하는 모든 사업 및 사업장 • 보험요율: 기준 보수월액의 1.3%(근로자는 실업급여의 보험료만 부담하며, 사용자는 실업급여/고용안정/직업능력개발사업 보험료 모두 부담)	• 수급자격: 고용보험이 적용되는 사업에 고용된 날부터 적용 • 혜택 ① 고용안정/직업능력개발사업 참여 ② 실업급여: 구직급여(이직일 전 18개월 이상 근무조건, 실업 후 최대 240일)와 취업촉진수당(조기재취업수당, 직업능력개발수당, 광역구직 활동비, 이주비) ③ 육아휴직급여/출산 전후 휴가급여(고용기간 동안만 혜택)	• 고용노동부(근로복지공단)
	산재보험(산업재해보상보험)	• 근로자를 사용(고용)하는 모든 사업과 사업장의 사용자(근로자는 가입 대상이 아니고 수혜 대상임) • 보험료: [(근로자 개인별 보수총액) x (고용안정/직업능력개발사업의 보험료 + 실업급여보험요율의 1/2)]의 금액을 근로자별로 합한 총액(사업주만 부담)	• 수급자격: 사업장 근로자 • 급여(혜택) 종류: 요양, 휴업, 장해, 간병, 유족, 상병보상연금, 장의비, 직업재활	• 고용노동부(근로복지공단)

〈표 25-2〉 정부의 소득보장 관련 프로그램(계속)

구분	프로그램	가입 대상/자격	수급 조건/혜택	해당부처
법적 지급 보증	퇴직연금	• 근로자를 사용하는 모든 사업/사업장 • 사업장 근로자의 합의에 의해 퇴직연금제도와 퇴직금제도 중 하나 이상 선택 가능(근로자는 두 가지 중 하나에는 반드시 가입해야 함) • 퇴직연금제도: 사용자는 ① 확정급여형(납입금의 수준은 규약으로 정할 수 있으나 퇴직금 적립 수준 이상이어야 함)과 ② 확정기여형(사용자는 근로자의 1년간 총임금의 1/12 이상에 해당하는 금액을 납입하고 근로자는 개인적으로 일정금액을 추가납입 가능)의 두 가지 중 한 가지 또는 두 가지 모두 설정 가능. 두 가지를 모두 설정하는 경우는 비율의 합이 1 이상이어야 함 • 개인형퇴직연금제도: 퇴직금제도의 일시금수령자, 퇴직연금 가입자, 자영업자 등이 가입 가능하고 납입금은 전액 본인 부담이며, 적립금 운용방법은 스스로 선택 가능, 대통령령으로 정하는 한도액을 초과할 수 없음)	• 퇴직금제도: 1년 이상 계속 근무하는 경우 30일분 이상의 평균임금 이상을 적립한 원금과 이자의 총액을 일시금으로 수급 • 확정급여퇴직연금: 55세 이상 10년 이상 가입조건으로 일시금 또는 연금으로 수급(연금으로 수급하는 경우는 5년 이상으로 함) • 확정기여퇴직연금: 가입자가 운용방법을 스스로 선택/변경할 수 있고, 중도인출도 가능), 연금수령액은 운용결과에 달려 있으므로 확정액이 될 수 없음 • 개인형퇴직연금: 55세 이상 가입자에게 일시금 또는 5년 이상 연금으로 지급, 적립금 연금액은 확정액이 될 수 없음	• 고용노동부

〈표 25-2〉 정부의 소득보장 관련 프로그램(계속)

구분	프로그램	가입 대상/자격	수급 조건/혜택	해당부처
법적 지급 보증	주택연금	• 가입자격: 부부 중 1명이 60세 이상, 부부 기준 9억 이하 주택 소유자 • 주택을 담보로 하여 매월 일정액을 연금방식으로 수령하는 국가보증의 금융상품(역모기지제도)	• 연금수령 방식 ① 종신방식: 종신토록 매월 연금수령 ② 확정기간방식: 가입자가 선택한 일정기간 동안만 연금으로 수령 ③ 대출상환방식: 주택담보대출상환용으로 일부 대출하고 나머지를 종신토록 연금으로 수령 ④ 우대방식: 주택소유자/배우자가 기초연금수급자이고 부부 기준 1.5억 원 미만의 1주택 보유 시 종신방식보다 최대 13% 우대연금으로 수령	• 한국주택금융공사
	농지연금	• 만 65세 이상으로 농지(실제 이용 가능한 농지) 소유자이고 영농 경력 5년 이상자	• 종신형: 가입자(배우자)가 매월 일정금액을 종신토록 수령 • 전후후박형: 가입 초기 10년간 정액형보다 많이 11년째부터는 더 적게 연금으로 수령 • 일시인출형: 지급가능 총액의 30% 이내에서 필요금액을 수시로 인출함 • 기간정액형: 가입자가 선택한 일정기간 동안 매월 일정액을 연금으로 수령 • 경영이양형: 지급기간 종료시, 농어촌공사에 소유권 이전을 전제로 더 많은 연금을 받는 유형	• 농어촌공사
	개인연금	• 세제지원 개인연금(연금저축계좌): 연령에 관계없이 최소 5년 이상, 연간 1,800만 원까지 납입 가능)	• 55세부터 연금수령 가능하나 10년 이상 수령해야 함 • 수령액은 납입금액에 따라 다름 • 중도 인출 가능 • 연금수령 시 연금소득세 부과(연령에 따른 차등)	• 민간은행 및 보험사

생애주기 단계와 재무설계

돈은 생애주기에서 필수불가결한 생활자원이지만 일할 수 있는 능력을 기르고 사회에 진출하기 위해 준비하는 청소년기까지는 부모나 보호자에게 경제적으로 의존할 수밖에 없다. 청년기가 되어 경제적으로 자립하게 되면 본인의 결정과 책임으로 생애 재무설계를 하는 것이 바람직하다.

생애 재무설계는 반드시 소득이 있어야 할 수 있는 것이 아니다. 앞으로 다가올 생애주기 각 단계의 계획이므로 경제적 자립 이전이라도 계획하여 일부 실천할 수 있다. 따라서 실제로 용돈을 관리할 수 있는 학령기부터는 재무설계를 시작할 수 있다. 각 생애주기 단계에 따른 생애 재무설계의 중요한 유의사항은 다음과 같다.

1. 학령기

학령기는 부모나 보호자가 주는 용돈을 자신의 결정으로 사용할 수 있으므로 이 시기에는 건전한 소비습관을 기르는 것이 중요하다. 물론 부모나 보호자의 지도가 필요하다. 수입(용돈)을 어떻게 소비지출할 것인가를 본인이 결정하는 데 수입과 지출에 대한 예산을 세워 저축, 적절한 구매행동, 기부 등을 훈련하고 습관화할 수 있다.

2. 청소년기

청소년기에도 용돈을 지출하는 경우가 대부분이다. 하지만 스스로 노력하여 용돈을 버는 경험은 소득과 지출 관리를 통해 건전한 경제관념을 형성하는 데 도움이 될 수 있다. 아울러 저축, 적절한 구매 행동, 기부 등을 훈련하고 습관화해나갈 필요가 있다.

3. 청년기

청년기에는 경제적으로 자립하는 것이 일반적인 생활양태다. 생애 재무설계는 향후 생애기간 전체에 걸친 기본생활비와 다양한 생활영역의 목표달성 비용을 추정하고 그 비용을 마련하는 계획인 만큼 생애 재무설계를 포함한 생활영역별 생애설계를 본격적으로 시작하는 것이 좋다.

청년기라도 취업이나 창업을 준비하는 기간에는 부모나 보호자에게 경제적으로 의존하는 것이 일반적이다. 이런 경우라도 주어진 용돈이나 일시적 근로소득과 지출에 대해 예산수립과 실천을 통해 건전한 경제관념과 소비행동을 형성할 수 있다. 그리고 교육을 위해 학자금을 대출받을 수도 있다. 대출받은 학자금은 본인이 상환해야 할 부채가 될 수 있기 때문에 학자금 대출과 상환은 생애 재무설계의 주요사항이 될 수 있다.

취업하거나 창업으로 정기적 소득을 얻게 되면 본격적으로 그 이전에 마련한 생애 재무설계를 수정 보완하고 실천할 필요가 있다. 생애 재무설계를 시작하기 전에 금융지식을 체계적으로 습득하는 것이 중요하다. 재무설계는 전문적인 분야이기는 하지만 금융지식을 충분히 갖추면 스스로도 할 수 있고, 필요한 경우 전문가의 도움을 받아 할 수 있다. 청년기부터 생애 재무설계를 본인이 직접 하여 실천(저축/투자 포함)하면서 정기적으로 검토하고 수정할 수 있도록 금융지식과 실천 능력을 갖추는 것이 바람직하다.

생애 재무설계는 경제활동을 시작하는 청년기부터 시작하면 중년기 이후 시작하는 것보다 재무목표를 더 효과적이고 효율적으로 달성할 수 있다. 청년기의 재무목표에는 7대 생활영역의 일반생활비는 물론 결혼과 자녀출산 및 양육 비용, 주택마련 비용, 노후생활을 위한 3층보장(공적연금-퇴직연금-개인연금) 가입 비용, 그리고 경력개발과 연계한 자기개발을 위한 충분한 비용도 반드시 포함시켜야 한다(Gratton & Scott, 2016). 노후생활비 마련은 취업/창업 후 바로 시작하는 것이 좋다. 위험에 대비한 보험(자동차보험, 실손의료보험, 종신보험 등) 가입과 학자금 대출을 받은 경우는 대출금 상환 계획도 포함되어야 한다. 아울러 일정액을 지속적으로 사회에 기부하는 것도 균형 있는 삶의 방법임을 잊어서는 안 될 것이다.

4. 중년기

중년기는 생애주기 중에서 가장 많은 소득이 발생하며 지출도 가장 많은 시기다. 중년기의 생애 재무목표에는 7대 생활영역 목표달성 비용 및 일반생활비와 더불어 생애주기 단계별 특정지출 비용(생애 이벤트 비용 등)이 포함되어야 한다. 주요 특정지출 비용에 포함될 것은 자녀 교육비, 자녀독립 지원비, 노후자금 준비비(3층보장), 부모님 지원비, 경력개발과 연계한 학습과 자기개발 비용, 사회기부금, 위험에 대비한 적절한 보험가입 비용 등이다. 퇴직/사적 연금은 가능하면 본인이 직접 관리하는 방법을 선택하고, 새로운 금융지식을 계속 습득하여 본인 결정으로 저축과 투자를 현명하게 할 수 있도록 노력하는 것도 중요하다.

장년기 이후 생활비 준비에 큰 걸림돌이 될 수 있는 자녀지원 사항은 자녀와의 충분한 대화를 통해 원칙을 정할 필요가 있다. 결혼과 자녀독립에 대한 지원, 장년기 이후 본인/배우자의 건강 약화 시 주거 방법, 장기요양, 자신/배우자의 연명 문제 등에 대해서도 자녀들과 상의하여 원칙을 미리 정하는 것이 좋다. 또한 부모로서 자녀의 지원을 받는 원칙, 노후 부동산의 활용(주택/농지 연금 등) 등에 대한 원칙도 미리 정하는 것이 바람직하다.

5. 장년기

2010년대 후반 우리나라 사회경제적 제도와 문화 속에서 장년기는 대부분 직장인(피고용자)이 퇴직하여 재취업이 어려운 상황이다. 하지만 향후 20년 내에는 정년이 70세까지 연장될 것이고 70세를 넘어 일할 확률도 커질 것이다. 저출산과 고령화의 영향으로 70대까지도 계속 일해야 할 사회적 환경도 만들어질 것이다. 따라서 60~70대 장년층은 일할 수 있는 충분한 건강을 유지하고, 능력도 계속 개발하여 지속적으로 소득을 창출할 수 있는 방법을 찾아야 할 것이다.

직업 관련 기술과 지식은 계속 발전하고 있기 때문에 지금까지 배운 지식, 기술, 경험만으로는 안정된 일자리를 찾기 어렵다. 따라서 계속적인 자기개발을 통해 새로운 지식과 기술을 체계적으로 습득하고 보충하여 안정적인 취업이나 창업을 준비해야 할 것이다. 계속 일하기 위해 적어도 퇴직 5~10년 전부터 준비해야 하고 준비 못한 경우는 퇴직 후 2~3년 이상까지도 과도기를 가지면서 앞으로 10년 이상 더 일할 수 있도록 집중적으로 준비해야 할 것이다. 이를 위한 퇴직 전과 과도기의 자기개발(경력개발) 비용은 생애 재무설계에 반드시 포함시켜야 할 것이다.

장년기에도 7대 생활영역 목표달성을 위한 비용 준비가 재무목표의 가장 핵심내용이 되어야 할 것이다. 지속적으로 새로운 금융지식을 습득하여 자산관리를 포함한 재무목표 달성을 위해 노력할 필요가 있다(Li 등, 2019). 장년기 초기까지는 아직도 자녀에 대한 지원, 부모에 대한 지원, 건강 약화 시의 비용과 돌봄 방법 및 주거 형태, 연명 치료 등에 대한 원칙을 가족과 대화를 통해 결정할 필요가 있다. 또한 건강 약화 시 법률대리인 지정과 상속과 증여에 대한 원칙 결정도 중요하다. 추가로 사적 건강보험(실손의료보험, 보장성보험 등) 가입도 필요하고, 주택/농지 연금을 소득원으로 활용하는 방안도 생각할 수 있다.

이 시기는 여가활동이 중요하므로 국내외 여행비를 포함한 여가활동 비용을 준비하는 것도 필요하다. 또한 소득이 줄어든 상황에서 경조사비 지출은 상당한 부담이 될 수 있으므로 이에 대한 비용 마련도 필요하고, 금액에 관계없이 기부도 계속하는 것이 바람직하다.

6. 노년기

80세 이후의 노년기에도 7대 생활영역 목표달성 비용을 준비해야 하지만 그 이전 단계보다 생활비가 줄어들게 되는 점을 고려하여 7대 생활영역에 대한 우선순위를 정하고 비용을 조정할 필요가 있다. 다양한 활동보다는 선택적으로 활동의 우선순위를 정하고 내면적인 성찰과 영성을 발휘하여 지나온 일생에 의미를 부여하고 죽음 후의 자신의 존재 의미를 확실히 정리하고 현실적인 죽음 준비를 잘하는 것도 중요하다. 노년기에도 발달이 계속 이루어지는데 그 발달은 신체적 발달보다는 정신적/영적인 면에서 성숙해지는 것이다. 생활에 적응하고 가족, 친구와의 접촉과 대화를 즐기면서 자서전을 쓰거나 전문가로서의 자신의 지식과 기술을 글로 정리하는 것도 바람직하다. 이러한 활동에 필요한 비용도 마련할 필요가 있다.

건강 약화 시의 돌봄 방법과 주거장소(자택/시설) 형태, 연명 치료, 법률대리인 지정 등에 대한 원칙도 가족과 재확인하는 것이 중요하다. 경조사비 지출과 재산 상속과 증여에 대한 원칙을 수립하거나 재확인할 필요도 있다. 주택/농지 연금 활용도 중요 소득원이 될 수 있는 점을 고려할 필요가 있다.

생애 재무설계의 방향과 절차

1. 생애 재무설계의 원칙적 방향

(1) 장년기 이후 생활비 마련은 본인 책임으로 인식하라: 미래의 평균수명 연장, 국가 노후소득 보장제도의 한계, 자녀세대의 소비생활 중시 경향, 가족 가치관의 변화 등을 고려하면 자녀의 지원을 기대하기 어렵기 때문에 퇴직/은퇴 이후 생활비 마련은 전적으로 본인이 책임져야 한다는 원칙으로 준비해야 할 것이다.

(2) 생활수준과 소득기준으로 소비대체율/소득대체율을 활용하라: 소비대체율은 생활수준을 정하기에 편리하기 때문에 퇴직 전에는 소비대체율 기준으로 소득과 지출을 통제해 여유자금을 다른 생활 영역 목표달성과 퇴직 이후 생활자금 마련에 충당하는 것이 바람직하다. 퇴직 후에는 소득대체율 기준으로 소득과 지출을 통제할 필요가 있다.

(3) 언제까지 일할 것인가를 먼저 결정하라: 언제까지 일할 것인가는 직업·경력설계 영역 사항이지만 소득창출과 밀접하게 연관되어

있기 때문에 언제까지 일할 것인가를 정하는 것이 소득을 추정하는 데 중요한 요인이 된다.

(4) 생애 재무설계를 빨리 시작하라: 생애 재무설계를 빨리 시작할수록 재무목표 달성이 쉬워진다. 아동기나 청소년기에는 용돈관리를 통해 예산 세우기와 수입/지출 관리 등을 연습할 수 있다. 청년기의 취업 이후부터는 본격적인 생애 재무설계를 시작할 수 있기 때문에 빨리 시작할수록 재무목표 달성 가능성이 높아진다.

(5) 생애주기 단계별 7대 생활영역 목표달성 비용을 포함하라: 생애주기 단계별 7대 생활영역(선택된 일부 영역)의 목표달성 비용을 포함하는 재무목표를 설정해야 한다. 이렇게 하는 것이 생애 재무설계의 진정한 목적에 부합되고, 일반 재무설계와 차별되는 특성이고 장점이다.

(6) 생애주기 단계별 및 생활영역별 비용과 재무목표를 조정하라: 재무목표의 핵심은 7대 생활영역 비용을 마련하는 것이므로 각 생활영역 비용을 조정할 필요가 있다.

(7) 장년기(퇴직) 이후를 좌우하는 다섯 가지 리스크에 잘 대응하라: ① 장수 리스크에는 계속 일하는 것(평생 현역)으로 대응하고, ② 건강 리스크는 보험으로 대응하고, ③ 자녀 리스크는 (공적 및 사적) 연금으로 대응하고, ④ 부동산에 편중된 자산관리 리스크는 인식을 바꾸어 자산구조를 새롭게 조정하여 대응하고, ⑤ 저금리/인플레이션 리스크는 현명한 저축/투자 상품 선택으로 대응하는 것이 효과적이다(강창희, 2016).

(8) 장년기 이후 생활비는 3층보장으로 준비하라: 노후소득은 기본적으로 공적연금(1층)-퇴직연금(2층)-개인연금(3층)의 3층으로 준비하되 소득대체율을 70~80%로 유지하는 것을 목표로 삼는 것이 적합하다.

(9) 과도기 지출을 준비하라: 청년기 이후 생애주기 사이에 이직/전직, 퇴직, 재취업, 직업훈련, 자기개발을 위한 소득 공백기(2~3년까지 걸릴 수도 있음)가 발생할 것에 대비하여 과도기 소비지출에 충당할 별도의 대책을 세우는 것이 현명하다(Gratton & Scott, 2016).

(10) 지출(소비)을 적절히 관리하라: 건전한 소비습관 형성, 예산 수립과 실천하기 연습, 소비품목 조정, 절세방법, 보험 가입 등으로 지출을 현명하게 통제하고 조정하도록 노력해야 한다.

(11) 부부간 수명 차이를 고려하라: 여성의 평균수명이 남성보다 5~6세 정도 길기 때문에 기혼 남성은 본인 사망 이후 배우자의 노후 자금까지 준비해야 한다.

(12) 금융지식을 충분히 습득하라: 소득을 올리고 자산을 관리하는 데 필요한 금융지식을 충분히 습득하고 계속 새롭게 보완해나가는 것은 생애 재무설계의 중요한 전략이 된다(Gratton & Scott, 2016). 특히 퇴직연금과 개인연금에서 가입자가 선택적으로 직접 운영할 수 있는 부분도 있고, 우리나라도 앞으로 외국처럼 가입자가 직접 운영하는 부분이 많아질 가능성도 크기 때문에 금융지식의 필요성은 더욱 높아질 것이다(Li 등, 2019).

2. 생애 재무설계 주요 내용과 절차

생애 재무설계를 스스로 마련하여 실천하기 위해서는 금융지식과 더불어 재무설계에 대한 전문지식을 갖추는 것이 바람직하다. 본인이 직접 설계하기 어려운 경우 전문가와의 상담을 통해 설계해야 한다.

기존 재무설계는 단순한 생활자금과 생애주기 단계 주요 사건의 비용 준비 대책 정도에 그치는 경우가 대부분이다. 또한 지출항목도 생활영역별로 구분되지 못하고, 소득구조와 자산구조도 현재의 상태만 나타냄으로써 자신의 다양한 생활영역과 연결하여 인생의 청사진을 그려보기에는 한계가 크다. 하지만 생애 재무설계는 자신의 현재 삶과 앞으로 목표로 하는 삶이 다양한 생활영역에서 어떻게 연결되어 있고 그러한 삶을 위해 어떻게 해야 할 것인가를 생각하게 함으로써 생애 재무설계의 동기를 부여해준다.

설계자가 생애주기의 어느 단계에 있느냐와 개인적 선호도에 따라 7대 생활영역 모두 또는 일부 영역만 선택할 수 있으며, 비용은 생활영역별 목표달성 비용과 일상생활 비용을 모두 포함해야 한다. 생애 재무설계는 다른 생활영역의 모든 비용을 포함시켜야 하기 때문에 다른 영역의 설계가 모두 끝난 후 마지막으로 하는 것이 효과적이다.

생애 재무설계 절차는 큰 틀에서는 생애설계의 절차와 같지만 세부적인 절차에서는 다른 면이 있다. 생애 재무설계의 절차를 좀 더 상세히 설명하면 다음과 같다.

1) 생애 재무사명 확립

재무 영역의 생애사명에 대해서는 앞의 설명을 참고하기 바란다.

2) 생애 재무목표 설정

생애 재무목표의 핵심내용은 ① 목표지출(액), ② 목표소득(액), ③ 목표 (순)자산, ④ 자산운용 방법별 소득(액)이 될 수 있다. 이 중 가장 핵심적인 목표지출과 목표소득 계산 절차는 다음과 같다.

(1) 현금흐름표 작성 및 분석

현금흐름표는 가계부와 비슷한 것으로 일정기간(1년 단위)의 현금의 유입(수입)과 유출(지출)을 항목별로 기록하여 항목별 유입과 유출을 파악하고, 항목별 지출을 비교하고, 또한 전체 유입과 유출 결과(흑자 또는 적자)를 알아볼 수 있는 표다.

현금흐름표는 1년 단위로 작성하는 것이 좋지만 6개월 단위도 가능하다. 6개월~1년간의 소득과 지출 기록이 있으면 그 자료로 작성하고, 과거 기록이 없으면 현재부터 6개월~1년간 기록한 후 작성하는 것이 바람직하다. 하지만 시급한 경우는 현재부터 6개월~1년을 추정하여 작성할 수밖에 없다. 현금흐름표 양식은 〈표 25-3〉과 같다.

현금흐름표 분석을 통해 각 생활영역의 지출에 낭비는 없는지, 특정 항목의 비중이 지나치게 큰 것은 없는지, 생활영역별로 균형 있게 지출되고 있는지, 확인되지 않고 낭비하는 돈은 없는지, 유입과 유출을 비교하여 저축과 투자의 여력을 확인할 수 있다.

〈표 25-3〉 현금흐름표 양식

현금흐름표(20XX년 1월 1일~20XX년 12월 31일: 1년간)			
현금 유입		현금 유출	
항목	금액	항목	금액
1. 근로소득		1. 7대 생활영역 소비지출 (소멸성)	
2. 사업소득		2. 7대 생활영역 저축/투자 (저축성)	
3. 연금소득		3. 부채상환	
4. 이전소득		4. 기타	
5. 재산소득			
6. 상속/증여소득			
7. 기타 소득			
총유입		총유출	

(2) 현재 자산-부채 상태의 분석 및 평가

자산이란 재산과 비슷한 용어로 현금, 예금, 증권, 채권, 자동차, 부동산 등과 각종 유·무형의 법적 권리를 의미한다. 부채는 일상생활비, 특정 소비지출 또는 자산취득을 위해 은행 등에서 빌린 것으로 상환해야 할 의무가 있는 자금을 의미한다. 자산에서 부채를 차감한 나머지를 순자산 또는 자기자본이라 한다. 생애 재무설계를 하는 현 시점에서 개인 또는 가계의 자산-부채 상태표(재무상태표라고도 함)를 작성하여 자산상태와 부채를 분석한다.

자산상태 분석에서 자산의 구성을 살펴보아야 한다. 부동산 자산이 지나치게 많진 않은지, 투자자산의 구성은 어떻게 되어 있는지, 자산이 적절하게 분산되어 있는지를 살펴보아야 한다. 우리나라 경우 자산이 선진국보다 부동산에 편중되어(평균 80% 정도) 있는 것이 문제인데 그 이유는 부동산 가격이나 금리의 변동에 의한 위험성도 높고(박광수 등, 2018), 장기적으로는 세대갈등 요인도 될 수 있어 부동산 소득에 대한 국가 규제가 강화될 수도 있기 때문이다.

부채의 분석은 현금흐름표와 자산-부채 상태표를 이용하여 부채의 규모, 용도, 부채 부담 등을 살펴보아야 한다. 부채의 규모가 총자산에 비해 지나치게 많진 않은지, 부채가 가계의 재무상태를 바람직한 방향으로 이끌고 재무목표 달성에 도움이 되는 것인지, 부채상환액이 지나치게 부담이 되진 않는지를 살펴보아야 한다. 부채가 없는 것이 좋지만 적절한 부채는 재무목표 달성에 효과적일 수도 있다. 자산-부채 상태표 양식은 〈표 25-4〉와 같다.

(3) 목표기간 및 목표시점의 목표지출액과 목표소득(액) 계산

목표기간은 최종-대-중-소 각각의 목표달성 시점 사이의 기간을 말

〈표 25-4〉 자산-부채 상태표(개인 재무상태표) 양식

자산-부채 상태표(20XX년 12월 31일 현재)		
항목		금액
자산	1. 부동산 2. 금융자산 3. 기타 자산	
	자산 총계	
부채	1. 주택 구입 2. 사업부채 3. 생활부채 4. 기타 부채	
	부채 총계	
순자산		

한다. 현재(1년간)의 지출을 소멸성 지출과 저축성 지출로 나눈다. 소멸성 지출은 즉각 목적을 달성하고 사라지는 것을 말하고, 저축성 지출은 미래 목표달성과 일상생활을 위해 자산(금융자산, 부동산자산, 기타 자산[그림, 골동품 등])으로 축적되는 것을 말한다.

목표지출은 목표기간별 7대 생활영역별 목표달성에 필요한 지출을 포함한 모든 지출을 포함하여 계산해야 한다. 계산에는 생애주기 단계별 특성(발달과업 등)을 충분히 고려해야 하고, 향후 소득증가율, 물가상승률, 이자율, 투자수익률, 부부의 각각 다른 평균수명 등을 가정하여 반영할 필요가 있다. 소득증가율, 물가상승률, 이자율, 투자수익률 등을 고려한 계산 결과는 미래 지출목표, 소득목표, 자산목표의 규모를 각각의 목표시점의 가치로 추정한 것이다. 하지만 미래가치보다는 현재가치로 계산하는 것이 생애 재무설계의 이해와 필요성을 높일 수 있다.

목표지출액 산출은 우선 목표기간별 시작 연도 1년간의 7대 생활영역별 목표달성 비용을 포함한 모든 예상지출 항목을 소멸성 지출과

저축(저축·투자)성 지출로 나누어 계산한다(〈표 25-5〉 활용). 이를 근거로 목표기간 매년 지출액과 목표시점(목표연도) 지출액 그리고 목표기간 매년 지출액을 합산한 목표기간 (총)지출액을 산출한다(〈표 25-6〉 활용).

소득원은 근로소득, 사업소득, 연금소득(사적연금은 재산소득, 공적연금은 이전소득에 포함하는 경우도 있으나 두 가지는 연금소득으로 별도로 구분하는 것이 바람직함), 재산소득(금융소득, 자산소득, 주택연금, 농지연금, 자산매각 등), 이전소득(근로의 대가가 아닌 것으로 주어지는 가족의 지원금, 국가 지원금 등), 상속/증여 소득, 기타 소득(부의금, 축하금, 당첨금 등)으로 구성되며(〈표 25-7〉 참조), 생애주기 단계에 따라 소득원 구조는 변할 수 있다.

목표소득도 목표기간 시작 연도 1년 소득을 소득원별로 추정·산출한 후(〈표 25-7 활용〉) 이를 근거로 목표기간의 매년 소득액과 목표시점 연도 소득, 그리고 매년 소득을 합산한 목표기간 (총)소득을 산출한다(〈표 25-8〉 활용). 기혼자는 부부 각각의 평균수명 차이를 반드시 반영해야 한다.

목표소득은 목표지출보다 최소한 같거나 더 많아야 하고 달성이 불가능하지 않도록 목표지출과 목표소득을 상호 조정할 필요가 있다.

(4) 목표소득 확보 방안

목표지출(액)을 충당하기 위한 목표소득(액)의 확보 방안은 다음과 같다.

① 지출 (재)조정: (가) 기본생활비 절약, (나) 7대 생활영역 지출 비중 조절, (다) 자녀지원 원칙 확립, (라) 장기요양, 연명치료 등에 대한 원칙 확립, (마) 부채 정리, (바) 절세, (사) 위험대비 보험 가입 및 조정, (아) 기타 방안. 이 같은 지출 조정은 사실상 직접적인 목표소득 확보 방안이 아니라 목표소득에 목표지출을 맞추는 최종적이고 간접적 확보 방안이라 할 수 있다.

〈표 25-5〉 7대 생활영역별 연간 예상지출 산출표

구분			직업·경력		학습·자기개발		건강		가족·사회관계		주거		사회참여·봉사		여가·영적활동	
구분	연간 지출 구분	소멸성 지출	직무능력개발		일반자격증		병원/약국비		자녀교육비		주택임대료(월세)		자원봉사관련비		여행/독서비	
			고용보험료		일반자기개발비		건강검진비		자녀일반개발비		주택담보이자		사회단체활동비		문화생활비	
			공적연금 보험료		대학교육비		간병비(부부)		자녀용돈		손해보험료		기부금		취미/동호회비용	
			퇴직금기여금		석사교육비		건강식품비		본인/부인 용돈		주택관리비		기타		여행비	
			사업장 임차비(월세)		박사교육비		운동비 (일반/치료용)		부모용돈/지원금		주택재산세				도서비	
			직업훈련비		특별과정교육비		기타		형제모임 비용		기타				신문/잡지비	
			기타		기타				친구모임 비용						기호품비	
									의류/이미용비						영적활동비	
									식료품비						기타	
									공공요금							
									통신비							
									대중교통비							
									자동차세/비용							
									토지/종합소득세							
									반려동물비							
									경조사비							
									기타							
			소계													
		저축성 지출	예/적금		예/적금		예/적금		본인결혼 준비금		주택담보상환금		예/적금		예/적금	
			펀드		펀드		펀드		자녀 주거/ 결혼지원금		예/적금		펀드		펀드	
			만기보험		만기보험		보장성보험		자동차할부금		펀드		만기보험		만기보험	
			사업장전세금				국민건강보험료 (장기요양 포함)		예/적금							
									펀드							
									개인연금							
			소계													
지출 총계																
비중																
소멸성 비중																
저축성 비중																

〈표 25-6〉 목표시점(연령) 및 목표기간별 목표지출 산출표

구분	시점/ 해당기간	영역 목표/영역별 지출 소계	직업·경력		학습·자기개발		건강		가족관계		주거		사회참여·봉사		여가·영적활동	
			소멸성	저축성	소멸성	저축성	소멸성	저축성	소멸성	저축성	소멸성	저축성	소멸성	저축성	소멸성	저축성
대목표 시점에서 최종목표 시점까지	목표연령 (시점)															
	기간(년)															
중목표 시점에서 대목표 시점까지	목표연령 (시점)															
	기간(년)															
소목표 시점에서 중목표 시점까지	목표연령 (시점)															
	기간(년)															
현재 시점에서 소목표 시점까지	목표연령 (시점)															
	기간(년)															
전체 목표기간 목표지출 총계																
영역별 비중		100%														

〈표 25-7〉 연간 목표소득 산출표

구분	근로/사업소득		연금소득 (공적/사적연금)		이전소득 (국가/사적지원금)		재산소득 (금융자산소득/ 실물자산소득/자산매각소득)		증여/상속소득		기타 자산		총소득
	항목	금액	항목	금액	항목	금액	항목	금액	항목	금액	항목	금액	
본인	정기소득		공적연금		기초연금		금융소득		증여소득		부/축의금		
	부정기소득		퇴직연금		기초생활 보장		재산소득		상속소득		복권/상금		
	기타 소득		개인연금		자녀지원금		재산매각 소득				저작권		
	퇴직금										기타		
	계												
배우자	정기소득		공적연금		기초연금		금융소득		증여소득		부/축의금		
	부정기소득		퇴직연금		기초생활 보장		재산소득		상속소득		복권/상금		
	기타 소득		개인연금		자녀지원금		재산매각 소득				저작권		
	퇴직금										기타		
	계												
합계													
비중(%)													100%

〈표 25-8〉 목표기간 및 목표시점별 목표소득 산출표

구분		근로/사업 소득	연금소득	이전소득	재산소득	증여/상소 소득	기타 소득	총계
대목표 시점에서 최종목표 시점까지	목표시점 (연령)							
	목표기간 (OO년간)							
중목표 시점에서 대목표 시점까지	목표시점 (연령)							
	목표기간 (OO년간)							
소목표 시점에서 중목표 시점까지	목표시점 (연령)							
	목표기간 (OO년간)							
현재 시점 에서 소목표 시점까지	목표시점 (연령)							
	목표기간 (OO년간)							
전체 기간 영역별 목표소득 총계								
영역별 비중								100%

② 근로·사업소득 증대: (가) 계속근로(취업/창업)/승진/이직/전직, (나) 부업(본인/배우자), (다) 퇴직 후 취·창업 등. 이 같은 방안은 경력설계를 통해 확보되어야 할 사항으로 경력설계에 밀접하게 연계시켜야 한다.

③ 자산운용: (가) 공적 및 사적 연금 활용과 기타 방안(금융지식 습득에 의한 투자 운영의 효과성 증대, 상속자산 활용 등), (나) 저축과 투자, (다) 주택 및 농지 연금 활용, (라) 기타 방안(금융지식 습득에 의한 투자

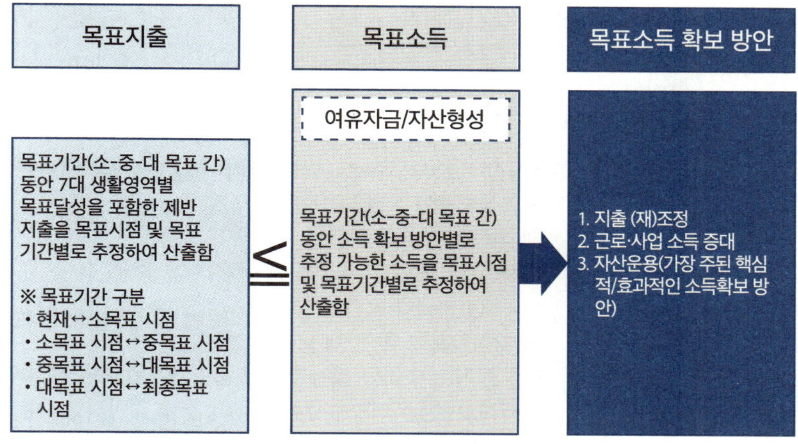

〈그림 25-2〉 목표지출-목표소득-목표소득 확보 방안 관계

운영의 효과성 증대), (마) 세무관리, (바) 상속/증여 관리. 이 같은 자산운용은 현실적으로 가장 쉽게 활용할 수 있는 효과적인 방안이고, 이 중 저축과 투자는 가장 많이 활용하는 방안이다.

이상에서 설명한 목표지출, 목표소득 및 목표소득 확보 방안을 요약 정리하면 〈그림 25-2〉와 같다.

(5) 목표지출 및 목표소득 계산방법

〈표 25-5〉에서 〈표 25-8〉까지 네 가지 표의 구체적 액수를 계산하는 방법을 상세히 설명하면 〈표 25-9〉와 같다. 목표기간 중 매년 목표지출과 목표소득이 상당히 달라질 수도 있기 때문에 목표기간 평균을 추정하여 목표기간(연수)을 곱하는 식으로 목표기간의 (총)지출과 (총)소득을 계산하면 정확성이 크게 떨어질 수 있다. 번거롭더라도 연도별로 지출과 소득(목표연도 지출과 소득 포함)을 계산하는 것이 바람직하다. 그리고 목표기간 (총)지출과 (총)소득도 연도별로 액수를 합산한다.

〈표 25-9〉 목표(지출/소득)금액 산출원칙

<table>
<tr><th colspan="3">구분</th><th>계산 원칙과 방법</th></tr>
<tr><td rowspan="6">목표지출</td><td rowspan="3">목표시점지출</td><td>소멸성 지출</td><td>• 7대 생활영역별 연간 예상지출 산출표(표 25-5)의 소멸성 지출항목의 1년간 예상지출 총액(A)을 산출한다.
• 1년간 예상지출액을 근거로 일부 지출은 예상 연평균 물가상승률을 적용하여 연도별 지출액(nA)을 산출한다.
• 매년 산출액 중 최종연도 산출액이 목표연도 소멸성 지출액(fA)이 된다.</td></tr>
<tr><td>저축성 지출</td><td>• 7대 생활영역별 연간 예상지출 산출표(표 25-5)의 저축성 지출항목의 1년간 예상지출 총액(B)을 산출한다.
• B를 근거로 영역별 특정지출이 목표기간 중 매년 계속 이루어질 것인지 어느 시기(연도)에 끝날 것인지를 구분하여 목표기간 연도별 지출액(nB)을 산출한다.
• 매년 산출액 중 최종연도 산출액이 목표연도 저축성 총지출액(fB)이 된다.</td></tr>
<tr><td>목표시점 지출</td><td>• 목표시점 총지출(C) = fA + fB</td></tr>
<tr><td rowspan="3">목표기간지출</td><td>소멸성 지출</td><td>• 목표기간의 총소멸성지출(tA) = nA의 총합산액</td></tr>
<tr><td>저축성 지출</td><td>• 목표기간의 총저축성지출(tB) = nB의 총합산액</td></tr>
<tr><td>목표기간 지출</td><td>• 목표기간 총지출(D) = tA + tB</td></tr>
<tr><td rowspan="3">목표소득</td><td rowspan="3">목표시점소득</td><td>근로·사업소득</td><td>• 현 직장(활동)의 임금상승률, 승진시 직급별 임금수준, 성과급 등을 고려하여 산출한 매연도 소득(nK1) 중 목표연도 소득(fK1)</td></tr>
<tr><td>연금소득</td><td>• 공적연금 소득: 해당연도 연금수급액(nK2) 중 목표연도 연금수급액(fK2)
• 사적연금 소득: 연금기여금과 수령기간을 고려한 연금가입 후 연금수급 시작 연도부터 매년 연금수급액(nK3) 중 목표연도 연금수급액(fK3)</td></tr>
<tr><td>이전소득</td><td>• 목표기간 중 해당 연도의 국가 생활지원금(국민기초생활보장, 기초연금 등)의 연간총액에 연평균 물가상승률을 곱한 매년 수급액(nK4) 중 목표연도 수급액(fK4)</td></tr>
</table>

〈표 25-9〉 목표(지출/소득)금액 산출원칙(계속)

구분			계산 원칙과 방법
목표소득	목표시점소득	재산소득	• 저축/적금: 목표기간 동안 매년의 저축/적금의 이자총액(nK5) 중 목표연도 이자총액(fK5) • 금융투자: 목표기간 동안 납입액, 납입기간(거치기간), 목표수익률을 고려한 매년 수익액(nK6) 중 목표연도 수익액(fK6) • 부동산 임대소득: 매년 추정 임대료(nK7) 중 목표연도 임대료(fK7)
		증여·상속소득	• 목표기간 연도별 예상액(nK8) 중 목표연도 예상액(fK8)
		기타소득	• 매년 예상소득(nK9) 중 목표연도 예상소득(fK9)
		목표시점 소득	• 총액(J) = fK1- fK9까지 총합산액
	목표기간소득	목표기간 소득	• 총액(M) = nK1- nK9까지 총합산액

(6) 생애 재무목표 설정 시 유의사항

목표체계에 따라 (남은)생애기간을 목표기간(현재 ↔ 소목표, 소목표 ↔ 중목표, 중목표 ↔ 대목표, 대목표 ↔ 최종목표)별로 나누어 목표시점을 정하고 여기에 맞춰 목표지출과 목표소득을 설정해야 한다. 또한 목표시점의 추정 현금흐름표와 추정 자산-부채상태표도 작성하는 것이 바람직하다. 향후 10년 목표는 1년 단위로 나누어 좀 더 상세히 설정하되 가능하면 목표시점과 목표기간의 목표지출, 목표시점과 목표기간의 목표소득, 목표시점의 자산상태를 설정해야 한다. 재무설계를 처음 시작하는 시기(연령)에 따라 향후 10년 목표에는 대-중-소 목표의 일부가 포함될 수도 있다.

이상에서 설명한 생애 재무설계의 목표설정 절차를 요약하면 〈그림 25-3⟩과 같다.

3) 재무목표 달성을 위한 시간관리 계획 수립

재무목표 달성을 위한 시간관리 계획은 현재 연도의 시간관리 계획이므로 현재 연도 1년간 재무목표를 달성하기 위한 월간(12개월 또는 남은 개월) 재무목표만 먼저 설정하고, 각 월간목표에 따른 월간 시간사용 계획표는 현재 달 것을 제외하고는 1년 동안 재무목표 달성계획을 실천해나가는 동안 매월 작성한다. 현재 달 이외의 주간 재무목표와 시간사용 계획표도 실천하면서 작성한다. 다만 현재 달의 월간 재무목표에 따른 월간 시간사용 계획표 그리고 현재 달 4주간 재무목표는 재무설계를 완료하는 시점인 현재 설정하고 작성한다. 또한 현재 달 현재 주 이외의 남은 주간의 재무목표에 따른 주간 시간사용 계획표는 매주 다음 주간 재무목표와 시간사용 계획표를 설정하고 작성한다.

생애 재무설계를 작성하는 현재 연도 1년간 월간 및 주간 재무목표가 대단히 중요하므로 시간관리 계획에 상세히 반영하여 재무목표 설정과 재무목표 달성의 실천행동이 시간관리를 통해 잘 이루어지도록 해야 할 것이다. 특히 목표소득 확보 방안으로 자산운용은 청년기부터 가능하기 때문에 생애 재무설계를 작성하는 현재 연도 1년간 12개월의 재무목표 설정, 현재 달 4주간의 재무목표 설정, 현재 주의 주간 시간사용 계획표 작성은 그 어느 시기의 재무 관련 행동보다 중요함을 명심해야 할 것이다.

4) 생애 재무설계의 실천·평가·수정

생애 재무설계를 1년 단위 시간관리 계획에 따라 실천하되 분기별 또는 6개월 단위로 평가하여 필요하면 생애 재무설계 전체(현재 연도, 향

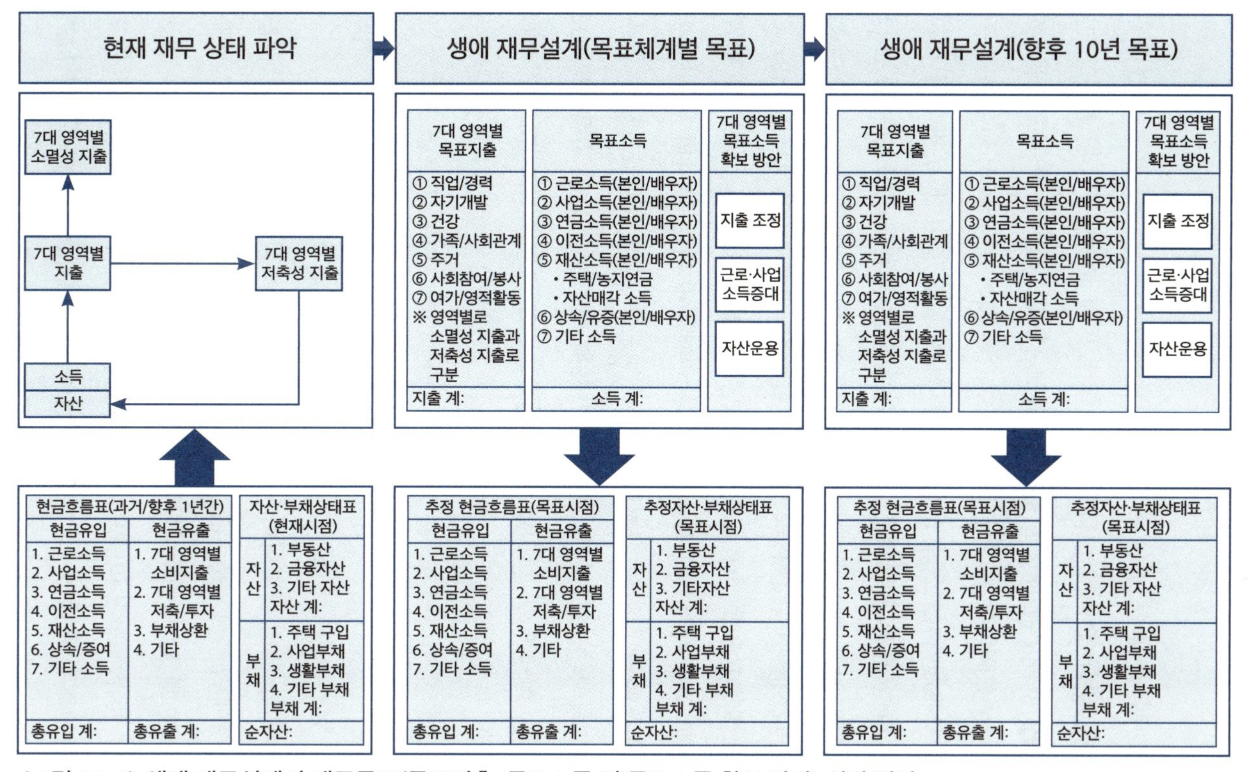

〈그림 25-3〉 생애 재무설계의 재무목표(목표지출, 목표소득 및 목표소득 확보 방안) 설정 절차

후 10년, 최종-대-중-소 목표 체계) 또는 일부를 수정해나가도록 한다.

생애 재무설계는 시간이 더 많이 걸린다

생애설계를 1차적으로 완료하려면 시간이 많이 걸린다. 자신의 장래 삶에 대한 진지한 계획은 간단히 이루어질 수 있는 것은 아니다. 길게는 1년까지도 걸릴 수 있다. 생애 재무설계는 특히 목표설정과정에 많은 시간이 걸린다. 다른 생활영역 목표의 조정도 필요하고, 현금흐름표 작성도 6개월 이상 걸릴 수 있고, 계산할 것도 많고, 금융지식이 부족하면 전문가의 도움을 받아야 하기 때문에 다른 영역의 설계에 비해 훨씬 많은 시간이 걸린다.

기존 재무설계에서도 그렇지만 특히 생애 재무설계의 컨설팅이나 상담을 제대로 받으려면 전체 상담기간을 길게 잡고 최소한 3~4회 상담이 필요하다. 그런데 만나는 시간 간격을 2~3일이나 일주일 단위로 해서 전체 상담기간을 1~2개월 이내로 잡는다면 자료를 정리하고, 분석하고, 계산하고, 생각하기에는 너무 짧은 기간이다. 따라서 상담시간 간격을 1~2개월로 여유 있게 잡아 길게는 1년까지도 걸릴 수 있도록 하는 것이 바람직하다.

생애 재무설계를 포함한 8대 생활영역 전체의 생애설계를 1~2주 내 또는 한 달 내에도 할 수 있다. 그러나 긴 생애기간을 생각하면 충분한 시간을 가지고 깊이 있게 생각하여 완료하는 것이 바람직하다. 일단 완료된 후에는 실천하면서 정기적 평가를 통해 계속 수정해나가는 것이 바람직하다.

생애 재무설계의 예시

1. 20세 대학생 K

〈표 25-10〉 생애 재무설계 목표체계(20세 K)

구분	목표기간	목표서술
생애사명		• 여유 있는 가족생활을 하고, 사회공헌을 할 수 있는 자산을 보유한다.
최종목표	목표시점 (75세)	• 75세까지 순자산 16억 원을 유지하고, 자산의 90%는 상속하고 10%는 사회에 기부한다.
	목표기간 (15년)	• 기간 내 목표지출 6억 원(소멸성 5.4억 원, 저축성 6,000만 원), 목표소득 5.5억 원을 달성한다.
대목표	목표시점 (60세)	• 60세까지 순자산 16억 원, 연소득 4,000만 원, 연지출 3,600만 원의 재무상태를 만든다.
	목표기간 (15년)	• 기간 내 목표지출 18억 원(소멸성 10.5억 원, 저축성 7.5억 원), 목표소득 18억 원을 달성한다.
중목표	목표시점 (45세)	• 45세까지 순자산 6억 원, 연소득 8,000만 원, 연지출 7,000만 원의 재무상태를 만든다.
	목표기간 (15년)	• 기간 내 목표지출 12억 원(소멸성 7.2억 원, 저축성 4.8억 원), 목표소득 12억 원을 달성한다.
소목표	목표시점 (30세)	• 순자산 1억 원, 연소득 4,000만 원, 연지출 2,400만 원의 재무상태를 만든다.
	목표기간 (10년)	• 기간 내 목표지출 2.4억 원(소멸성 1.44억 원, 저축성 0.96억 원), 목표소득 2.4억 원을 달성한다.

〈표 25-11〉 생애 재무설계 향후 10년 목표(20세 K)

연령	목표서술
목표 기간	• 향후 10년간 순자산 1억 원, 목표지출 2.4억 원, 목표소득 2.4억 원을 달성한다.
20	• 생애 재무설계를 완료한다. • 서적/TV/인터넷을 통해 올바른 용돈관리 방법을 배우고 매일 가계부를 작성한다.
21	• 채권형 펀드에 매월 5만 원씩 투자해 7% 수익률을 올린다.
22	• 식품제조업체에서 인터십을 통해 경제활동을 경험한다.
23	• 경제신문 구독을 통해 경제·금융 상식을 함양한다.
24	• 24세까지 20세의 재무설계를 그대로 유지한다.
25	• 취업으로 연 3,600만 원의 수입을 창출한다. • 주택 마련 비용으로 연 1,200만 원을 저축하기 시작한다. • 실손보험에 가입한다. • 7대 생활영역의 가계부를 작성한다.
26	• 20세 때 작성한 재무설계를 점검하고 수정한다. • 석사학위과정 입학금(연 1,200만 원)을 준비한다. • 금융지식 향상을 위해 관련 도서 2권을 독서한다.
27	• 26세의 재무목표를 그대로 유지한다.
28	• 26세의 재무목표를 그대로 유지한다.
29	• 신혼주택 구입의 구체적 대책을 수립한다. • 결혼비용 마련의 구체적 대책을 수립한다.

2. 40세 회사원 M

〈표 25-12〉 생애 재무설계 목표체계(40세 M)

구분	목표기간	목표서술
생애사명		• 경제적 여유와 품위 유지에 충분한 자산을 보유하여 가족과 지인들에게 베푸는 삶을 산다.
최종목표	목표시점 (90세)	• 순자산 약 10억 원을 유지하고, 자산의 90%는 가족에게 상속하고, 10%는 사회에 기부한다.
	목표기간 (20년)	• 기간 내 목표지출 10억 원(소멸성 9.28억 원, 저축성 0.72억 원), 목표소득 6억 원을 달성한다.
대목표	목표시점 (70세)	• 순자산 약 15억 원, 연소득 3,000만 원, 연지출 3,000만 원을 만든다.
	목표기간 (10년)	• 기간 내 목표지출 6억 원(소멸성 4.8억 원, 저축성 1.2억 원), 목표소득 6억 원을 달성한다.
중목표	목표시점 (60세)	• 순자산 12억 원, 연소득 9,000만 원, 연지출 9,000만 원의 재무상태를 만든다.
	목표기간 (10년)	• 기간 내 목표지출 9억 원(소멸성, 6억 원, 저축성 3억 원), 목표소득 9억 원을 달성한다.
소목표	목표시점 (50세)	• 순자산 7.6억 원, 연소득 8,000만 원, 연지출 8,000만 원의 재무상태를 만든다.
	목표기간 (10년)	• 기간 내 목표지출 8억 원(소멸성, 4.8억 원, 저축성 3.2억 원), 목표소득 8억 원을 달성한다.

〈표 25-13〉 생애 재무설계 향후 10년 목표(40세 M)

연령	목표서술
목표기간	• 향후 10년간 순자산 7.6억 원, 목표지출 8억 원, 목표소득 8억 원을 달성한다.
40	• 생애 재무설계를 완료한다. • 위험대비 보험가입과 자녀 학자금 준비를 시작하고, 노후생활 비용을 위한 저축을 늘린다. • 주택담보대출 원리금과 자동차 할부금 상환을 위해 연 1,800만 원씩 저축한다.
41	• 향후 6년간 친가 부모님의 해외여행 자금 약 1,000만 원 마련을 시작한다. • 독학사과정에 연 300만 원을 매년 사용한다. • 연수입의 1%를 복지기관에 매년 기부한다. • 금융 관련 도서 6권을 통독한다.
42	• 테니스 학습 및 활동에 매년 200만 원을 사용한다. • 금융 관련 도서 6권을 통독한다.
43	• 색소폰 연주 학습에 연 300만 원을 사용한다. • 컴퓨터공학 석사과정에 연 1,200만 원을 사용한다.
44	• 40세 때 작성한 재무설계의 재무목표를 그대로 유지한다.
45	• 컴퓨터공학 대학원 특별교육과정에 연 1,200만 원을 사용한다. • 연수입의 2%를 매년 복지기관에 기부한다.
46	• 컴퓨터공학 박사과정에 4년간 연 1,200만 원을 사용한다.
47	• 40세에 계획한 생애 재무목표를 그대로 유지한다.
48	• 40세에 계획한 생애 재무목표를 그대로 유지한다. • 연수입의 3%를 매년 복지기관에 기부한다.
49	• 40세에 계획한 생애 재무목표를 그대로 유지한다.

3. 55세 퇴직 예정자 P

〈표 25-14〉 생애 재무설계 목표체계(55세 P)

구분	목표기간	목표서술
생애사명		• 경제적으로 여유 있고 검소하며 행복하고 균형 있는 삶을 산다.
최종목표	목표시점 (90세)	• 90세까지 순자산 10억 원을 유지하여 배우자에게 6억 원, 자녀에게 1억 원을 상속하고, 사회에 2억 원을 기부하고, 장례비로 3천만 원을 준비한다.
	목표기간 (15년)	• 기간 내 목표지출 9.4억 원(소멸성 8.5억 원, 저축성 0.9억 원), 목표소득 5.4억 원을 달성한다.
대목표	목표시점 (75세)	• 순자산 14억 원을 유지하고, 연수입 7,200만 원과 연지출 7,200만 원의 재무상태를 만든다.
	목표기간 (10년)	• 기간 내 목표지출 7.2억 원(소멸성 4.8억 원, 저축성 2.4억 원), 목표소득 7.2억 원을 달성한다.
중목표	목표시점 (65세)	• 순자산 15억 원, 연지출 4,800만 원, 연소득 4,800만 원의 재무상태를 만든다.
	목표기간 (5년)	• 기간 내 목표지출 3.7억 원(소멸성 2.4억 원, 저축성 1.3억 원), 목표소득 3.7억 원을 달성한다.
소목표	목표시점 (60세)	• 순자산 14억 원, 연소득 9,000만 원, 연지출 9,000만 원의 재무상태를 만든다.
	목표기간 (5년)	• 기간 내 목표지출 4.5억 원(소멸성 3.0억 원, 저축성 1.5억 원), 목표소득 4.5억 원을 달성한다.

〈표 25-15〉 생애 재무설계 향후 10년 목표(55세 P)

연령	목표서술
목표기간	• 향후 10년간 순자산 15억 원, 목표지출 8.2억 원, 목표소득 8.2억 원을 달성한다.
55	• 생애 재무설계를 완료한다. • 자녀 결혼비용 1.2억 원, 부모님 장제비용 6,000만 원, 주택 리모델링 비용 6,000만 원, 가족 해외여행 비용 1.5억 원을 마련하기 시작한다. • 경영지도사, 세무사 자격증 취득비용 준비를 시작한다. • 전문가 추천을 받아 금융 관련 도서 6권을 통독한다.
56	• 수입의 2%를 복지기관에 기부하기 시작한다. • 클래식기타 교습에 연 300만 원을 사용한다. • 경영지도사 학원 등록비용으로 연 300만 원을 사용한다.
57	• 수입의 2%를 복지기관에 기부하기 시작한다. • 클래식기타 교습에 연 300만 원을 사용한다. • 경영지도사 자격증 취득학원 등록비용으로 연 300만 원을 사용한다.
58	• 수입의 3%를 복지기관에 기부하기 시작한다. • 클래식기타 교습에 연 300만 원을 사용한다. • 경영지도사 학원 등록비용으로 연 300만 원을 사용한다.
59	• 59세까지 가족 해외여행비 약 1.5억 원 마련을 완료한다.
60	• 매년 1회 가족 해외여행(1,000만 원)을 시작한다. • 경력 관련 중소기업에 취업하여 연 6,000만 원 소득의 경제활동을 계속한다.
61	• 매년 부부 건강검진 비용으로 200만 원을 지출한다. • 세무사 자격증 취득시험 공부 학원 등록비용으로 연 1,200만 원을 사용한다. • 60세 이후 수입의 2%를 매년 복지기관에 기부한다.
62	• 세무사 자격증 취득시험 공부 학원 등록비용으로 연 1,200만 원을 사용한다.
63	• 55세에 마련한 생애 재무설계를 지속적으로 실행한다.
64	• 전문 경영컨설팅 업무 등으로 연 6,000만 원의 수입을 창출한다.

참고문헌

강상경(2018). *인간행동과 사회환경*. 파주: 나남출판사.

강창회(2016). 100세시대의 생애설계와 자산관리. 한국생애설계협회 편. *재무설계*(Life Planning Series III) (pp. 11-70). 서울: 한국생애설계협회.

국가지표체계 홈페이지(2019). http://www.index.go.kr.

국민건강보험공단(2018). *2017 건강보험 통계연보*. 원주: 국민건강보험공단.

국토교통부(2019). 2018년도 주거실태조사(요약보고서). 세종시: 국토교통부.

김동진·황선환·갬재운·이연주·김미량·한승진·김대식(2016). 여가의 이해. 한국생애설계협회 편. *자원봉사, 여가 및 취미생활*(Life Planning Series IV) (pp. 285-579). 서울: 한국생애설계협회.

김성대(2018). 50대 홀어미 가장을 위한 인생중심 재무설계 사례연구. *Financial Planning Review*, 11, 2, 155-180.

김정근(1984). 노인보건의 현황과 대책. *한국노년학*, 4, 60-72.

문용린(2009). *지력혁명*. 서울: 비즈니스북스.

문화체육관광부(2016). *2016 국민여가활동조사*. 세종시: 문화체육관광부.

문화체육관광부(2018). *2018년 한국의 종교현황*. 세종시: 문화체육관광부.

박광수·양재영·주소현(2018). *개인재무설계*. 서울: 시대가치.

박상필(2006). *NGO학 강의*. 서울: 아르케.

보건복지부·한국보건사회연구원(1998, 2011, 2014). *노인실태조사*. 서울: 한국보건사회연구원.

보건복지부·한국보건사회연구원(2017). *2017년도 노인실태조사*. 세종시: 보건복지부.

보건복지부·한국영영학회(2015). *2015 한국인의 영양소 섭취기준*. 서울: 한국영양학회.

서유헌(2016). 중년기 이후의 학습과 뇌 과학. 한국생애설계협회 편집. *재무설계, 캐리어 관리 및 개발*(Life Planning Series III) (pp. 448-489). 서울: 한국생애설계협회.

송현주·임란·왕승현·이은영(2017). 중·고령자의 경제생활 및 노후준비 실태(제7차[2017] 국민노후보장패널(KReIS) 기초분석 보고서). 전주: 국민연금공단 국민연금연구원.

양윤준(2017). 근거기반 체중감량 운동. *Journal of the Korean Medical Association*, 60, 10, 806-816.

여성가족부(2015). *2015년 가족실태 조사 분석연구*. 세종시: 여성가족부.

여성가족부(2016). *2016년 가족실태 조사*. 세종시: 여성가족부.

유성은(1988). *시간관리와 자아실현*. 서울: 숭문출판사.

이상림 외(2016). *동아시아 국제사회조사 참여 및 가족태도 국제비교연구*. 서울: 한국보건사회연구원.

이지윤·김민정·최현자(2018). 가계 재무목표 설정의 적정성에 관한 연구: 가계 재무상태 평가지표의 활용. *Financial Planning Review*, 11, 2, 97-128.

임보운(2019). 취업이 종착역인 사회. *조선일보*, 2019. 4. 29. A34면 〈기자의 시각〉.

정선근(2019). *백년운동: 척추·관절 아프지 않게 100세까지 운동하는 방법*. 서울: 아티잔(unfangling).

조선일보사(2013). [6075新중년](1)60대초반, 윗몸 일으키기 1분에 21번…20년전 40대 후반과 비슷. *조선일보*, 2013. 9. 9. A4면.

조정진(2015). 한국인의 비만기준의 문제점과 대안. 대한임상증진학회 추계학술대회 발표 논문.

중앙치매센터(2018). *대한민국 치매현황 2017*. 성남: 중앙치매센터.

최성재·장인협(2016). *고령화사회의 노인복지학*(제2차 개정판). 서울: 서울대학교출판문화원.

최일섭(2016). 자원봉사의 이해. 한국생애설계협회 편. *자원봉사, 여가 및 취미생활*(Life Planning Series IV) (pp. 11-281). 서울: 한국생애설계협회.

최정혜(2018). *가족관계 중심으로 본 한국가족의 이해*. 파주: 정민사.

최현자·이희숙·양세정·성영애(2003). 재무비율을 이용한 가계 재무상태 평가지표 개발에 관한 연구. *소비자학연구*, 14, 1, 99-121.

최혜미 등(2016). *21세기 영양학*(제5판). 서울: 교문사.

통계청(2015). *2014년 생활시간조사 결과*. 대전: 통계청.

통계청(2016). *장래인구추계(2015~2065)*. 대전: 통계청.

통계청(2017). *2016년 생명표 작성결과*. 대전: 통계청.

통계청(2018). *2017 한국의 사회지표*. 대전: 통계청.

통계청(2018). 2017 인구주택총조사(등록센서스 방식 집계결과)(통계청 보도자료, 2018. 8. 27).

통계청(2018). *2018 고령자 통계*. 대전: 통계청.

통계청(2019). *2018년 사망원인 통계*. 대전: 통계청.

통계청(2019). *장래인구 특별추계(2017~2067)*. 대전: 통계청.

통계청(2019). *2019년 5월 경제활동 인구조사 고령층 부가조사 결과*. 대전: 통계청.

통계청(2019). *2018년 생명표*. 대전: 통계청.

통계청(2019). *2016년 국민이전계정*. 대전: 통계청.

통계청(2020). *2019년 인구동향조사: 출생·사망통계 잠정 결과*. 대전: 통계청.

한국여성정책개발원(2010). *2010년 여성가족패널조사*. 서울: 한국여성정책개발원.

허준원·노미현·박동호·강주희·곽효범(2017). 노화성 근감소증과 운동. *운동학학술지*, 19, 2, 43-59.

홍진표 외(2017). 2016년도 정신질환 실태조사(보건복지부 용역 보고서).

쉬셴장(徐宪江) (2017). *合佛時間管理課*. 北京: 中國法制出版社(하정희 역 [2018]. *하버드 첫 강의: 시간관리 수업*. 고양시: 리드리드출판사).

American Psychological Association(2018). *Life plan for the life span*. Washington, D. C.: American Psychological Association.

Baltes, P. B., Lindenberger, U. & Staudinger, U. M. (2006). Lifespan theory in developmental psychology (pp. 569-664). In R. M. Lerner & W. Damon (Eds.), *Handbook of child psychology: Theoretical models of human development*. Hoboken, NJ: John Wiley and Sons Inc.

Benavides, L. E. (2014). Spiritual journey from childhood to adolescence: Pathways to strength and healing. *Journal of Religion and Spirituality in Social Work: Social Thought*, 33, 201-217.

Berk, L. E. (2007). *Development through the lifespan* (4th ed.). Boston: Allyn &

Bacon.

Berk, L. E. (2010). *Development through the lifespan* (5th ed.). Boston: Allyn & Bacon.

Brody, E. M. (1977). *Long-term care of older people: A practical guide*. New York: Human Science Press.

Butler, S. R. (1975). *Why survive?: Being old in America*. New York: Harper & Row.

Camilleri-Carter, T., Dowling, D., Robker, R. & Piper, M. (2019). Transgenerational obesity and healthy aging in drosophila. *The Journal of Gerontology, Series A,* 74, 10, 1582-1589.

Carr, D. (2019). Early-life influences on later life well-being: Innovations and explorations. *The Journal of Gerontology: Series B*, 74, 5, 829-831.

Cavanaugh, J. C. & Blanchard-Fields, F. (2006). *Adult development and aging* (5th ed.). Belmont, CA: Wadsworth.

Cavanaugh, J. C. & Blanchard-Fields, F. (2015). *Adult development and aging* (7th ed.). Stamford, CT: Cengage Learning, Inc.

Certified Financial Planner Board of Standards' Homepage (https://www.cfp.net). (2019). Definition of personal financial planning.

Claessens, B., Van Eerde, W., Rutte, C. G & Roe, R. A. (2007). A review of the time management literature. *Personnel Review*, 36, 2, 255-276.

Collins, F. S. (2006). *The language of god*. New York: New Free Press (이창신 역[2009]. *신의 언어*. 파주시: 김영사).

Cook, M. J. (1998). *Time management*. Madison, MI: F+W Publications.

Cousins, N. (1968). Art, adrenalin, and the enjoyment of living. *Saturday Review*, 20, April, 20-24.

Covey, S. (1989). *The 7 habbits of highly effective people*. New York: Franklin Covey Co. (김경섭 역[2017]. *성공하는 사람들의 7가지 습관*. 파주: 김영사).

Dodd, P. & Sundheim, D. (2005). *The 25 best time management tools and techniques: How to get more done with driving yourself crazy*. Ann Arbor, MI: Peak Performance Press, Inc.

Doidge, N. (2007). *The brain that changes itself.* New York: Penguin Books.

Dowden, B. (2009). Time. In J. Fieser & B. Dowden (Eds.), *International encyclopedia of philosophy* (https://www.iep.utm.edu).

Elder, G. H. (1998). The life-course and human development. In R. M. Lerner (Ed.), *Handbook of child psychology, Vol. 1. Theoretical models of human development* (5th ed.)(pp. 939-991). New York: Wiley.

Erikson, E. (1950). *Childhood and society*. New York: W. W. Norton & Company.

Erikson, E. & Erikson, J. (1997). *Life cycle completed*. New York: W. W. Norton & Company.

Freedman, M. (2014). Encore: Mapping the route to second acts. In P. H. Irving (Eds.), *The upside of aging* (pp. 99-112). Hoboken, NJ: John Wiley & Sons.

Gardner, H. (1983). *The frame of mind: The theory of multiple intelligence.* New York: Basic Books.

Global Council on Brain Health (2017). The brain and social connectedness: GCBH recommendations on social engagement and brain health (research report).

Gratton, L. (2011). *Shift: The future of work is already here*. London: Harper Collins.

Gratton, L. & Scott, A. (2016). *The 100-year life: Living and working in an age of longevity*. London: Blooomsbury Business Information (안세민 역[2017]. *100세 인생*. 서울: 출판사 클).

Harris, D. K. & Cole, W. F.(1980). *Sociology of aging.* Boston: Houghton Mifflin Harcourt (최신덕 역[1985]. *노년사회학*. 서울: 경문사).

Havighurst, R. J. (1972). *Developmental tasks and education* (3rd ed.). New York: David McKay.

Herbay, A. (2014). Letter to the editor: Otto von Bismarck is not the origin of old age at 65. *The Gerontologist*, 54, 1, 5.

Heyd, D. & Miller, F. G. (2010). Life plans: Do they give meaning to our life? *The Monist*, 93, 1, 17-37.

Hill, P. L. & Turiano, N. A. (2014). Purpose in life as a predictor of mortality across adulthood. *Pychological Science*, 25, 7, 1482-1486.

Hirsh, S. & Kummerow, J. (1989). *Life types: Understanding your self and make the most of who you are... based on the most widely accepted personality test in the world.* New York: Warner Books (심혜숙·임승환 역[1997]. *성격유형과 삶의 양식*. 서울: 어세스타).

Horn, J. L. & Cattell, R. B. (1966). Refinement and test of theory of fluid and crystallized general intelligences. *Journal of Educational Psychology*, 57, 5, 253-270.

Huttman, D. H. (1985). *Social services for the elderly*. New York: The Free Press.

Hyatt, M. & Harkavy, D. (2016). *Living forward: A proven plan to stop drifting and get the life you want.* Grand Rapids, Michigan: BakerBooks.

International Labour Organization (2015). *World social protection report 2010/2011*. Geneva: ILO.

Jam, J. (2007). My life planning workbook (www.achieve-goal-setting-success.com).

Jaques, E. (1965). Death and the mid-life crisis. *International Journal of Psychoanalysis*, 46, 502-514.

Kaplan, M. (1960). The use of leisure. In C. Tibbitts (Ed.), *Handbook of social gerontology* (pp. 407-443). Chicago: University of Chicago Press.

Kennedy, Q., Fung, H. H. & Carstensen, L. L. (2001). Aging, time estimation, and emotion. In S. H. McFadden & R. C. Atchley (Eds.), *Aging and the meaning of time* (pp. 51-73). New York: Springer Publishing Company.

Klein, S. (2006). *Zeit: Der Stoff aus dem das Leben ist* (유영미 역[2007]. *시간의 놀라운 발견*. 서울: 웅진지식하우스).

Lachman, M. E., Lipsitz, L., Lubben, J., Castaneda-Sceppa, C. & Jette, A. M. (2018). When adult don't exercise: Behavioral strategies to increase physical activity in sedentary middle-aged and older adults. *Innovation in*

Aging, 2, 1, 1-12.

Larmore, C. (1999). The idea of life plan. *Social Philosophy and Policy Foundation*, 16, 1, 96-112.

Laslett, P. (1989). *A fresh map of life: The emergence of the third age*. London: Weidenfeld and Nicolson.

Lee, H., Lee, J. A. & Kim, S. H. (2015). A Study on the housing consumption change in life cycle: Focused on aging group in Seoul metropolitan area. *주거환경*, 13, 1, 139-150.

Leitner, M. J. & Leitner, S. F. (2004). *Leisure in later life* (3rd ed.). New York: The Haworth Press.

Li, Y., Burr, J. A. & Miller, E. A. (2019). Pension plan types and financial literacy in later life. *The Gerontologist*, 59, 2, 260-270.

Liu, Y. & Lachman, M. (2019). Socioeconomic status and parenting style from childhood: Long-term effects on cognitive function in middle and later adulthood. *The Journal of Gerontology, Series B*, 74, 6, e13-e24.

MacDonald, B-J. & Moore, K. (2011). Moving beyond the limitations of traditional replacement rates. Society of Actuaries (www.soa.org/research/research-projects/default-aspx).

Maslow, A. H. (1943). A theory of human motivation. *Psychological Review*, 50, 4, 370-396.

Maslow, A. H. (1970). *Motivation and personality* (2nd ed.). New York: Harper & Row Publishers.

Mintoff, J. (2009). In defence of the idea of life plan. *The Southern Journal of Philosophy*, XLVII, 159-186.

Moses, A. M. (1952). *Grandma moses: My life's history*. New York: Harper & Brothers (류승경 역[2017]. *인생에서 너무 늦은 때란 없습니다*. 고양시: 수오서재).

Neugarten, B. L. (1974). Age groups in American society and the rise of young-old. *Annals of the American Academy of Political and Social Science*, 415, Sept., 187-198.

Newman, B. M. & Newman, P. R. (2012). *Lifespan developmental approach* (11th ed.). Singapore: Cengage Learning.

OECD (2003). *Beyond rhetoric: Adult learning policies and practices*. Paris: OECD.

OECD (2019). *OECD compendium of productivity indicators 2019*. Paris: OECD.

Ofstedal, M., Chiu, C-T., Jagger, C., Saito, Y. & Zimmer, Z. (2019). Religion, life expectancy, and disability-free life expectancy among older women and men in the United States. *The Journal of Gerontology, Series B*, 78, 8, e107-e118.

Olson, D. H. & DeFrain, J. (1999). *Marriage and the family: Diversity and strengths* (3rd. ed.). Mountain View, CA: Mayfield Publishing Co.

O'Rand, M. & Krecker, M. L. (1990). Concept of the life cycle: Their history, meanings, and uses in the social sciences. *Annual Reviews of Sociology*, 16, 241-262.

Parker, S. (1979). *The sociology of leisure*. London: George Allen & Unwin.

Rawls, J. (1971). *A theory of justice*. Cambridge, MA.: Harvard University Press (황경식 역[1985]. *사회정의론*. 서울: 서광사).

Reisser, P. C. & Dobson, J. (2006). *Complete guide to family health, nutrition and fitness*. Carol Stream, Il: Tyndale House Publisher.

Riley, M. W. & Riley, J. W, Jr. (1994). Age integration and the lives of older people. *The Gerontologist*, 34, 110-115.

Rowe, J. & Kahn, R. (1998). *Successful aging*. New York: Dell Publishing (최해경·권유경 역[2001]. *성공적인 노화*. 서울: 학지사).

Sadler, W. (2000). *The third age: 6 Principles of growth and renewal after forty*. Boston: Da Capo Press (김경숙 역[2006]. *서드 에이지: 마흔 이후 30년*. 서울: 사이).

Skidmore, R. A. (1990). *Social work administration: Management and human relationships* (2nd ed.). Englewood Cliffs, NJ: Prentice Hall.

Specht, R. & Craig, G. J. (1982). *Human development: A social work perspective*

(2nd ed.). Englewood Cliffs, NJ: Prentice Hall.

Super, D. E. (1953). A theory of vocational development. *American Psychologist,* 8, 185-190.

Tieger, P., Barton, B. & Tieger, K. (2014). *Do what you are.* New York: Little, Brown and Company (이민철·백영미 역[2016]. *나에게 꼭 맞는 직업을 찾는 책.* 서울: 민음인).

United Nations (2002). *Report of the second world assembly on ageing, March 8-12, 2002.* New York: United Nations.

University of Minnesota (2019). University Website (https://www.takingcharging.csh.umn.edu/what-spirituality).

US Government Accountability Office (2016). *Retirement security: Better information on income replacement rates needed to help workers plan for retirement.* Washington, DC: USGAO.

US Government Department of Health and Human Services (USDHHS) (2018). *Physical activity guidelines for Americans* (2nd ed.). Washington: USDHHS.

Vaillant, G. (2002). *Aging well.* New York: Little Brown and Company (이덕남 역[2010]. *행복의 조건.* 서울: 프런티어).

Williamson, J. B. & Watts-Roy, D. M. (1999). Framing the generational equity debate. In Williamson, D. M. & Watts-Roy (Eds.), *The generational equity debate* (pp. 3-37). New York: Columbia University Press.

Wink, P. & Dillon, M. (2002). Spiritual development across the adult life course: Findings from a longitudinal study. *Journal of Adult Development*, 9, 1, 79-94.

World Health Organization (WHO)(2002). *Active ageing: A policy framework.* Geneva: WHO.

World Health Organization (WHO) (2015). *World report on ageing and health.* Geneva: WHO.

찾아보기

ㅇ

ㅈ

ㅊ

ㅌ

ㅍ